रणजीत का रचना-संसार

जीवन सिंह

रणजीत का रचना-संसार

(हिन्दी)

प्रथम संस्करण : 20/08/2022

नोशन प्रेस, चेन्नई

क्रम-सूची

क्रम-सूची

प्रस्तावना

*** जीवन सिंह ***

डॉ. रणजीत इसी साल 2022 में 20 अगस्त को पिचासी साल के हो रहे हैं। उनका जन्म राजस्थान के भीलवाड़ा जिले की आसींद तहसील के कीडीमाल कटार नामक गाँव में 20 अगस्त सन् 1937 के दिन हुआ। उनके पिता अवतार सिंह जी कपड़े का व्यवसाय करने के उद्देश्य से 1931 में ही तत्कालीन संयुक्त पंजाब के झेलम जिले से राजस्थान में आ गए थे। वे सिख धर्म के अनुयायी थे जिसका आरम्भिक प्रभाव डॉ. रणजीत पर भी रहा लेकिन आधुनिक जीवन-मूल्यों वाली शिक्षा हासिल करते हुए उनके सोच में ऐसा परिवर्तन आया कि उन्होंने सामंतकाल की लम्बी अवधि से चले आ रहे जाति और धर्म के संकीर्ण मूल्यों और बंधनों से खुद को समझदारी के साथ बहुत जल्दी मुक्त कर लिया। इस प्रक्रिया में वे रणजीत सिंह से केवल रणजीत रह गए। कहना न होगा कि वे इतने पर ही नहीं रुके वरन् उन्होंने इससे आगे बढ़कर जब वे राजस्थान के वनस्थली विद्यापीठ में हिंदी के शिक्षक बने तो इसी सोच के अन्य साथियों के साथ मिलकर जाति और धर्म के बंधनों से मुक्ति की मुहिम भी चलाई। वे अब केवल एक इंसान के रूप में अपना जीवन-यापन करने लगे, आज भी कर रहे हैं। जाति, धर्म और ईश्वर की धारणाओं से मुक्ति के कई अभियान भी उन्होंने चलाये हैं। ईश्वर की बहुत प्राचीन अवधारणा से मुक्ति के लिए उन्होंने विश्व के नास्तिकों के उदाहरण देते हुए दूसरों को पढ़ने के उद्देश्य से पुस्तकें भी संपादित की हैं और सम्मेलन भी किये हैं। इससे लगता है कि एक परिवर्तनकारी प्रगतिशील सोच उनके व्यक्तित्व का हिस्सा बनता चला गया जिसका फैलाव उन्होंने अपने जीवन व्यवहार और रचना दोनों स्तरों पर किया। इससे उनके व्यक्तित्व में साहसिकता और निर्भीकता के साथ निर्लोभी होने जैसे गुणों का समावेश भी हुआ क्योंकि इनके बिना वैसा होना संभव नहीं था जैसे कि वे अपने जीवन में रहे। उनका महत्त्व इस बात में है कि वे जिन प्रगतिशील आधुनिक सिद्धांतों को मानने लगे उन्हीं के अनुसार अपने जीवन व्यवहार को भी बदलने की कोशिशों में लगे। ऐसा सामान्यतया प्रगतिशीलों में भी ज्यादा देखने में नहीं आता। इसलिए कई व्यावहारिक बातों में डॉ. रणजीत अपनों से भी कुछ अलग नज़र आते हैं। वे कोशिश करते रहे कि जिन जीवन-मूल्यों में उनकी आस्था है उन पर कुछ दूर तक ही सही, अपने जीवन में चलकर भी बतलाएँ।

डॉ. रणजीत के जीवन का एक पहलू यह भी रहा है कि वे अपनी गहरी स्थानीयता के बीच केवल स्थानीय कूप-मंडूक ही बनकर नहीं रहते। वे निरंतर अपना क्षितिज विस्तार करते हैं और अपने समय की वैश्विक घटनाओं पर पैनी नज़र रखते हैं। उनके प्रगतिशील सोच और आचरण में जहाँ स्थानीयता, प्रादेशिकता और राष्ट्रीयता का समावेश है वहीं उस वैश्विकता का असर भी कम नहीं है जिसका एक रूप साम्राज्यवादी स्थितियों के विरुद्ध पक्षधरता के रूप में आकार ग्रहण करता है। वे पूरे विश्व के रिश्तों और बदलावों पर नज़र रखते हैं और अपने देश के लिए सोवियत संघ की समाजवादी व्यवस्था को देश की अधिकाँश शोषित-पीड़ित-दलित जनता के लिए ज़्यादा हितकर मानते हुए उसी का वरण एक स्वप्न के रूप में करते हैं। जबकि उनकी इस रचनात्मक अवधि में ऐसे अनेक व्यक्तिवादी रचनाकार हिन्दी में थे जो अपनी रचना यात्रा के लिए व्यक्तिनिष्ठ आधुनिकतावादी अप्रतिबद्ध जीवन-दृष्टि को अपनाकर चल रहे थे। शुरुआती रुझानों में उनकी कविता में जो एक तरह का रूमानीपन है उस पर उन स्थितियों का असर भी मौजूद है। कहने का मतलब यह है कि उनके पास एक विश्व-दृष्टि है जिसका अर्जन उन्होंने अपने व्यक्तित्व निर्माण की प्रक्रिया में एक जागरूक नागरिक की हैसियत से किया है। किन्तु उनकी विशेषता यह है कि वे अपने सोच की स्वाधीनता के प्रति किसी तरह के पिछलग्गूपन के शिकार कभी नहीं हुए। अभिव्यक्ति की स्वाधीनता को भी उन्होंने उतना ही बड़ा जीवन-मूल्य माना जितना समता को। समता के लिए उन्होंने कभी स्वाधीनता की बलि नहीं चढ़ाई। एक गहरा संतुलन और समझदारी भरी दूरदर्शिता उनके सोच में रही कि प्रगतिशील शिविर में एक समय अलग-थलग पड़ जाने वाले डॉ. रणजीत ही अंत में सही साबित हुए कि स्वाधीनता के अभाव में सोवियत समाजवाद का विघटन हो गया। सोवियत समाज की वह आतंरिक शक्ति ही चुक गयी कि वह अपने लगाये पौधे की स्वयं रक्षा कर सके। डॉ. रणजीत द्वारा लिखा 'झुलसा हुआ रक्त कमल' सच और सही साबित हुआ।

रचनात्मक स्तर पर डॉ. रणजीत ने कविता, कहानी, आलोचना और सामाजिक-राजनीतिक-सांस्कृतिक विषयों पर वैचारिक निबन्ध लिखे लेकिन उनकी सतत पैठ केवल कविता लेखन और रचने में रही। इसलिए उनका रचना संसार मुख्यत: काव्य रचना संसार ही है। इसके अलावा उनके व्यक्तित्व का दूसरा प्रमुख रूप एक ऐसे नवजागरणकर्ता और आंदोलक का रहा है जो समाज को प्रगतिशील दिशा में ले जाना चाहता है। वे अपने जीवन में केवल एक शिक्षक और कवि बनकर ही नहीं रहे वरन् उसके साथ सामाजिक शिक्षा के कई अन्य

तरह के आन्दोलनकारी कार्यों में भी हिस्सेदारी करते रहे। मसलन उन्होंने पहला प्रयास वनस्थली विद्यापीठ जैसे निजी शिक्षण संस्थान में अपनी नौकरी की परवाह नहीं करते हुए 1969 में शिक्षक शोषण के विरुद्ध काम करने के लिए एक शिक्षक संगठन बनाया। तब इसी तनाव और दबाव भरी प्रक्रिया के तहत उनको वनस्थली छोड़कर उत्तर प्रदेश के बांदा के एक निजी महाविद्यालय में जाने का निर्णय करना पड़ा। यहाँ से भी वे अपने परिवार के लिए उत्तर प्रदेश के सीतापुर के एक महाविद्यालय में गए। वनस्थली में काम करते हुए डॉ. रणजीत ने 15 जनवरी, 1970 को एक 'जाति-पाँति तोड़ो सम्मेलन' आयोजित किया जिसमें उनके छः प्राध्यापक साथियों ने अपने नाम से जातिसूचक उपनाम हटाने की घोषणा की और तत्कालीन राजस्थान सरकार से यह माँग की कि भविष्य में सरकारी कामकाज में किसी से उसकी जाति और धर्म न पूछा और लिखवाया जाय। बांदा आने पर वे केदारनाथ अग्रवाल के सहयोग से प्रगतिशील साहित्यकारों के संगठन बनाने की मुहिम में लगे रहे। उन्होंने साहित्यकारों में प्रतिश्रुति होने का अभियान भी चलाया। समाजवादी शिविर में सर्वहारा की तानाशाही जैसी प्रचलित अवधारणा का भी उन्होंने खुला विरोध किया और उसके बरक्स लोकतांत्रिकता का समर्थन किया। उन्होंने साम्प्रदायिकता विरोधी सम्मेलनों के आयोजन किये और 'आज़ादी बचाओ' तथा 'नर्मदा बचाओ' जैसे आन्दोलनों में भी भाग लिया। पर्यावरण रक्षा जैसे अभियानों में भी डॉ. रणजीत की सक्रिय भागीदारी रही। विश्व शान्ति के लिए किये जा रहे आन्दोलनकारी प्रयासों से भी उनका सक्रिय जुड़ाव और सहयोग रहा। इस तरह से उनकी विचारशीलता केवल सैद्धांतिक स्तर तक ही सीमित नहीं रही है वरन् उन्होंने उसे जीवन के व्यावहारिक क्षेत्रों में भी उतारने और साकार करने का प्रयास किया है। इन्हीं जीवन प्रक्रियाओं के अंतर्गत उनका रचना संसार भी विकसित होता रहा है। उनकी कविताओं में उनकी इस तरह की आन्दोलनकारी संघर्षपूर्ण जीवन-यात्रा की झलक देखी जा सकती है। कैसे भी संघर्ष के दिन क्यों न आये, कविता को उन्होंने कभी छोड़ा नहीं। अभी कोरोना काल में भी उनका नया कविता-संग्रह 'बिगड़ती हुई आबोहवा' प्रकाशित हुआ। यह प्रसन्नता का विषय है कि इसी वर्ष उनका 'कविता समग्र' भी प्रकाशित हो चुका है। पिछली सदी के छठे दशक से काव्य रचना की शुरुआत करने वाले डॉ. रणजीत का रचनाकाल इस तरह से लगभग पैंसठ वर्षों की लम्बी अवधि में फैला हुआ है। उन्होंने चूंकि अपने अर्जित आधुनिक प्रगतिशील जीवन-मूल्यों को व्यावहारिक और रचनात्मक जीवन-स्तरों पर जीने की कोशिश की इसलिए उनकी कविता की ज़मीन उनके अन्य समकालीन कवियों से बहुत अलग तरह की है। उसमें एक

व्यक्तिनिष्ठ कवि की सूक्ष्म कलाकारिता के स्थान पर एक सामाजिक होते कवि की सपाटता अधिक है जिसे उन्होंने अपने लिए सोच-समझकर चुना है। यद्‌यपि वह कहीं-कहीं कविता की कला के लिए नुकसानदायक भी साबित हुई है। ऐसे स्थलों पर कविता केवल एक वक्तव्य या प्रतिक्रिया मात्र बनकर रह गयी है लेकिन अन्य खतरों की तरह यह खतरा भी उन्होंने खूब उठाया है। लेकिन यह भी तथ्य है कि एक अपने तरह की कलात्मक सादगी और सपाटबयानी उनके यहाँ है जिसमें कभी वे कविता की कलात्मक रचनाधर्मिता को छोड़ देने तक की जोखिम भी उठाते हैं। उन्होंने बात को केंद्र में रखा है और वही उनके यहाँ ज्यादा बोलती है।

रणजीत एक बेहद समय-सजग रचनाकार हैं। समय-बोध उनकी कविता का सबसे बड़ा गुण है। इसी से वह प्रतिश्रुतता को अंगीकार करता है और कविता में उसके लिए एक तरह की मुहिम भी चलाता है। इसी से उसके सरोकारों का दायरा पूरी मानवता तक फैल जाता है। यह कहना गलत नहीं होगा कि वह संकीर्णताओं से मुक्ति के लिए ही कविता रचता है। वह कभी तो विडंबनाओं, विसंगतियों, अन्यायों, उत्पीडऩों और अंतर्विरोधों को अपनी कविता के विषय बनाता है। इसी से वह पोलैंड और चेकोस्लोवाकिया के नागरिकों की स्वाधीनता की चिंता करता है और इसी से वह अपने माननीय सोवियत समाजवादी शासकों के गलत निर्णयों के प्रति अपना क्षोभ व्यक्त करने से नहीं चूकता। इसी से तो वह अमेरिकी और यूरोपीय साम्राज्यवादी पूँजीवाद के विरोध में तनकर खड़ा होता है। इसी से वह अभिव्यक्ति की स्वाधीनता को स्वीकार न करने वाली उस व्यवस्था की खुली आलोचना करता है जो दूसरों की स्वाधीनता का अपहरण करके अपनी सत्ता की शक्ति का अहंकार दिखलाती है। डॉ. रणजीत के लिए समय कोई शाश्वत और निर्विकार स्थिति नहीं है। अब तक जितना भी मानवीय समय इस धरती पर मानव ने बनाया है उसमें हर समय के अपने रंग और रेखाएँ वैश्विक और राष्ट्रीय स्तरों पर साफ-साफ नज़र आती हैं उनमें ही अपने व्यक्तिगत और सामूहिक प्रयासों से मनुष्य रंग भरते आये हैं जिससे समय की एक पहचान बनती है उसका भी एक व्यक्तित्व बनता है, जिसे हम इतिहास के रूप में जानते हैं। इसी से देशकालबद्‌ध कविताओं में जाने-अनजाने इतिहासबोध और कवि की इतिहासदृष्टि को पढ़ा जा सकता है। तभी तो डॉ. रणजीत अपने एक कविता-संग्रह का नाम ही 'इतिहास का दर्द' रखते हैं।

सच तो यह है कि इतिहास के दर्द, त्रास और पीड़ाओं की अभिव्यक्ति ही उनकी कविताओं में सबसे ज्यादा जगह घेरती है। निजी प्रेम की रचना भी उन्होंने खूब की है। प्रकृति के प्रति अनुराग भी उनकी कविताओं में है। वे जानते हैं कि

इस पृथ्वी पर हर मनुष्य देशकाल में घिरकर और बंधकर रहता है। उसे जैसी पारिवारिक स्थिति-परिस्थिति मिली होती है उसी से उसका देश, जाति, प्रांत, परिवेश, अंचल, भाषा-बोली, मज़हब, सामाजिकता, मान-अपमान और आर्थिक संसाधन तक तय हो जाते हैं। दीर्घकाल से अज्ञानतावश इसी को वह नियति और भाग्य मानने लगता है। सच तो यह है कि इस संसार में कोई भी स्वाधीन नहीं है समानता की बात तो बहुत दूर की बात है। इसलिए न्याय भी नहीं है। इसीलिये कविता में यथार्थ को उद्घाटित करने पर डॉ. रणजीत के कवि का जोर ज्यादा रहा है, जिससे उनकी कविता में राजनीतिक तत्त्व की सघनता ज्यादा दिखाई दे तो इसमें कोई आश्चर्य की बात नहीं है। यद्यपि उन्होंने अपने आसपास और समाज के सभी वर्गों की आंतरिक सचाई को उजागर करने वाली सभी तरह की कविताएँ लिखी हैं। इसका मतलब यह कतई नहीं है कि उनकी कविताएँ वैयक्तिकता के रचनात्मक गुण से रहित हैं क्योंकि बिना वैयक्तिकता के केवल तथ्य ग्रहण से रचना नहीं होती। चीजें और रिश्ते तो हर रचनाकार के सामने होते हैं किन्तु उनमें से वह किन तथ्यों और वस्तुगत परिस्थितियों का चयन करता है और उनमें अपनी कल्पना और विश्व-दृष्टि से कैसे-कैसे रंग भरता है? वह कैसे स्वप्न देखता है? यह सब उसकी वैयक्तिकता के बिना संभव ही नहीं है। रचना बनती ही तब है जब कवि वस्तुगत को वैयक्तिक स्वरूप प्रदान कर देता है। महाकाव्य तो बहुतों ने लिखे हैं किन्तु वाल्मीकि, कालिदास, भवभूति, जायसी, तुलसी, निराला और जयशंकर प्रसाद ने जो लिखा है वह दूसरे महाकाव्य सर्जकों से कितना अलग और विशिष्ट है यह हम अच्छी तरह से जानते हैं। मुक्तक काव्य भी बहुतों ने लिखे हैं किन्तु कबीर, सूर, मीरा, रहीम, रसखान, बिहारी, घनानंद, मीर, गालिब, नागार्जुन, मुक्तिबोध ने जो लिखा है वैसी उदात्तता अन्यत्र कहाँ है? यह उनका वैयक्तिक रंग ही तो है जो उनको दूसरे सामान्य महाकवियों और मुक्तक कवियों से अलग करता और विशिष्ट बनाता है। नेता तो बहुत हुए हैं स्वाधीनता संग्राम में भाग भी बहुतों ने लिया है किन्तु महात्मा गाँधी की वैयक्तिक निजता उनको अन्य सभी से अलग कर देती है। इसीलिये तो साहित्य में इतिहास होते हुए भी वह इतिहास नहीं है, समाज होते हुए भी वह समाजशास्त्र नहीं है, उसमें दर्शन होते हुए भी वह दर्शनशास्त्र नहीं है। कहने का तात्पर्य यह है कि साहित्य वस्तुवर्तिनी वैयक्तिकता से ही बनता है और डॉ. रणजीत की कविता इस तत्त्व और कारक से वंचित नहीं है। उसकी काव्य-भाषा, शिल्प और अंदाज़े-बयाँ उनका अपना है। उन्होंने अपनी वस्तु को सजगतापूर्वक अपनी शैली प्रदान की है। बहरहाल।

वैचारिक एवं आलोचनात्मक स्तरों पर भी डॉ. रणजीत ने समय-समय पर हस्तक्षेप किया है इसकी सबसे बड़ी बानगी उनकी 1990 में प्रकाशित 'प्रगतिशीलता और अभिव्यक्ति की स्वाधीनता' पुस्तक में संकलित आलेखों में खासतौर से देखने को मिलती है। इससे पहले उनका 'परिप्रेक्ष्य' शीर्षक से साहित्यिक-समीक्षात्मक लेखों का एक संग्रह निकला था। 'प्रगतिशीलता और अभिव्यक्ति की स्वाधीनता' उनके दृष्टिकोण को स्पष्ट करने वाले आलोचनापरक निबंधों का एक महत्त्वपूर्ण संग्रह है जिसमें नयी प्रगतिशीलता का स्वरूप क्या है और उसके निर्माण में किन कवियों की भूमिका महत्त्वपूर्ण रही है इसका एक ऐतिहासिक विश्लेषणपरक विवरण यहाँ मौजूद है।

मैंने निजी तौर पर पहली बार 1965 में डॉ. रणजीत को अपने विद्यार्थी काल में अलवर के राजर्षि कॉलेज में एक कवि के रूप में देखा था। तब मैं यहाँ बी.ए. ऑनर्स हिन्दी में द्वितीय वर्ष में पढ़ रहा था। उस समय तक 1964 में इनका पहला कविता-संग्रह 'ये सपने : ये प्रेत' प्रकाशित हो चुका था और ये एक कवि के रूप में स्थापित हो चुके थे। उस समय ये अट्ठाईस वर्ष के युवा थे। अपने समय से सम्बद्ध इनकी कविताओं के व्यंग्य ने तब अपनी एक छाप छोड़ी थी। मुझे अच्छा लग रहा है कि ऐसे व्यक्तित्व के कृतित्व पर मुझे इस ग्रन्थ के सम्पादन का दायित्व मिला है। इसमें राजस्थान और उससे बाहर के अनेक लेखकों ने आलेख लिखे हैं जो इनके रचनाकाल से लगाकर आज तक के हैं। इनमें आज कई लेखक ऐसे हैं जो इस संसार में नहीं हैं। इन आलेखों में आपको एक तरह का ऐतिहासिक पुरानापन देखने को मिलेगा। तब से अब तक दुनिया और देश में बहुत बदलाव आ चुके हैं। गंगा में बहुत पानी बह चुका है। स्थितियाँ लगभग उलट गयी हैं। हम ऐसे उत्तर आधुनिक समय में आ गए हैं जिसमें 'सर्वाइवल ऑफ दि फिटेस्ट' जैसा जंगल न्याय फिर से लौटता हुआ नज़र आ रहा है। दुनिया के लोकतंत्र संकट में हैं। उनको पूँजी की निरंकुशता अपना ग्रास बना रही है। नृशंसताओं ने सिर उठा लिया है। झूठ ने सरेआम स्वयं को सत्यवीर घोषित कर दिया है। करुणा के परखच्चे उड़ रहे हैं। राष्ट्र-राज्य नामभर के लिए रह गए हैं। वैश्वीकरण से पैदा हुई पूँजी और संचार साधनों ने ईमानदार को बेईमान और बेईमान को ईमानदार बना दिया है। मानवता के सपनों को जंग जैसी लग रही है। वह अवसाद की स्थिति में है। संस्कृति अब मानव-मूल्य न रहकर एक उद्योग बन गयी है। उत्तर आधुनिकता ने सबकुछ बाज़ार के हवाले कर दिया है। हर आदमी अब एक चलती-फिरती दुकान है और उसका घर एक बाज़ार है। अमीरी और गरीबी की खाई इतनी गहरी और चौड़ी हो चुकी है कि जैसे गरीब वर्ग बड़े पूँजीपतियों की गुलामी करने के लिए अभिशप्त

हो चुका है। नयी-नयी तकनीकों ने पूँजी को ऐसे हथियार दे दिए हैं जिनसे पूँजी ने दुनियाभर में एक मनोवैज्ञानिक समर छेड़ रखा है। बहरहाल।

यहाँ पर मैं यह उल्लेख करना अपनी नैतिक जिम्मेदारी मानता हूँ कि इस पुस्तक का सम्पादन भार मूलतः उदयपुरवासी अब स्मृतिशेष डॉ. नवल किशोर जी को दिया गया था। वे डॉ. रणजीत के विद्यार्थीकाल के साथी-सहपाठी रहे इसलिए मुझसे ज्यादा इनसे वाकिफ थे लेकिन पिछली कोरोना त्रासदी में उनका अचानक निधन हो जाने से यह दायित्व मुझे दिया गया जिसकी पूर्ति मैं उतनी ही कर सका हूँ जितना मैं डॉ. रणजीत को उनके रचना संसार के मार्फत जान पाया हूँ। मैं यहाँ डॉ. नवल किशोर की स्मृति को प्रणाम करते हुए उनको याद करता हूँ। यह काम मैंने किसी से लिखवाकर उतना नहीं किया है जितना ऐतिहासिक तौर पर यह पिछले पचास सालों से समय-समय पर लिखी गयी डॉ. रणजीत के रचना संसार की समीक्षाओं और आलोचनाओं को संकलित करने का काम करके लिया है। इसी का परिणाम है कि यहाँ आरम्भ के प्रगतिशील आलोचकों जैसे प्रकाशचंद्र गुप्त, शिवदान सिंह चौहान, अमृत राय, मन्मथनाथ गुप्त, विश्वम्भरनाथ उपाध्याय के लेखन की स्मृतियाँ भी मौजूद हैं। इससे इस पुस्तक में ऐतिहासिक गुरुता का भाव आ जाना स्वाभाविक है। ऐसे में ये पुरानी स्मृतियाँ कुछ आशा का संचार कर सके तो हमारा यह प्रयत्न सफल होगा। इसके लेखन और तैयारियों में जिन्होंने भी सहयोग दिया है उन सभी के प्रति हम अपनी कृतज्ञता व्यक्त करते हैं और डॉ. रणजीत के स्वस्थ सक्रिय शतायु होने की कामना करते हैं ताकि उनके कामों को और गति मिल सके।

दिनांक : 5.2.2022

—जीवन सिंह
1/14 अरावली विहार,
काला कुआँ,
अलवर-301002
मो. : 9785010072

1

ये सपने : ये प्रेत

वातायन में परिचर्चा

* शिवदानसिंह चौहान ** विश्वंभरनाथ उपाध्याय

*** प्रेमचन्द विजयवर्गीय

रणजीत एक क्रुद्ध नौजवान हैं (एंग्री यंग मैन) लेकिन बीटनिक या हंग्री जेनरेशन के नौजवानों की तरह के नहीं। कुंठा और क्रोध से क्षुब्ध उनका मन 'इतिहास-चेतना' खोकर निराशा और अनास्था के सागर में डुबकियाँ नहीं लगाता, वे उस श्रेणी के क्रुद्ध नौजवान हैं, जिस श्रेणी के क्रुद्ध नौजवान हर युग और हर पीढ़ी के प्रगतिशील कवि, कलाकार और चिन्तक रहे हैं—यानी जिनका तरुण, ईमानदार मन वर्ग-समाज की विषमताओं, उसके शोषण, अन्याय और झूठ के प्रति सहनशील न होकर विद्रोही रहा है और जो अपने क्रोध और विद्रोह के सामाजिक प्रयोजन के प्रति भी सचेत रहे हैं। 'पूँजीवादी समाज में रहते हुए अपने आपको मानववादी बनाये रखना एक श्रम-साध्य साधना है, जो हर जिम्मेदार प्रगतिशील साहित्यकार को करनी पड़ती है।' 'ये सपने : ये प्रेत' की कविताएँ इस श्रम-साध्य साधना का ही नवनीत है, जो आज की कुंठित और क्षुब्ध पीढ़ी के क्रोध और आक्रोश को एक स्वस्थ दिशा-दृष्टि प्रदान करने में समर्थ है।

यह जरूर हैं कि रणजीत के क्रोध का ज्वालामुखी कभी-कभी भीषण आवेग के कारण अपना गरम झुलसाने वाला लावा गलत दिशाओं में भी फेंक देता है और वह उन वरेण्य युग-पुरुषों (अर्थात् गाँधी और नेहरू) जीवन-लक्ष्यों और स्वतंत्रता-विकासी कार्यों और सफलताओं पर भी बरस पड़ता है, जिनकी परम्परा की रक्षा हमारे देश के समाजवादी विकास के लिए जरूरी है—लगता है ऐसे स्थानों पर अन्याय और वैषम्य के प्रति उनके क्रोध ने उनकी इतिहास-दृष्टि पर छाकर उसे

मलिन और संकीर्ण कर दिया है। लेकिन ऐसे स्थल कम हैं और मेरा विश्वास है कि अगली कविताओं में ये इन संकीर्णताओं से अपनी दृष्टि बचा सकेंगे। 'नई कविता' और 'भूखी पीढ़ी' के कवि अपनी अनास्था की झोंक में दिशा-ज्ञान खोकर अक्सर हर पुनीत और जीवन्त मानववादी मूल्य की मिट्टी पलीद कर रहे हैं—उनके मुकाबले में तरुण प्रगतिशील कवि की ये कतिपय विचारगत संकीर्णताएँ अक्षम्य नहीं है।

रणजीत एक अनुभूति-प्रवण कवि हैं, उनकी अनुभूतियाँ मात्र वैयक्तिक नहीं हैं, बल्कि एक मानी में देश और विदेश के हर पीड़ित, उपेक्षित और आक्रान्त व्यक्ति के साथ वे अपनाना महसूस करते हैं और उसके साथ वे स्वयं भी पीड़ा झेलते हैं—यह उनके सच्चे मानववाद का प्रमाण है। 'टोकियो में मजबूरन टूटी हुई हड़ताल' और 'लियोपोल्डविल में एक गिरफ्तारी' के प्रति उनका हृदय उतना ही संवेदनशील है जितना 'एक हिंदुस्तानी लडक़ी' की मजबूरियों के प्रति। हर अन्याय को देखकर उनके मन में आदि विद्रोही स्पार्टेक्स की याद ताजी हो जाती है और 'छह हजार गुलामों की लाशें' उसके दिमाग में बिछ जाती हैं।

अंत में, रणजीत एक व्यंग्यकार कवि भी हैं। उनके सोद्देश्य व्यंग्य में गहरी चोट है। 'मैं प्यार बेचती हूँ' भवानीप्रसाद मिश्र की प्रसिद्ध कविता 'मैं गीत बेचता हूँ' की सफल पैरोडी भी है और अपने आप में एक उत्कृष्ट व्यंग्य-कविता भी, जिसमें प्यार के फैशनेबल लेबलों का कलात्मक वर्णन है। प्रस्तुत संग्रह में अनेक स्मरणीय कविताएँ हैं और प्रगतिशील काव्यधारा में रणजीत ने जो तरुण और सशक्त हस्ताक्षर जोड़ा है, वह अभिनंदनीय है।

—शिवदानसिंह चौहान

***

'ये सपने : ये प्रेत' - 'प्रगतिशील प्रयोगवाद' का एक नमूना पेश करता है, प्रगतिवादी कविता में वक्तव्यपरकता से बचना कठिन हो जाता है क्योंकि विगत सामाजिक व्यवस्था पर युवकोचित तीव्र रोष कवि में आवश्यक तटस्थता नहीं रहने देता, 'रणजीत' के काव्य-संग्रह की शुरू की कविताएँ इसका प्रमाण हैं। यह वक्तव्यपरक शैली जनसाधारण को प्रभावित करती है किन्तु कलामर्मज्ञ वर्ग के सम्मुख यह आदर नहीं पा सकती, रणजीतजी ऐसी रचनाएँ भी लिखते रहें किन्तु उन्हें और अधिक सांकेतिक भी होना होगा। 'जीत अधूरी है', 'तुम्हारे ही लिए तो', 'जूझती-प्रतिमा' जैसी रचनाएँ वक्तव्यवादी शैली की प्रतिनिधि रचनाएँ हैं।

'बस में पास बैठी बच्ची से' जैसी रचनाओं में कवि ने अनुरागभाव और संघर्ष के द्वन्द्व को प्रस्तुत किया है किन्तु वह अनुरागभाव को सहमता हुआ सा स्पर्शमात्र

करता है, साफ लगता है कि कवि अभी भी आदमी के सहज भावों के उद्घाटन में डरता है किन्तु ऐसा तुलसीदासवादी संकोच (सोह नवल तन सुंदर सारी, जगत-जननि अतुलित छविभारी) अप्रगतिवादी संकोच हैं क्योंकि वह मनुष्य को मनुष्य रूप में प्रस्तुत न करके कोमल भावों का गला घोंटकर एक आदर्श की अनुभूति का अंग न बनाकर कृत्रिम शहादत का मार्ग अपनाता है। रणजीतजी को कुछ नये प्रयोगों पर काफी सफलता मिली है जैसे कि 'पृष्ठभूमि', 'साँसों की हड़ताल' और 'दुनिया एक वेंइंग मशीन' जैसी रचनाओं में, सामाजिक चेतना यहाँ कला का गला नहीं धर दबाती बल्कि कथ्य को आकर्षक रूप में प्रस्तुत करती है, 'प्यार : चार अस्वीकृतियाँ' भी 'प्रगतिवादी प्रयोगवाद' का अच्छा उदाहरण है किन्तु मेरी दृष्टि से 'पृष्ठभूमि' इस संग्रह की सशक्त रचना है, यहाँ प्रकृति को कवि अपनी चेतना से रंजित करके देखता है और केवल बिम्बों द्वारा कवि का दृष्टिकोण और संवेदना व्यंजित हो उठती है।

जर्द है चाँद का मायूस चेहरा
रह-रह कर खाँस उठता है
दमे का मरीज बूढ़ा आसमान
हिस्टीरिया से पीड़ित है कुंठाग्रस्त घाटियाँ!
अपने पौरुष की लाश पर
पुराने संस्कारों की बर्फ का कफन डाले
पहाड़ मातम मना रहे हैं
धरती का एक-एक जोड़ दर्दा रहा है
शायद कोई सबेरा क्षितिज के गर्भ में छटपटा रहा है!

काश ! इस संग्रह में इस ढब की रचनाएँ अधिक होतीं। कवि ने 'गीत फरोश' के आधार पर जो रचना प्रस्तुत की है, वह मौलिक है पर मौलिक कवि का यह प्रकृत मार्ग नहीं है। प्रत्येक कवि को अपना मार्ग अलग बनाना होगा।

फिर भी रणजीत ने अपना एक अलग 'डिक्शन' विकसित कर लिया है, उनकी कविता का मुख्य गुण सच्चाई है, भावना और बुद्धि की सच्चाई किन्तु अभी भी इस सच्चाई को वक्तव्यता से बचाने का कार्य शेष है। जिन रचनाओं में यह दोष कम है, वहाँ कवि अधिक सफल हुआ है। दूसरा कार्य सपाटता से मुक्ति प्राप्त करना है। मानव-मन का जटिल सग्रथित-द्वन्द्वात्मक रूप जिस जटिल सौंदर्यबोध, जिस विविधार्थी शब्द-प्रयोग की अपेक्षा रखता है उसका एक रूप अवश्य रणजीत में मिलता है किन्तु अभी भी उन्हें सतह से नीचे उतरकर, नारेबाजी से बचकर, आज के मनुष्य के विविध चेतना स्तरों पर उतरकर,

सहानुभूति और मुक्त संकोच के साथ अनुभव और भावनाओं को व्यंजित करना है और साथ ही उन्हें अपनी सामाजिक चेतना से एकसूत्रित भी करना है। मुझे विश्वास है कि कवि भविष्य में 'पृष्ठभूमि', 'प्यार' जैसी रचनाओं की कला-प्रवृत्ति का विकास करेगा और सम्बोधनपरक पिष्टपेषित प्रवृत्ति का त्याग करेगा।

इस नवकवि का मैं स्वागत करता हूँ।

बहुत शुक्रगुजार हूँ तेरा ऐ मेरे वेतन कि अभी तक मैं
भूखा न मरा, पागल न हुआ, जकड़ा न गया हथकड़ियों में !

—विश्वंभरनाथ उपाध्याय

***

यद्यपि रणजीत का यह काव्य-संग्रह प्रगति, प्रेम और व्यंग्य की त्रिवेणी है, पर उसका मूल स्वर संघर्ष है—यथार्थ और आदर्श का संघर्ष, व्यक्ति और समाज के गलत ढाँचे का संघर्ष, प्राचीन और अर्वाचीन का संघर्ष, शोषितों और शोषण का संघर्ष, वस्तुतः उनके इस काव्य में युग के यथार्थ और आदर्श तथा सत्य और सपनों के संघर्ष में कभी टूटते हुए और कभी विजय के विश्वास में सीना ताने युग मानव का सजीव, यथार्थ और प्रतिनिधि चित्रण है। संघर्ष की इस आत्मानुभूति के कारण ही उनके काव्य में वेदना और व्यंग्य, विवशता और विद्रोह दोनों के स्वर हैं। उन्होंने युग-जीवन को भावुक की ही नहीं, विचारक और विश्लेषक की दृष्टि से भी देखा है, इसलिये उन्होंने युग के कंकाल की पसलियाँ गिनने की अपेक्षा, उसके क्षय-कीटाणुओं को पकड़ा है।

उन्होंने अपनी आँखों से विज्ञान के आलोक में ईश्वर को मरते देखा है। इसीलिए श्रम की संतानों को शासन के स्वर्णजाल से भ्रमित न होने की सलाह दी है। उनकी दृष्टि में आजादी की लड़ाई की जीत अभी अधूरी है, क्योंकि मानवता अभी असमानता की दीवारों से बँटी है। उनका अभिमन्यु गत युग के संस्कारों के चक्रव्यूह को भी तोड़ देना चाहता है। प्यार और बगावत दोनों में उन्होंने सामाजिक बंधनों की जकड़ को अनुभव किया है और इसीलिए उन्हें सहते-सहते वे विष पुरुष बन गये हैं। उन्होंने शैतानियत को, कैद आवाजों को, छल-कपटों को, धर्म के घनचक्कर को अनुभव किया है और इन्हीं को मिटाने के लिए उन्होंने कलम उठाई है; लेकिन साथ ही कुदाल उठाने की आवश्यकता को भी वे अनुभव करते हैं। लेखन के साथ वे संघर्ष में भी उतरना चाहते हैं क्योंकि इस देश में अभी प्रगति का लहू चूसकर परम्पराएँ मोटी होती हैं और लोग सपनों का, सिक्कों से सौदा करते हैं और इसीलिए वे पत्थर के देवताओं से वरदान माँगने की अपेक्षा, इन्सान की खोज में इन्सान को प्रेरित करते हैं। साथ ही वे यह भी मानते हैं कि सब जोर से बोलने वाले

लाउड स्पीकर नहीं होते, हर क्रांति खरीदी हुई नहीं होती, हर योद्‌धा कठपुतली नहीं होता, वह 'स्वयं भी एक' व्यक्तित्व हो सकता है।

व्यक्ति और समाज के विरोध को कवि ने इस रूप में देखा है कि दिल उदार है और दुनिया तंग; सपने रंगीन हैं, सत्य बदरंग; प्रेम कायर है, रस्में जाहिल; नियम संकरे हैं, राहें चौड़ी; और लोग अपने हैं, देश बेगाना ! इसी कारण कर्तव्य, धर्म, प्रेम और देशभक्ति की जो परिभाषाएँ संसार ने बना रखी हैं, उन सबके प्रति कवि के पास एक ही उत्तर है और वह है आग ! वह धरा पर ही रहकर स्वर्ग के गर्व को तोड़ देना चाहते हैं, क्योंकि उनके अपने सपने हैं और उन स्वप्नों पर वे अपना पूरा जीवन न्योछावर कर देने को प्रस्तुत हैं। उन्होंने जीवन को साँसों और सपनों, धरती और गगन के गठबंधन के रूप में देखा है।

पर, उनका अस्त्र विद्रोह ही नहीं व्यंग्य भी हैं। उन्होंने व्यंग्य किये हैं—पूँजीवादी अर्थशास्त्र पर, भाषण देने की स्वतंत्रता पर, पैसे के दबाव से ही मूल्यांकन किये जाने पर, भारतीय पत्नी के सामने सीता और भले घर की लड़की बने रहने की एकपक्षीय विवशता पर, बालबच्चेदार लोगों के यथातथ्यवादी दर्शन पर, भारत की समन्वयवादी नीति पर, तथाकथित परम्परा प्राप्त सहनशीलता पर और उनके ये व्यंग्य 'गम्भीर घाव' करने वाले हैं, इसमें कोई संदेह नहीं।

रणजीत की संवेदनाओं के क्षितिज अपने देश की परिधियों तक ही सीमित नहीं हैं। वे अन्तर्राष्ट्रीय घटनाचक्रों और संदर्भों के आकाश को भी छूते हैं। उनका कवि, वस्तुतः विश्वभर की उपेक्षित और अनसुनी आवाजों का माध्यम है, माध्यम है इन्टरनेशनल बिग्रेड के क्रान्तिकारी सैनिकों का, पोलैण्ड के मूक शहीद यहूदियों का, अल्जीरिया की जवान विद्रोहिणी जमीला और कांगो की आजादी के निहत्थे सिपाही लुमुम्बा का! —माध्यम है घायल सपनों और दबी हुई चिनगारियों का।

पर, रणजीत जहाँ अपने कथ्य के प्रति ईमानदार हैं वहाँ अपने कवि-धर्म के प्रति भी। इसी से उनकी कविताओं में न नारेबाजी है और न रुखापन, वे बुद्‌धि को अपील करती हैं पर मर्म को छूती हुई! उनमें एक रस है जिसे मैं 'बौद्‌धिक रस' कहना चाहूँगा; और इसका आधार है उनमें आये हुए पौराणिक, ऐतिहासिक और समसामयिक सामाजिक-राजनैतिक घटनाचक्रों के वे पात्र, जो किसी युगीन अथवा शाश्वत समस्या के प्रतीक हैं, जैसे—त्रिशंकु, देवदत्त और दुःशासन; फाउस्ट, प्रोमेथ्यूस और स्पार्टकस; मनरो, वेलेन्तिना और कीलर—जो कवि की संवेदनाओं के विषय बन चुके हैं। उनकी कविताओं की प्रभावशीलता का एक अन्य कारण है, भाषण की धाराप्रवाहिता और नाटकीयता। नाटकीयता की दृष्टि से उनकी सर्वश्रेष्ठ कविता है 'मेरेलिन मनरो का आखिरी पत्र'। किसी पात्र के भावों की

इतनी सहज, इतनी तीव्र, इतनी स-वेग, इतनी मनोवैज्ञानिक और इतनी नाटकीय अभिव्यक्ति सम्भवतः उनकी और किसी कविता में नहीं है, यों मनोवैज्ञानिक कविताएँ, उनकी और भी हैं जैसे 'जब से प्यार करने लगा हूँ'। रणजीत की सफलता का रहस्य इसी में है कि उन्होंने अनुभवों और विचारों को, अनुभूति के धरातल पर लाकर काव्य में अवतरित किया है।

—प्रेमचन्द विजयवर्गीय

वातायन, मार्च, 1965

***

बेताब दर्दों और घायल सपनों का माध्यम

*** नवल किशोर ***

रणजीत ने कृति के आरम्भ में एक कविता में अपने कवि-धर्म का ज्ञापन किया है—उसके शब्द मुक्ति सैनिक हैं जो एक नयी रोशनी का पैगाम उन तक पहुँचाएँगे जिनके मन का देश गुलाम है और जो स्वार्थ के शासन में पिस रहे हैं तथा युग के संस्कारों की सरमायेदारी का शोषण बेरोकथाम सहते हैं। लेकिन इस संकल्प को जिस तरह प्रकट किया गया है वह वक्तव्य जोशीला तो है पर कविता नहीं है। रणजीत की दुर्बलता यही है कि वह एक अच्छा प्रतीक चुनकर भी कभी-कभी उसे रचना का साध्य नहीं रहने देता, उसकी व्याख्या करके असर पैदा करना चाहता है और इस प्रयास में कविता समाप्त हो जाती है। अर्थगर्भी प्रतीक चुनना रणजीत की एक बड़ी विशेषता है और जहाँ वह कवि-कर्म के प्रति सचेत रहते हुए प्रतीक की आत्मा को बनाये रखता है बहुत अच्छी रचना देता है। 'नयी मंजिल नयी राहें' में प्रतीक बहुत स्पष्ट हैं, पर 'सुगति मार्ग' और 'कुण्डलिनी योग' के पुराने धार्मिक रहस्यवादी प्रतीकों को आज के संघर्षरत जन-सामान्य की मुक्ति चेष्टाओं के संदर्भ में प्रयुक्त कर कवि ने एक प्रीतिकर विस्मय की सृष्टि की है। 'बीसवीं सदी का त्रिशंकु' में आरम्भ में प्रतीक का सुन्दर निर्वाह है, पर 'धरा पर आ जाने दो ताकि स्वर्ग को मजा चखाऊँ...' तक आते-आते केवल एक प्रतिहिंसात्मक आवेग रह जाता है और व्यक्ति की एक बहुत मार्मिक वेदना व्यंजित होने से रह जाती है। लेकिन 'फाउस्ट का कन्फैशन' और 'हारे हुए सिपाही का वक्तव्य' जैसी कविताएँ प्रतीकात्मक अभिव्यक्ति लिए हुए हमारी संवेदना को गहराई से छू जाती हैं। कवि की संवेदनाओं के क्षितिज इतने फैले हुए हैं कि उसकी हर खुशी पर 'सैकड़ों अवसादों के साये' हैं और साथ ही 'हर अवसाद की कारा में सैकड़ों आशाओं की खिड़कियाँ हैं।' वह 'बेताब दर्दों और घायल सपनों' का 'माध्यम' है। उसके गीतों में उनका विद्रोह है जिनकी गर्दनें उठने से पहले ही झुका दी गईं; न्यूयॉर्क में रंगभेद

के खिलाफ कडक़ता हुआ एक नारा 'उसे महीनों की जुदाई के बाद प्रिया के पहले आलिंगन की तरह रोमांचित कर जाता है' और 'लियोपोल्डविले में एक गिरफ्तारी उसके दिल पर अवसाद का इतना बोझ रख जाती है कि वह घण्टों तक किसी से बात भी नहीं कर पाता।' लेकिन उसकी यह पक्षपरता कभी-कभी मानवीय संवेदना से प्रेरित न होकर राजनैतिक मतवादी आग्रहों से आक्रान्त भी होती है और वह हमेशा इस पक्षपरता को काव्यात्मक अभिव्यक्ति दे पाता हो ऐसा नहीं है। उसकी संघर्ष की कविताएँ 'जूझती प्रतिमा', खण्ड में संकलित हैं। इस खण्ड की श्रेष्ठ कविताएँ हैं—जूझती प्रतिमा, नयी मंजिल : नयी राहें, हारे हुए सिपाही का वक्तव्य, पृष्ठभूमि, फाउस्ट के कन्फैशन, ये सपने : ये प्रेत, माध्यम और संवेदनाओं के क्षितिज। 'पृष्ठभूमि' में प्राकृतिक प्रतीकों के माध्यम से सामाजिक यथार्थ की अभिव्यक्ति है।

दूसरा खण्ड प्रेम सम्बन्धी कविताओं का है—'एक विराट् पवित्रता'। उनकी दृष्टि में संस्कारों की दासता से प्यार की मुक्ति के लिए भी संघर्ष जरूरी है। प्राचीन संस्कृति को अभिजात्य संस्कृति के रूप में तिरस्कृत करने की भावना प्रगतिवाद की ही देन थी—हालाँकि मार्क्सवादी प्रतिमान प्राचीन सांस्कृतिक मूल्यों को उचित महत्त्व देने का विधान करते हैं। रणजीत की एक कविता में दुःशासन प्यार का प्रतीक बन गया है, जो 'बीती सभ्यता के आवरण चीर' से 'बन्दिनी इन्सानियत की द्रौपदी' को मुक्त करेगा। 'एक विराट् पवित्रता' में देह-भोग के क्षणों की तीव्रतन्मयता को बहुत सशक्त अभिव्यक्ति दी गई है, किन्तु स्त्री-पुरुष के बीच मात्र उन क्षणों के रिश्ते को ही गौरव की वस्तु भी प्रकारान्तर से बना दिया गया है। 'जब से प्यार करने लगा हूँ' अपनी सहज अभिव्यक्ति के कारण बड़ी अपील करती है—'जब से मैं तुमसे प्यार करने लगा हूँ, मुझे धरती तंग-तंग-सी लगती है... जबसे तुम्हारे प्यार की विराट् बाहों में घिरना सीखा है, आकाशों की विशालताएँ मुझे क्षुद्र-क्षुद्र-सी लगने लगी हैं।'

'यह बस्ती बटमारों की' में व्यंग्य सम्बन्धी रचनाएँ हैं। 'मेरे आस-पास के लोग' और 'दुनिया : एक वेइंग मशीन' जैसी अपेक्षाकृत छोटी कविताओं में व्यंग्य अच्छा उभरा है, जबकि अधिक लम्बी रचनाओं में सीधी चोट करने के प्रयास में प्रभावहीनता आ गई है। इस खण्ड की उल्लेखनीय कविता है 'मैं प्यार बेचती हूँ' लेकिन शब्दों के संयमित प्रयोग की थोड़ी कमी इसमें आ गई है।

कवि यदि भूमिका में अपनी काव्य सम्बन्धी मान्यताओं के स्थान पर कविताओं के बारे में ही कुछ कहता तो अच्छा रहता और 'संकेतों के संदर्भ' की जरूरत नहीं रहती।

रणजीत प्रधानत: ओज का कवि है और यद्यपि सब जगह वह सफल नहीं हुआ है, किन्तु विद्रोही चेतना को बहुत समर्थ और प्रतीकात्मक अभिव्यक्ति देने की सामर्थ्य उसमें है।

—नवल किशोर

***

एक और प्रोमेथ्यूस

*** मृत्युंजय उपाध्याय ***

रणजीत मूलत: विद्रोही कवि हैं। उसकी कविताओं के विद्रोही स्वर को पहचानने के लिए उसकी कविताओं की पृष्ठभूमि का अध्ययन करना आवश्यक है। पृष्ठभूमि, अर्थात् वे सामाजिक परिस्थितियाँ जिन्होंने कवि की चेतना को प्रभावित किया है। सामाजिक परिस्थितियाँ चेतना को निर्धारित करती है। भौतिक-जीवन की उत्पादन-पद्धति (और उसके सम्बन्ध) सामाजिक, राजनैतिक और बौद्धिक प्रक्रियाओं का निरूपण करती हैं। कविता की एक बौद्धिक प्रक्रिया है और वह भी इन शक्तियों से प्रभावित होती है। रणजीत की कविताएँ भी इनसे अछूती नहीं हैं। उसकी कविताएँ अपने युग की परिस्थितियों, वास्तविकताओं से कितनी दूर तक प्रभावित हुई हैं, इसे समझने के लिए हमें वर्तमान युग, अपने देश की परिस्थितियों का ठोस विश्लेषण करना होगा और विशेष तौर से मौजूदा दुनिया के उन प्रमुख अन्तर्विरोधों का ध्यान रखना होगा जिनसे इन वास्तविकताओं का स्वरूप स्पष्ट होता है, जिसके कारण रणजीत का कवि विद्रोही बनता है।

वर्तमान युग के प्रमुख अन्तर्विरोध ये हैं—

(1) साम्राज्यवादी देशों और साम्राज्यवादी देशों के बीच के अन्तर्विरोध।

(2) देश के भीतर सामन्तवादी पूँजीपति वर्ग और मेहनतकश जनता के बीच अन्तर्विरोध।

(3) साम्राज्यवादी देशों और गुलाम देशों के बीच के अन्तर्विरोध।

इन अन्तर्विरोधों के मूल में वह पूँजीवादी अर्थव्यवस्था है, जो देश और व्यक्ति को गुलाम बनाती है, हज़ारों-लाखों को भूखा, नंगा और अभावों से ग्रस्त रहने के लिए पशु से भी बदतर जिन्दगी बिताने के लिए मजबूर करती है। यह व्यवस्था जो सहज मानवीय-मूल्यों और पारिवारिक सम्बन्धों को खरीद-फरोख्त की चीजें बना देती हैं उन्हें बाजार में ला खड़ा करती है।

किसी भी संवेदनशील व्यक्ति को, जिसके पास एक मानवीय हृदय हो और कोई वैज्ञानिक दृष्टि हो, ये परिस्थितियाँ, यह अर्थव्यवस्था, इस व्यवस्था द्वारा

स्थापित नैतिक, सामाजिक, वैचारिक मान्यताएँ—स्वीकार नहीं होगी। वह व्यक्ति अवश्य विद्रोही होगा। जैसे रणजीत है। रणजीत का विद्रोही कवि क्रांति द्वारा इस व्यवस्था को नष्ट करना चाहता है। वह मानवीय-मूल्यों और आदर्शों को लेकर संघर्ष करता है। उसकी कविताएँ इस युग की वास्तविकताओं, अपने देश की वास्तविकताओं, को द्वन्द्वात्मक विधि से प्रतिबिम्बित करती है और अपने समय के वर्ग-संघर्ष का दर्पण बन जाती हैं। उसे 'सत्य' को सजाने-सँवारने और रंग देने की जरूरत नहीं पड़ती।

संवेदनाओं के क्षितिज : इतिहास का दर्द

'ज़िंदगी ने मेरी संवेदनाओं के
क्षितिज कितने फैला दिये है?
कि दुनिया के कोने-कोने में
मैं अपने दोस्तों और दुश्मनों को
देख रहा हूँ
मेरे दोस्त,
जो मेरे दुश्मनों से एक निर्णायक
लड़ाई में जूझ रहे हैं...'

ये अपने लोग कौन हैं? अपने क्यों है?

ये लोग हैं—क्यूबा के लोग जो, क्यूबा को 'साम्राज्यवाद के समुद्र में नहीं डूबने' देना चाहते, ये हैं वियतनाम के वे विद्रोही लोग थे जिन्हें नष्ट करने के लिए 'अमेरिकी हवाई जहाजों से जहरीले रासायनिक बरसाये जा रहे हैं' ये हैं अल्जीरिया के वे लोग, जिनके स्वतन्त्रता-आंदोलन को सीक्रेट आर्मी ऑरगेनाइजेशन की हत्याएँ आतंकित कर रही थीं, ये हैं न्यूयॉर्क के वे लोग जो रंगभेद की नीति खिलाफ 'कडक़ते हुए नारे' लगा रहे हैं, संक्षेप में विभिन्न गुलाम देशों के राष्ट्रीय मुक्ति-संघर्ष के सैनिक, पूँजीवादी देशों की आर्थिक दासता के खिलाफ युद्ध लडऩे वाले मजदूर किसान, रंगभेद की नीति से उत्पीड़ित काले लोग, ये सभी उसके दोस्त हैं। पर दोस्तों को ही कवि ने नहीं पहचाना है, दुश्मनों की पहचान भी कवि को हैं, दुश्मन है, उसके दोस्तों का दमन करने वाली साम्राज्यवादी, पूँजीवादी व्यवस्था और उसकी रक्षक सरकारें। ये सरकारें चाहती हैं कि 'रक्त बीज बो-बो कर आगामी कल को लाल किरण से मदने वालों' को, उन 'जूझती प्रतिभाओं' को नष्ट कर दें उन्हें आगे बढऩे से रोक दें, ताकि उनके 'संघर्षरत स्वप्न' कभी सच्चे न बन पायें। परन्तु कवि का विश्वास है, संघर्ष में विजयी होंगे पीड़ित और दुखित लोग चाहे अभी उनकी ताकत कितनी भी कम क्यों न लगे। इसीलिए वह, स्वयं को 'माध्यम'

बनाता है उनकी आत्माओं, स्वप्नों, संघर्षों, पीड़ाओं की आशाओं, निराशाओं, आस्थाओं का और उन्हें अभिव्यक्ति देता है। वह कहता है—

मैं माध्यम हूँ
जब मैं लिखने के लिए
कलम उठाता हूँ
एक आग मेरी कलम को घेरकर
खड़ी हो जाती है
यह आग अल्जीरिया की
उस जवान विद्रोहिणी जमीला
की आग है
अमानुषिक अत्याचारों के बल पर
जिससे वे सब अपराध स्वीकार
कराये जा रहे हैं
जो उसने कभी नहीं किए
यह सीक्रेट आर्मी
ऑरगेनाइजेशन की शिकार,
उन हजारों अल्जीरियाई मशालों
की आग है
जिनकी जिन्दगियाँ
फ्रांसिसी साम्राज्यवादियों की
नजरों में
बोर्ड पर लिखी हुई संख्याओं से
ज्यादा कीमत नहीं रखतीं...

संक्षेप में कवि—'कांगो के बेताज बादशाह लुमुम्बा के दर्द' तेलंगाना के 'बागी किसानों' के सपनों, हिरोशिमा पर एटमबम गिराने को मजबूर किये 'अमेरिकी पायलेट' के पागलपन, अल्जीरिया की 'जवान विद्रोहिणी जमीला' की आग, 'पोलैण्ड के उन हजारों मूक यहूदियों' की पीड़ा 'जिन्हें जिन्दा दफनाने के लिए खुद उन्हीं के हाथों से कब्रें खुदवायी गयी थी,' सभी को अभिव्यक्ति देता है।

रणजीत की बहुत-सी कविताओं में जैसे—'संवेदना के क्षितिज', 'माध्यम', 'इतिहास का दर्द', इत्यादि में, अन्तर्राष्ट्रीय स्तर के इन अन्तर्विरोधों को सफल अभिव्यक्ति मिली है।

ये अन्तर्विरोध—पूँजीवादी देशों और उनके देशों के मजदूर वर्ग के बीच के हैं, साम्राज्यवादी देशों और गुलाम देशों के बीच के; गोरे और कालों के बीच के, समाजवादी और साम्राज्यवादी शासन व्यवस्थाओं के बीच के हैं। लेकिन मनुष्य का जीवन और उसका यह संसार इतना सरल, इतना सपाट नहीं है, उसके सभी अन्तर्विरोधी और द्वन्द्व इतने स्पष्ट और सीधे नहीं होते कि हम निःशंक भाव से किसी एक पक्ष को ग्रहण कर सकें—'इतिहास का दर्द' कविता में वह कहता है—

काश, यह दुनिया कुछ कम उलझन भरी होती।
प्यार का विरोध सिर्फ परम्परा ही करती या पैसा ही
सच की दुश्मनी सिर्फ झूठ से ही होती
उजाले के हथियारों से हथियार भिड़ाये हुए
सिर्फ अँधेरा ही खड़ा होता
और इन्कलाब और मुखालिफत सिर्फ प्रतिक्रिया ही करती।
लेकिन यहाँ तो प्यार के खिलाफ प्यार खड़ा है
एक तरह के प्यार के खिलाफ दूसरी तरह का प्यार
और परम्परा और पैसा, उसके पक्ष में भी हैं और विपक्ष में भी।
उजाले के सामने उजाला तना हुआ है।
गुलाबी उजाले के सामने लाल उजाला
और काले अँधेरे का विरोध
नीला अँधेरा कर रहा है।
सच के खिलाफ सिर्फ झूठ ही नहीं एक दूसरा सच भी है
और इन्कलाब के मुकबाले में सिर्फ
प्रतिक्रिया ही नहीं
एक दूसरी तरह का इन्कलाब भी खड़ा है।
काश, यह दुनिया कुछ कम जटिल होती
और हमें एक इन्कलाब के लिए
दूसरे इन्कलाब की
एक प्यार के लिए दूसरे प्यार की
और बड़े सच के लिए छोटे सचकी
मुखालिफत के दर्दनाक कर्तव्य का
बोझ न उठाना पड़ता
काश, इतिहास को माओ और
जॉनसन के बीच ही किसी को चुनना होता

या फिर खुश्चोव और दगाल के बीच ही
माओ और खुश्चोव में से किसी
एक को चुनने का दर्द
अन्तर मंथन की पीड़ा
कसाव और तनाव
उसे न सहना पड़ता।

खुश्चोव और माओ में से किसी एक को चुनने का दर्द है, रूस और चीन इन दो समाजवादी देशों के द्वारा प्रस्तावित अंतर्राष्ट्रीय कम्युनिस्ट आन्दोलन की नीति में से किसी एक को चुनने का दर्द। यहाँ दो समाजवादी देशों के बीच के अन्तर्विरोधों को भी स्पष्ट अभिव्यक्ति मिली है और ये अन्तर्विरोध ही कवि की उलझन के कारण है।

पृष्ठभूमि : हालत हिन्दुस्तान की

कवि की 'संवेदनाओं के क्षितिज' कविता को पढक़र एक बार श्री बालकृष्ण राव ने लिखा था—"निःसंदेह 'संवेदनाओं के क्षितिज' सबल रचना है, व्यापक संवेदनाओं की उपलब्धि हैं। .. पर रचना पढक़र मन में यह प्रश्न अनिवार्यतः उठता है कि कवि अपने आस-पड़ोस के परिवेश को लाँघ जाने के लिए क्यों प्रेरित हुआ? क्या उसके चारों ओर गम, बेबसी, घुटन, दैन्य, दुःख यथेष्ट नहीं है कि उसकी दृष्टि सीधे क्यूबा, वियतनाम, जंजीबार, अल्जीरिया, पेरिस और टोकियो की ओर चली जाती है? जो कवि अपने परमसुख के क्षणों में भी ओरों के दुःख को भुला नहीं पाता, जो इस कारण अपने सुख में पूरे मन से मग्न नहीं हो पाता क्योंकि उसे किसी दुःख में डूबते हुए की याद आ जाती है, उसकी संवेदनात्मक दृष्टि की यह 'हाईपर मोपिया (निकट-दृष्टि दोष) की बीमारी' भावक को उलझन में डाल देती है।" लगता है कि श्री बालकृष्ण राव ने यह धारणा मात्र कवि की एक कविता को पढक़र बनायी है। रणजीत की कविताओं में भारत से इतर देशों की जनता के संघर्ष, पीड़ाओं, दुःखों इत्यादि की जो अभिव्यक्ति है वह वास्तव में उसके उस आधुनिकताबोध का परिणाम है, जो भारत की संघर्षशील उत्पीड़ित, शोषित जनता को शेष संसार की संघर्षशील, उत्पीड़ित, शोषित जनता से जोड़ता है। ऐसी बात नहीं कि रणजीत ने अपने चारों ओर के गम, बेबसी, घुटन, दैन्य, दुःख, संघर्ष से आँखें मूँद रखी हैं। जितनी तेजी और सच्चाई से रणजीत को 'टोकियो में एक मजबूरन टूटी हुई हड़ताल', 'लियोपोल्डविल में एक गिरफ्तारी', 'सिंगापुर में झुकी हुई गर्दनों का वापस लिया हुआ आन्दोलन', 'जंजीबार में उठी हुई मुट्ठियों का एक जुलूस', 'पेरिस के किसी चौराहे पर फहराता हुआ मजलूमों का एक बुलन्द इरादा'

संवेदित और प्रभावित करता है, उतनी ही तेजी और सच्चाई से उसे तेलंगाना के उन एक सौ आठ बाग़ी किसानों, के सपने घेर लेते हैं जिन्होंने अपनी पकती हुई फसलों और जवान होती बेटियों को लुटेरे हाथों से बचाने के लिए बन्दूकें उठा ली थीं वह 'घायल तूफान' प्रभावित करता है जो केरल के प्रयोग से टूट चुका है और उसका वह देश उत्प्रेरित करता है—'जहाँ बचपन भीख माँगते हुए जवान होता है और जवानी गुलामी करते-करते बुढ़िया जाती है, जहाँ अन्याय को ही नहीं, न्याय को भी अपनी स्थापना के लिए सिफारिशों की जरूरत होती है, जहाँ झूठ ही नहीं, सच भी रोटरी मशीनों और लाउडस्पीकरों का मुहताज है, बेईमानी को ही नहीं, ईमानदारी को भी अपनी रक्षा के लिए पैसों की ताकत का सहारा लेना पड़ता है,' जितनी स्पष्टता से दुनिया के बुनियादी अन्तर्विरोध और वर्ग-संघर्ष रणजीत की कविताओं में प्रतिबिम्बित हुए हैं, उतनी स्पष्टता से उसके अपने देश की वास्तविकतायें, दैन्य, दुःख, साहस और संघर्ष के चित्र भी। इस दृष्टि से एक सुन्दर कविता है 'पृष्ठभूमि'—

ज़र्द है चाँद का मायूस चेहरा।
रह-रहकर खाँस उठता है
दमे का मरीज बूढ़ा आसमान।
अपना गम गलत कर रहे हैं सितारे
शराब की तल्ख घूँटों में।
हवाओं के सर्द होठों पर
सिसकियाँ जम रही हैं।
भूख से कुलबुलाती हुई ओस की
दुधमुँही बूँदें
अपने अस्तित्व की भीख माँग रही है
फुटपाथों पर ठिठुर रहा है बे-घरबार सन्नाटा।
बेरोज़गारी से तंग उजाला
खुदकुशी की कोशिश कर रहा है।
हिस्टीरिया से पीड़ित है
कुण्ठाग्रस्त घाटियाँ
अपने पौरुष की लाश पर
पुरानेसंस्कारों की बर्फ का कफन डाले
पहाड़ मातम मना रहे है।
बेचैन खड़े हैं रेगिस्तान

अपनी अतृप्त बाँहें फैलाये।
झीलें अपने कसमसाते हुए प्यार को
पाबन्दियों के किनारों से जकड़े
करवटें बदल रही हैं
अकेला चीख रहा है कुँवारी रात
का अवैध बच्चा
बादलों की जवान बेटियाँ
जिस्म की दुकान कर रही है।
हथकडियों में जकड़ी हुई है पेड़ों की शाखें।
बेलों की साँसों पर पहरा लगा है।
दूरबीनों की नजरों से देखी जा रही है
नदियों की गतिविधियाँ सब।
आँधियों के आंदोलनों को
मशीनगनों से भूना जा रहा है।
टीयर गैस से आक्रान्त है
दिशाओं की आँखें।
धरती का एक-एक जोड़
दर्दा रहा है।
शायद कोई सवेरा—
क्षितिज के गर्भ में छटपटा
रहा है।

प्रस्तुत कविता में प्रकृति का यथार्थवादी मानवीकरण है। इसमें उभरे बिम्ब देश के विभिन्न सामाजिक-सत्यों को संकेतिक करते हैं। भूख से कुलबुलाती हुई ओस की दुधमुँही बूँदें, फुटपाथों पर ठिठुर रहा बे-घरबार सन्नाटा, बेरोजगारी से तंग उजाला, यदि देश में प्यास, गरीबी, बेरोजगारी, भुखमरी इत्यादि स्थितियों को प्रतिबिम्बत करते हैं तो पत्थरों को पूजती हुई मासूम कलियाँ, भ्रमों में उलझे हुए फूलों के भोले दिमाग, हथकडियों में जकड़ी हुई पेड़ों की शाखों के बिम्ब सामन्तवादी-पूँजीवादी संस्कारों, भ्रमों, रूढ़ियों और दमन तन्त्रों से जकड़ी जनता का चित्र प्रस्तुत करते हैं। इस पूँजीवादी व्यवस्था में—पौरुष 'पुराने संस्कारों का कफन' ओढ़े हुए है और प्यार 'पाबन्दियाँ' में कसमसा रहा है। इस व्यवस्था में बहू-बेटियों को जिस्म की दुकान सजानी पड़ती है, बेरोजगारों को खुदकुशी, करने के लिए मजबूर होना पड़ता है। पूरे का पूरा वातावरण देश में व्याप्त अराजकता

की स्थिति का द्योतक है। यह ऐसा वातावरण है जिसमें पूँजीवादी-सामन्तवादी शासन व्यवस्था प्रगतिशील शक्तियों के आंदोलनों को मशीनगनों से भून रही हैं और टीयर गैस से दिशाओं को आक्रान्त कर रही है।

रणजीत की ऐसी एक नहीं अनेक कविताएँ हैं। 'हालत हिन्दुस्तान की' शीर्षक कविता में कवि, पंडों, गुण्डों की ठेकेदारी, साम्प्रदायिकता, धार्मिकता इत्यादि पर प्रहार करता हुआ पूँजीवादी सामन्तवादी सरकार एवं उसकी शोषण की पद्धति पर तथा तेलंगाना और केरल में उसकी घिनौनी कार्यवाही पर व्यंग्य करता है। पूँजीवादी अर्थशास्त्र, आजादी की पूँजीवादी धारणा वर्तमान व्यवस्था की प्रगतिशीलों पर शक्की नजर आदि पर क्रमशः 'घोड़ों का अर्थशास्त्र', 'कुत्तों की आजादी', 'एक बेरोजगार की प्रार्थना' जैसी तीखी व्यंग्य कविताएँ नागार्जुन की कविताओं की याद दिलाती हैं। इसी प्रकार 'एक गधे की सीख' सामन्ती गुलाम वृत्ति पर, 'मेरे आस-पास के लोग', तथाकथित पूँजीवादी सभ्यता पर, 'झंडा ऊँचा रहे हमारा' संकीर्ण राष्ट्रवाद पर, 'एक हिन्दुस्तानी लडक़ी' सतीत्व की सामन्ती धारणा पर, 'बाल बच्चेदार आदमी की कविता' जीवन से मध्यमवर्गीय तटस्थता की भावना पर 'खद्दरधारी प्रभु की आरती' काँग्रेसी शासन के भ्रष्टाचार पर चुभती हुई व्यंग्य कविताएँ हैं। ये सभी कविताएँ हमारी पूँजीवादी-सामन्तवादी समाज व्यवस्था की वस्तु स्थितियों को द्वन्द्वात्मक ढंग से प्रतिबिम्बत करती है।

बिकते आदम, बनती छायाएँ

लेकिन रणजीत ने केवल वर्तमान समाज व्यवस्था के स्पष्ट अन्तर्विरोधों को ही प्रतिबिम्बित नहीं किया है, इस समाज व्यवस्था के मानवीय संबंधों और मानव-मूल्यों पर पड़े हुए विषाक्त प्रभाव को भी दर्द के साथ अनुभव किया है और आक्रोश के साथ व्यक्त किया है। इस व्यवस्था ने सहज मानवी मूल्यों, पारिवारिक सम्बन्धों, विश्वास, प्रेम इत्यादि तक का व्यवसायीकरण कर दिया है। वर्तमान समाज व्यवस्था की व्यावसायिकता प्रेम जैसे मानवीय मूल्य के मूलतः खिलाफ है। इसलिए वर्तमान में हम प्रेम के ऊँचे स्तर पर पहुँचकर भी अपने परिवेश को अधिक देर तक नहीं झुठला सकते—'एक विराट पवित्रता और दो क्षुद्र आत्माएँ' कविता का यही अभिप्रेत है। बात और स्पष्ट होगी यदि हम उस कविता पर सरसरी दृष्टि डाल लें—

ठहरी रहो।
अपनी इन मृणाली बाहों से
मुझे घेरकर इसी तरह ठहरी रहो
जब तक तुम्हारे रोम-रोम में

वह अज्ञात सत्य साँसें ले रहा है
जब तक तुम्हारी आँखों में
उसकी नीली गहराइयाँ हैं
तुम्हारे गाल उसकी रोशनी से
रौशन है
तुम्हारे होठों पर उसका स्वाद है
तब तक मुझे घेरे रहो
उस विराट् पवित्रता से
मुझे छुए रहो
क्योंकि कुछ ही क्षण बाद
अपने आप तुम्हारा आलिंगन
ढीला पड़ जायेगा
और हम
दो टकरा कर कौंध चुके बादलों
की तरह
अपने-अपने घायल अस्तित्व को
देख रहे होंगे
और सोच रहे होंगे
कि क्यों अब हमारी निकटता
बिजली नहीं चमकाती
और तब
तुम्हारे चेहरो पर उभरती हुई
मुस्कान में मुझे बनावट नजर
आयेगी
और मेरे लहजे में निकलती हुई
अभिमान की गंध
तुम्हें असह्य लगेगी
हम फिर स्वयं के छोटे-छोटे
घेरों में घिरकर रह जायेंगे
फिर तुम मेरे लिए किए गये
अपने त्यागों का हिसाब करने लगोगी
और मैं तुम्हारी खातिर

सुनी हुई प्रताडनाएँ गिनने
फिर वही लेन-देन
हिसाब-किताब
शिकवा-शिकायत
शायद हमारी क्षुद्र आत्माएँ
उस विराट् को अधिक देर तक
धारे नहीं रह सकतीं
इसलिए
जब तक तुम्हारे स्पर्श में
शिरीष के फूल खिले हुए हैं
तुम्हारे केशों में रातरानी की
खुशबू है
तुम्हारी साँसों में
इनसानियत की गरमी है
तब तक ठहरी रहो
अपनी इन मृणाली बाहों से
मुझे घेरकर इसी तरह
ठहरी रहो।

रणजीत की मात्र यही एक ऐसी कविता नहीं है—ऐसी अनेक कविताएँ हैं, जो मानवीय-मूल्यों के उस स्वरूप को सम्मुख रखती हैं, जो मात्र आर्थिक सम्बन्धों तक सीमित होकर रह गये हैं। 'मैं प्यार बेचती हूँ' कविता इस तथ्य पर प्रहार करती है कि इस पूँजीवादी व्यवस्था ने प्यार जैसी पवित्र भावना को भी बिक्री की वस्तु बना दिया है। चाँदी के सिक्कों की कीमत इतनी बढ़ गईं है कि आज विश्वास के बदले विश्वास, प्रेम के बदले प्रेम पाना मुश्किल है। आदमी जिस समय प्यार की बातें करता है उस समय भी विश्वास की स्थिति से परे रहता है। 'एक झूठ' शीर्षक कविता इस मध्य-वर्ग के सत्य का उद्‌घाटन है।

कितना मानवीय लगता है, इस लम्बे-चौड़े बाजार में, जहाँ सब-कुछ पैसे का मुहताज है, बस में, पास बैठी एक बच्ची का पवित्र स्पर्श—

चलती फिरती लाशों की
ठण्डक से ऊबे
मेरे तन को
इनसानी गरमाइश का

अहसास हुआ है
मानव-मानव के उन आदिम
सम्बन्धों को तृप्ति मिली है
जिनके वशीभूत होकर ही
अब भी कभी-कभी मानव को
कोई भी मानव प्यारा लगता है
× × ×
अब मैं फिर से जूझ सकूँगा
थैलीशाही अर्थशास्त्र के
चक्रव्यूह से
जिसमें फँसकर हमने अपनी
हस्ती को ही खो डाला है।

ये स्थितियाँ पूँजीवादी अर्थव्यवस्था द्वारा संचालित हमारी राजनीति, समाज नीति का परिणाम हैं जिनमें मनुष्य 'चलती-फिरती लाशों' के रूप को प्राप्त हुआ है। 'मेरेलिन मनरो का अन्तिम पत्र' इस दृष्टि से रणजीत की एक महत्त्वपूर्ण कविता है। किस तरह पूँजीवादी समाज व्यवस्था अपनी एक प्रतिभाशाली कलाकार से शोहरत और इज्जत की कीमत पर उसकी आत्मा, उसका व्यक्तित्व तक छीन लेती हैं और उसे मात्र एक शरीर बनाकर रख देती है। पूँजीवादी मानव संबंधों के जाल में छटपटाती हुई एक नारी के जीवन की ट्रेजेडी को पूरी हमदर्दी के साथ इस कविता में अभिव्यक्ति मिली है।

ऐसी समाज व्यवस्था की ओर उसके बाजारू मूल्यों की संक्रामकता से कवि कभी-कभी भयभीत भी हो उठता, लेकिन उसकी स्वस्थ आस्था का स्वर कहीं भी डूबता नहीं है। वह कहता है,

"कभी-कभी डर-सा लगता है
इस पीले प्रेतों की बस्ती में
रहते-रहते ही
प्रेत न मैं खुद ही हो जाऊँ
कहीं न डस ले पूँजी का अजगर
मुझको भी
प्रेतों के हाथों में भी बिक जाऊँ"
क्योंकि
"यों तो अपने पर मुझको

विश्वास बहुत है, लेकिन
आसपास की स्थितियों के
प्रभाव को भी झुठलाना मुश्किल है
इनसानियत के प्यार की यह
वृत्ति कुछ हल्की नहीं है
कभी-कभी पर
नोटों के कागज यों कहीं अधिक
भारी हो जाया करते हैं
मन के गहरे विश्वासों को
तन की भूख हिला देती है
रोटी की छोटी-सी कीमत भी
कभी-कभी इन बड़े-बड़े आदर्शों को
रेहन रहकर
मिट्टी में गर्व मिला देती है।"

लेकिन इस सबके बावजूद भी उसे विश्वास है कि प्रेतों में स्वाभिमान एक दिन जागेगा, चाँदी की पर्तों में दबे हुए इनसानी बीज एक दिन अंकुरित होंगे, और यदि वह कभी बिक भी गया तो उसके गीत उसके 'शब्दों के मुक्ति सैनिक' उसे फिर से रास्ता दिखा देंगे और एक दिन वह फिर मनुष्यता का परचम उठाकर लड़ने को प्रस्तुत हो जाएगा।

जैसा कि कवि ने अपने 'ये सपने : ये प्रेत' काव्य संकलन भूमिका में भी संकेत किया है, स्वस्थ मानव-मूल्यों की रक्षा के लिए चल रहे संघर्षों के सामाजिक-राजनैतिक पक्ष को तो उसने अपनी कविताओं का विषय बनाया ही है, उस संघर्ष के मानसिक पक्ष को भी व्यक्ति-मन के स्तर पर चल रहे संघर्ष को भी वाणी दी है। कवि मन के अन्तर्संघर्षों को अभिव्यक्ति देना, हिन्दी की पुरानी प्रगतिशील कविता की सपाट सूत्रात्मक सामाजिकता से अलग, कविता की एक नई और स्वस्थ भूमिका है।

फॉउस्ट के कन्फेशन

व्यक्ति के अन्तर्मन में हो रहा दो विरोधी भावनाओं, विचारों का संघर्ष, व्यक्ति के जीवन में एक महत्त्वपूर्ण भूमिका निभाता है। विजयी विचार उसी की जीवन गति को और दिशा को निर्धारित करते हैं। पूँजीवादी-सामन्तवादी—भाव जगत् के विचार अपनी विशेषताओं के साथ व्यक्ति के मानस के प्रगतिशील—विचारों से परस्पर टकराते हैं। इनमें से यदि पूँजीवादी-सामन्तवादी-भाव जगत विजयी

होता है तो वह जीवन के बाह्य संघर्षों में भी इन्हीं शक्तियों का सहयोगी बनता है और यदि प्रगतिशील विचारों का भाव जगत् विजयी होता है, तो वह प्रगतिशील शक्तियों का सहयोगी होता है। रणजीत की कविताओं में परस्पर विरोधी विचारों का संघर्ष स्पष्ट रूप से झलकता है। 'फाउस्ट के कन्फेशन' कविता में विचारों के समझौते की वृत्ति, और विद्रोह की वृत्ति दोनों के संघर्ष की अभिव्यक्ति है। एक सामयिक समझौता भी विद्रोह की आत्मा को तोड़ देता है। समझौते की वृत्ति, पूँजीवादी-सामन्तवादी भाव जगत् की विशेषताओं से युक्त है, और विद्रोह और संघर्ष की वृत्ति प्रगतिशील भाव जगत् की विशेषताओं से। 'बीसवीं सदी का त्रिशंकु' शीर्षक कविता में एक मध्यम वर्ग के व्यक्ति के अन्तर्संघर्ष का चित्रण है। जीवन में सुविधानुसार उच्चवर्गीय होने की महत्त्वाकांक्षा और टूटकर सर्वहारा वर्ग में सम्मिलित हो जाने की मजबूरी के बीच के संघर्ष को इस कविता में सुन्दर अभिव्यक्ति मिली है। 'एक लोरी : अपनी कचोटती हुई आत्मा को' इस सत्य को इंगित देती है कि विद्रोह परिपक्व ऐतिहासिक परिस्थितियों पर निर्भर करता है।

लाल खून

रणजीत का कवि अन्तर्संघर्षों और बाह्य संघर्षों को जिस द्वन्द्वात्मक पद्धति से अभिव्यक्ति देता है, उस अभिव्यक्ति की यह विशेषता है कि कविता पाठक को अभिभूत कर लेती है। यह अभिभूत कर लेने की शक्ति उसके विद्रोही विचारों की शक्ति है। उसके ये विद्रोही विचार रचनात्मक और विध्वंसात्मक दोनों ही शक्तियों से युक्त हैं। उसके विचारों का विध्वंसात्मक पक्ष है—पूँजीवादी-सामन्ती व्यवस्था और उसके विचारों, आदर्शों, मूल्यों पर कठोर प्रहार कर उन्हें नष्ट करना। और उनका रचनात्मक पक्ष है, समाजवादी व्यवस्था, आदर्शों और मूल्यों की स्थापना—एक ऐसे समाज की रचना, जहाँ मनुष्य के द्वारा मनुष्य का शोषण असम्भव बना दिया जाय। रणजीत की विद्रोह भावना मूलतः पूँजीवाद-साम्राज्यवाद के खिलाफ है। इसलिए वह एक ओर इन व्यवस्थाओं में दिखाई देने वाली विकृतियों को चित्रित करता है, दूसरी ओर इन विकृतियों के खिलाफ उन अच्छाइयों को प्रतिबिम्बित करता है जो मानव जीवन में है, और हो सकती हैं, जिनकी रक्षा के लिए इन व्यवस्थाओं को नष्ट करना आवश्यक है। इसलिए वह पूँजीवाद साम्राज्यवाद के खिलाफ लड़ने वाले विद्रोहियों को अपनी सहानुभूति देता है, और पाठक के हृदय में इन व्यवस्थाओं के खिलाफ घृणा के बीज बोता है। कवि सशस्त्र क्रांति का समर्थक प्रतीत होता है। वह यह मानता है कि बिना क्रांति के शोषण और गुलामी से मुक्ति नहीं मिल सकती। तेलंगाना के किसानों के विद्रोह का समर्थन वह इसी दृष्टि से करता है। केरल में, संसदीय प्रणाली द्वारा बनी

कम्युनिस्ट सरकार को पूँजीवादी केन्द्रीय सरकार, और उसके पिछलग्गुओं ने जब से गन्दे, गैर-कानूनी और षड्यन्त्रपूर्ण ढंग से बदल दिया, तब से कवि का विद्रोह और भी तीखा हो गया है। यहाँ तक कि कहीं-कहीं तो हम उसकी कविताओं में विद्रोह का स्पष्ट आह्वान तक देखते हैं—

उठो सरकार की जेलों की
दीवारें बुलाती हैं
उठो आवाम की आहें
तुम्हारे पास आती हैं
इन आहों से सुलग जलते हुए
अंगार हो जाओ।
बगावत के लिए मेहनतकशों
तैयार हो जाओ।

रणजीत की कविताओं में नजरुल इस्लाम की आग, वाल्ट विटमैन की सरलता, नाजिम हिकमत की तेजी और नागार्जुन की व्यंग्य शक्ति है। रणजीत हिन्दी का एक सशक्त विद्रोही कवि है। नयी कविता की, निष्क्रियता-नपुंसकता से अलग, उसकी कविताओं की शक्ति पाठक को अभिभूत करती है, उसके विचारों को कुरेदती है, उसे विद्रोही बनाती है। और वह भी रणजीत के साथ अनुभव करने लगता है कि 'बहुत ठण्डी होती है हालात की बर्फानी पतें, लाल खून भी तो लेकिन कम गर्म नहीं होता।'

—मृत्युंजय उपाध्याय

***

2

इतिहास का दर्द

युग के अंधेरे में मशाल

*** प्रेमचन्द विजयवर्गीय ***

'ये सपने : ये प्रेत' के पश्चात् रणजीत का यह दूसरा काव्य-संकलन है, यद्यपि 'ये सपने : ये प्रेत' के नये संस्करण का इरादा न होने से उसकी अधिकांश 'महत्त्वपूर्ण' सामग्री का उपयोग भी इस संकलन में कर लिया गया है।

प्रगतिशील हिन्दी कविता का युग यद्यपि 1936 से 1943 के बीच जीवित रहकर एक आन्दोलन के रूप में तो कम-से-कम लुप्त हो गया था, पर प्रयोगवाद और नयी कविता के बीच भी प्रगतिशील कविता की एक धारा चलती रही है। रणजीत इस शताब्दी के छठे दशक के उन इने-गिने कवियों में हैं, जिनके लिए कविता नवीनता की प्रतिबद्धता नहीं, जीवन और सामाजिकता का दायित्व है। उन्होंने विश्व के घटनाचक्रों और भारतीय समाज की स्वातन्त्रयोत्तर स्थितियों एवं अवस्थाओं को खुली आँखों से देखा है और समझा है। सर्वत्र शोषण, विषमता, रूढ़िवादिता, अन्याय एवं अत्याचार उन्हें उद्वेलित करते रहे हैं और उनकी लेखनी उन्हें ही वाणी देती रही है। वे तो वस्तुतः स्वयं को एक माध्यम मानते हैं—उन सबकी आत्माओं का एक माध्यम जो अतृप्त और मूक है, जो अपनी आग अपने दिलों में दबाये हुए ही चले जाते हैं, जिनकी गर्दनें उठने से पहले ही झुका दी जाती हैं; वे माध्यम हैं विश्वभर के जुल्मों के शिकार किन्तु विद्रोही लोगों के ! पर वे माध्यम ही नहीं उनके साथ एकाकार भी हैं। उनकी कविता का उद्देश्य है गुलाम, स्वार्थपूर्ण तथा गत युगों के संस्कारों से जड़ मनों को मुक्त कराना तथा उन तक नयी रोशनी पहुँचाना। 'इतिहास का दर्द' उसी रोशनी के लिए युग के अंधेरे में जलने वाली एक मशाल है। उसके प्रकाश के भीतर एक ऐसी ज्वाला है जिसमें युग की

पीड़ा ही कवि की दग्धता बनकर जल रही है।

विद्रोह के साथ इन कविताओं में प्रखर व्यंग्य भी है। रणजीत ने जहाँ पूँजीवादी प्रतिद्वन्द्विता, कायरतापूर्ण सहनशीलता, संस्कृति के अन्तर्विरोधों तथा नयी सभ्यता के नये कुत्सित आयामों पर व्यंग्य किया है, वहाँ प्रयोगवादियों के अकेलेपन, असहायता, मृत्यु-संत्रास पर भी! यह नहीं कि कवि देश की विरूपताओं और असंगतियों को नहीं जानता, पर उनके बीच सिर उठाये सौंदर्य और संगतियों को भी वह पहचानता है। वह अपने चारों ओर फैली संक्रान्ति से नहीं, उसके बीच अपने नक्श उभारती हुई क्रांति से प्रतिश्रुत है।

'इतिहास का दर्द' वस्तुतः केवल विद्रोह और क्रान्ति का ही काव्य नहीं है, वह एक विशाल मानवता का भी काव्य है, उस मानवता का जो देश-काल की सीमाएँ नहीं जानती। इसीलिए उसमें नारेबाजी मात्र नहीं है। उसमें प्रेम और प्रकृति भी विद्यमान है। मानव और प्रकृति दोनों के प्रति कवि में एक गहरी आन्तरिकता है। कवि की संवेदनाओं के क्षितिज वस्तुतः प्रीति और क्रान्ति की दो विपरीत दिशाओं तक व्याप्त होकर शृंगार के क्षणों को भी अंगार के उद्दीपन बना जाते हैं।

संग्रह की अनेक कविताओं की विशेषता उनके संदर्भों में है। इन संदर्भों में कुछ आधुनिक युग के राजनीतिक और सामाजिक हैं तथा कुछ प्राचीन पौराणिक।

रणजीत की ये कविताएँ कलाकारिता की मुखापेक्षी नहीं हैं। अनुभूति की सच्चाई और अभिव्यक्ति की सहजता ही उनका सौंदर्य है। वे बौद्धिक होते हुए भी भावोष्ण हैं। इनकी सफलता और प्रभावशीलता का रहस्य इनकी वक्तृता में है। इस वक्तृता के कारण ही इनमें आरोह-अवरोह, प्रवाह और गद्य की लयात्मकता है। यही इनकी शक्ति भी है। अलंकरण है पर बहुत कम। 'पृष्ठभूमि' कविता में मानवीकरण, मूर्तिकरण और नये प्रतीकों का प्रयोग हुआ है। अन्यत्र कुछ नये उपमान भी प्रयुक्त हुए हैं जैसे 'कागज की रंग-बिरंगी नावों की तरह तुम्हारे हल्के-फुल्के चुम्बन', 'नन्हे-नन्हे सफेद कबूतरों की तरह पंख फड़फ़ड़ाते हुए तुम्हारे आलिंगन' आदि। कुल मिलाकर 'पृष्ठभूमि', 'माध्यम', 'मॅरेलिन मनरो का अन्तिम पत्र', 'संवेदनाओं के क्षितिज' इस संग्रह की श्रेष्ठ कविताएँ कही जा सकती हैं। 'तुम्हारे लिए' में वक्तृता का गुण तो है पर वह एक विज्ञापन-सी लगती है। कुछ ऐसी कविताएँ जिनमें अनुभूति की ऊष्मा नहीं है, निर्जीव हो गयी हैं या वक्तव्य मात्र बनकर रह गयी हैं पर ऐसी इस संग्रह में दो-एक ही हैं।

—प्रेमचन्द विजयवर्गीय

***

3

इतना पवित्र शब्द

पहले देह फिर आत्मा का कवि

*** योगेन्द्र किसलय ***

'इतना पवित्र शब्द' में रणजीत की 55 कविताएँ हैं जो 1963 से 1985 के बीच लिखी गयी हैं। वनस्थली से बांदा तक की ये रचनाएँ रणजीत के व्यक्तिगत जीवन की तीव्र अनुभूतियाँ हैं। रणजीत एक खुला कवि है, जैसा जीवन में, वैसा ही रचनाओं में। उसकी कविता की अतिशय रूमानियत आलोचना का विषय हो सकती है, लेकिन रणजीत के लिए वह जीवन का एक अभिन्न अंग है और उसे प्रकट करने में उसे कोई झिझक नहीं है। रणजीत की रूमानियत में जीवन से जुड़ी सभी जटिलताएँ हैं। उसमें भावनाओं का उद्वेग, गहरा अहसास तथा दग्ध मन-मस्तिष्क की प्रस्तुति है। रणजीत की रूमानियत को यदि किसी उदाहरण के सहारे स्पष्ट किया जाये तो वह कीट्स की बजाय शैली की रूमानियत है, जिसका फलक स्त्री-पुरुष और पूरा समाज है या फिर वह अमरीकी कवि वाल्ट व्हिटमैन की तरह पहले देह फिर आत्मा का कवि है। रणजीत की यह रूमानियत अमृता प्रीतम की तरह उसके क्रान्तिकारी अथवा कलम-योद्धा पक्ष को कमजोर नहीं करती, बल्कि उसे एक यथार्थपरक संवेग देती है। सैक्स जीवन की वह नैसर्गिक अनिवार्यता है जिससे वह न केवल रागमयी होता है, बल्कि अपनी रिक्तता को भी भरता है। देह और प्रेम के अभाव में वह टूटता है, कुंठाग्रस्त होता है। रागात्मकता, रिक्तता, टूटन, पवित्रता-अपवित्रता, मोह-घृणा—इन सभी के मध्य गुजरा है रणजीत। कविता में कवि का जीवन कितना हो या हो ही नहीं, यह एक दूसरा पहलू है—साधारणत: कविता कवि के व्यक्तित्व से बच नहीं सकती, विशेषकर तब, जब कवि विशेष मन:स्थिति में लिख रहा हो।

इसी पृष्ठभूमि में रणजीत की इन कविताओं का आकलन होना चाहिए। इन्हें वैष्णवी लीलाभाव की संज्ञा देना तो उचित नहीं। न ही ये गीत-गोविन्द की दिव्य परम्परा में हैं। इनका कवि यथार्थ की दुनिया का हाड़-मांस का एक व्यक्ति है, जो देह सुख चाहता है, प्रेम की निःसीमता को जानता है और झूठे बन्धनों को अस्वीकार करता है। न उसे झकियायी पत्नी बाँधकर रख सकती है, न एक झुंड भर प्रेमिकाएँ ही। न ही वह रागात्मक उल्लास में इतना ऊपर उठना चाहता है कि पुरुष-स्त्री संसर्ग की कटुताएँ तथा मूर्खताएँ भूल जाए। वह अपने निजत्व में मुक्त भाव से जीकर उन सभी कटु-मधुर अनुभवों को जीना-झेलना चाहता है जो नगर-दर-नगर उससे जुड़ते चले गए। उसने कई पड़ाव बदले हैं अपनी 'अतीर्थ यात्रा' में—मीनल, नीलम, रंजना, उषा, कन्याकुमारी...। एक 'अगाध पराग कुंड' में डूबकर भी उसकी प्यास नहीं बुझ पायी है।

बार-बार डूबता हूँ खुशबुओं की इस अतलान्त वापी में
और हर बार पूर्ण तृप्त होकर भी
अतृप्त बना रहता हूँ।

हिन्दी साहित्य का यह एक दुर्भाग्य है कि उसके अनेक, दिग्गज रचनाकार अपनी आत्मकथाओं में भी वे महत्त्वपूर्ण अनुभव छुपा लेते हैं जिनसे उनके गौरवान्वरण को कहीं ठेस न पहुँचे और उनकी 'पब्लिक इमेज' बनी रहे। इस हिपोक्रिसी या चालाकी को रणजीत ने ग्रहण नहीं किया है। संग्रह की कुछ कविताओं को हम अश्लील भले ही कह दें, लेकिन उसने आत्मपरक अनुभूतियों को ईमानदारी के साथ उद्घाटित किया है। भले ही स्वयं उसके खेमे के लोग इस आदम-हव्वा की नग्नता को स्वीकार न करें, भले ही नारी देहयष्टि का सांगोपांग चित्रण उन्हें अनैतिक लगे, लेकिन रणजीत वर्जनाओं का शिकार नहीं है। वह पत्नी और प्रेयसी के अन्तर को स्पष्ट करता है, प्रेम और संभोग में सन्तुलन स्थापित करता है, शब्दों की महिमा से परिचित है और उसकी यह मान्यता है कि 'बुनियादी स्पर्श संवेदना' के बिना सभी सम्बन्ध अधूरे हैं।

मुझे अनुभव करने दो अपनी समूची देह में
तुम्हारे शब्दों की ऊष्मा या ठंडक
तुम्हारी नजरों का दबाव या कोमलता
सुगन्धों की स्निग्धता
और स्वादों का खुरदुरापन।

अथवा—

और क्या कभी भी भूल सकता हूँ मैं

चरम सुख के ऊर्ध्व शिखरों का वह युगपत आरोहण
दो देहियों का वह परम सायुज्य
वह देहाद्वैत

संग्रह के दूसरे भाग की कविताओं का कलेवर भिन्न है। यद्यपि मूल संवेदना वही है—खोयी हुई अस्मिता का, परिवारजन्य टूटन का, निजी वेदना और असहायता का। 'गाँव' कविता को छोड़कर। इनमें कवि के 'वत्स वंचित मन' की है। बेटी का बिछोह कवि का एक दूसरा रूप प्रस्तुत करता है—

मैं तुम्हें भूलना चाहता हूँ
पर मेरे मकान के हर कोने में बिखरे हैं तुम्हारे स्मृति-चिह्न
तुम्हारी किताबें, तुम्हारे कपड़े, तुम्हारे खिलौने !

'गाँव' एक सशक्त रचना है, पूरा चित्रमय कथा-क्रम लिए।

रणजीत जैसे कवि विशुद्ध शिल्प के लिए नहीं लिखते। अनुभूति की तीव्रता उनमें सहज प्रवाह पा जाती है। जहाँ अन्तर्वेग होता है और भावना प्रधान होती है, वहाँ ताना-बाना नहीं बुनना पड़ता। वैसे रणजीत का सही शब्दों पर अधिकार है।

रणजीत की इन कविताओं को पढक़र सोचता हूँ कि उसे अपने जीवन पर एक उपन्यास लिखना चाहिये या फिर आत्मकथा।

—योगेन्द्र किसलय
मधुमती, अप्रैल-87

***

एक पूरे कवि से साक्षात्कार

*** डॉ. नवल किशोर ***

कई वर्ष के अन्तराल से रणजीत के दो कविता-संग्रह लगभग साथ ही आए हैं। इन संग्रहों से स्पष्ट है कि रणजीत की चुप्पी विराम की चुप्पी नहीं थी। 'झुलसा हुआ रक्त कमल' की राजनीतिक कविताएँ उसके उस आन्तरिक तनाव को सामने लाती है, जिसकी वजह से उसकी सृजन-यात्रा के लिए अपना रास्ता फिर तलाशना ज़रूरी हो गया था। अब तक वह बहुतों के साथ था, हालाँकि उसकी आवाज वहाँ भी अलग से पहचानी जा सकती थी, पर अब पुराने साथियों के लिए वह बहुत कुछ धर्मभ्रष्ट और त्याज्य हो गया था। हालाँकि यात्रा-लक्ष्य उसका कभी धुंधलाया नहीं—मनुष्य-मुक्ति के ध्रुव की ओर उसकी गति रुकी नहीं, पर जिस राह पर चल रहा था, उसे लगा कि वह उस ध्रुव की ओर न जाकर बीच में ही रुक गई है। लेकिन उसे साथ ही यह एहसास भी था कि ऐसा अनुभव करने वाला वह अकेला नहीं है, उस राह पर शंका करने वाले मुक्तिकामियों के जुलूस की संख्या भी दिन-पर-दिन

बढ़ रही है। इस तरह की कुछ कविताएँ पढ़कर पहले मुझे लगा था कि वह एक भूल भी साथ ही कर रहा है—शंका के स्वर अपनी जगह वाजिब होते हुए भी इतनी असावधानी में मुखर हो रहे हैं कि उस मुक्ति ध्रुव के अस्तित्व को नकारने वालों की आवाजों में उनके जुड़ जाने का खतरा दूर नहीं है। पर मुझे खुशी हुई कि इस खतरे को उसने समय पर पहचान लिया। साथियों द्वारा निर्दिष्ट राह पर शंका करने वालों को प्रतिक्रान्तिकारी घोषित करने की प्रथा अभी भी मजबूती से कायम है और इसलिए बहुतों के लिए उसका तिरस्कार हो जाना बहुत संभव है, लेकिन उस शंका ने रणजीत के कवि को नया बल दिया है। मुझे उम्मीद है कि आगे उसकी राजनीतिक कविताएँ भिन्न व्यवस्थाओं के प्रति प्रतिक्रिया में अधिक सजगता लिए होंगी और वक्तव्यधर्मिता से अधिक मुक्त भी।

'झुलसा हुआ रक्त कमल' के तत्काल बाद 'इतना पवित्र शब्द' एक विस्मय-सुख देता है। इसमें कवि की बेहद निजी दुनिया को हम पाते हैं, जो निजी होते हुए भी एक स्तर पर हम सबकी है।

इस संग्रह की सर्वाधिक महत्त्वपूर्ण कविताएँ 'अपनी खोई हुई अस्मिता के नाम' के अन्तर्गत दी गई रचनाएँ हैं। पत्नी से अलगाव के कारण बच्ची से भी बिछुड़ने पर एक पिता की व्यथा की इतनी सशक्त कविताएँ शायद हिन्दी में पहली बार पढ़ने को मिल रही हैं।

बेटी से यह अलगाव अनिच्छित है, पर विकल्प रहित-
बहुत बड़ा नरक है बेटी अपने प्रियजनों का वियोग
मैं उसे भुगत रहा हूँ—होंठ चबाते हुए
पर उससे भी बड़ा नरक है अप्रिय का संयोग
जिसे आप नफरत करते हो
उसे अपनी शैया पर सुलाने की विवशता से बड़ा
क्या कोई नरक है इस संसार में
--मैं नहीं जानता।
इस कुंभीपाक की यातना सही है मैंने
पिछले चार साल
तुम्हें पाने की कीमत मैं उससे अदा नहीं कर सकता, मेरी बेटी।
मुझे माफ करना मेरी नसीभ।
'नसीभ' नाम रखा था मैंने तुम्हारा
सुबह की ठंडी हवा...।

अप्रिय के संयोग की कीमत पर बेटी को पाने में असमर्थता का अनुभव बहुत प्रचलित मुहावरे में दिया गया है, लेकिन यहाँ 'नरक', 'नफरत', 'शैया पर सुलाना', 'कुंभीपाक' जैसे शब्द बेहद वजनदार हो गए हैं। इसी तरह स्मृति की यातना के लिए भी 'सपने में' पारम्परित मुहावरे का बहुत सशक्त प्रयोग हुआ है—बोलचाल के संवादात्मक लहजे में यह कविता आदमी-औरत के रिश्तों की टूटन के बीच बच्चों से जुदाई के इनसानी दर्द को शिद्दत से महसूस कराती है। बिटिया कवि की पहचान हो गई है और उस अस्मिता से वंचित किए जाने के आघात से गुजरना एक असमान्य वेदना से गुजरना है। इन सात कविताओं को पढ़कर भूल जाना बहुत मुश्किल होगा—कोई भी कविता कभी भी आपकी याद में ताज़ा हो सकती है।

इस संग्रह की कई कविताएँ पति-पत्नी के टूटते सम्बन्धों को लेकर हैं—टूटन से जुड़ी कड़वाहट के साथ—ऐसी कड़वाहट जिसे वक्त भी कम नहीं कर पाया है। बच्ची उससे हमेशा के लिए छीन ली गई है और इसलिए वह उस माँ को क्षमा नहीं कर पाता, जो कभी उसकी पत्नी थी—**"आह ! यह कल्पना कि मेरी अस्मिता/ बन जाएगी कभी उस पशुनारी की पहचान/ उसकी मेरे खिलाफ लपलपाती हुई जहरीली जुबान/ मेरे दिलकी बोटी-बोटी को काट जाती है कसाई की तरह/ और मैं नहीं जानता कि मैं क्या कर बैठूँगा।"** सम्बन्धों में यह टूटन आकस्मिक होकर नहीं आती, 'तुम्हारा भी नहीं', 'टूटन' जैसी कविताएँ इसकी पृष्ठभूमि बना चुकी होती हैं, साथ ही टूटन-क्रम में जीवन में आई रिक्तता का गहरा एहसास भी 'अब' और 'बहिर्गमन' जैसी कविताएँ दे चुकी होती हैं। कवि की कटुता स्त्री-विशेष को लेकर है—वह पुरुष के संस्कारबद्ध अहंकार से नहीं उपजी है, तभी दूसरा प्यार पाकर वह कह सका है—

"मैंने हृदय की पूरी गहराई से उसे प्यार करना चाहा था।
पर उसकी आग ने मुझे इस तरह झुलस दिया/ कि
तुम्हारे नजदीक न आया होता/ तो मैंने जाना ही न
होता/ कि स्त्री का प्यार नदी के स्नान की तरह/
ठंडा,सान्त्वनादायक/ और तरोताजा कर देने वाला भी
हो सकता है।"

रणजीत की प्रेम-कविताओं में दैहिक निकटता का उत्सवी भाव से ग्रहण है—

बहुत कुछ धुल-से गए हैं
निरन्तर बरसते हुए समय की बौछार में
पर स्मृति में गहरी बसी हुई है
एक स्निग्ध चम्पई देह

× × ×

- मांस की एक बजती जलतरंग
अपने शरीर से ज्यादा निजी एक शरीर
जिसकी लय पर बेसुध नाचता रहा मैं सात दिन।

इन कविताओं में 'एक अतीर्थ यात्रा' विशेष उल्लेखनीय है—इसमें कवि ने छूटते रिश्तों को सांकेतिक तरीके से एक पवित्र भाव के साथ याद किया है। इस सांकेतिकता के अभाव में संग्रह की अंतिम कविता 'प्राण प्रिये यदि पास तुम्हारे'... आलंकारिक समृद्धि लिए हुए भी काफी सपाट हो गई है। 'ऐन्द्रिक प्रेम के प्रति अकुंठ स्वस्थ दृष्टिकोण' के लिए कवि की प्रशंसा की जा सकती है, पर अच्छी प्रेम-कविता के लिए मात्र वही पर्याप्त नहीं है। यहाँ उदाहरण के लिए 'देहाद्वैत' और 'नदी स्नान' जैसी अच्छी कविताएँ हैं तो 'इतना पवित्र शब्द' और 'अन्तर्राष्ट्रीय षड्यन्त्र' जैसी स्फीत शब्दावली की कविताएँ भी। 'इतना पवित्र शब्द' में मिलने में बाधक स्थितियों को सर्वथा मौलिक उपमान योजना से व्यक्त किया गया है और 'अन्तर्राष्ट्रीय षड्यन्त्र' में एक गैर-अमीर युगल द्वारा महानगर में 'एक रात आराम से लेटने के लिए कोई कमरा' न मिलने की खीज व्यंग्य से उभरती है, पर दोनों कविताएँ ही एक किशोर-मानसिकता को ज्यादा सामने लाती हैं। हाँ, कुल मिलाकर ये कविताएँ जो अनुभव देती है, वह संग्रह को एक अलग महत्त्व देता है।

निजी प्रकृति के अनुभवों से हटकर भी कुछ कविताएँ इस संग्रह में हैं। इनमें 'गाँव में' कविता एक सीधे-सादे विवरण के रूप में है, पर उसमें ग्रामीण दुनिया के आपसी रिश्तों की मानवीय ऊष्मा अनकहे उभरती है और पैसे की दुनिया में खत्म होती दिखती है।

'इतना पवित्र शब्द' में कुछ हल्की-फुल्की कविताएँ भी है—विशेषकर गीतात्मक अभिव्यक्ति की, लेकिन रणजीत का कवि सरल भावात्मक संसार में ज्यादा नहीं रम सकता। वह ज्यादातर तनाव-भरे अनुभवों का ही कवि है। सन् 63 से 85 तक की ये कविताएँ एक बहुत जागरूक रचनाकार से हमारा साक्षात्कार कराती हैं। भाषिक सरलता, संकेतगर्भिता और उपमानधर्मिता उसकी कविता के गुण हैं।

कवि में एक 'दर्द की गाँठ' है, जिसका इलाज वह जानता है कि निजी दुनिया की खोज में नहीं है—

नहीं
मात्र सुखी-सम्पन्न गृहस्थ जीवन
सफल प्रेम

स्निग्ध मैत्री-सम्बन्ध
और साहित्य-सृजन का सन्तोष
इसका इलाज नहीं।

अंतिम कुछ कविताओं में नये सिरे से आबाद उसकी भरी-पूरी निजी दुनिया की खुशियाँ भी है, पर कवि को वह 'दर्द की गाँठ' एक बड़ी दुनिया से बराबर जोड़े हुए है। उसी बड़ी दुनिया के बारे में उसने ज्यादा लिखा भी है। बड़ी दुनिया से जुड़े आदमी की निजी दुनिया वैयक्तिक सुखों की खोज तक सीमित नहीं होती—मनुष्य की तरह जिन्दा रहने की उसकी कोशिशों का ही अंग होती है। इसलिए 'झुलसा हुआ रक्त कमल' के साथ 'इतना पवित्र शब्द' को पढ़ना एक पूरे कवि से साक्षात्कार कराता है—एक ऐसे कवि से जिसे उसके सहधर्मियों के बीच अलग से पहचाना जा सकता है।

—डॉ. नवल किशोर

***

4

झुलसा हुआ रक्तकमल

एक स्वंचेता साम्यवादी कवि

*** डॉ. श्यामसुन्दर घोष ***

'माध्यम' (इलाहाबाद) के मई 1969 अंक में मैंने रणजीत की पहली कविता पुस्तक 'ये सपने : ये प्रेत' की समीक्षा लिखी थी। आज सत्रह वर्षों के बाद उसकी नई कविता पुस्तक 'झुलसा हुआ रक्त कमल' की समीक्षा लिख रहा हूँ तो 'ये सपने : ये प्रेत' की भूमिका की ये पंक्तियाँ याद आ रही हैं—'एक प्रगतिशील साहित्यकार की जिंदगी एक निरन्तर संघर्ष होती है। उसे न केवल अपने बाहर के, अपने समाज के सामंतवाद और पूँजीवाद से लोहा लेना होता है, बल्कि साथ ही अपने अन्दर के सामंती और पूँजीवादी संस्कारों और धारणाओं से भी लगातार लड़ते रहना पड़ता है। ('पृ. 4') पूँजीवादी समाज में रहते हुए अपने आपको मानववादी बनाए रखना एक कष्ट साध्य साधना है, जो हर जिम्मेदार प्रगतिशील साहित्यकार को करनी पड़ती है। ('पृ. 4-5') इसके कारण रणजीत ने तब भी माना था कि एक तीखे तनाव की स्थिति उत्पन्न होती है और कवि को अपने परिवेश से और अपने आप से लडऩा पड़ता है। लेकिन 'झुलसा हुआ रक्त कमल' तक आते-आते यह लड़ाई और भी जटिल तथा और भी बेढ़ंगी हो गई है यद्यपि रणजीत मानते हैं कि ये कविताएँ भी 'अपने आपसे लड़ाई के ही कुछ शब्दचित्र है' तथापि कवि का यह संघर्ष ज्यादा जटिल और मौलिक है।

रणजीत घोषित मार्क्सवादी हैं लेकिन उन्हें मार्क्सवाद की खामियों से भी लडऩा पड़ रहा है। इस प्रकार उनकी लड़ाई दुहरी है। एक ओर तो उनकी पहले की लड़ाई—शोषण, दमन, अत्याचार और सामाजिक असमानता के विरुद्ध जारी है और दूसरी ओर उन्हें यह नया मोर्चा खोलना पड़ा है। ऐसा क्यों है? आखिर ऐसी

क्या मजबूरी थी कि रणजीत यह दूसरा मोर्चा खोलने की? वे चुप्पी से भी काम ले सकते थे। रणजीत ने कुछ समय तक चुप्पी से काम लिया भी होगा। इन कविताओं में कहीं-कहीं इनके संकेत हैं। लेकिन वे इस चुप्पी को 'खतरनाक चुप्पी' भी महसूस करते रहे। आखिर उनसे नहीं रहा गया। उन्होंने यह चुप्पी तोड़ी और मिली हमें ये कविताएँ।

मेरा खयाल है कि प्रगतिशील आन्दोलन के दौर में ऐसी कविताएँ बहुत नहीं लिखी गई, गोया कि रणजीत की-सी मन:स्थितियों से अनेक साथी-कवियों को गुजरना पड़ा होगा। आखिर उन्होंने यह सब क्यों नहीं कहा, लिखा, जबकि इससे कुछ अधिक ही उन्हें सहना-भोगना पड़ा होगा। यहीं पर ईमानदारी और बेलौसपन की बात आती है। और सबसे बढक़र यह कि कोई पहले से जारी लड़ाई को, लड़ाई का यह दूसरा मोर्चा खोलकर भी जारी रख सकता है क्या? यदि आप दूसरा मोर्चा खोलकर इस दूसरी लड़ाई में ही उलझ जाते हैं, और आपकी पहली लड़ाई जहाँ की तहाँ रह जाती है, तो इस दूसरे मोर्चे को खोलने की क्या जरूरत है? क्या इसके कारण आपके दुश्मन आप पर उँगली न उठाएँगे। यह न कहेंगे कि पहले अपनी लड़ाई लड़ लो, तब सामाजिक, आर्थिक असामानता की लड़ाई लडऩे का बीड़ा उठाना।

यह बात अपनी जगह पर सही हो सकती है, पर अन्तरात्मा के संकट को बहुत टाला नहीं जा सकता। इसलिए रणजीत ने यह दूसरा मोर्चा खोल दिया है। इसके अपने लाभ-नुकसान हैं। नुकसान यह है कि अब कवि अकेला पड़ जा सकता है या दुश्मनों के द्‌वारा उसका या उसकी इस लड़ाई का गलत इस्तेमाल किया जा सकता है। रणजीत इस खतरे से वाकिफ हैं। इसलिए वे साफ कहते हैं—

'अपने इतिहास से चाहे मेरा नाम काट दो
पर आश्वस्त रहो
तुम्हारे दुश्मनों के इतिहास में नाम लिखाने की
मेरी कोई इच्छा नहीं है।' (झुलसा हुआ रक्त कमल, पृ. 53)

इसलिए इस बात की संभावना नहीं है कि उनका कोई गैर वाजिब इस्तेमाल हो सकता है। इस्तेमाल करने वाले भी पहले चीजों को ठोक-बजाकर देख लेते हैं, तभी उनका इस्तेमाल करते हैं। गलत इस्तेमाल कभी-कभी बहुत समस्याएँ भी पैदा कर सकता है, खासकर तब जबकि रणजीत खुले आम कहते हैं—

'एक वाम ऐसा है
जो निरन्तर तुम्हारे वाम रहेगा
और विरोध करता रहेगा तुम्हारी

अकर्मण्यता का/ या
अत्याचारों का
मैं उसी के साथ हूँ' (पृ. 47)

इससे साफ है कि रणजीत का स्टैण्ड नहीं बदला है। हाँ उसने उसमें कुछ जोड़ने का साहस जरूर किया है। जब वह कहता है—

मैं सोवियत संघ में गाँधीजी को जन्म देना चाहता हूँ
और हिंदुस्तान में लेनिन को
क्रांति के साठ साल बाद भी वहाँ का
आम आदमी निर्भय नहीं है
गाँधी के बिना यह काम कौन करेगा?
और आजादी के तीस साल बाद भी
यहाँ के दो-तिहाई लोग भूखे सोते हैं
क्या लेनिन के अलावा भी इसका कोई
इलाज है? (पृ. 59)

तो उसके समावेशी साम्यवाद का मुखड़ा साफ-साफ देखा जा सकता है। असल में साम्यवाद को हर जगह अपनी जमीन बनानी है। ऐसा किए बिना काम नहीं चलने का। रणजीत इसी बात पर जोर देते हैं, इसीलिए उन्हें ऐसे साम्यवादियों से सहानुभूति है, जो साम्यवाद को उसकी सही जमीन से जोड़ना चाहते हैं। जो इसमें सफल हैं जैसे मार्शल टीटो और कास्त्रो, कवि उनका उल्लेख सम्मान से करता है और जो इसमें असफल हो गए हैं या जिन्हें इस क्रम में दारुण यंत्रणाओं और दमन का अनुभव करना पड़ा, उनके प्रति कवि की विशेष सहानुभूति है ही—जैसे दुब्चेक या लुमुम्बा।

रणजीत का द्वंद्व यह है कि वह विचारों में किसी का अंध समर्थक नहीं होना चाहते, क्योंकि व्यक्ति हो या राष्ट्र, अंध समर्थन के प्रति आश्वस्त होकर वे एक-से-एक बेहूदगियाँ करने में लगे रहते हैं। इस प्रकार यह समर्थन घातक भी हो सकता है। इसी से वह ऐसे क्षुद्र संकीर्ण दृष्टि वालों से जो उनके सफेद से थोड़ा भी हटने पर किसी को पूरी तरह काला करार देते हैं, चिढ़े हैं। ऐसे लोगों को वे 'कुछ सरल फार्मूलों से दुनिया को समझ लेने वाला' मानते हैं। रणजीत कहते हैं कि जो गेहुँओं को जोर से रेखांकित करने के लिए गुलाबों का गला घोट देना चाहते हैं मैं उनके साथ नहीं हूँ। वे लेनिन का हवाला देकर कहते हैं कि उनके पास दोनों ही चीजें हैं ऊँची उठी हुई मशाल भी और तना हुआ चाबुक भी। पर जो लेनिन को सिर्फ चाबुक तक सीमित रखते हैं, रणजीत उनके साथ नहीं है। इस प्रकार रणजीत का

रुख स्पष्ट है। यदि उन्हें साम्यवादी ही मानें, तो वे आलोचनात्मक साम्यवादी हैं, भले ही कोई उन्हें अराजक साम्यवादी कहें।

रणजीत उस संकट से भली-भाँति परिचित है जो ऐसे स्वयंचेता लोगों के सामने हरदम मुँह बाए खड़ा रहता है। उसे उन्होंने सोल्झेनित्सिन के संदर्भ में इस प्रकार प्रकट किया है—

जब पूरा प्रतिष्ठान
आपको मित्रतापूर्ण आलोचक से
साम्राज्यवादियों का एजेंट बनाने पर
तुला हुआ हो
तब आप कब तक बचे रह सकते हैं
शत्रु बनने से।

रणजीत के कवि में स्वीकारोक्तियों के लिए अद्भुत साहस है तभी तो वह अपने आप में बीस साल पहले के अराजकवादी को फिर से जगा पाते हैं, यह किसी के लिए उपहास का विषय हो सकता है, लेकिन दरअसल है यह चिंता का विषय यदि किसी साम्यवादी को यह कहना पड़े कि—

सब सत्ताएँ घृणास्पद है
पर जो जितनी अधिक प्रभुत्व सम्पन्न है
वह उतनी ही ज्यादा नफरत के काबिल है

या यह प्रश्न पूछना पड़े कि—

'मार्क्स ने प्रत्येक राज्य को एक दमन
तंत्र कहा था
पूरी जनता का राज्य क्या पूरी जनता का दमन-तंत्र होगा?

तो मानना होगा कि कहीं कोई बुनियादी खोट है। इस खोट पर विचार न कर, खोट की ओर उँगली उठाने वाले को गद्दार कहना आत्मघात ही होगा।

कैसी दारुण स्थिति है
कि जिस लड़ाई को अपनी गहनतम
निजी और सैद्धांतिक
समझकर लड़ रहा था मैं पूरी
निमर्ममता से
वह पहले से ही बिकी हुई निकली
बाजार में' (पृ. 18)'

रणजीत जब पूँजीवादी और समाजवादी ध्रुवों के बीच के तनाव की गिरफ्त में अपने छटपटाने का उल्लेख करते हैं या उन अदृश्य डोरियों के बारे में बताते हैं जिनमें बंधे नेतागण हिंदूकुश के पार अपने महल में विराजमान एक चक्रवर्ती की चाकरी बजाते हैं, तो कवि के मोह-भंग के साथ-साथ घृणा और नफरत का भाव भी व्यक्त होता है। अब कवि को चिकने-चुपड़े आदमी भेड़ियों से भी भयानक, लकड़बग्घों से भी खूँखार और बिज्जुओं से भी वीभत्स लगते हैं। कवि स्थानीय ठेकेदारों से क्रांति का निर्माण कार्य कराने वाले एकाधिकारी मालिकों के प्रति गुस्सा जाहिर करता है। वह उन सिरफिरों के साथ हो जाना चाहता है जो छत्तीसगढ़ के जंगलों में इन्सानियत की आग सुलगा रहे हैं या इन्सानियत के चेहरे से कोढ़ के निशान पोंछ रहे हैं या हरियाणा के शक्ति सामंतों से मुक्त करवा रहे हैं बरसों से बंधुआ बनाए गए दूर-दूर के मजदूरों को या उत्तराखण्ड की हरियाली को सरकारी ठेकेदारों की कुल्हाड़ियों से बचाने की कोशिश कर रहे हैं। ध्यान देने की बात यह है कि कवि इन लोगों के साथ इसलिए हो जाना चाहता है कि ये जमीन और जनता से जुड़े हैं और उसकी खातिर मर-खप रहे हैं। कवि की दृष्टि में यही असली चीज है। वह विचारधारा के झूठे मुगालते में नहीं रहना चाहता उसे अपने राजनीतिक चरित्र या भविष्य की चिंता नहीं है।

मैंने दो तरह की लड़ाइयों का उल्लेख किया है। देखना यह है कि दूसरा मोर्चा खोल देने पर कवि पहले मोर्चे पर कहीं कमजोर तो नहीं पड़ा है। इस दृष्टि से विचार करने पर स्पष्ट होगा कि देश और दुनिया उसकी कविता में अब भी अपनी पूरी भयावहता, संघर्ष और शक्ति के साथ विद्यमान हैं। चाहे पोलैण्ड की बात हो, जहाँ पूरी जनता एकजुट होकर लड़ रही है 'जनता के जनतंत्र से' या 'मार्क्सवाद' का रचनात्मक विकास जूझ रहा है मार्क्सवाद के वैज्ञानिक सिद्धान्त' से या चेकोस्लोवाकिया हो, जहाँ दुब्चेक को—

चुपचाप सहनी पड़ रही है अपने
चेहरे पर
स्तालिन की मृत मूँछों की
जुगुप्साजनक चुभन
और कहना पड़ रहा है उसे
एक स्नेह पूर्ण चुम्बन।

या बंगलादेश के आम्र कुंजों में एक उभरता हुआ वियतनाम हो या अल सल्बाडोर, कम्पूचिया या अफगानिस्तान की घटनाएँ हों कवि की नजर सब पर है।

इस तरह देशी घटनाओं में वह मथुरा और मायात्यागी, मुरैना की महादेवी, बागपत, भागलपुर और भदुआ खान में चल रहे जन-संघर्षों का उल्लेख करता है। देश-दशा को लेकर उसकी चिंता का पता इन पंक्तियों से लगता है—

'अपने सिर के बालों तक के लोगों का अधिकार छिन गया है
अब पुलिस ही तय करती है कि वे रहें या न रहें।'

अथवा

'जहाँ सरकार को नहीं
जनता के अलग-अलग समूहों को हो इस बात की चिंता
कि कहीं वे सरकार का विश्वास न खो दें।'

कवि जोड़-तोड़ में माहिर एक खुर्राट महिला और एक सड़क छाप गुण्डा जो कहा जाने लगे नए युग का विवेकानंद' कहकर क्या कहना चाहता है यह तो स्पष्ट ही है। फुसफुसाकर बातें करते बुद्धिजीवी चापलूसों की भीड़, सब पर कवि की नजर है और बोध गया के भूमिहीन किसानों के सफल संघर्ष के ऐसे चित्र भी हैं—

'शताब्दियों से ठगा गया इन्कलाब
उनकी ज़ुबान पर ही नहीं
उनकी मुट्ठियों की पकड़
और उनकी दराँतियों की धार पर भी
उतर आया
सचमुच जिंदाबाद होकर'

सच तो यह है कि कवि ने शोषण, दमन पर अपनी कलम का दबाव बराबर बनाए रखा है, चाहे वह जहाँ भी रहा हो—जनतंत्रात्मक शासन-व्यवस्था में या समाजवादी समाज-व्यवस्था में।

जनतंत्र में आदमी द्वारा आदमी का
दमन खत्म हो चुका है
अब सिर्फ जनता की सरकार द्वारा
जनता के भले के लिए
गैर-जनता लोगों का ही दमन होता है।
और समाजवाद में मनुष्य द्वारा मनुष्य का
शोषण-उत्पीड़न
कब से समाप्त हुआ
अब सिर्फ साम्यवादियों द्वारा
थोड़े से साम्यवाद-विरोधियों का ही

उत्पीडऩ किया जाता है

इससे स्पष्ट है कि कवि अपनी प्रगतिशील भूमिका में कहीं भी शिथिल नहीं हुआ है।

स्वप्न भंग और मोह भंग के बाद भी कवि की आस्था समाप्त नहीं हुई है। लेखक को वह एक बड़ी शक्ति मानता है—'एक महान् लेखक अगर वह विरोध में हो एक समानान्तर सरकार होता है।' ऐसी पंक्तियाँ लिखने वाले बहुत नहीं होते। कवि संभावना और प्रतीक्षा में विश्वास करता प्रतीत होता है। उसकी पंक्तियाँ हैं—

'बस इसी एक संभावना में प्रवाहित
कर रहा हूँ लगातार
बरसों से अपनी कविताओं की रसधार
कि पृथ्वी विपुल है। और काल अनन्त
कभी तो मिलेगा मुझे भी
कोई समान धर्मा'

दलितों, पीड़ितों, लांछितों के लिए कवि के मन में बहुत करुणा और प्यार है चाहे वह ताल्सताय पुत्री अलक्सान्द्रा हो जिसे

'सार्वभौम पुनर्मूल्यांकन से गुजर रहे
अपने शाश्वत दुविधापूर्ण आचरण के लिए पछताने वाले
आन्तरिम बुद्धिजीवी वर्ग के लोगों को चाय पिलाते रहने के
कारण तीन साल यातना शिविर में बिताने पड़े।'

या आथोडक्स चर्च के पेट्रियार्क तिखिनकोव हो

'जो अकाल पीड़ितों के लिए चर्च की सम्पत्ति
'स्वेच्छा' से देने को तैयार या
परसर्वहारा राज्य की 'आवश्यकताएँ'
उसे सिर्फ जब्त करके ही पूरी होती थीं।'

ऐसों को वह बहुत सहानुभूति से देखता, जाँचता और स्मरण करता है। उसके मन में कहीं कोई गाँठ, डर, भय या द्वंद्व का भाव नहीं है कि उसे ऐसा कहना चाहिए या नहीं कि ऐसा कहने का क्या परिणाम होगा, उस पर मुसीबतों के कितने पहाड़ टूटेंगे, या वह किन-किन उपाधियों से अलंकृत किया जाएगा। कवि संयुक्त राष्ट्र संघ को 'गौरवपूर्ण नाम चुराकर बैठा हुआ बेशर्म स्वार्थियों का वह अन्तर्राष्ट्रीय गिरोह' मानता है, जिसके दरवाजे तब तक नहीं खुलते, जब तक कि कोई लात मारकर नहीं खोल देता।' कवि बताता है कि इस शताब्दी का सबसे बेहूदा और सबसे बड़ा मजाक पेकिंग में हुआ, जब माओत्से तुंग ने याहया खाँ के समर्थन

में छुरियाँ तेज की। एक साम्यवादी कवि को यह सब कहने, लिखने के लिए कितना साहस जुटाना पड़ा होगा, यह आसानी से समझा जा सकता है। अवसरवाद और कठमुल्लेपन से कवि की यह लड़ाई उसके सोच, शक्ति और साहस को प्रकट करती है।

—डॉ. श्यामसुन्दर घोष

***

रक्तिमता से जूझता हुआ गुलाबीपन

*** डॉ. वीरेन्द्र सिंह ***

रणजीत एक प्रगतिशील कवि के रूप में आधुनिक साहित्य में अपना स्थान बनाने में सफल हुए हैं और साम्यवादी आदर्शों के प्रति सम्पृक्त भी रहे हैं। अपनी लम्बी काव्ययात्रा में उन्होंने प्रगतिशील चेतना को रचनात्मक सन्दर्भ दिया है, रचना और राजनीति के द्वन्द्व को उनकी कविताएँ परोक्ष और प्रत्यक्ष रूप से व्यक्त करती हैं और इस प्रक्रिया में उन्होंने व्यक्ति और प्रतिष्ठान (व्यवस्था, सत्ता, पार्टी) के मध्य के 'अप्रगतिशील घटकों' को देखा और उनके वे स्वयं भोक्ता भी बने—तो इस सारी मानसिकता ने साम्यवाद के राजनैतिक बिम्ब को, उसके अंतर्विरोधों को तथा उसके कठमुल्लेपन को उजागर किया है कि उसमें अंतर्निहित जनवादी एवं प्रगतिशील शक्तियों को सही दिशा मिल सके। इस दृष्टि से रणजीत की ये कविताएँ, मेरे विचार से संशोधनवादी है, क्योंकि कवि साम्यवादी दलों (जो बँटे हुए है) के अंतर्विरोधों को वैचारिक धरातल पर लेता है और उन्हें यह सोचने के लिए विवश करता है कि दलीय जकडऩ और कट्टरता स्वयं दल के विकास में बाधक होती है, चाहे वो कोई भी राजनैतिक दल क्यों न हो। इन कविताओं से गुजरने पर एक तथ्य यह भी सामने आता है कि व्यक्ति की अस्मिता और उसकी वैचारिक स्वतन्त्रता का सही लोकेशन हरेक व्यवस्था और सत्ता में आवश्यक है, क्योंकि मानव एक चेतनाशील प्राणी है, वह सोचता है, उसकी अपनी भी एक सत्ता है। कवि की अनेक कविताएँ इस मनोवैज्ञानिक अस्मिता के द्वन्द्व से टकराती है, क्योंकि राजनैतिक-आर्थिक काल जब व्यक्ति के मनोवैज्ञानिक काल को दबोचने लगता है, तो अनेक व्यक्ति सामूहिक पराएपन का अनुभव करते है। कवि की मानसिकता दो छोरों के मध्य जो लम्बी-चौड़ी जगह है उसे अहमियत देती है—

"इन दो छोरों के बीच जो लम्बी-चौड़ी जगह है
मैं उसी के किसी कोने में
एक इन्सान की तरह जिंदा रहना चाहता हूँ।" (पृ. 11)

दूसरी ओर पंडुकी के बिम्ब के द्वारा व्यक्ति की सहानुभूति की दुर्दशा, स्तालिन से लेकर ब्रेजनेव तक के हाथों से, व्यक्त करने वाली निम्न पंक्तियाँ एक ऐतिहासिक व्यंग्य प्रस्तुत करती है—

कब तुम लोग खेलना छोड़ोगे
मेरी हमदर्दी की मासूम-सी पंडुकी से
फुटबाल की तरह
कब तुम उसकी नाजुक-सी जान की कीमत समझोगे
ओ प्रगतिशील मानवता के विभाजित सूत्रधारों (पृ. 15)

इस प्रकार के अनेक उदाहरण दिये जा सकते है जो तथ्य को अनेक रूपाकारों द्वारा जैसे—पंडुकी, चना, गेहूँ, गुलाब, माँ, बच्चा आदि संकेतित करते हैं। संग्रह में कुछ ऐसी कविताएँ भी है जो प्रत्यक्ष रूप से रूसी साम्राज्यवाद पर चोट करती है, (चेकोस्लोवाकिया तथा पोलैण्ड के सम्बन्ध में लिखी हुई कविताएँ) तो दूसरी ओर सोल्झेनित्सिन आदि निर्वासित रचनाकारों के महत्त्व को रेखांकित करती है। कवि के अनुसार सोल्झेनित्सिन एक समानान्तर सरकार है क्योंकि—

एक महान लेखक—अगर वह विरोध में हो
एक सामानान्तर सरकार होता है—
और कोई सरकार
किसी समानान्तर सरकार को नहीं सह सकती
अपने ही देश में। (पृ. 37)

इस सन्दर्भ में कवि माओ और कोसिगिन की अपेक्षा हो ची मिन्ह और कास्त्रो के 'अटूट मनोबल' और साधना से अपने को स्वस्थ महसूस करता है और दूसरी ओर उसके 'मार्क्स ने राज्य को एक दमन-चक्र कहा था तो क्या पूरी जनता का राज्य पूरी जनता का दमन तन्त्र होगा।' आदि विचारोत्तेजक शब्द हमें सोचने को विवश करते है कि जब विचारधारा या वाद गलत रूप से, प्रतिष्ठान या सत्ता को बनाये रखने के माध्यम रह जाते है, तो जाति और व्यक्ति की नियति विसंस्कृतिकरण और अमानवीयकरण के अतिरिक्त और क्या होगी? यह तथ्य मात्र साम्यवाद के लिए ही नहीं, न्यूनाधिक रूप से उन सभी वादों के लिए सत्य है जो सत्ता और व्यवस्था को अपना लक्ष्य बना लेते है। मेरे विचार से इसमें संतुलन की जरूरत है—गाँधी और लेनिन के समन्वय की आवश्यकता है। रणजीत भी कहते है—

मैं सोवियत संघ में गाँधी को जन्म देना चाहता हूँ
और हिन्दुस्तान में लेनिन को

क्रान्ति के साठ साल बाद भी वहाँ का आम आदमी
निर्भय नहीं है
गाँधी के बिना यह काम कौन करेगा?
और आजादी के बीस साल बाद भी
यहाँ के दो-तिहाई लोग भूखे सोते है
क्या लेनिन के अलावा भी इसका कोई इलाज है,
(पृ. 59)

मेरी व्यक्तिगत मान्यता है कि आज के आदमी के सामने मार्क्सवाद ही एक विकल्प है, बशर्ते कि उसमें अन्य सरोकारों को सार्थक स्थान दिया जाय। रणजीत की ये कविताएँ मार्क्सवाद और साम्यवाद को एक व्यापक सन्दर्भ देती है, यह सही है कि इस प्रक्रिया में उसका नकारात्मक पक्ष अधिक मुखर हो उठा है, पर कहीं-कहीं सकारात्मक पक्ष भी संकेतित होता है, बिम्बों और रूपाकारों के माध्यम से।

इसी के साथ कवि समकालिक बिंदु पर पैर टिकाकर भविष्य या संभावना की ओर बढ़ता है, क्योंकि रचनाकार और विचारक काल के प्रभाव को पकड़ता है जो अग्रगामी है। कवि गोदो तथा गुलाब की प्रतीक्षा करता है जो एक सम्भावना है, जिसकी ओर व्यक्ति और समूह लगातार बढ़ते है, पर अंतिम रूप से उस तक शायद पहुँच नहीं सकते। यह प्रयत्न ही मानव नियति है जो उसे गति देता है—उसकी चेतना को अग्रगामिता की ओर ले जाता है। रणजीत की कविताएँ कहीं-कहीं पर इस तथ्य को संकेतित करती है।

अंत में, मैं कविता की संरचना का प्रश्न उठाना चाहूँगा, क्योंकि सृजन और संरचना का गहरा सम्बन्ध है। रणजीत की ये कविताएँ एक आयामिक है, क्योंकि इनका कथ्य राजनीति या विचारधारा का द्वन्द्व है। इनमें कविताओं की संरचना समरूप है, एक रस है। यह अवश्य है कि तथ्य को भिन्न-भिन्न रूपाकारों द्वारा व्यक्त किया गया है। कवि मार्क्सवाद की उपलब्धियों के प्रति सजग तो है पर इस संकलन की कविताओं में वह व्यंग्य और विक्षोभ को ही अधिक अभिव्यक्ति दे रहा है। कविताओं से गुजरते हुए एक तथ्य यह भी सामने आया कि कवि विज्ञान, इतिहास और सामान्य जीवन के शब्दों या रूपाकारों का ही प्रयोग अधिक करता है उसके द्वारा प्रयुक्त वैज्ञानिक रूपाकारों के प्रयोग से (शुक्राणु, डिम्ब, गुरुत्वाकर्षण) मुझे ऐसा लगता है कि कवि के पास वह शक्ति है, जो भिन्न अनुशासनों के शब्दों और रूपाकारों को सृजनात्मक संदर्भ दे सकती है।

—डॉ. वीरेन्द्र सिंह

***

जीवन व्यापार का व्यापक परिप्रेक्ष्य

*** प्रो. आनंदप्रकाश दीक्षित ***

प्रतिश्रुत पीढ़ी के प्रगतिशील रचनाकार डॉ. रणजीत सोलह वर्षों के दीर्घ अंतराल के बाद नया कविता-संग्रह लेकर उपस्थित हुए हैं, 1986 में। यों अपनी कृतियों के माध्यम से वे अपनी मानवतावादी रुझान के लिए अपरिचित और अचीन्हें नहीं हैं, किंतु प्रस्तुत संग्रह में उनकी यह रुझान कुछ अधिक उभरकर इसलिए सामने आती है कि उसके तंतु कहीं गहरे में उनके मोह-भंग के साथ जुड़े हैं। संग्रह की कविताओं और उसके प्राक्कथन के माध्यम से वे रचनाकार के लिए अभिव्यक्ति की स्वतंत्रता के साथ-साथ आलोचना की स्वतंत्रता की अनिवार्यता के पक्ष में अपनी आवाज उठाते हुए किसी भी प्रबुद्ध और मानवीय आदर्शों से प्रतिबद्ध राजसत्ता में इन दोनों मानवीय मूल्यों के प्रति सहनशीलता की आवश्यकता पर बल देते हैं। मानवतावादी की अपेक्षा वे अपने आपको 'साम्यवादी कवि' कहते हैं और चूंकि रचनाकार की प्रगतिशीलता के लिए किसी साम्यवादी दल का सदस्य, उसका अंध-समर्थक या मार्क्सवादी होना जरूरी नहीं मानते, अतएव सोवियत रूस की यात्रा करके वहाँ वे साम्यवाद की जो विकृतियाँ और 'अनुदार अफसरशाही' पाते हैं उनके विरुद्ध सहज ही अपनी भावात्मक प्रतिक्रिया व्यक्त करते हैं। स्वाभाविक है कि एक प्रतिबद्ध रचनाकार के नाते ऐसा करके वे एक गहरी छटपटाहट और तीव्र आत्मसंघर्ष के दौर से गुजरते हैं और आत्मनिर्वासन का खतरा उठाते हुए दर्द और क्रोध से कसमसा उठते हैं। सोवियत रूस और उसके साम्यवादी आदर्शों का ही प्रतीक है—'रक्त कमल'। 'रक्त' जैसे केवल लाल के लिए ही प्रयुक्त नहीं है, बल्कि उससे जैसे चू पडऩे वाले खून का भी संकेत उभरता है और एक साथ मिलकर 'रक्तकमल' आहत हृदय का भी बोध कराता जान पड़ता है। भयावह यंत्रणा, विसंगति और अनाकर्षकता का द्योतक है—'झुलसा हुआ'। प्रतीकात्मक विशिष्टता जैसी संग्रह के नाम में दीख पड़ती है, वैसी ही वह कविताओं में भी निहित है।

रणजीत ने इन कविताओं को 'राजनीतिक कविता' की संज्ञा दी है। यों प्रधानत: इनका सरोकार रूसी व्यवस्था से है, परंतु इनका विशाल दृश्यपट चेकोस्लोवाकिया, पोलैण्ड, वियतनाम, बांग्लादेश की घटनाओं को समेटता हुआ भारतीय जनतंत्र की शासन-व्यवस्था तक को अपने में समेटता चलता है। लेखक एक विश्व-नागरिक की हैसियत से विश्व-मंच पर घटित होनेवाली उन (दुर्) घटनाओं और घोषित शासनादर्शों तथा वास्तविक विरुद्ध आचरण से उत्पन्न विसंगतियों के प्रति अपनी गहरी वितृष्णा, क्षोभ और छटपटाहट को व्यक्त करता

है—उन स्थितियों के विरुद्ध आक्रोश और व्यंग्य की पैनी धारवाली भाषा का प्रयोग करता; इसलिए नहीं कि वह किसी एक (राज) तंत्र या नीति के पक्ष और किसी दूसरे के विपक्ष में लड़ना चाहता है, बल्कि वस्तुतः इसलिए कि वह इन सभी राजतंत्रों और राजनीतिक स्थितियों के द्वारा, उनके अपने मूलादर्शों के विरुद्ध, मनुष्य की सत्ता—उसकी स्वतंत्रता का हनन होते देखकर विक्षुब्ध है और कहीं भी हो, मानवता की रक्षा के उपाय-साधन को सर्वोपरि मान्यता देता है। सत्ता-विशेष के प्रति उसका आग्रह नहीं है—"क्योंकि सब सत्ताएँ घृणास्पद है। पर जो जितनी अधिक प्रभुत्व सम्पन्न है। वह उतनी ही ज्यादा नफरत के काबित है।" (समानुपात)

क्रांति के रूसी तौर-तरीकों के बीच उसे 'मंद दृष्टि राजनीति की ओछी जरूरतों के लिए' 'अपने ही सबसे साहसी संदेशवाहकों की लाशों पर कीचड़ उछालते हुए' राजनेताओं की नीतियाँ बेचैन और परेशान करती हैं और वह क्रांति को 'एक सद्य प्रसूता भूखी कुतिया' (कब तक) के रूप में देखने लगता है। यह इस तथाकथित क्रांति के उस 'मत्स्य-न्याय' को ही नहीं पहचानता जिसके अंतर्गत पचास वर्ष की प्रौढ़ा क्रांति एक आठ महीने के मासूम से सुधार को हड़पने का प्रयत्न करती है और उस प्रयत्न के पीछे बहाना रहता है दूसरे की रक्षा का। आतंक का सहारा लेकर दूसरों की तनिक-सी स्वतंत्रता को भी किसी-न-किसी बहाने हड़पने के प्रयासों को देखकर वह 'साम्यवाद का खूँखार चेहरा' या 'चीते की खूँखार मूँछें' याद कर उठता है और उनके प्रति अपनी घृणा और निरादर को 'गलाज़त भरा है उनका स्पर्श' और 'स्तालिन की मृत मूँछों की जुगुप्साजनक चुभन' की तिरस्कारपूर्ण शब्दावली में व्यक्त करता है। दूसरे की रक्षा के नाम पर किये गये अतिक्रमण को वह किसी मित्र की पत्नी पर किये गये बलात्कार जैसा अनुत्तरदायित्वपूर्ण और घृणास्पद मानता है और इस 'मित्रता-पूर्ण बलात्कार' का बहाना है—"और तुम्हारी पत्नी की इज्जत किसी गैर के हाथों लुटने से बच गयी।" रणजीत चूंकि **'अर्थ और वर्ग-संघर्ष के अतिरिक्त बहुत-सी सच्चाइयाँ हैं'** कहकर जीवन-व्यापार को व्यापक परिप्रेक्ष्य में ग्रहण करते हैं अतएव वे जहाँ अस्तित्व रक्षा के मूल साधन के रूप में 'गेहूँ' को महत्त्व देते हैं वहीं उनके लिए सौन्दर्य, उदारता और कोमलता भी उपेक्षणीय नहीं है और वे 'गेहूँ' की तुलना में 'गुलाब' को यत्किंचित् भी जगह न देने की नीति के कायल नहीं है। मानवता के विकास में सहज स्नेह, सद्भाव और सहानुभूति के पक्षधर हैं, जबकि 'प्रगतिशील मानवता के विभाजित सूत्रधार' उन्हें 'हमदर्दी की मासूम-सी पंडुकी से फुटबाल की तरह' खेलते दिखाई देते हैं। 'आम्रकुंजों में उभरता हुआ वियतनाम' उनके सामने पिंजरे में बंद 'बया' की दर्दभरी कहानी कह जाता

है।

'मठ से लौटा हुआ यात्री' उनकी लम्बी कविता है जो उनकी रूस-यात्रा के बाद वहाँ के विषय में उनके मोहभंग का अहसास सामने लाती है और रूस को मठ की प्रतिमा के रूप में प्रस्तुत करके मठाधिपतियों के अत्याचार-अनाचार से सुपरिचित भारतीय मानस को सहज ही आंदोलित कर देती है। सोल्झेनित्सिन तथा सखारोव के प्रति किये गये व्यवहार के प्रति उनकी क्षुब्धता आन्तरिक है और मानवीयता के नाते से है।

अकर्मण्यता और अत्याचार के विरुद्ध रणजीत एक असामान्य लड़ाई लड़ते हैं और इस तरह एक वाम पक्ष की निरंतरता को स्वीकार करके चलते हैं। जहाँ कहीं भी उन्हें दमन या शोषण दिखायी देता है, मानवीयता के विरुद्ध आचरण की आहट मिलती है, वे उसी पर टूट पड़ते हैं; अतएव उनकी चिन्ता एक मानवीय चिन्ता है, किसी व्यक्ति या देश-विशेष की चिन्ता नहीं है। यही कारण है कि वे घर और बाहर का फर्क न करके समान रूप से अपनी आश्वस्ति या क्षुब्धता को व्यक्त करते हैं। बांग्लादेश का संघर्ष हो या भारत का राजनीतिक दृश्य-पट, रणजीत अपनी आन्तरिक निष्ठा में अत्याचार के विरुद्ध है। 'बांग्लादेश' तथा 'एक बच्चे के जन्म पर' कविताएँ यदि बांग्लादेश में किये गये याह्या खाँ के क्रूर दमन और अत्याचार की गाथा और भारत की उसमें एक नेकदिल डॉक्टर की भूमिका का बखान करती और लेखक के रोष और हर्ष को व्यक्त करती है तो 'चुप्पी', 'दो शिक्षक', 'प्रार्थना', 'बलात्कार अभी नहीं हुआ', 'जबर काट', 'व्यवस्था बनाये रखने के लिए' और 'सिरफिरों का साथ' आदि कविताएँ भारत में आपातकाल, राजनीति क्षेत्र में फैली दहशत, बोधगया के भूमिहीन किसानों का संघर्ष, बागपत और भागलपुर के पुलिस द्वारा किये गये अत्याचार और छतीसगढ़ के बंधुआ और भूमिहीन किसान-मजदूरों की दुर्दशा और शासन-तंत्र की असफलता के विरुद्ध उन्हें चीखने को मज़बूर करती है। चुप्पी, चापलूसी और जेल के विकल्प में से चुप्पी या जेल को चुनना पसंद करते हैं। उनका अनुभव कहता है, **"मैं कश्मीर से कन्याकुमारी तक फैली हुई/ एक लम्बी-चौड़ी जेल में बंद हूँ।"** इसलिए अलग से जेल का विकल्प न चुनकर अन्ततः चुप्पी चुनते हैं, क्योंकि '**सबकुछ उनके हाथ में है/ सत्य भी और न्याय भी।**' किसी समय 'अज्ञेय' ने भी 'मौन की दहाड़' की शक्ति को ही धार्य माना था और 'विपरीत चिंतन' करते हुए रणजीत भी अनुभव करते हैं कि'**मैं सबकुछ उलट-पलट देना चाहता हूँ**' पर अन्ततः चुप्पी को ही स्वीकारते हैं। पर चुप्पी उनका—एक संघर्षशील व्यक्ति का—गुण-धर्म नहीं है, इसीलिए ये कविताएँ। सुचिन्तित आधारभूमि के कारण ये आक्रोशी कविता के बंधे मुहावरे

से अलग हैं और आवेग और ओजस्विता को सहेजकर भी विवेक का त्याग नहीं करतीं।

—प्रो. आनंदप्रकाश दीक्षित

***

डॉ. रणजीत के दो काव्य-संग्रह

*** मोहनकृष्ण बोहरा ***

मेरे सामने डॉ. रणजीत के सद्य प्रकाशित दो काव्य-संग्रह हैं—'झुलसा हुआ रक्त कमल' और 'इतना पवित्र शब्द'। 'इतिहास का दर्द' के बाद ये ही उसके महत्त्वपूर्ण संग्रह हैं। एक में उसकी राजनीतिक कविताएँ संगृहीत हैं और दूसरे में प्रेम-कविताएँ। कविताओं का यह विभाजन कवि ने जानबूझकर किया है ताकि एक क्षेत्र-विशेष में उसकी जो मानसिकता रही है, उसे हम एकत्र पा सकें। 'रक्त कमल' उसके विद्रोही कवि रूप का प्रकाशन है जिसने साम्यवादी राजनीति के अन्तर्विरोधों को उजागर किया है, जबकि 'इतना पवित्र शब्द' उसके निजी जीवन, उसके फ्रस्टेशन और तदन्तर उसके प्रेम-जीवन की अकुंठित अभिव्यक्ति है। इस अभिव्यक्ति के हक में उसका तर्क यह है कि—

फिलहाल मैं जिन्दगी को/ जिन्दगी के आलेख पर प्राथमिकता दे रहा हूँ। (पृष्ठ 25)

कवि रणजीत के जीवन में विडम्बना यह रही है कि वह प्रेम और राजनीति दोनों राहों पर छला गया है। प्रेम के क्षेत्र में उसका दर्द यह है कि—

स्वयं राह ने जिसको लूटा/ वह रोये किससे निजी दुखड़ा। (पृष्ठ 26)

राजनीति के पथ पर भी उसका अनुभव कुछ इतना ही कड़वा रहा है। 'रक्त कमल' में संगृहीत कविता 'मोहरे की यन्त्रणा' एक प्रकार से कवि की यन्त्रणा ही है—

कैसी दारुण स्थिति है/
कि जिस लड़ाई को अपनी गहनतम
निजी और सैद्धान्तिक समझकर/
लड़ रहा था मैं पूरी निर्ममता से/
वह पहले से ही बिकी हुई निकली बाजार में/

लेकिन कवि की यह छले जाने की अनुभूति ही नहीं, इससे भी बढ़कर जो बात मुझे इन दोनों संग्रहों के एक ही हाथ की रचना होने की प्रतीति कराती है, वह यह कि दोनों में कवि की प्रतिक्रियाएँ ही अधिक व्यक्त हुई हैं, प्रतिक्रिया को कविता की रचनात्मक संश्लिष्टता तक पहुँचाने वाला धैर्य कम ही फलित हुआ है।

किसी प्रतिक्रिया में आप व्यक्ति को तो देखते ही हैं, साथ में उस घटना को भी पा लेते हैं, जिसके प्रति वह प्रतिक्रिया होती है। कुछ इसी तरह डॉ. रणजीत की कुछ कविताएँ पढ़ते हुए आप उसके विचारों को तो स्पष्ट रूप से जानते चलते ही हैं, साथ ही, चाहें तो उन घटनाओं का भी एक खाका तैयार करते चल सकते हैं जिनसे होकर डॉ. रणजीत को गुजरना पड़ा है और ये कविताएँ जिनके प्रति प्रतिक्रिया हैं। इस दृष्टि से, हम चाहें तो कह सकते हैं कि ये कविताएँ कवि की काव्यात्मक प्रतिक्रियाएँ है। संभवतः डॉ. रणजीत इन्हें (डॉ. नगेन्द्र के अभिप्रेरित अर्थ में) आत्माभिव्यक्ति कहना चाहें; लेकिन मैं उन्हें स्मरण दिलाना चाहूँगा कि आत्माभिव्यक्ति का सिद्धान्त प्रतिपादित करते हुए डॉ. नगेन्द्र ने निश्छलता को आत्माभिव्यक्ति की शर्त ठहराया है। मुझे इसमें कोई संदेह नहीं कि डॉ. रणजीत एक निश्छल व्यक्ति हैं, उन्होंने स्वयं को ईमानदारी से व्यक्त किया है लेकिन साहित्य-सृजन के क्षेत्र में आत्माभिव्यक्तिगत निश्चलता का अभिप्राय घटनात्मक सच्चाई से नहीं है, अहं के विसर्जन और व्यक्तित्व के रूपान्तरण से है। घटनात्मक सच्चाई कविता में रूपान्तरित होते हुए अपनी स्थूलता, कवि की निजता और उसके आत्म के संकीर्ण दायरे से मुक्त हो जाती है। निर्वैयक्तिकता उससे कोई भिन्न चीज नहीं होती। रणजीत की कविताएँ इस गुण को अर्जित नहीं कर सकी हैं। वे आत्मबद्ध ही हैं, निदान निर्वैयक्तिक नहीं हो सकी हैं। निर्वैयक्तिकता व्यक्तित्वहीनता या रहितता नहीं है; व्यक्तित्व से ऊपर उठ सकना, उसका अतिक्रमण कर सकना उसका आवश्यक लक्षण है। यदि कवि का अपना व्यक्तित्व ही नहीं हुआ तो वह अतिक्रमण करेगा किसे? रणजीत एक व्यक्तित्ववान कवि हैं, लेकिन अपनी कविताओं में वे अपने व्यक्तित्व से ऊपर कम ही उठ पाये हैं। प्रमुखतः वे व्यक्तित्व की अभिव्यक्ति के कवि है। उनकी एक पहचान यही है कि हम उनकी कविताओं के पीछे उस व्यक्ति को पहचानते चलते हैं जो प्रतिक्रिया तत्पर हुआ है। ऊब, टूटन, अपनी खोई हुई अस्मिता के नाम, एक अतीर्थयात्रा आदि कई एक कविताओं में तो उसका वैयक्तिक जीवन इतना अधिक हावी हो गया है कि कविताएँ कवि की वैयक्तिक रुचि-अरुचि और उसके निजी जीवन प्रसंगों का विवरण भर होकर रह गई हैं। 'एक अतीर्थ यात्रा' तो उनके नारी सम्पर्कों का एक ऐसा ब्यौरा है जो वितृष्णा ही जगाता है। 'पुष्पयोनि' 'तुम और वह', 'प्राण प्रिये' आदि कविताओं में भी उनकी वासना-तृप्ति जुगुप्साकारक होती चली गई है। मैं नहीं समझता कि ये कविताएँ संवेदना या अभिव्यक्ति के धरातल पर कवि के लिये कुछ नया हासिल करके अपना औचित्य प्रमाणित करती हैं। अवश्य ही, कुछ कविताएँ जो टूटे प्रेम और रुग्ण गृहस्थी की रिरियाहट और

खीझते-झींकते पारिवारिक जीवन की कुढ़न और चिड़चिड़ाहट व्यक्त करती हैं, वे एक नये स्वाद की कविताएँ हैं। हिन्दी में यह स्वाद अभी कम ही मिलेगा। यदि कवि निर्वैयक्तिकता अर्जित कर पाता तो इनका मूल्य कहीं अधिक होता।

अपनी राजनीतिक कविताओं में जहाँ डॉ. रणजीत ने अपने अहं को निर्ममता से छीला है, वहाँ कविता एक तीखी सच्चाई को उघाड़कर रखती जान पड़ती है। मैं 'रक्त कमल' में संगृहीत उनकी एक कविता 'चुप्पी' का उल्लेख विशेष रूप से करना चाहता हूँ जिसमें आपातकाल संदर्भित है—

मेरे भीतर उमड़ती है एक कविता/ घुमड़ती है एक गाली......
मेरी आत्मा कचोटती है/ कहती है—कायर, बोल !/
पर मैं चुप हूँ/
चुप्पी और चापलूसी में बँट गया है पूरा देश/
पर मैं चुप्पी चुनता हूँ।/
पर एक तीसरा विकल्प भी है—जेल/......
मैं कश्मीर से कन्याकुमारी तक फैली हुई/ एक लम्बी-चौड़ी जेल
में बन्द हूँ/ पर और छोटी जेल में जाने से डरता हूँ/.....

यह कविता आपातकाल की तो एक सच्चाई है ही; यह बीसवीं सदी के उत्तर-काल के बुद्धिजीवन की भी एक कड़वी सच्चाई है। कम ही कवियों ने अपनी कायरता को इतनी खुली ईमानदारी से स्वीकार किया है।

रणजीत की अधिकांश राजनीतिक कविताओं में एक प्रशंसनीय साहसिकता मिलती है। मुझे लगता है कि हिन्दी कविता में रणजीत की पहचान वामपंथी राजनीति का मुखौटा हटाकर उसके अन्तर्विरोधों को उजागर करनेवाले कवि के रूप में विशेष रूप से रहेगी। वामपंथ में संशोधनवादी धारा के कई एक लेखक हैं लेकिन उनका साहस साहित्य को पार्टी-निर्देशों की नकेल से मुक्त रखने के शिथिल स्वर से आगे जाते सुनाई नहीं पड़ता। वामपंथी राजनीति के अन्तर्विरोधों से सुपरिचित होते हुए भी उस पर खुला प्रहार करने का हौसला कम ही लेखकों ने दिखाया है। डॉ. रणजीत का नाम इनमें सर्वोपरि है। कट्टर वामपंथी हल्कों में रणजीत का विरोध ही हुआ है लेकिन वामपंथी राजनीति में जो मोड़ पिछले समय से आये हैं, उन्होंने रणजीत को ही सही प्रमाणित किया है।

'झुलसा हुआ रक्त कमल' में अधिकांश कविताएँ वामपंथ से रणजीत के मोहभंग की कविताएँ हैं। 'सोल्झेनित्सिन के नाम' कविता में उसने लिखा है कि जब से तुमने 'स्तालिनवाद के सूत्र लेनिनवाद की कोख से निकलते दिखाये हैं, तब से मेरी दुनिया बदल गई है।' अब तक वह वामपंथी राजनीति की 'बेहूदगियों'

को भी 'तर्कसंगत, न्यायसंगत साबित करने की जी-तोड़ कोशिश' करता रहा था, लेकिन 'गुलाग' ने उसकी आँखें खोल दीं—

पूँजीवादी राजसत्ता से मैं/ बीस साल से नफरत कर रहा हूँ/
सोल्झेनित्सिन ! तुम्हारा गुलाग पढक़र/ मैं सर्वहारा राजसत्ता
पर भी थूकता हूँ/
एक अकूत साम्यवादी घृणा के साथ/ क्योंकि सब सत्ताएँ घृणास्पद हैं/
पर जो जितनी अधिक प्रभुत्व सम्पन्न है/ वह उतनी ही ज्यादा
नफरत के काबिल है। (पृ. 38)

जो कट्टरपंथी, सोल्झेनित्सिन को गद्दार कहते हैं, उनके लिए डॉ. रणजीत ने लिखा है—

उसने जितना देखा-सहा/ उसका एक चौथाई भी सहना पड़े/
तो उसे बुरा-भला कहने वालों में से तीन-चौथाई गद्दार हो जायेंगे/
देखते-देखते। (पृ. 44)
अब वह सिर्फ—
स्तालिन के यातना शिविरों में सडऩे वाले/ बेगुनाह साम्यवादियों
से ही नहीं/
लेनिन के समय क्रांतिकारी अदालतों
द्वारा दंडित समाजवादी
क्रांतिकारियों से ही नहीं/
बल्कि आर्थोडोक्स चर्च के पेट्रियार्क
तिखनकोव तक से/ सहानुभूति करने लगा हूँ।
उसे स्वयं हैरानी होती है कि—
पाखण्डों के रक्षक, शोषकों के प्रतिनिधि/
पादरियों तक से सहानुभूति/
उफ ! मेरे वर्ग-दृष्टिकोण को क्या
हो गया है? (पृ. 43)

हुआ यह कि रूस के निष्कासित लेखकों ने वहाँ की जो हकीकत सामने रखी है और स्वयं कवि ने खुली आँखों से जो वास्तविकता देखी है, उससे उसका सपना टूट गया है। साम्यवादी राजनीति ने कवि के लिये मानव-मन में पैठने के मार्ग में जो अवरोधक लगा रखे थे, कवि-अनुभवों के बल ने उसको एक ओर धकेल दिया है। अब उसकी सहानुभूति का दायरा व्यापक हो गया है। पाखण्डों के रक्षक पादरियों तक से सहानुभूति वस्तुतः उनके भीतर के मानव से सहानुभूति है।

रणजीत ने वामपंथ का परित्याग नहीं किया है। 'एक मित्र के प्रति' निवेदित कविता में उन्होंने जो कुछ कहा है उसे याद करना यहाँ प्रासंगिक होगा—

तुम अपने इतिहास से चाहे मेरा
नाम काट दो/ पर आश्वस्त रहो/
तुम्हारे दुश्मनों के इतिहास में नाम
लिखाने की/ मेरी कोई इच्छा नहीं है। (पृ. 53)

लेकिन उसने अपने 'वाम' का विस्तार कर लिया है। अपनी कविता 'निरन्तर वाम' में उसने लिखा है कि—

कितने ही वामपंथी शामिल कर लो/
तुम अपनी सत्ता में/
या खुद बन जाओ कितने ही
वामपंथी/ पर एक वाम ऐसा है/
जो निरन्तर तुम्हारे वाम रहेगा/
और विरोध करता रहेगा तुम्हारी अकर्मण्यता या अत्याचारों का।
मैं उसी के साथ हूँ

और इसी के अनुरूप डॉ. रणजीत अब साधारण जन को वामपंथी या वाम-विरोधी जैसे सरलीकृत खानों से वर्गीकृत नहीं करते हैं—

तुम्हारे समर्थकों और विरोधियों के
बाद भी/ बहुत से लोग बचे रह जाते हैं/
दुनिया में हमेशा कुछ लोग तो ऐसे
रहेंगे ही जो मेरी भाषा समझ लेंगे/
और वह कम संतोष की बात नहीं है। (पृ. 53)

वास्तव में, कवि रणजीत इन्हीं के साथ है। इसकी पुष्टि उनकी इस घोषणा से भी होती है कि—

वे जो उसके गेहुँओं को जोर से
रेखांकित करने के लिये/
उसके गुलाबों का गला घोंट देना
चाहते हैं/ मैं उनके साथ नहीं हूँ।
गुलाबों के बिना मुझे उसके गेहूँ भी
घुन लगे और अखाद्य हैं। (पृ. 46)

जहाँ एक ओर संशोधनवादी रणजीत वामपंथी अन्तर्विरोधों को मुखर करते हुए भी दृढ़तापूर्वक अपने को वामपंथी घोषित करते हैं, वहीं दूसरी ओर, ऊपर उद्धृत

उदाहरणों जैसे अंश भी उनमें हैं जो कुछ और भी व्यंजित करते हैं। लगता है, उनमें आये वैचारिक परिवर्तन की प्रक्रिया अभी जारी है, परिवर्तन का धरातल केवल वैचारिक ही नहीं है, उसने कहीं गहरे में भी कवि को मथ दिया है। उसका पहले वाला विश्वास हिल गया है।

प्रारम्भ का कवि कहता है कि 'प्रकृति में प्रतिबिम्बित किसी परोक्ष सत में मेरा विश्वास नहीं', (इतिहास का दर्द, पृष्ठ 138) लेकिन 'इतना पवित्र शब्द' में उसने कहा है—

'कितना अच्छा है कि सब-कुछ आदमी के हाथ में नहीं है। उसकी विवेकपूर्ण मक्कार व्यवस्था के समान्तर, प्रकृति की एक अविवेकपूर्ण पर सदाशय व्यवस्था है।' (पृष्ठ 69)

'अविवेकपूर्ण' शब्द सुचिंतित नहीं है, विशेषकर 'सदाशय' के पार्श्व में। कवि का आशय भी शायद विवेकरहित से नहीं, विवेक से ऊपर से है। जो हो, देख लेना कठिन नहीं है कि 'इतिहास का दर्द' में जो ईश्वर 'मर चुका' घोषित कर दिया गया था बल्कि जिसे दफना भी दिया गया था, उसी 'बन्दा परवर' का अब वह 'हर यात्रा के बाद' शुक्रगुजार हो उठता है—

कितना शुक्र है तेरा/ ऐ बन्दापरवर !/ कि हर यात्रा के बाद आदमी को/ लगभग ज्यों-का-त्यों मिल जाता है/ अपना घर/ (पृष्ठ 75)

इस प्रकार, वामपंथ से मोहभंग ने रणजीत के विचारों को ही नहीं, उसके विश्वासों को भी जाने-अनजाने बहुत दूर तक ही नहीं, बहुत गहरे तक भी, प्रभावित किया है।

लेकिन इन कविताओं से गुजरते हुए मुझे बार-बार यह भी लगता रहा है कि यह वास्तव में इनमें व्यक्त हुआ कवि रणजीत की विचारधारा का बदलाव है जो मुझे कुछ अपने अनुकूल लगता रहा है और वही मुझे प्रभावित भी करता रहा है, इनका कवित्व उतना नहीं। मैं इस बात के प्रति भी आश्वस्त नहीं हूँ कि ये संग्रह जैसे उसके वैचारिक विकास के सोपान हैं, वैसे ही उसके काव्यात्मक विकास के सोपान भी हैं। 'इतिहास का दर्द' में भी कवि प्रतिक्रिया-तत्पर और मुखर कम नहीं है, लेकिन यह चिंत्य है कि इन संग्रहों में यह मुखरता और भी बढ़ी है। मेरा आशय यह नहीं है कि इनका कवित्व मुझे अपील नहीं करता, कई स्थल ऐसे हैं, जो अपील करते हैं, लेकिन रणजीत की काव्य प्रकृति वह नहीं है। मैं 'रेल यात्रा' कविता का एक अंश उद्धृत करना चाहता हूँ जो नारी-चित्रण में नैतिक-उत्कर्ष के कारण मुझे अनायास ही छू गया—

उसे छुओ मत/ तुम्हारे लिए यह सिर्फ एक/ हल्की-सी जुगुप्सा से भरा/ थोड़ा रोमांचक खेल-भर है/ पर उसके लिये यह मूल्य है/ इज्जत है, असमत है/ किसी की इज्जत से यों ही मत खेलो/ तुम्हें कुछ नहीं मिलेगा/

पर वह जाग गई तो उसका बहुत कुछ खो चुका होगा/ तन की लज्जा, मन की शांति/ आत्मा का अभिमान।

आपातकालीन भारतीय-जन की निरीहता का यह चित्र भी कितना सटीक है—

जहाँ एक लाख लोग गिरफ्तार हो जायें/ एक ही रात में/ उतनी ही सरलता से जितनी सरलता से मटर की पूरी फसल को मार जाता है पाला/

इसी तरह, बिल्कुल सामान्य-सी लगने वाली निम्नलिखित पंक्तियाँ मुझे आदमी की एक विशेष वृत्ति, किसी बड़े दायित्व को स्वीकार कर फिर उससे जी चुराने और छोटे कामों में स्वयं को उलझाकर मन को झूठी तसल्ली देने वाली वृत्ति, उसकी आत्म-प्रवंचना को अत्यन्त सहज ही में उद्घाटित करती जान पड़ती है—

कितना अच्छा है कि हर बड़े काम की जगह/ ले लेता है एक छोटा और फिर भी जरूरी काम/ और हमें बड़े काम के न हो/ पाने की निराशा/ उतनी नहीं घेर पाती/ (इतना पवित्र शब्द, पृष्ठ 44)

कहीं स्वयं कवि रणजीत ने तो किसी बड़े काम को धकिया कर अपने को छोटे-छोटे कामों में तो नहीं उलझा रखा है। शायद ऐसा है। उसके बिना यह कविता सम्भव नहीं थी। हमें कवि के उस बड़े काम की प्रतीक्षा रहेगी।

—मोहनकृष्ण बोहरा
मनीष मंज़िल रघुनाथपुरा
सीवांची गेट, जोधपुर
पिन कोड 342001
मो. 9413341441

***

5

पृथ्वी के लिए

सार्वभौम संस्कृति के निर्माण की आहट

*** अरुण त्रिवेदी ***

कविता छन्दों का प्रायोजित कार्यक्रम नहीं है, न तालियों की गडग़ड़ाहट का ध्वनि-संकलन है। शाब्दिक रचना होते हुए भी कविता शब्द-क्रीड़ा मात्र नहीं है, वह मानव चेतना की गहनतम अनुभूति और अत्यन्त सक्षम अभिव्यक्ति है। इस क्षमता के लिये कवि की शब्द-यात्रा को जीवन के अन्तराल से गुजरना पड़ता है। जिन शब्दों पर जीवन के नुकूश जितने गहरे होते हैं, वे कविता के लिए उतने ही सार्थक होते हैं। वस्तुतः शब्दों को अर्थ देना उतना कविता नहीं है, जितना जीवन के अर्थ को शब्द देना कविता है।

'पृथ्वी के लिए' काव्य-संकलन के कवि डॉ. रणजीत की शब्द-यात्रा पर युग-चिन्तन प्रभावी है और उनकी भाषा पर जीवन के नुकूश बहुत गहरे हैं। वे दिन-प्रतिदिन टूटती, उजड़ती और क्षरित होती हुई पृथ्वी को बचा लेना चाहते हैं, उनके शब्द-शब्द में पृथ्वीव्यथा ने आकार ग्रहण किया है। यह प्रयत्नवत्ता और कवि की शब्दयात्रा इस संकलन में पर्यायवाची बन गये हैं।

'पृथ्वी के लिए' का रचनाकार हमारे समक्ष एक असन्तुष्ट और असहमत बुद्धिजीवी के रूप में आता है, वह पृथ्वी-व्यथा से संवेदित एक चिन्तनशील कवि है, जो व्यवस्था से असन्तुष्ट और साम्प्रतिक राजनीति से बेहद असहमत है। यद्यपि वे शोषित-पीड़ित मानवता के लिये पर्याप्त चिन्तित हैं, पर पृथ्वी के मिट जाने की सम्भावना से वे सर्वाधिक संवेदित हैं। जनसामान्य की प्रज्ञा-विच्युति से भी कवि हैरान है। इस सन्दर्भ में उन्होंने 'बिना सोचे-समझे' शीर्षक से एक मनोहारी रचना लिखी है, अपनी सहजता और प्रेषणीयता के गुण के कारण यह

कविता पाठक का ध्यान आकर्षित करती है। कवि ने कहा है, कि इस दुनिया में लोग बिना सोचे-समझे पैदा होते हैं, पूरा जीवन बिना सोचे-समझे जीते हैं, यहाँ तक की बिना सोचे-समझे मर भी जाते हैं।

कवि को यह, प्रज्ञा-विच्युति खलती है, वह चाहता है, कि लोग सोचें-समझें, ताकि व्यवस्था को बदला जा सके। जिस व्यवस्था ने मनुष्य को मनुष्य के शोषण की छूट दे रखी है, कवि उस व्यवस्था को न केवल नकारता है, वरन् उसे घृणा की दृष्टि से भी देखता है। यहाँ कवि किसी राजनैतिक विचारधारा विशेष का पक्षधर नहीं है, उसकी पक्षधरता मानव-मात्र की पक्षधरता है। कवि मानव जाति को उन व्यवस्थाओं से बाहर लाना चाहता है, जो उसे गुलाम बनाकर उसका शोषण कर रही हैं। इसलिये कवि प्रजातन्त्र की स्वतन्त्रता का मनमाना इस्तेमाल करनेवाली राजनीति और सर्वहारा तानाशाही, दोनों का विरोधी है। संकलन की पहली कविता 'चाकू और हत्था' में कवि ने कहा है—

"जन-जन के सीने पर चढ़कर बैठा है जनतन्त्र
और देश खुद देशवासियों का गला दबा रहा है।"

प्रजातन्त्र को कवि ने जरायम-पेशा नाकाबिल नेताओं और दागिल दफ्तरशाहों का गिरोह कहा है, जो सीधे-सादे शहरियों और गावदी ग्रामीणों के लिये सजातन्त्र बन गया है; क्योंकि चाँद पर पहुँच जाने के बाद भी आदमी का सबसे कारगर हथियार डण्डा ही है। जिन राजनीतिज्ञों ने पृथ्वी को दबा रखा है और जिनके कारण यह पृथ्वी एक यन्त्रणा-शिविर बन गयी है, कवि के व्यंग्य-बाणों का शिकार सर्वाधिक वही हुए हैं—

मन्त्री को होना चाहिये सिर्फ वफादार
वफादारी के बिना चल नहीं सकती कोई सरकार
देश का क्या होगा जरा सोचो तो
जब मन्त्री ही होने लगेंगे ईमानदार।

वस्तुतः कवि असन्तुष्ट और असहमत ही नहीं है, वह आक्रोश से भरा हुआ है और उसका आक्रोश कहीं-कहीं विरूप भी हो गया है। कई कविताओं में कवि ने नामोल्लेख सहित कई नेताओं पर वैयक्तिक आक्षेप किये हैं, जो व्यक्तिगत दुश्मनी जैसे लगने के कारण निरर्थक हो गये हैं। यहाँ आक्रोश के कारण कवि की भाषा भी मर्यादा का उल्लंघन करती प्रतीत होती है, फिर भी कवि ने बौद्धिक स्तर पर निकाले गये निर्णयों को अनेक स्थलों पर सन्तुलित भाषा में प्रभावी ढंग से व्यक्त किया है।

वैसे तो कवि सम्पूर्ण मानव-जाति के प्रति द्रवित है; किन्तु स्त्रियों और बच्चों के प्रति वह सर्वाधिक संवेदित है, विशेष रूप से नारी उसकी संवेदना के केन्द्र में है; क्योंकि वह शोषित और पीड़ित मानवता की प्रतिनिधि है। कवि ने कहा है—'हर साफ-सुथरा घर, सफाई के लिये शहीद हो रही स्त्री की समाधि है।' अपनी 'नारी' शीर्षक कविता में कवि ने इसी समाधि पर पुष्पांजलि प्रस्तुत की है। यह संवेदना निष्क्रिय सहानुभूति मात्र नहीं है, कवि यहाँ एक युद्धक भूमिका में है, उसने सगर्व घोषणा की है—

'मैं चाहे लड़ूँ व्यक्ति की अभिव्यक्ति के लिए
उसकी अस्मिता के लिए
या पीड़ित-दलित जनता के लिए
या आणविक सर्वनाश से
इस पृथ्वी की रक्षा के लिए
मेरी हर लड़ाई निकलती है आखिर
किसी-न-किसी स्त्रीलिंग संज्ञा के लिए।'

कवि अपनी लड़ाई में अपनी कविता की एक पात्री 'मीरा' को साथ लेना चाहता है, उसे विद्रोह और परित्याग की सलाह देते हुए कवि ने कहा है—'छोड़ क्यों नहीं देती इस बेहूदे आदमी को मीरा।' फिर भी यह विश्वास समाज में कठिनाई से आयेगा कि दिन-रात खटने, हर चौथे दिन पिटने तथा चार-चार लोगों को कमाकर खिलाने वाली मीरा अपने गिरिधर गोपाल को छोड़ देगी।

वैसे तो पृथ्वी-चिन्ता सम्पूर्ण संकलन मे छाई हुई है, पर इस सन्दर्भ में तीन कविताएँ उल्लेखनीय हैं, वे कविताएँ हैं—'संसार हत्या का षड्यन्त्र', 'कवि की चाह' और 'पृथ्वी के लिए'। विविध सन्दर्भों में कवि की मुख्य चिन्ता पृथ्वी के लिये ही है, जिसे वह भ्रष्ट राजनीतिज्ञों, शास्त्र-व्यवसायियों, शोषक सामाजिकों तथा धरती को वीरान करने वाले वन और खनिज सम्पदा के अनियोजित दोहकों से बचना चाहता है। 'संसार हत्या का षड्यन्त्र' शीर्षक कविता में कवि ने किसी भी क्षण पृथ्वी के समाप्त हो जाने की आशंका व्यक्त की है और इसके लिए शस्त्र-व्यवसायी राजनीति को दोषी माना है। कवि ने बिना किसी भेदभाव के संसार की सभी सरकारों के प्रधानमन्त्रियों, राष्ट्रपतियों और तानाशाहों को कटघरे में खड़ा कर दिया है, जिन्हें उसने हथियारों की होड़ का जिम्मेदार कहकर संसार हत्या के षड्यन्त्र में संलग्न माना है। इस कविता मे कवि मानवता के मित्र और संसार के रक्षक के रूप में दिखाई देता है, उसने कहा है कि परमाणु युद्ध के पश्चात् इस पृथ्वी पर कुछ नहीं बचेगा।

कवि जाति, धर्म, यहाँ तक कि देश की सीमाओं से भी ऊपर उठ गया है। डॉ. हजारीप्रसाद द्विवेदी ने कहा है कि "संस्कृति टुकड़ों में नहीं हो सकती, वह सम्पूर्ण मानव जाति की एक ही हो सकती है।" डॉ. रणजीत की इन कविताओं मे उस अखिल मानव जाति की सार्वभौम संस्कृति के निर्माण की आहट स्पष्ट सुनायी देती है। कवि फ्रांस की राज्य-क्रान्ति के स्वतन्त्रता, समता और बन्धुत्व के महान् सिद्धान्तों को पुस्तकालयों में नहीं सजाना चाहता, वह उन्हे जीवन में घटित होते देखना चाहता है—

'मेरी सबसे उत्कट कामना है
दो स्त्रियों को एक साथ पाना
एक स्वतन्त्रता और दूसरी समता।'

'कवि की चाह' शीर्षक रचना में कवि ने अपनी कामनायें व्यक्त की हैं—कवि नार्वे और स्वीडन में अपने देश का राजदूत होना चाहता है, सम्भवतः इसलिए क्योंकि इन देशों के नागरिक स्वतन्त्रता और समता का सर्वाधिक लाभ पा रहे हैं, यही नहीं, कवि हर शोषित और पीड़ित के संत्रास को अपना संत्रास बनाना चाहता है। अमेरिका मे एक काले कुँजड़े का जीवन जीना चाहता है, आदिवासी गाँव के बच्चों का शिक्षक, पहाड़ों पर कुली और खान-मजदूर बनने की कामना व्यक्त करता है। यही नहीं वह एमनेस्टी इण्टरनेशनल का कार्यकर्ता बनकर मानवाधिकारों के लिए लडऩा चाहता है तथा किसी यातना-शिविर में एक असहमत बुद्धिजीवी की तरह रहना चाहता है।

'पृथ्वी के लिए' इस काव्य-संकलन की शीर्षक कविता है, जो धरती को बचा लेने की उत्कट अभिलाषा से लिखी गयी रचना है। कवि ने मनुष्य को पृथ्वी का भस्मासुरी बेटा कहा है, जो कालिदास की तरह उसी डाल को काट रहा है, जिस पर बैठा है। राजनीतिज्ञों के भ्रष्टाचार और व्यवसायियों के अनाचरण से श्लथ-पौरुष और जीर्ण-कलेवर मरती हुई पृथ्वी को कवि अपनी पूरी सामर्थ्य झोंक कर बचा लेना चाहता है। पृथ्वी के प्रति उसके वात्सल्य और बचा लेने के तन्मय प्रयास ने कविता को अद्भुत भावात्मक सौन्दर्य प्रदान किया है। इसमें सन्देह नहीं, कि यह समय की श्रेष्ठतम कविताओं में गणना के योग्य है।

'मैं तुम्हें बचाना चाहता हूँ माँ
अपने ही इन आततायी भाइयों के अत्याचारों से
तुम्हें दुबका लेना चाहता हूँ अपनी गोद मे
अपनी प्यारी बिटिया की तरह।'

'पृथ्वी के लिए' काव्य-संकलन हिन्दी की साठोत्तरी पीढ़ी के एक प्रतिष्ठित कवि की कृति है, जो अपनी पृथ्वी-चिन्ता के लिए अवश्य चर्चित होगी। अत्यन्त सरल भाषा-शैली में लिखी गयी इस संकलन की कविताएँ कहीं-कहीं अत्यन्त साधारण-सी दीखती हैं, पर अपनी चिन्ता में वे अखिल विश्व की परिक्रमा करती हैं और बहुत गहराई तक ले जाती हैं। जीवन की विविधता को चित्रित करते हुए कवि ने सामाजिक यथार्थ को रूपाकार दिया है और पृथ्वी को बचा लेने की चिन्ता करते हुए अपना कल्पना-वैभव भी प्रदर्शित किया है।

कुछ कविताएँ अत्यन्त निजी स्तर पर भी लिखी गयी है, अत्यन्त साधारण-सी दिखने वाली ये कविताएँ भी कवि के निजी जीवन को तो रूपायित करती ही हैं, एकाकीपन को प्रभावक बिम्ब भी देती है। बँटे हुए जीवन के चित्र कहीं-कहीं अपनी व्यंजना में बहुत गहराई तक ले जाते हैं।

—अरुण त्रिवेदी

दस्तावेज, अप्रैल-जून, 1992

***

डॉ. रणजीत की काव्यकृति 'पृथ्वी के लिए'

* डॉ. ज्ञान प्रकाश तिवारी *

हिन्दी की प्रगतिशील साहित्यधारा के विकास मे डॉ. रणजीत का महत्त्वपूर्ण योगदान है। विगत तीन दशकों में उनकी मौलिक और संपादित लगभग डेढ़ दर्जन पुस्तकों का प्रकाशन हो चुका है। कविता, कहानी, शोध और समीक्षात्मक लेख उनकी प्रिय विधाएँ हैं। उनके सद्य: प्रकाशित काव्य संकलन का नाम है—'पृथ्वी के लिए'। इसमें कुल 68 कविताएँ संकलित हैं। इन कविताओं को 1982 से 1990 के बीच लिपिबद्ध किया गया है। कालक्रम के आधार पर इसे डॉ. रणजीत की नवें दशक की रचनाधर्मिता का संवाहक काव्य संकलन कहा जा सकता है। इस संकलन मे भिन्न-भिन्न भावबोध की कविताएँ हैं—पृथ्वी से प्यार है, भ्रष्ट राजनीति पर प्रहार है, इंदिरा परिवार के प्रति आक्रोश है, सामाजिक अन्याय का विरोध है, अकेलेपन का अनुभव है, बड़ी-बड़ी चिन्ताएँ है, जीने का चाव है और पाने के बदले कुछ देने का भाव है।

डॉ. रणजीत मूलत: प्यार और बगावत के कवि है। वे औघड़ प्रेमी हैं और इसीलिए बागी भी। उन्हें प्यार है—भारत की मिट्टी से, स्वतंत्रता और समता से, पीड़ित दलित जनता से, प्रकृति सुकुमारी से, कंचन देह नारी से। दरअसल नारी वर्ग के प्रति उनका असीम राग ही उन्हें बगावत की प्रेरणा देता है। नारी का अपमान वे सह नहीं पाते। प्राय: उनकी हर लड़ाई शुरू होती है—किसी-न-किसी स्त्रीलिंग संज्ञा

के लिए, जैसे—'पृथ्वी के लिए।' आज पृथ्वी के सामने अस्तित्व का गहरा संकट है। क्षुद्र वासनाओं की अन्धी दौड़ ने उसके नैसर्गिक सौन्दर्य को क्षतिग्रस्त कर दिया है। आणविक प्रतिस्पर्धा ने समूचे पर्यावरण को विषाक्त कर डाला है। स्थिति इतनी बिगड़ गई है कि यह दुनिया अब एक 'एब्सर्ड थियेटर' जैसी दिखने लगी है, जहाँ हजारों सिरफिरे तानाशाह अपनी-अपनी महत्त्वाकांक्षाओं को पूरा करने के लिए पागलों की तरह भागदौड़ कर रहे हैं। पूरी पृथ्वी को—

दस-दस बार उड़ाने लायक बारुदी सुरंगें
बिछा दी हैं इन्होंने
पूरे प्रेक्षागृह के नीचे
फिर भी इन्हें चैन नहीं
हर एक चाहता है
अपने लिए एक अलग ही परमाणु बम।

कवि संसार हत्या का षड्यंत्र रचने वाले इन संगीन अपराधियों को जमकर फटकारता है और इस अनाचार के विरुद्ध जोरदार आवाज उठाता है। उसे अपनी पृथ्वी माँ से बेहद प्यार है और वह इस सुजला सुफला वसुन्धरा को इन बुद्धिहीन भस्मासुरों की बदनीयती से बचाकर उसे अनन्तकाल तक सुरक्षित रखना चाहता है। ठीक उसी प्रकार—

जैसे एक गिलहरी बचाना चाहती है पेड़ को
जैसे एक मछली बचाना चाहती है
अपने कीचड़ भरे तालाब को
जैसे एक खरगोश बचाना चाहता है
उजड़ती हुई झाडियों को......

कवि को अपनी मातृभूमि की बड़ी चिन्ता है। स्वतंत्रता प्राप्ति के इतने दिनों बाद भी, ऐसा लगता है कि आज भी यहाँ की अधिकांश जनता बिना सोचे-समझे अपना जीवन का सफर तय कर रही है और राजनीति के मायाजाल में फँसकर बेमौत मर रही है। नागालैण्ड, मिजोरम, मणिपुर, असम, पंजाब, कश्मीर, दिल्ली, बिहार, आंध्र प्रदेश और उत्तर प्रदेश में मातम है। सर्वत्र गुण्डागर्दी, छीना-झपटी, हत्या और बलात्कार का शासन है।

जनतंत्र धनतंत्र बन गया है पूरी तरह
और लोकतंत्र जोंकतंत्र
अनर्थ कर रहे हैं अर्थशास्त्री
और राजनीति अराजक तत्त्वों की रखैल बन गयी है।

देश की इस दुर्गति के लिए कवि विशेष रूप से इंदिरा परिवार को दोषी मानता है। वह इंदिरा जी की नीति-रीति से इतना क्षुब्ध है कि अपनी अनेक कविताओं में उसने सीधे-सीधे इंदिरा जी और उनके परिवार को व्यंग्य का निशाना बनाया है। उदाहरणस्वरूप 'एक कोलाज' कविता की प्रारंभिक पंक्तियाँ दृष्टव्य है, जिनमे कवि के अन्तस की पीड़ा एक प्रश्न के आवरण में लिपटकर मर्मस्पर्शी व्यंग्य को जन्म देती है—

क्या-क्या नहीं किया है अपने
देश के खातिर
इंदिरा के परिवार ने.........?

देश और दुनिया में फैली इस अराजकता के विरुद्ध कवि एक सशक्त जनआन्दोलन छेड़ना चाहता है। इसी उद्देश्य से वह सुविधाभोगी वर्ग की जालबाजियों का भंडाफोड़ करता है। यह वर्ग सारी दुनिया को अपनी मुट्ठी में रखना चाहता है और जब कभी अन्याय और अत्याचार के खिलाफ इन्कलाब का झंडा उठता है, तब अपने तिलस्मी हथकंडों से सर्वहारा को गुमराह करके उनके मंसूबों पर पानी फेर देता है। कवि इस स्थिति से सतर्क है। वह जल्दबाजी में कोई कदम नहीं उठाना चाहता। उसके भीतर की आग कहती है कि—

कुछ और इंतजार करो
कुछ देर रुककर मार करो
इकट्ठी की हुई ताकत का वार
निश्चय तुम्हें करेगा पार।

डॉ. रणजीत को अपने परिवार से विशेष लगाव है। अकेलापन उन्हें रास नहीं आता। बार-बार याद आती है—सुधा की, निक्कू और गुड्डन की। इनकी अनुपस्थिति जिन्दगी को बेस्वाद कर देती है। पर जब सभी परिवारजन आपस में मिलते हैं, तो—

जीवन समय का अकाट्य विस्तार नहीं रह जाता
एक त्यौहार बन जाता है।

डॉ. रणजीत की पत्नी सीतापुर में प्राध्यापिका है। अक्टूबर 92 में डॉ. रणजीत भी सीतापुर के ही एक स्नातकोत्तर महाविद्यालय में प्राध्यापक एवं हिन्दी विभागाध्यक्ष के रूप में नियुक्त हो गये है। किन्तु इसके पहले वे बांदा में थे। उन्हें काफी दिनों तक परिवार से दूर रहने की वेदना सहनी पड़ी है। यही कारण है कि इस संकलन की अनेक कविताएँ वियोगजन्य पीड़ा की मधुर स्मृतियों मे डूबी हुई है। दाम्पत्य सुखाभिलाषी कवि को अपनी प्रिया से अलग होना कितना निष्प्राण बना

देता है, इसका एक उदाहरण निम्नलिखित पंक्तियों में देखा जा सकता है—

जब कभी मैं छोड़कर जाता हूँ तुम्हें
या तुम जाती हो मुझे
लगता है जैसे किसी ने
बीच में से चीरकर अलग कर दिया है हमको
और मैं सामने से नितान्त निष्कवच हो गया हूँ।

वस्तुतः, प्रिया का स्नेह ही कवि की ऊर्जा का मुख्य स्रोत है, जो उसकी अस्मिता को नया अर्थ देता है। इसी स्नेह के बल पर वह अपनी वैयक्तिक संकीर्णताओ से ऊपर उठकर व्यापक सामाजिक हित चिन्तन की सीमा में प्रवेश करता है और उसके मन में अनेक रूपों में एक साथ जीने की चाह स्फुरित होती है—

मैं पूरे मानवीय इतिहास को जीना चाहता हूँ अपने भीतर
और पूरे भूगोल को अपनी बाँहों मे समेटकर
सौरमंडल को पार करता हुआ
निकल जाना चाहता हूँ
नीहारिकाओं की दूधिया पगडंडियों पर।

किसी काव्य कृति की संपूर्णता अकेले उसकी विषयवस्तु पर ही निर्भर नहीं होती, उसके लिए विषय प्रवर्तन की सुगढ़ता भी आवश्यक होती है। डॉ. रणजीत शास्त्रीय पद्धति के गढ़िया कवि तो नहीं है, पर उनकी काव्य यात्रा में शिल्प के प्रति उत्तरोत्तर जागरूकता अवश्य दिखाई पड़ती है। कभी-कभी मस्ती में आकर वे 'एक रूबाई' चार दोहे, कुछ गीत या कोई गज़ल भी लिख डालते हैं, पर मुख्यतः उन्मुक्त भाव से मुक्त छन्द में लिखी गई रचनाओं में ही उनके कवित्व का वास्तविक प्रकाशन हुआ है। भाषा, बिम्ब और कथ्य की आंतरिक लय उनके शिल्प सौन्दर्य का मुख्य आकर्षण है। उनकी कविताओं का शब्द विन्यास अत्यन्त सरल, सहज और बोधगम्य है। हिन्दीतर शब्दों के साथ कोई छुआछूत नहीं है। लोक व्यवहार में प्रयुक्त होने वाले अँग्रेजी और उर्दू के शब्दों, मुहावरों तथा कहावतो का आवश्यकतानुसार उपयोग किया गया है। अँग्रेजी भाषा की इमरजेन्सी, लाइब्रेरी, कम्युनिज्म, एजेन्ट, बोर, प्रोग्राम, नम्बर थियेटर, एब्सर्ड, विशल, ट्यूशन, ऑपरेशन ब्लू स्टार, प्राइवेट लिमिटेड कम्पनी और बाय बाय मम्मी विश यू गुडलक तथा उर्दू की बेशर्म, बेवफा, बेइन्साफ, इन्तजार खिलाफत, गजब, खुदगर्ज, जखीरा, जहन्नुम, जुल्मोजबर, जालिम और इन्कलाब जैसी शब्दावली का बेहिचक प्रयोग हुआ है। छाती फटना, फूले न समाना, मुँह तक आना, नानी याद आ जाना तथा जिसकी लाठी उसकी भैंस, जैसे मुहावरो और कहावतों के

बिम्ब माला का निर्माण किया गया है—

कई तरह के स्वाद देती है प्रतीक्षा
जब वह छोटी-सी होती है
गदराये अधपके आम की तरह खटमीठी लगती है।
पर थोड़ी अप्रत्याशित और लम्बी हो जाय
तो कसैली हो उठती है देशी आँवलें की तरह
पर जब वह निष्फल हो जाती है
तो कच्चे करेले-सा कड़वा होता है उसका स्वाद...।

कुल मिलाकर 'पृथ्वी के लिए' एक स्वस्थ और संतुलित काव्य कृति है, जिसमें डॉ. रणजीत की व्यक्तिनिष्ठ और सामाजिक चिंतनधारा के विविध परिदृश्य पूरी ईमानदारी के साथ उद्घाटित हुए हैं। इस दृष्टि से इसे डॉ. रणजीत के कवि व्यक्तित्व का दर्पण भी कह सकते हैं।

—डॉ. ज्ञान प्रकाश तिवारी

***

बयान से व्यंग्य की ओर

* डॉ. विश्वंभरनाथ उपाध्याय *

रणजीत के कविता संग्रहों में कविता की दृष्टि से एक विकास मिलता है, चेतना की दृष्टि से भी। पहले कवि 'इतिहास के दर्द', 'ये सपने : ये प्रेत' और 'जमती बर्फ खौलता खून' में, साम्यवादी दृष्टिकोण से सब-कुछ को देखता था और बाद में, साम्यवादी व्यवस्थाओं के अंतर्विरोध जब उभरने लगे तब रणजीत ने साम्यवादी व्यवस्था की तानाशाही, स्वतन्त्रता के अभाव, कामरेडों की दादागिरी और न्याय-नैतिकता-मानवताहीनता पर प्रहार किए और वे समग्रतः मानववादी स्टैण्ड लेने लगे।

दृष्टिकोण के इस विकास को 'झुलसा हुआ रक्तकमल' में देखा जा सकता है और जब साम्यवादी प्रारूप सोवियत रूस में ढह गया तो कवि अपनी मजबूत जमीन पा गया कि कवि या लेखक के लिए मानववाद या मानव-प्रेम या प्राणिमात्र के प्रति, प्रकृति के प्रति ममत्व ही मूलाधार है, दृष्टिकोण विशेष या विचारधारा विशेष का अपनाना भयावह हो सकता है, क्योंकि दृष्टियाँ, मानव-चेतना तथा मानव संवेदन और मानवीय भाव-जगत् को परिसीमित कर देती है अतएव व्यास-वाल्मीकि से आज के कवि और लेखक—समुदाय तक सामान्य मानववाद या मानव-न्याय और समदर्शिता और ममता के लिए साहित्य और कला में जो रचनात्मक सिलसिला चला है, वह भारतीयों का जातीय, कौमी या राष्ट्रीय संवेदन

है और वही स्थायी आधार है, क्योंकि वह विभिन्न धर्मों या वादों के शीर्षकों के अन्तर्गत चलायमान होने पर भी, भीतर से अपनी प्रकृत भूमि पर सदा-सर्वदा, मानवोन्मुखता या मानव के प्रति प्रतिबद्ध रहा है।

रणजीत, 'पृथ्वी के लिए' में इसी जमीन को पा गए हैं।

कविता की दृष्टि से रणजीत की कविता पूर्वसंग्रहों में वक्तव्यपरक अधिक थी, जो तब साम्यवादी मूड में, आन्दोलनात्मक कविता के अधिक अनुकूल थी और इससे कविता को बयानबाजी से हानि पहुँचती थी... 'पृथ्वी के लिए' में यह बयानपरकता अभी भी है, 'संसार हत्या', 'मेरे देश', 'पृथ्वी के लिए' आदि। लेकिन इनमें बयान के बावजूद कविता है क्योंकि कवि, ताजे-ताजे बिम्बों या अप्रस्तुतों और नए विन्यासों तथा कथन भंगिमा में वक्रताओ को लाने की कोशिशें करता है और इन्हीं कोशिशों से, रणजीत ने सपाटता से कटाक्षता की ओर प्रगति की है।

'पृथ्वी के लिए' की रचनाएँ अपने कटाक्ष, व्यंग्य, तंज, विन्यास की ताजगी, यथार्थ की आकर्षक पकड़ और देश तथा मानवता, नारी और प्रकृति के प्रति न्याय और इन्सानियत के प्रति अपनी प्रतिबद्धता और ममता को आकर्षक रूप देने में सफल हुई हैं।

इन कविताओं में कई जगह नई अनुभूतियाँ और नए प्रत्यक्षीकरण हैं जो बयानबाज लेखन में नहीं मिल सकते, 'बिना सोचे-समझे', 'प्रतीक्षा', 'कभी-कभी यह सोचकर', 'अनुपस्थिति', 'गंगा और गंगोत्री', 'अलग होना', 'जैसे', 'कवि की चाह', 'टी.वी. पर' आदि कविताओं में कविता यकीनन सपाटता से कटाक्ष में या वक्तव्य से व्यंग्य में बदलती प्रतीत होती है और काव्यशास्त्रियों का यह पुराना प्रतिमान प्रमाणित होता है कि रचना वक्तव्य या अभिधा नहीं, व्यंजना है, ध्वनि है।

'पृथ्वी के लिए' में आकर्षक शब्द विधान और अप्रस्तुतों के कुछ नमूने देखें—

1. चाकू अपने ही हत्थे को खा रहा है?
2. प्रतीक्षा... कसैली हो उठती है, देशी आँवले की तरह
3. कई दिनों बाद मन खुशी से इतना बौराया कि गाने गाने को हुआ!
4. दो प्यारे बच्चे... चाक से उतरे माटी के दो दिवले
5. एकसरीखेपन का रन्दा
6. धीरोदत्त खल
7. नितान्त निष्कवच जैसे दोजुड़े पपीतों या केलों को अलग करें चीर कर
8. एक नयी जिन्दगी सिलने की कोशिश में पिल

9. ...जैसे एक गिलहरी बचाती है अपने पेड़ को... एक पेंग्विन अपने सफेद स्वर्ग को

10. दुत्कारा हुआ सच है... भेजने से पहले ही फाड़ा हुआ पत्र है।

कवि की क्षमता, जनजीवन में से सौन्दर्य और मर्मस्पर्शी दृश्यों की पकड़ में प्रकट होती है, अतः प्रगतिशील मानववाद यहाँ नारात्मक नहीं, कवितात्मक हो उठा है।

'पृथ्वी के लिए' में कई हृदय को छू लेने वाले चित्रण है, चरित्र-चित्रण भी, यथा 'मीरा' में।

किन्तु अभी भी रणजीत अपने पुरानी आदत से पूर्णतः मुक्त नहीं हुए हैं, अतः वह स्वीकारते हैं—

'सच्चाई जैसी मैंने...पायी...नहीं दबायी...अब आप इसे ईमानदारी कहें या गावदीपन पर यह मेरी आंतरित मजबूरी है भाई...।'

सत्यनिष्ठा में शक्ति होती है, असत्य के उद्घाटन में सत्य सीधे सादे रूप में भी कविता-सा बन जाता है, मार करता है, यथा—कबीर में तथापि सत्य को सुन्दर या कलात्मक बनाना ही कविता-कर्म कहलाता है और कथ्यगत ईमानदारी के बावजूद, अभी भी रणजीत की कई कविताएँ बयान या टिप्पणी में बदल जाती हैं, 'मेरा देश', 'कुछ नहीं होता', 'काम', बुनियादी गड़बड़ 'दादागिरी', 'व्यवस्था', 'एक कोलाज' 'स्त्रीलिंग' आदि।

समग्रतः यह लगता रहता है कि अभी भी, रणजीत की रचनाओं में अनुभूति के गांभीर्य, संघनन और गाढ़ता की कुछ कमी है। आगे के संकलनों में यह प्राप्तव्य है।

'पृथ्वी के लिए', में रणजीत, निश्चय ही बयान से व्यंग्य की ओर बढ़े हैं और यह जिस सीमा तक हुआ हैं, उसी सीमा तक कवि को सफलता मिली है।

—डॉ. विश्वंभरनाथ उपाध्याय

***

भीतर-बाहर की सच्चाई

*** डॉ. प्रेमचन्द विजयवर्गीय ***

डॉ. रणजीत प्रगतिवादी कवि हैं। उनके इस छठे काव्य-संकलन में उनकी सन् 1984 से 1990 के बीच लिखी राजनीतिक, अराजनीतिक, प्रेम घृणा—सभी प्रकार की कविताएँ संकलित हैं। कुल मिलाकर 68 कविताओं का यह संकलन कवि के शब्दों में उनके पिछले पाँच-छह वर्षों की रचनात्मकता का सही प्रतिनिधित्व करता है, उन सरोकारों और संलग्नताओं को रेखांकित करता है, जो इस कालखंड

में उन्हें आलोड़ित-विलोड़ित करती रही है। संग्रह की 'मजबूरी' शीर्षक कविता में उन्होंने अपनी कविताओं को अपने भीतर-बाहर मिली सच्चाई का प्रत्यांकन बताया है और लिखा है कि "किसी राजनीतिक-साहित्यिक महत्त्वाकांक्षा के लिए/मैंने उसकी (सच्चाई की) अभिव्यक्ति नहीं दबायी/पर उसे जबरदस्ती ओढ़ी या बिछायी भी नहीं।" और कहा है कि "अन्तस में हो उमडऩ-घुमडऩ/और होंठ एक टेक्टिकल चुप्पी या चापलूसी में लगे हों/ऐसी स्थिति/मुझे अपने लिए कभी नहीं सुहायी"—इसे कोई उनकी ईमानदारी कहे या गावदीपन, पर इसे वे अपनी 'आन्तरिक मजबूरी' मानते हैं।

प्रस्तुत काव्य में डॉ. रणजीत की सृजनधर्मिता के दो आयाम हैं—एक राजनैतिक-सामाजिक चेतना और बौद्धिकता का और दूसरा वैयक्तिक-पारिवारिक चेतना और सम्बद्ध भावुकता का। एक पर्वत-सा ठोस और स्थिर है, दूसरा सरिता-सा तरल और प्रवहमान। एक हमारी बुद्धि को युगबोध से बाँधता है तो दूसरा हृदय को रसानुभूति के आकाश में मुक्त करता है। कवि की अधिकांश कविताओं के विषय गम्भीर हैं तो कुछ के हल्के-फुल्के भी—जैसे घर की सफाई में प्रतिदिन शहीद होती गृहिणी, ट्रेन और बस की यात्रा का अन्तर और टी.वी. पर अपने आपको कविता सुनाता देखकर।

राजनीतिक-सामाजिक स्थितियाँ और उनके प्रति कवि की संचेतना को व्यक्त करनेवाली प्रथम कविता 'चाकू और हत्था' ही यह बताती है कि आज किस प्रकार जनतंत्र जन-जन के सीने पर चढक़र बैठा है, जमींदार हरिजनों को जिन्दा जला रहे हैं। 'दुहरी मार' में कवि ने पुलिस द्वारा किसी को मारने, उसके हाथ-पैर और सिर तोड़ देने और औरतों के साथ बलात्कार करने के अधिकार पर प्रश्नचिह्न लगाया है। 'राष्ट्रीय एकता' कविता में चुनाव के समय दल विशेष के कर्मों का पर्दा फाश किया है। अन्यत्र कवि का प्रश्न है कि अपनी आँखों के सामने अपने पिताओं, भाइयों की हत्या होते, उन्हें जिन्दा जलाये जाने, अपनी माताओं-बहनों पर बलात्कार होते देखनेवाले बच्चे आगे जाकर क्या बनेंगे? भिंडरवाला के अवतार ही न!' कवि के अनुसार पाँच हजार साल के साँस्कृतिक विकास के बाद आज भी जिसकी लाठी उसकी भैंस है और 'चाँद पर पहुँच जाने के बाद भी आदमी अभी डंडे से ऊपर नहीं उठ पाया है।' कवि इस कृति के रचनाकाल में सम्भावना युक्त आणविक युद्ध के अवश्यम्भावी भीषण दुष्परिणामों से परिचित था, अतः उसने उन्हें गिनाते हुए कवित्वमयी भाषा में लिखा है—

"नामहीन/ इतिहासहीन हो जायेगा यह पूरा ब्रह्माण्ड/ और पृथ्वी/ अपनी ओजोन की साड़ी लीर-लीर कर दिये जाने के बाद/ अरक्षित, नंगी और बंजर/

किसी औरत की अधजलीलाश की तरह/ क्षत-विक्षत/ लटकी रहेगी आसमान में अनाम/ यह सुजला/ सुफला/ वसुन्धरा" (पृ. 21-22)

कवि ने ऐसे लोगों पर व्यंग्य किया है जो तभी सक्रिय होते हैं जब उनके प्रदेश में कोई गड़बड़ी हो, दूसरे राज्यों में होने पर नहीं। उसने इस बात पर भी प्रकाश डाला है कि किस प्रकार कोई सत्ता अन्याय और अत्याचार के विरुद्‌ध उठाये गये इन्कलाब के झंडे को अपने प्रभुत्व के जाल में फाँस लेती है। कवि ने एक कविता में इन्दिरा गाँधी, संजय गाँधी और राजीव गाँधी की नीतियों की आलोचना की है (पृ. 47-48) और सन् 1988 की देश की राजनीतिक स्थिति का विश्लेषण करने के पश्चात् यह निष्कर्ष दिया है कि **"जनतंत्र 'धनतंत्र' बन गया है, लोकतंत्र 'जौंकतंत्र' और प्रजातंत्र 'मजातंत्र' बन गया है।"** समानता, स्वतंत्रता और 'बन्धुत्व' न लोगों के चेहरों पर है न उनके विचारों या जीवन में, वह केवल फ्रांसिसी क्रांति के इतिहास में लिखा रहता है (स्थिति, 88)। इसके अतिरिक्त कवि ने उस समय की स्थिति में दलालीखाने, आतंकवादियों द्‌वारा बेकसूरों को मारने और रिश्वतखोरी को भी गिनाया है। सोवियत रूस के वर्तमान विघटन का कारण उसने वहाँ की व्यवस्था के अंतर्विरोध और उसकी कचाहट, स्वेच्छाचारिता तथा रूसी टैंकों द्‌वारा किशोरों को कुचले जाने को माना है, इनके अतिरिक्त समय पर सच्चाइयों से समझौता न किये जाने, छोटे-छोटे सुधारों को कुचल दिये जाने और सत्ता के जड़ीभूत हो जाने को भी उसका कारण माना है। चाहे क्रांति की मशाल साम्यवादी देशों में बुझ जाये, कवि को विश्वास है कि वही क्रांति एक नन्हीं कन्दील के रूप में उसके हृदय में जलती रहेगी और कभी दक्षिणी अफ्रीका में, कभी ब्राजील में, कभी नेपाल में तो कभी बंगलादेश में फूट पड़ेगी। पर कवि का कहना है कि अब हम उस कंदील के ठंडे हरे आलोक को कभी उन्माद के रक्तरंजित दावानल में बदलने नहीं देंगे। (पृ. 103)

कवि न तो हिन्दू राष्ट्र को मानता है, न खालिस्तान को, वह तो विविधताओं वाले इस महान् देश को सबका साझा और सबका अपना मानता है, जिसमें उन्नति करने का सबको समान अधिकार है। (पृ. 105)

कवि को अपना देश, देश के प्रत्येक प्राणी, पशु-पक्षी, खाद्‌य-पेय पदार्थ, ध्वनि और गंध में दिखायी देता है (पृ. 106-109), पर साथ ही उसे वर्तमान में यह भी अनुभव होता है कि इस देश का वातावरण शांति से साँस लेने योग्य भी नहीं रह गया है।

कवि ने जिन सामाजिक स्थितियों और समस्याओं को इस कृति में व्यक्त किया है उनमें से एक पर्यावरण का विनाश है, इस संदर्भ में उसने फर्नीचर आदि

के लिए वनों की कटाई और परिणामतः पृथ्वी को रेगिस्तानों में तथा दलदलों में बदल देने, पृथ्वी की ओजोन की साड़ी फाडने का कवित्वमय वर्णन करते हुए, भावी पीढ़ी के लिए पृथ्वी की, पर्यावरण के इस विनाश से रक्षा करने की इच्छा व्यक्त की है।

नारी के प्रति पुरुष के दृष्टिकोण और व्यवहार को वर्णित करते हुए कवि ने लिखा है कि पुरुष लोग नारी को सदैव ठंडी रखना चाहते हैं ताकि वे उसे आइसक्रीम या कुलफी की तरह चाट-चाटकर खा सकें; वे नहीं चाहते कि वह दूध या पानी की भाँति उबल पड़े क्योंकि वे मानते हैं कि उसका धर्म जलाना नहीं जलना है, चाहे दहेज के प्रसंग में, चाहे सती होने के लिए। (पृ. 85-86) मीरा नाम्नी एक स्त्री के बहाने कवि ने नारी के पुत्र-देवर आदि के सब काम करने, घर का खर्च चलाने के लिए सस्ते दामों पर सिलाई करने और फिर भी पति से बिना बात पिटते रहने की स्थिति का चित्रण किया है। (पृ. 98-100)

आर्थिक पक्ष में कवि ने जिन विचारों को प्रस्तुत किया है वे हैं—परिवार-नियोजन, अर्थ के संचय और केन्द्रीकरण का विरोध तथा उसका लोकहित में उपयोग। (पृ. 63)

कुहरे-पाले भरे, हाड़ कँपकँपानेवाले आधी रात के अँधेरे में, भीगे हुए चिथड़ों में काँपते हुए, हमारा दरवाजा खटखटाने वाले छोटे-से बच्चे को हमारा 'दुत्कारा हुआ सच कहा है, जिसे अपना मानते हुए उसे जल्दी से दरवाजा खोलकर भीतर से लेने के लिए' कवि ने कहा है (पृ. 90)—गरीबों के प्रति कवि की संवेदनशीलता, करुणा और सहानुभूति का यह प्रमाण है।

कवि ने कुछ कविताओं में व्यंग्य भी किये हैं, व्यंग्य के विषय हैं—परिवार नियोजन पर इन्दिरा गाँधी को अन्तर्राष्ट्रीय पुरस्कार दिया जाना (पृ. 2), बिना सोचे-समझे बच्चे पैदा करने, मंत्रियों की ईमानदारी (?), पीपभरे अंगोंवाली व्यवस्था, राजीव गाँधी की देश के लिए अपरिहार्यता आदि।

संग्रह में कुछ कविताएँ वैयक्तिक चेतना-सम्पन्न भी है। अकेलापन ऐसी ही एक संचेतना है, यह सामान्य भी है और निजी भी। इस अकेलेपन से बच्चे ही नहीं बड़े भी डरते हैं। कृतिकार ने स्वयं अपने अकेलेपन की ऊब और अपनी पत्नी तथा बच्चों के साथ पारिवारिक जीवन बिताने की आकांक्षा को व्यक्त किया है 'तीन महीने और' कविता में। इसी प्रकार सवेरे जल्दी उठकर घरभर के सब बर्तन भर लेने और उन्हें भरा हुआ देखने का सुख, बिना किसी त्याग-तपस्या के परम काम्य तन और मनवाली पत्नी और कुम्हार की चाक से, उतरे हुए माटी के दो मुलायाम सौंधे कच्चे दिवलों से दो बच्चे पाने का सौभाग्य, कभी उनकी

अनुपस्थिति का दुःख, पत्नी की वियोगजन्य वेदना की अनुभूति, फिर 'गुड्डन' का आगमन उत्सवधर्मी तीर्थ-सा अनुभूत होना—आदि ऐसी ही वैयक्तिक चेतनाधर्मी अनुभूतियाँ हैं जिनकी अभिव्यक्ति करने में कवि की कल्पना सक्रिय ही नहीं हुई हैं उसने अनेक आलंकारिक विधान भी किये हैं। कवि की हर लड़ाई किसी-न-किसी स्त्रीलिंग संज्ञा के लिए रही है जैसे व्यक्ति की अस्मिता, अभिव्यक्ति, जनता, पृथ्वी आदि। कवि का मानना है कि उसकी जीवन-संगिनी अपनी सत्ता से संसार को नया सौंदर्य और एक नयी सार्थकता देती है। कवि को संसार से प्राप्त सुविधाओं का, अपने द्वारा अत्यल्प प्रतिदान देने का दुःख भी है। वह यह भी अनुभव करता है कि अपनी ढलती-उम्र के कारण अब उसमें शहादत तक पहुँचाने वाला मसीही उन्माद नहीं उमड़ता।

कवि ने अनेक स्थलों पर अपने विचार और दर्शन को भी अभिव्यक्ति दी है जैसे असंगति, जीवन की असंगति, दादागिरी, स्वतंत्रता समर्थन, बड़े की प्रभुता का विरोध, छोटे की प्रभुता का समर्थन, कष्ट-सहन, दृढ़ता, आत्मोत्सर्ग। जीवन की अनेक परिभाषाएँ भी दी हैं, जो उसके सद् और असद् दोनों पक्षों को व्यक्त करती हैं, इस दुनिया को तो वे एक 'एब्सर्ड थियेटर' मानते हैं।

इस संग्रह में रणजीत की प्रकृति-सम्बन्धी केवल एक ही कविता है—'कश्मीर की धरती' जिसमें कश्मीर से उसके सेब, शहतूत, आम का रसास्वाद तथा अपने थके-हारे जीवन को वहाँ विश्राम ले लेने की अनुभूति चाही गयी है

(पृ. 89)

इस कविता को व्यंजनात्मक भी माना जा सकता है।

डॉ. रणजीत के काव्य-कृतित्व में सामान्यतः सहज अनलंकृत अभिव्यक्तियाँ होती है—विशेषतः सामाजिक-राजनीतिक कविताओं, में जिनमें मुख्यतः वैचारिकता होती है, किन्तु भावना प्रधान कविताओं में उनकी कल्पना शक्ति जागृत होकर बहुविध अलंकृत अभिव्यक्तियों का सृजन करने लगती है। उपमा, उत्प्रेक्षा, रूपक, अपह्नुति, प्रतीक आदि के सुन्दर नये प्रयोगों के साथ मानवीकरण और उदात्तीकरण भी है। अभिधा, कभी-कभी लक्षणा और वक्रता का भी सहारा लिया गया है। अलंकृत कवित्वमयी अभिव्यक्तियों के ऐसे बीसियों स्थल इस काव्य-कृति में हैं, पर निःसंदेह ये ही वे स्थल हैं जहाँ वे सच्चे अर्थों में कवि हैं, अन्यत्र तो वे गद्यकार के ही अधिक निकट हैं।

—डॉ. प्रेमचन्द विजयवर्गीय

***

***

सार्थक कवि-कर्म

*** बद्रीप्रसाद पंचोली ***

इस संकलन में रचनाकार डॉ. रणजीत की 1984 से 1960 तक लिखित कविताओं को संगृहीत किया गया है। प्रारम्भिक तीन रचनाएँ 1682 और 1983 की भी हैं। संकलन में रचनाकार ने समग्रता का ध्यान रखा है। कुल 68 रचनाओं में इस कालखण्ड में कवि के मानस में उठी प्रतिक्रियाओं का लेखा-जोखा है। जिन घटनाओं ने रचनाकार के मन को 'आलोड़ित-विलोड़ित' किया उन पर उसने सहज और बेबाक प्रतिक्रिया को काव्य की भाषा में निबद्ध किया है।

'प्रतिक्रिया' प्रतिक्रिया ही होती है—क्षणस्थायी और परिवर्तमान भी। उसे ईमानदारी से व्यक्त कर दिया जाय—इतना भर पर्याप्त होता है। इन संकलित कविताओं में रचनाकार ने अपने इस धर्म को निभाया है। कुछ प्रतिक्रियाएँ तीखी हैं इसलिए असह्य भी हो सकती हैं; पर लेखक ने इसकी परवाह नहीं की है।

संकलन का नाम 'पृथ्वी के लिए' रखा गया है—इसी शीर्षक की कविता को लेकर। यह कविता उन लोगों, समुदायों, राष्ट्रों और राष्ट्राध्यक्षों के ऊपर कठोर प्रहार है जो अपनी सर्वग्राही और सर्वभक्षी प्रवृत्ति से भूतल के सभी संसाधनों को पूरी तरह से चाट जाना चाहते हैं। पृथ्वी वसुन्धरा है, रत्नगर्भा है, सुखदात्री माता है। वेद ने गाया है—माता भूमिः पुत्रोऽहं पृथिव्याः। जीवन को भोग और उपभोग के लिए मानने वाले विलासियों को न तो माता और पुत्र का सम्बन्ध स्वीकार है, न आत्मसंयम और अपरिग्रह का पाठ। वे तरह-तरह से पृथ्वी को बरबाद करके उसका सबकुछ लूट लेना चाहते हैं—भुक्खड़ों की तरह। रचनाकार के शब्द हैं—

माँ तो तुम उनकी भी हो
पर वे दुर्बुद्धि भस्मासुरी बेटे तुम्हारे
नहीं मानते
नहीं जानते इस रिश्ते को
वे तुम्हारा दूध पीने की जगह
तुम्हारे स्तन काट कर
उनका मुलायम मांस खा जाना चाहते हैं भूनकर
उनके लिए तुम्हारे भरे-पूरे पयोधर
दुम्बे की दुम है
जिसे हर कटान के बाद
दूसरे दिन फिर उग आना चाहिए
उनके स्वादिष्ट मांस की आपूर्ति के लिए।

वे तुम्हारी खाल उधेड़ लेना चाहते हैं
हिरनी की छाल की तरह
अपने रोयेंदार कोटों, जूतों और पर्सों के लिए।

विलासी और अविवेकी मानव किस तरह प्रकृति को बरबाद कर रहा है इसकी ओर बहुत सशक्त शब्दों में रचनाकार ने संवेदनशील पाठकों का ध्यान आकृष्ट किया है। रचनाकार स्वयं बुरी तरह से पीड़ित और संवेदित है। वह कहता है कि जिस तरह पृथ्वी का प्रत्येक प्राणी अपने और अपने आत्मीयों के अस्तित्व को बचाए रखते हैं; उसी तरह मैं भी तुम्हें बचाना चाहता हूँ माता—

मैं तुम्हें बचाना चाहता हूँ माँ
अपने ही इन आततायी भाइयों के अत्याचारों से
तुम्हें दुबका लेना चाहता हूँ अपनी गोद में
अपनी प्यारी बिटिया की तरह
तुम्हें छुपा लेना चाहता हूँ
अपने जरूरी कागजों में
एक पुराने प्रेमपत्र की तरह
तुम्हारी रक्षा करना चाहता हूँ
बिल्ली की खूनी दाढ़ों से बच गयी
एक काँपती कबूतरी की तरह।

इन शब्दों में लेखक ने उन सबकी भावनाओं को वाणी दी है जो पृथ्वी पर चल रही विनाश-लीला से विजड़ित हैं, उत्पीड़ित हैं।

कहीं लेखक का गहरा अनुभव बोलता है—

ज्यादा सुख की खोज में, दुःखी बहुत हैं लोग
जितने सुख के उपकरण, उतने दुःख के योग।

तो कहीं क्षणभर की सहज-सरल अनुभूति की स्फुरणा रूपायित हुई है—

ओ री छिनाल व्यवस्था तुम
अब कौनसा रंग दिखाओगी
अपना पीप-भरा वीभत्स अंग तुम दिखा चुकी
अब कौनसा अंग दिखाओगी?

इन रचनाओं की कालावधि में देश में अनेक शोचनीय घटनाएँ हुई हैं—दिल दहला देने वाली। उनको देखकर मुँह फेर लेने वाले या मौन रह जाने वाले 'तटस्थों' को कवि ने धिक्कारा है। बड़े-बड़े नारे लगाकर क्षुद्रता पर उतर आने वालों को लतियाया है। जिन्होंने सोचना और संवेदित होना बन्द कर दिया है उनको फटकारा

है। जिन्होंने जिन्दगी के अर्थ न समझने की सौगन्ध खा ली है उनको भी ललकारा है।

कवि ने राष्ट्रीय घटनाओं की तरह ही अन्तर्राष्ट्रीय घटनाओं पर भी प्रतिक्रिया व्यक्त की है—अपना नया सोच दिया है। उससे कुछ सहमत हो सकते हैं, कुछ असहमत; पर कवि के अनुभव की सच्चाई का सम्बन्ध किसी की सहमति या असहमति से होना आवश्यक नहीं है। विश्व को समाप्त कर देने के षड्यंत्र हों या देश में राजनीतिक धन्धेबाजी करने वालों के झूठे-सच्चे बहाने, सब आदमी की आदमीयत को चुनौती देते हैं और रचनाकार इससे पीड़ित होकर, चिन्तित होकर पुकारता है आदमी को, उसकी परम्परा को, उसके इतिहास को। आदमी को छोटा और बड़ा समझे जाने पर एतराज है उसे। आदमी के दंभ पर क्रुद्ध है वह। आदमी के दिखावे से नफरत है उसे। आदमी की सहजता पर आस्था है उसकी। उसे विश्वास है कि आदमी जो कुछ हो रहा है, जो कुछ हो गया है उससे उठकर बड़ा हो सकता है, गंभीर होकर कुछ सोच सकता है।

वह कहीं तीखा बोला है, कहीं भद्दा बोला है, कहीं उसकी बोली असहय भी लगती है; पर क्रोध किसी राग-रागिनी में तो व्यक्त नहीं होता, अन्तर्तम की पीड़ा किसी को खुश करने के लिए लिहाज का स्वर लेकर तो प्रकट नहीं होगी!

कवि की रचना शैली सशक्त है। भाषा उसकी अनुगामिनी है। वह जो कहना चाहता है, कह सका है; जो सुना सकता था, सुना सका है। जिनको सुनाना चाहता है उन्हीं के लिए उसका कवि-कर्म समर्पित है। वे ध्यान से सुनें। समझें। कुछ ऐसा करें जिससे वैसा फिर न हो। किसी को कुछ कहना न पड़े। हर पक्ष में, हर स्तर पर बहुत कुछ सोचने और करने के लिए दिया है कवि ने, इस कविता-संकलन में। कवि ने अपने कवि कर्म को सार्थक किया है।

—बद्रीप्रसाद पंचोली

***

6

अभिशप्त आग

खरे सिक्के की खनक

*** अमृत राय ***

रणजीत की इन चुनी हुई पचास कविताओं को एक साथ, रस लेकर, डूबकर पढ़ना एक बड़ा सुखद अनुभव है जो बताया नहीं जा सकता, जैसे कोई आस्वाद बताया नहीं जा सकता, खुद ही पाया जाता है।

ये भाव-विह्वल, भाव-विभोर कविताएँ नहीं है, कोई आधुनिक कविता हो भी नहीं सकती। उनका युग बीत गया। ऐसा नहीं कि बिलकुल अपने, निजी सुख-दुःख की कविताएँ आज भी लिखी नहीं जा रही हैं। ये भी नहीं कि अच्छी नहीं लगती, खूब अच्छी लगती हैं और सदा अच्छी लगेंगी। सच्चा शब्द, मन की भीतरी परतों से उठकर आया हुआ शब्द, रसिक के मन को छुएगा ही छुएगा.... मर्मस्पशी साहित्य का ऐसा ही रसायन है। पर अभी हम उस कविता की बात नहीं कर रहे हैं। अभी हम उस नयी कविता, आधुनिक कविता की बात कर रहे हैं जो अपने गहरे सामाजिक सरोकार से आन्दोलित है। जन-जीवन और उसी नाते कवि-मन को दुःख देने वाले असंख्य आर्थिक-सामाजिक, नैतिक-दार्शनिक प्रश्नों से कवि की चेतना सहज ही आक्रान्त है। फिर कैसे वही सब उसकी कविता मैं न बोले? बड़ी असह्य स्थिति है। समाज को बदलना ही होगा।

यहाँ पर फिर देखने की बात ये हो जाती है कि जो कुछ कवि कह रहा है वह कहीं से उधार ली गयी, ऊपरी-ऊपरी, सुनी-सुनायी, या कोरे फैशन की बात है—जैसा बहुत-सी कविताओं के साथ लगता है या कवि के अपने देखने-परखने और चिन्तन-मनन के भीतर से मिली हुई बात है।

आज से कोई चालिस-बयालिस साल पहले गोर्की की एक बात पढ़ी थी जो उसने नौजवान लेखकों की एक मण्डली में कही थी कि साहित्य शब्दों में लिखा जाता है। मेरी समझ में नहीं आया कि गोर्की ने ये क्या पोच बात कही, ये तो दुनिया जानती है कि साहित्य पत्थरों से या ईंट-गारे से नहीं लिखा जाता, शब्दों से ही लिखा जाता है। तो ये बात क्या हुई? आज उसका मतलब समझ रहा हूँ। गोर्की का मतलब सच्चे शब्द से है, मन की गहराइयों में से उठकर आये शब्द से है। शब्द कभी झूठ नहीं बोलते। रचनाकार जाने या न जाने, जहाँ वह, झूठे शब्द का सहारा लेकर निकल जाना चाहता है, वहाँ उसके शब्द ही उसका पर्दा खोल देते है और जहाँ शब्द उसके मर्म के भीतर से निकलकर आया है, उसमें खरे सिक्के की खनक है। वही उसकी प्रामाणिकता की मुहर है।

मुझे ये कहते हुए बड़ी खुशी हो रही है कि रणजीत की कविता में वही खरे सिक्के की खनक है।

—अमृतराय

***

अभिशप्त आग

*** डॉ. सुधेश ***

'अभिशप्त आग' की कविताओं को पढ़कर इस तथ्त की तीव्रानुभूति होती है कवि की आग बुझी नहीं है, भले ही वह अभिशप्त हो। आशा की जा सकती है कि इस आग की चिनगारियाँ उसकी आगामी कविताओं में दिखाई देंगी।

कविताओं को पढ़कर लगा कि रणजीत एक जागरूक कवि हैं, जो एक बेहतर समाज का सपना देखते हैं, यथा स्थिति में परिवर्तन चाहते हैं, समाजवाद में दृढ़ आस्था के बावजूद सोवियत संघ की प्रतिगामी नीतियों की आलोचना करते हैं पर उनकी कविताओं में मुझे एक भी पंक्ति ऐसी नहीं मिली, जिसमें सोवियत संघ के विघटन के बावजूद समाजवाद के पतन या उसके प्रति अनास्था का संकेत हो। रणजीत की कविता में सामान्यजन के प्रति गहरा लगाव तथा दृढ़ प्रतिबद्धता के दर्शन होते हैं। एक कविता में कवि ने लिखा—

सूर ने
केवल एक श्याम को पहिचाना था
और हमारी आँखों आगे
लाख-करोड़ों कान्ह खड़े हैं
जीवित मानव। (पृष्ठ 4)

'मेरी कलम तुम्हारी किस्मत' शीर्षक कविता में क्रान्तिविरोधी शक्तियों को चुनौती देते हुए लिखा गया—

मेरे बागी गीत सुनो फुफकार रहे हैं
मेरी कलम तुम्हारी किस्मत का
निर्णय करने तैयार खड़ी है
मेरी क्रांति दर्शिनी नजरें
भावी अरुण विहान देखकर
लगा रही हैं आग तुम्हारे वर्तमान में। (पृ. 10)

पर क्रान्ति का पथ बड़ा दुर्गम है, उसमें असंख्य अन्धे मोड़ हैं। थोड़ी सुविधा या छूट का मोह भी क्रान्तिकारी को भ्रष्ट कर सकता है। 'फाउस्ट के कन्फेशन' शीर्षक कविता में ये पंक्तियाँ यही कहती हैं—

एक सामयिक समझौता भी
विद्रोह की आत्मा को तोड़ देता है। (पृ. 21)

क्रांति के मार्ग में एक बाधा प्रतिष्ठान भी है। क्रांति जनशक्ति के गठन के बिना असंभव है, पर यह संगठन जब प्रतिष्ठान में परिणत होता है, तब वह प्रतिगामी दिशा ले लेता है। इस तथ्य को 'प्रतिष्ठान' कविता में यों रखा गया—

हर विद्रोह में न जाने किधर से
फिर घुस आता है प्रतिष्ठान
और वही सब करने लगता है
किसी न किसी तर्क से
जो पहले किया जा रहा था। (पृ. 69)

इस संग्रह की कविताओं से एक और तथ्य साफ दिखाई देता है कि कवि की दृष्टि अपने आसपास के यथार्थ तक सीमित नहीं है, बल्कि उसमें तीसरी दुनिया और सम्पूर्ण विश्व के यथार्थ तक पहुँचने की उत्कण्ठा है। तभी वह 'शर्मिन्दा हड्डियाँ' में चैकोस्लोवाकिया में किए गए सोवियत संघीय हस्तक्षेप की आलोचना करता है, और तीसरी दुनिया के देशों की समस्याएँ पहली और दूसरी दुनिया के साधनों से हल किए जाने की वकालत करता है—

मैं तीसरी दुनिया के रेगिस्तानों की प्यास
दोनों दुनियाओं की नदियों के पानी से बुझा देना चाहता हूँ। (पृ. 81)

राजनीतिशास्त्रियों के अनुसार अब दूसरी दुनिया, तीसरी दुनिया की अवधारणाएँ अप्रासंगिक हो गई हैं और कहा जाता है कि अब दुनिया 'एक ध्रुवीय' (Unipolar) हो गई है, पर जैसे उत्तरी ध्रुव और दक्षिणी ध्रुव अपनी जगह पर स्थित

हैं, वैसे ही शोषकों और शोषितों की दो दुनियाएँ प्रत्येक देश में वर्तमान हैं। ऐसी स्थिति में कवि भारत के सन्दर्भ में कहता है—

और आजादी के तीस साल बाद भी
यहाँ के दो तिहाई लोग भूखे सोते हैं।
क्या लेनिन के अलावा भी इसका कोई इलाज है? (पृ. 81)

लेनिन यहाँ एक व्यक्ति का नाम नहीं, समाजवाद का प्रतीक है।

'अभिशप्त आग' की अनेक कविताओं में कोमल अनुभूतियों का माधुर्य, एक सहज मानवीय जीवन की ललक, प्रकृति के प्रति गहन अनुराग, और प्रदूषण के प्रति विरोध का स्वर भी है। ऐसी कविताएँ प्रमाणित करती हैं कि रणजीत की कविता वर्तमान राजनीति से लेकर एकान्तिक प्रेम की कोमल अनुभूतियों तक व्यापक है। पर प्रेम वर्णन में भी कवि का यथार्थवादी दृष्टिकोण साफ झलकता है और प्रेम को वे मांसल स्तर तक चित्रित करने में कोई संकोच नहीं करते । 'तुम नहीं हो' कविता का यह अंश देखिये—

तुम नहीं हो
पर कागज की रंग बिरंगी नावों की तरह
तुम्हारे हल्के फुल्के चुम्बन
मेरे कमरे की हवा में तैर रहे हैं।
तुम नहीं हो पर तुम्हारे शरीर की ऊष्मा
अब भी मेरे बिस्तर में बसी है। (पृ. 56)

प्रेम पर यथार्थ-चेतना का आरोप अथवा प्रेम की स्वीकृति के बावजूद जीवन की यथार्थ स्थितियों के प्रति जागरूकता आज की कविता का प्रमुख लक्षण है। यह विशेषता रणजीत की प्रेम कविताओं में भी मिलती है। 'संवेदनाओं के क्षितिज' में वे लिखते हैं—

और जब मैं तुम्हें अपनी गोद में लिटाये हुए
तुम्हारे केशों में अपनी अंगुलियाँ फिरा रहा होता हूँ
मेरे विचार हाथों में बन्दूकें लिए
वियतनाम के घने जंगलों में घूम रहे होते हैं। (पृ. 49)

प्रकृति के प्रति उनका अनुराग 'पुष्प योनि', 'शिरीष का पेड़', 'कितना अच्छा है', 'पेड़', शीर्षक कविताओं से स्पष्ट है। 'पृथ्वी के लिए' कविता वातावरण के प्रदूषण के खतरों को रेखांकित करती है।

रणजीत की कविताओं के शिल्प के प्रसंग में एक तो यह बात उल्लेखनीय है कि छन्दमुक्ति के बावजूद उनमें लयात्मकता की रक्षा का प्रयत्न है, यद्यपि कहीं-

कहीं लय का निर्वाह नहीं हो पाया है। गजल शैली में कवि अपनी सिद्धहस्तता प्रमाणित नहीं कर सका है। गीतपरक शैली में 'कविता की धरती-सपनों के बाग' एक कमजोर कविता है, पर यह उनकी प्रारम्भिक दौर की (सन् 59 की) कविता है। उनकी काव्य भाषा के दो स्तर मिलते हैं, एक वह जहाँ कविता सपाटबयानी का सहारा लेती है और दूसरा उसका व्यंग्यात्मक स्तर। 'अभिशप्त आग' की कविताओं में अनेक स्थलों पर व्यंग्यात्मक भाषा के सफल प्रयोग मिलते हैं, जैसे 'मेरे आसपास के लोग' की इन पंक्तियों में—

मेरे आसपास बड़े सभ्य लोग रहते हैं
ये जो पानी को तो कई कई बार छानते
पर जहरीली परंपराओं को आँखें मीच कर पी जाते हैं।
रोटी की पवित्रता का तो पूरा-पूरा ध्यान रखते हैं
पर सिद्धान्त जूठे ही खा लेते हैं। (पृ. 33)

पर रणजीत की काव्य भाषा प्रायः सपाट बयानी का सहारा लेती है। सपाट बयानी एक शैली है, जिसमें यथार्थ का पुट लिए वर्णन होता है, पर सपाटयानी और वर्णनात्मक शैली पर्यायवाची शब्द नहीं हैं। वर्णनात्मक शैली में तथ्यों का विस्तार होता है और सपाट बयानी में तथ्यों के विस्तार पर नहीं उनकी यथार्थ व्यंजना अथवा प्रामाणिकता का आग्रह रहता है। रणजीत की काव्य भाषा की सपाटबयानी इस प्रकार यथार्थाश्रित प्रामाणिक कथन है, कोश वर्णन नहीं। 'एक बागी की स्वीकारोक्तियाँ' शीर्षक कविता का यह अंश देखिये—

मुझे नफरत है अपने मठों और मन्दिरों से
जहाँ आतंक और अज्ञान को मूर्तियों में ढालकर पूजा जाता है
नफरत है मुझे मिमियाते हुए होंठों और जुड़ते हुए हाथों से
नफरत है मुझे घिसती हुई नाकों और झुकते हुए माथों से।

ये पंक्तियाँ थोड़ी विस्तृत हैं, पर 'इतिहास का न्याय' का यह संक्षिप्त कथन देखिये—

नीति कहती है
सत्य की हमेशा जीत होती है
इतिहास कहता है
जो जीतता है वह सत्य कहा जाता है। (पृ. 45)

कवि रणजीत ने कुछ नये शब्द प्रयोग किये हैं, जैसे 'एक जोड़ दर्दा रहा है' शब्दावली में 'दर्दा' का प्रयोग (पृ. 18) 'मुखोश' (पृ. 105) पुष्पयोनि आदि। बिम्बात्मकता का एक उदाहरण 'पुष्पयोनि' कविता प्रस्तुत करती है। इन पंक्तियों

में निहित यौन बिम्ब को आसानी से पहचाना जा सकता है—

एक गुलाब का फूल खिला है मेरे आंगन में
दो स्निग्ध कदली वृक्षों की सन्धि पर फैली हुई
गहरे काले रोमों से कंटकित एक टहनी पर। (पृ. 68)

वक्रोक्ति के उदाहरण देखिए—

कॉलेजों और स्कूलों में पढ़ा रहे हैं कुछ टेपरिकार्डर,
कुछ ऐनकें घण्टों लायब्रेरी में बैठी हुई किताबें पढ़ती रहती हैं।

(पृ. 73)

नयी उपमा में बँधा यह पीलू राग शायद आपने भी सुना होगा—

एक अर्से बाद
तुम्हें देखना
जैसे सारंगी पर रामनारायण से राग पीलू सुनना। (पृ. 46)

'पुस्तकों के प्रति', और 'गाँव में' वर्णनात्मक रचनाएँ हैं। 'बिना सोचे समझे' भी इसी प्रकार वर्णनात्मक कविता है, जिसमें पहले कुछ बातों का वर्णन किया गया, फिर 'मतलब यह' के अध्यापकीय ढंग पर पूर्ववर्णित बातों का सार दिया गया, जिस में कथन की स्फीति या वर्णनात्मकता के आग्रह के कारण व्यंग्य गायब हो गया। सपाटबयानी का एक बड़ा खतरा यही है कि अतिशय वर्णन, या अनावश्यक वर्णन, अथवा वर्णनात्मकता का आग्रह व्यंग्य की धार को कुन्द कर देता है। इस खतरे से बचकर जहाँ रणजीत ने सपाटबयानी का कुशल उपयोग किया है, वहाँ एक सफल कविता प्राप्त हो सकी है।

—डॉ. सुधेश

***

विस्तार गगन में ही संभव है

*** डॉ. रामशंकर द्विवेदी ***

डॉ. रणजीत मूलतः कवि हैं। उसकी संवेदना समीक्षा और राजनीति के खुरदुरेपन से ऊबकर प्रकृति और पारिवारिक रिश्तों की हरी-हरी वादियों में अपना पाथेय ढूँढ़ती रहती है। 'अभिशप्त आग' में उसकी प्रतिनिधि पचहत्तर कविताएँ संकलित की गई हैं। इसके पहले रणजीत के चार काव्य संकलन इतिहास का दर्द (1967), इतना पवित्र शब्द (1985), झुलसा हुआ रक्त कमल (1986) तथा पृथ्वी के लिए (1991) निकल गये हैं। ये सपने : ये प्रेत तथा जमती बर्फ : खौलता खून क्रमशः 1964 तथा 1966 की संकलनों की अधिकांश कविताएँ बाद के संकलनों में अन्तर्भुक्त कर दी गई हैं।

डॉ. रणजीत प्रतिश्रुत पीढ़ी के कवि हैं। ये कविता को किसी न किसी सामाजिक सरोकार के प्रति समर्पित मानते हैं । इनका विश्वास कविता की स्वायत्तता में नहीं है। यह और बात है कि इनकी अस्मिता अपने विश्राम के लिए सदा संवेदना की दूब और प्रयोजन रहित पारिवारिक रिश्तों और नारी के सौन्दर्य में पाथेय खोजती रही है। मेरी दृष्टि में डॉ. रणजीत का कवि जिजीविषा का कवि है। राग, आस्वाद, प्रकृति के प्रति लगाव और घरेलू जिन्दगी के प्रति उत्कट लालसा उनकी कविताओं का मूल स्वर है। यद्यपि उनकी कविताओं में एक अन्तर्धारा सामाजिक बदलाव की भी है। कविताओं में मानवतावादी स्वर क्रान्ति के स्वर के साथ गुँथकर डॉ. रणजीत की कविताओं को एक आग का रूप देता है। इस प्रकार उनकी कविताओं में मानवीय जिजीविषा की आदिम आग और उसमें अवरोध पैदा करने वाली परिस्थितियों, व्यवस्था अथवा यथास्थितिवाद के प्रति जागते आदिम क्रोध की भी तीखी अभिव्यक्ति हुई है।

'अभिशप्त आग' की भूमिका में कवि ने लिखा है : अभिशप्त आग में मेरे अब तक के सम्पूर्ण काव्य-सृजन में से चुनी हुई पचहत्तर कविताएँ संकलित की जा रही हैं। इस संकलन में 1957 से 1992 तक के पैंतीस-छत्तीस वर्षों के सम्पूर्ण काव्य-सृजन में से कविताएँ चुनी गई हैं। पूरी कविताओं की विषय-वस्तु सामाजिक और राजनीतिक संघर्ष के विविध आयामों तथा नारी देह और उसके प्रेम के प्रति जागी उत्कट लालसा से सम्बद्ध है। एक-दो कविताएँ पर्यावरण की चिंता और देश चिंतन से जुड़ी हुई हैं। एक लम्बी कविता अपने अर्थात् भीलवाड़ा के गाँव पर भी है।

कवि चुप्पी, जड़ता, अन्धता रेडीमेड चिन्तन का विरोधी है। इनके स्थान पर वह मुखरता, गति, विकास, उजाला और स्वतंत्र चिन्तन का हिमायती है। वह क्रान्ति, विश्वास, स्वाभिमान, विवेक के मूल्यों का किसी भी कीमत पर प्रसार करना चाहता है। (हारे हुए सिपाही का वक्तव्य)! कवि सपनों का उपासक है। उसे सपनों में ही गगन का विस्तार दिखाई देता है। 'साँसें और सपने' कविता में उसका वक्तव्य है— साँसों पर ज़िन्दा हूँ लेकिन/ साँसों का विस्फार सपन में ही सम्भव है। धरती है आधार मगर विस्तार गगन में हीसम्भव है। 'कविता की धरती : सपनों के बाग' की आधार भूमि भी ख्वाबों की जमीन है। यहाँ वह कहता है— यह जीवन क्या है? कुछ सपनों का मेला है। इन्सान हमेशा इन सपनों से खेला है। ये सपने ही उसे चैन से नहीं बैठने देते। उसकी सृजनेच्छा इन्हीं की कुरेदन का फल है। यही उसकी कलम की जान हैं। (ये सपने : ये प्रेत)

रणजीत की कविताओं में तीखापन बहुत है किन्तु, यह तीखापन कुछ सोचने के लिए बाध्य करता है। उनकी ऐसी कविताओं की दिशा एक कुरेदन उत्पन्न करने

की है—मेरे आस पास बड़े सभ्य लोग रहते हैं/ ये, जो पानी को तो कई-कई बार छानते हैं/ पर जहरीली परम्पराओं को आँखें मीच कर पी जाते हैं/ रोटी की पवित्रता का तो पूरा-पूरा ध्यान रखते हैं/ पर सिद्धान्त जूठे ही खा लेते हैं। सब्जी तो हमेशा ताजी ही काम में लाते हैं/ पर आदर्श बासी ही अपना लेते हैं/ कपड़े तो खुद सिलवा कर ही पहनते हैं/पर विचार रेडीमेड ही खरीद लेते हैं।

एक जीवन्त रचना कवि के व्यक्तित्व को फोडक़र निकलती है। रणजीत की ये कविताएँ उनके रक्तमांस से बनी हुई हैं। इन कविताओं में रणजीत का पूरा व्यक्तित्व आप देख सकते हैं। उसके कवि की आसक्ति, उसकी चाह, उसकी उत्कटता, उसका औघड़पन, उसकी दरियादिली, संघर्ष करने की क्षमता और प्यार करने की शिद्दत सभी इन कविताओं में विद्यमान है।

कवि को जीविका के कारण बहुत समय तक अपने परिवार से अलग रहना पड़ा है। ऐसी स्थिति में किसी की अनुपस्थिति, अथवा न होकर भी पास होने का एहसास उसमें एक अजीब तरह की चाहत और वेदना जगाता है। आसपास किसी के होने से ही जीवन की सार्थकता है। प्राणप्रिया के पास न होने पर, या रहकर चले जाने पर कमरे में उसकी उपस्थिति की जो स्मृति छूट जाती है, कवि उसे अपने पूरे व्यक्तित्व के साथ अनुभव करता है। स्मृति दंश से पीड़ित रणजीत की कविताएँ जानदार हैं। इस दृष्टि से रणजीत का कवि मूलतः राग का ही कवि है। स्त्री के प्रति प्रेम रणजीत के काव्य में अपनी ऊँचाई, गर्मी और खुलेपन के साथ खिला है। कहीं-कहीं स्त्री सौन्दर्य का चित्रण कवि ने प्रतीकों के माध्यम से किया है। स्त्री पुरुष की जो देखभाल करती है, उसमें अपने स्पर्श से जो गरमाहट देती है, उसके अस्तित्व को सार्थकता प्रदान करती है। उसके प्रति रणजीत में एक कृतज्ञता और एक प्रकार की उस पर निर्भरता है। कवि की इन कविताओं में स्वस्थ भोगासक्ति भी व्यक्त हुई है। बच्चों के लिए रणजीत की ललक उनके व्यक्तित्व के सृजेता पक्ष को व्यक्त करती है। वह जितना अच्छा दोस्त है उतना अच्छा पिता भी है। रणजीत की कविताएँ इस सत्य की बार-बार उद्घोषणा करती हैं।

'अभिशप्त आग' में कुछ कविताएँ प्रेम के आस्वाद पक्ष को व्यक्त करती हैं और कुछ कविताओं में प्रेम पर विचारपूर्ण टिप्पणियाँ हैं। प्रेम की विशुद्ध कविताओं में कवि प्रेम को अपने पोर-पोर से जीता है। 'तुम नहीं हो' कविता में प्रिया के न होने का एहसास स्मृति के कँगूरों पर टिका है। मन कितना भी बुद्धि प्रवण हो प्रेम की अनुभूति को आदिम रंगों में ही व्यक्त करता है—**तुम नहीं हो/ पर कमरे में फैली हुई है तुम्हारे चेहरे की गोरी नाजुक खुशबू/ तुम नहीं हो पर तुम्हारे शरीर की ऊष्मा/ अब भी मेरे बिस्तर में बसी हुई है। अब भी बिछा हुआ है/ मेरी**

किताबों पर तुम्हारा स्पर्श/ बिखरी हुई गुलाब की ताजा/ पंखुरियों की तरह। एक अन्तराल बाद मिलने पर अनुभूति का गाढ़ापन बढ़ जाता है और देखे हुए चेहरे में नवीनता दिखने लगती है। 'एक अर्से बाद' कविता में प्राणप्रिया से मिलने पर कवि को जो एहसास होता है उसे उसने संगीत, चित्रकला और कविता की भाषा में अभिव्यक्ति दी है—एक अर्से बाद/ तुम्हें देखना/ जैसे सारंगी पर रामनारायण से राग पीलू सुनना। तुम्हारे साथ चलना/ जैसे राएरिक के शोख रंगों के मायालोक में घूमना/ तुम्हें प्यार करना/ जैसे भारती की रंगीन गुलाबों की घाटियों से गुजरना। अलसचिन्तन में प्रेम के आस्वाद की स्मृतियाँ हैं—तुम थोड़े दिन यहाँ रह क्या गयी हो/ मेरी आदत ही बिगाड़ गयी हो/ जो थोड़ी बहुत कर्मण्यता थी मुझमें/ वह भी झाड़ गयी हो/उसे बिस्तर पर बिछे हुए प्रिया के टूटे हुए इक्के-दुक्के केश याद आते हैं। और याद आते हैं स्मृतिशेष उत्तप्त श्वास आवेश।

हिन्दी में बच्चों के लिए कविताएँ लिखी गईं और बच्चों पर कविताएँ लिखी गईं किन्तु ऐसी कविताएँ बहुत कम लिखी गईं जिनमें बच्चों के प्रति एक तड़पते पिता के हृदय का दर्द हो या बच्चों का होना भी पिता के अस्तित्व को सार्थकता प्रदान करता हो। 'अभिशप्त आग' में ऐसी भी दो कविताएँ हैं जिनमें रणजीत के पितृहृदय का स्पन्दन और ललक विद्यमान है। 'सपने में' कविता का कथ्य इस प्रकार प्रस्तुत होता है—भई, गुडड्न, यह कौन-सा तरीका हुआ/ जब तुम्हें मेरे पास रहना नहीं है/ तो मेरा पीछा छोड़ो/ क्यों नाहक मुझे परेशान करती रहती हो/ और फिर यह तो भई हद है। जानबूझकर दुःखी करने की बात है/ कि भटकता रहूँ मैं सारी रात तुम्हारे/ साथ स्मृतियों और संभावनाओं के बियाबानों में/ और सबेरा होते-होते अदृश्य हो जाओ तुम/ बिना कुछ कहे सुने/ पापा को इस तरह नहीं सताते बेटे/ अब बार-बार तुम्हें ढूँढने की/ उनकी हिम्मत नहीं है।

रणजीत का अपना एक जीवन-दर्शन है। इनकी कविताओं में प्रौढ़ चिन्तन ने आकार लिया है। एक तार्किक क्रम के अनुगमन पर इनकी कविताओं का स्थापत्य निर्मित है। कवि किसी पौराणिक अथवा परम्परागत ईश्वर को नहीं मानता किन्तु प्रकृति से उसे असीम प्रेम है। प्रकृति के कण-कण में व्याप्त एक अदृश्य सत्ता के साथ वह अपनी एकात्मता अनुभव करता है। 'इसका मैं क्या करूँ' कविता में कवि कहता है—प्रकृति में प्रतिबिम्बित किसी परोक्ष सत्ता में मेरा विश्वास नहीं/ पर मेरे भीतर बसा हुआ यह प्रकृति का अंश/ इसका मैं क्या करूँ? हिलोरें लेने लगता है मेरे भीतर का पानी/ समुन्दर की अदम्य लहरों के कोलाहल में/ उमग उमग आता है मेरे अन्तस् का आकाश/ सितम्बर की शामों के रंग-बिरंगे बादल चित्रों में बिचरते हुए/ जाग उठती हैं मेरे भीतर सोयी हुई खुशबुएँ/ वासंती हवाओं की प्रमदा सुगंधों

के संगीत में/ इस संसार में परिव्याप्त किसी अज्ञात चेतना में मेरा विश्वास नहीं/ पर इस संसार के एक-एक अंग साथ/ मैं जो गहरी आन्तरिक एकता महसूस करता हूँ/ उसका मैं क्या करूँ? मेरे भीतर की इस आग और इस तरलता का/ अपनी आँखों के आकाश और अपने हृदयकी मनुष्यता का/ इनका मैं क्या करूँ? प्रकृति में परिव्याप्त इसी विराट चेतना ने रणजीत के सोच को विस्तार दिया है और इसी पर आधारित है उनकी कविताओं में व्याप्त मानवता के प्रति एक अदम्य विश्वास और इसी विश्वास ने जगाई है कवि के जीवन में संघर्ष की क्षमता। इसी क्षमता पर उसकी क्रान्ति कविताएँ आधारित हैं।

साठ के बाद की कविता में कृत्रिम जीवन का विसंगति भरा चित्रण एक रूढ़ि बन गई थी। फलतः कविता जीवन से कटने लगी और इस प्रकार के कवि कर्म को पाठक वर्ग की व्यापक संवेदना मिलनी बन्द हो गई। प्रायः एक प्रकार के शून्य का निर्माण हो गया। रणजीत का इस प्रकार के कृत्रिम यथार्थ की अनुकृति में विश्वास नहीं। उनके कवि ने जीवन को खंडित रूप में न देखकर, पूर्ण रूप में देखने का प्रयास किया। इसके चलते कवि को अपने ही आलोचक मित्रों के आक्रोश को भी झेलना पड़ा और अपनी दृष्टि के प्रति सच्चाई और शिद्दत से जुड़े कवि को इसका मूल्य भी चुकाना पड़ा, किन्तु उसने सृजन का रास्ता न छोड़ा। सत्य का एकांगीपन से कोई सरोकार नहीं। उन्होंने अपनी कविता 'प्रतिश्रुति के गीत' में लिखा है—मैं आज के युग में जी रहा हूँ/ और आज की-एकदम आज की-संक्रान्ति झेल रहा हूँ/ पर मैं असंगतियों और विद्रूपताओं के/ विक्षेप और आत्महनन के गीत कैसे गाऊँ?/जब कि मेरे आसपास सबकुछ अँधेरा ही नहीं है।

कवि कृत्रिम बेगानेपन, आउट साइडर, अजनबीपन, अकेलेपन, असहायपन, विक्षेप, विद्रूप, भूख और पागलपन को ही जीवन का एक मात्र सत्य नहीं समझता। उसका विश्वास है कि मनुष्यों और मनुष्यों के बीच अभी बहुत कुछ शेष है। फूल अभी खिलते हैं/ पक्षी अभी चहचहाते हैं/ मेरे आसपास अभी बहुत-सा उजाला है। अन्त में वह अपना निष्कर्ष इन शब्दों में में देता है—यह नहीं/ कि मैं अपने परिवेश की असंगतियों के प्रति अन्धा हूँ/ या कि मैं उसकी विरूपताओं को देखना नहीं चाहता/ नहीं मैं उन्हें देखता हूँ/ पर मैं सिर्फ उन्हें ही नहीं देखता/ और न उनके गौरवगान में अपनी कविताओं को लगाना चाहता हूँ मैं उन विरूपताओं की लपटो के बीच/ प्रहलाद की तरह सिर उठाये हुए सौन्दर्य को भी देखता हूँ/ और उस संगति को भी/ जो इन विसंगतियों की काई फाड़कर झाँक जाती है।

वह चारों ओर फैली संक्राति से नहीं उसके बीच से अपने नक्श उभारती हुई क्रान्ति से प्रतिश्रुत है। वह अस्तित्व की निरर्थकता का नहीं सार्थकता की अन्तः

सलिला का कवि है।

रणजीत की कविताओं को राग की यह ऊष्मा और संवेदना की दूब एक जीवन्तता प्रदान करती है। अनुभूति का यही टटकापन उन्हें आज के विसंगतिपूर्ण परिवेश में एक सार्थकता देता है। यही सार्थकता उनके कवि कर्म की मूल्यवत्ता का रहस्य संकेत है। उनकी कविताएँ इसीलिए एक संघर्षशील, प्रेम पूर्ण मनुष्य को एक आश्वासन देती हैं। भाषा और शिल्प ने रणजीत के कवि का सदा अनुगमन किया है। उसे पुष्प योनि या भीलबाड़े के खुरदुरेपन दोनों को वाणी देने में समान सफलता मिली है। रणजीत सोंधी गंध का कवि है। वह खौलते खून और कसैले स्वाद दोनों को समान भाव से तौलता है। वह अहसासों और अनुभूतियों का कवि है जिसका आधार एक पुष्ट चिंतन है।

—रामशंकर द्विवेदी

***

भोर की प्रत्याशा का कवि

*** डॉ. सन्तोष कुमार तिवारी ***

सार्थकता की अंत: सलिला का कवि—'डॉ. रणजीत' उन जाने-माने प्रगतिशील रचनाकारों में से हैं जिनकी अपनी अलग अहमियत और पहचान है। वे संघर्षों के सपने देखने के आदी हैं और सबकुछ उलट-पुलट देना चाहते हैं। एक उल्लेखनीय बात यह है कि उनके समीक्षक व्यक्तित्व ने उनकी रचनात्मकता को बल दिया है जबकि समीक्षा के गहरे दबाव अक्सर एक प्राध्यापक को सर्जनात्मक भाव-भूमि से बहुत कुछ काटते रहते हैं। कवि के लिए शब्द सैनिक की तरह हैं जो क्रूरदमन, उत्पीडऩ, शोषण तथा रूढिग्रस्तता से हमें मुक्त कर नयी रोशनी का पैगाम पहुँचाना चाहते हैं। कवि धधकते वर्तमान के वैषम्य को पीकर मानवीय सदाशयता के साथ भविष्य के सुधा-सिक्त सपने संजोना चाहता है। इसलिए द्वन्द्वात्मक भौतिकवाद और इतिहास-बोध के सहारे वह बौद्धिकता की रोशनी में ईश्वर को नकारता हुआ आदमी की कर्म-शक्ति के गीत गाता है, भाग्यवाद को पूरी तरह झुठलाते हुए। उसे पूंजीवादी साज़िशों का पूरा अंदाज़ है अत: वह आदमियत के सामने नोटों के कागज को अधिक भारी नहीं होने देना चाहता।

जड़ समाज की गूंगी जनता को स्वर देना एक सार्थक रचनाकार की अनिवार्य शर्त होती है इसलिए डॉ. रणजीत ने प्यार और बगावत के गीत लिखे हैं। इस अर्थ-केन्द्रित दुनिया में कवि को इस बात की चिन्ता है कि बच्चों की भोली आँखों पर पूंजीवादी चश्मा न चढ़ जाये। इसलिए कवि के पास सपनों की मुक्त दुनिया का एक 'प्रति संसार' भी है। गोया, कवि के पास सुबह की तलाश का दायित्व

है। मतलब यह कि डॉ. रणजीत भोर की प्रत्याशा का कवि है। वह व्यामोहों, छलावों और समझौतों से दूर विद्रोह का स्वर मुखर करता है क्योंकि एक सामयिक समझौता भी विद्रोह की आत्मा को तोड़ देता है। प्रश्न हो सकता है कि डॉ. रणजीत के सपने क्या हैं? कहीं वे 'यूटोपियाई' तो नहीं हो गये? धरती का आधार तो नहीं छिन गया? दरअसल, ये सपने मजदूरों के हक के सपने हैं। देशों, रंगों-नस्लों की दीवार ढहाने के सपने हैं। समानता और बंधुत्व के अंतर्राष्ट्रीयता के सपने हैं। ये बागी सपने पूरे समाज की हितैषी दृष्टि वाले सपने हैं। गोया, धरती के कवि ने सपनों के बाग लगाये हैं।

आग जब महलों में कैद हो जाती है तब धरती किसी नये प्रमथ्यु की खोज करती है। कवि की विश्व-व्यापी दृष्टि तमाम देशों का मुआयना करती हुई भयावहता के बीच भी सर्जनात्मक ऊर्जा को विस्मृत नहीं करती। यह प्रमथ्यु की मानववादी दृष्टि रणजीत की कविताओं का एक बहुत बड़ा हिस्सा समेटे हुए है। पूंजीवादी उपभोक्ता संस्कृति ने न्याय को दबा लिया है इसलिए पद, बैंक बैलेन्स और शरीर के उभार पर हमारी दृष्टि ज्यादा केन्द्रित हो गई है। यही कारण है कि 'बचपन भीख माँगते हुए जवान होता है और जवानी गुलामी करते-करते बुढ़िया जाती है।' कवि ने साम्राज्यवाद के खिलाफ वियतनाम की ताकत का संकल्पित स्वर मुखर किया है। दरअसल, कवि का संवेदन-संसार बहुत व्यापक है यानी 'स्व' का विस्तारीकरण समाज-संवेदनों से पूरी तरह जुड़ा हुआ है। सपाट, वीरान, उदास, मुर्दा जिंदगी को ठहराव से निकालकर परिवर्तन की प्रबल चाह डॉ. रणजीत की कविताओं में देखने को मिलती है। सामूहिक श्रम में हिस्सेदारी निभाने की ललक उनमें बहुत स्पष्ट है। वे मृत्यु के संत्रास की कविताएँ नहीं लिखते और न आत्म-हनन की!

डॉ. रणजीत की रचनाओं में साम्यवादी स्वर स्पष्टतः परिलक्षित होता है। वह वैश्विक धरातल पर एक परिवार का सपना देखता है किन्तु विघटन और अवमूल्यन के जमाने में आदमी भेड़िये से भी ज्यादा भयानक हो गया है, राजनीति की दुरंगी चालों ने सत्ता की ललक बढ़ाकर जीना दूभर कर दिया है—**कोई भेड़िया किसी भेड़िये को नहीं खाता/ कोई लकड़बग्घा नहीं चाटता किसी लकड़बग्घे का खून/ कोई बिज्जू किसी की कब्र नहीं खोदता/ पर यह आदमी/ अपनी ही नस्ल की सामूहिक हत्या में लगा हुआ है/झंडों और बैंड बाजों के साथ।** कवि जानता है कि 'क्रांति' एक भारी उद्योग के रूप में ठेकेदारों पर सौंपी जा रही है जबकि—'**बड़ा कठिन और उलझा हुआ होता है क्रांति का निर्माण-कार्य/ उसमें बैगनों मांस लगता है/ और टनों लहू।**' आज अमानुषिकता के नये शिखर छूने

की होड़ लगी है और हमारे भीतर की दरिन्दगी हमें संवेदनहीन मशीन बना रही है। कवि एकाधिकार की आततायी व्यवस्था को समता का विवेकपूर्ण आधार देना चाहता है। सामंती बर्बरता और धर्मांधता का अंधेरा आदमी को ध्वस्त करके ही रहेगा। युद्ध की विभीषिका ब्रह्मांड को नामहीन इतिहासहीन कर देगी इसलिए डॉ. रणजीत आदमी की सर्जनात्मक ऊर्जा के साथ श्रम के हिमायती रचनाकार हैं और वह श्रम भी मूल्यों से जुड़ा हुआ है—मानव-मूल्य। इंसान के दिल से बढक़र कोई मंदिर नहीं होता और लाख दिलों को तोडक़र पूजा घर नहीं बनाया जा सकता। कवि को पूरी पृथ्वी से प्यार है, विश्व-बंधुत्व और अंतर्राष्ट्रीय चेतना का यही तकाजा है—

मैं तुम्हें बचाना चाहता हूँ पृथ्वी/ जैसे एक गिलहरी बचाना चाहती है पेड़ को/ जैसे एक मछली बचाना चाहती है/ अपने कीचड़ भरे तालाब को/ जैसे एक खरगोश बचाना चाहता है/ उजड़ती हुई झाडिय़ों को/...मैं तुम्हें फलते-फूलते देखना चाहता हूँ माँ/ अपनी मेहनत की तरह/ अपनी बगिया की तरह।

जाहिर है कवि इस संसार के एक-एक अंग के साथ गहरी आंतरिक एकता महसूस करता है। कवि का वस्तुवादी दर्शन समग्र दुनिया से एकात्म की प्रतीति करता है और वह अपने देश की मिट्‌टी से प्रतिश्रुत भी है।

डॉ. रणजीत के रचना-संसार का एक महत्त्वपूर्ण हिस्सा उस 'विराट पवित्रता' को समर्पित है जहां मृणाली बाँहों के घेरे हैं और अज्ञात सत्य साँसें लेता है। रतिक्रीड़ा का ऐसा सजीव अंकन बहुत बिरले रचनाकार कर पाते हैं। वहाँ दो टकराकर कौंध चुके बादल हैं, और रतिश्रांता की मन:स्थिति का पूरा खुलासा है। 'बर्फ पिघलने के बाद भी', 'तुम नहीं हो', 'पुष्पयोनि', 'उस समय' जैसी रचनाएँ हमारा ध्यान आकृष्ट करती हैं। यहाँ संभोग के क्षणों की अनुभूतिजन्य तीव्रता कवि के रोमानी तेवर और सेक्स पर आधारित आत्मीय उदात्तता न केवल जागतिक सत्य या प्रकृति सत्य का उद्‌घाटन करती है वरन् कामना का ऐन्द्रिक आकर्षण अपनी पूरी बुलन्दी पर प्रेम की अनिवार्य बेसुध तरलता का माधुर्यपूर्ण अंकन भी करता है। **कौन-सा दर्द/ कौन-सी आग भरी है तुम्हारी इन अंगुलियों में प्राण/ जो सैकड़ों रेगिस्तानों की व्याकुल प्यास/ मेरे रोम-रोम में रख जाती है/ कि जब मेरे अस्तित्व की जड़ रूप रेखाएँ/ चरम सुख के तरल बेसुध क्षणों में घुलने लगती हैं/और मैं तुम्हारी बाहों की अभय देती हुई शाखाओं में/ अपनी गर्दन झुलाए हुए/ एक अलसाई लता की तरह खो जाती हूँ।**

प्रश्न उठ सकता है कि इन रचनाओं में क्या जाँघ का चालू भूगोल या देहनीति का अनावृत्त वर्णन हुआ है जो वीभत्सकारी है या शारीरिक उत्तेजना का मात्र वर्णन-

विवरण? यहां 'पुष्पयोनि' की दो चिकनी पंखुडियों के साथ 'कीलित कम्पनों की एक कंदर्प-कोंपल' का भी जिक्र है। आदिम रहस्यों से पूर्ण अगाध पराग कुंड की भी स्पष्ट चर्चा है। द्रवीभूत देह का नितांत निजीपन भी यहाँ मौजूद हैं। यहाँ कविता न तो इंद्रियातीत होती है छायावादी काव्य की तरह, न वह भोगवादी कामुकता का पर्याय बनती है और न अकविता की तरह वितृष्णा भरे संदर्भ देती है। 'तुम नहीं हो' रचना की कुछ पंक्तियां स्मृतिजन्य प्रसंगों को बखूबी व्यक्त करती हैं—

तुम नहीं हो/ पर कागज की रंग-बिरंगी नावों की तरह/ तुम्हारे हल्के-फुल्के चुम्बन/ मेरे कमरों की हवा में तैर रहे हैं/ रोशनदानों की राह से मेरे पास चले आते हैं कभी/ दो नन्हे-नन्हे सफेद कबूतरों की तरह/ पंख फडफ़ड़ाते हुए तुम्हारे आलिंगन/ और धीरे से दरवाजे का पर्दा हटाकर/ झाँक जाते हैं अक्सर/ तुम्हारे लाज से लाल समर्पण में पिघले हुए इरादे।

डॉ. रणजीत की कविताओं में व्यंग्य की महीन मार भी देखी जा सकती है। आसपास के लोग, प्यार : अस्वीकृतियाँ जैसी रचनाएँ ध्यातव्य हैं। बिना सोचे-समझे बच्चे का स्कूल जाना, जवान होना और अंततः बिना सोचे-समझे पूरी जिंदगी जी लेना—निरुद्‌देश्यता, दिशाभ्रम और भटकाव की पूरी कथा कह देता है। मानवीय संदर्भों में 'पुस्तक के प्रति', रचना, अध्ययन व ज्ञान की महत्ता निरूपित करने में अद्‌वितीय है क्योंकि पुस्तकें 'असंतोष के संदर्भ, संघर्ष के परिप्रेक्ष्य, विद्रोह के इतिहास, सपनों की व्यापकता, विश्वास की ताजा हवा और मानवीय सुगंध देती हैं।'

बिम्बात्मकता और नये प्रतीकों की दृष्टि से यदि डॉ. रणजीत की रचनाधर्मिता की चर्चा की जाये तो स्पष्ट होगा कि कई जगह प्रकृति के जरिये पूरा सांग-रूपक और बिम्ब खड़ा करते हुए वे हमें सुखद आश्चर्य और दिलचस्प अनुभूति प्रदान करते हैं। यहां प्रकृति के माध्यम से मनुष्य के भयावह संसार की ओर साफ-साफ संकेत नजर आते हैं—

फुटपाथों पर ठिठुर रहा है बेघरबार सन्नाटा/ बेरोजगारी से तंग उजाला/ रेल की पटरी पर कटकर मर गया है/ अपने कसमसाते हुए प्यार को पाबंदियों के किनारों में जकड़े/ करवटें बदल रही है/ हिस्टीरिया से पीड़ित झीलें/ पहाड़/ अपने पौरुष की लाश पर पुराने संस्कारों की बर्फ का कफन डाले/ मातम मना रहे हैं।

डॉ. रणजीत के लिए लाखों-करोड़ों सामान्य-जन ही सूर के कान्ह हैं। वे मेहनत का तप और स्वेद की बूदों से साम्य का 'अलख' जगाना चाहते हैं। इसलिए जिंदगी के मसले और उलझी हुई समस्याएँ उनके काव्य की विषय-वस्तु और चिंताएँ हैं। वे योगी की तरह इला-पिंगला और कुंडलिनी में नहीं खो जाना चाहते। शोषण

पर आधारित धर्म, प्यार और तथाकथित देश-भक्ति की वर्तमान स्वार्थी वृत्ति को देखते हुए कवि के भीतर एक 'अभिशप्त आग' जलती हुई प्रतीत होती है।

डॉ. रणजीत की कविता में एक बात खटकती है। वे कई बार भयावह अमानुषिक घटनाचक्रों का क्रमबद्ध वर्णन-विवरण पेश कर देते हैं यानी एक सूची-नुमा जानकारी देने लगते हैं। ऐसा लगता है कि ऐसी रचनाओं में विचार तेजी से आ रहे हैं लेकिन भाव-बोध उनका साथ नहीं दे पाता। अतः वैचारिकता प्रधान हो जाती है और संवेदना तथा अनुभूति का ताप कम हो जाता है। माध्यम, मेरे देश जैसी रचनाएँ बहुत कुछ इसी कोटि की हैं। गांवों की खुरदरी जमीन और प्रकृति-परिवेश का सान्निध्य उनकी रचनाओं को यथार्थ के धरातल पर प्रामाणिक अनुभूतियों का कवि बनाता है किंतु साम्यवादी धरातल पर कुछ रचनाएँ संवेदना सम्पृक्त न होने से दलीय प्रचारात्मकता की शिकार हो जाती हैं। फिर भी इनकी संख्या ज्यादा नहीं है।

'अभिशप्त आग' संकलन में सन् 1957 से लेकर 1991 तक की प्रतिनिधि रचनाएँ संकलित हैं। यह सातवां संकलन उनके काव्य-वैविध्य के साथ उनकी भाषा सामर्थ्य का भी परिचय देता है। उनकी काव्य-यात्रा चार दशक पूरे करने जा रही है और विभिन्न काव्यांदोलनों के मोड़ पर भी वे अपने तरक्की पसंद नजरिये को पूरी तरह बरकरार रखते हुए अपनी सर्जनात्मक ऊर्जा और ऊष्मा बनाये रखे हैं, यह बात बेहिचक कही जा सकती है। बदलते सामाजिक दबावों, मानवीय अभिप्रायों, जीवन-मूल्यों और वस्तुजगत से प्राप्त तजुर्बों के आधार पर डॉ. रणजीत की साहित्य साधना इंसानी सरोकार की गहरी पकड़ लिये हुए है तथा व्यक्ति और समाज के सही समीकरण को पहचानती और तलाशती है। उनकी सर्जनात्मक उपलब्धि अपने आप में एक मानदंड है। वे शिल्पगत कलाबाजियों से दूर कथ्य की आंतरिक मांग के अनुसार भाषा का स्वरूप निर्धारित करते हैं। उनके पास शब्दों का टोटा नहीं है।

—डॉ. सन्तोष कुमार तिवारी

***

प्रतिश्रुति का गीत

* रेवती रमण *

'अभिशप्त आग' हिन्दी के प्रगतिशील कवि डॉ. रणजीत की पचहत्तर प्रतिनिधि कविताओं का संग्रह है। सन् 1957 से 91 के बीच लिखी कवि की कविताओं में से बड़ी सूझ-बूझ के साथ इनका चयन किया गया है। इन्हें पढ़कर डॉ. रणजीत की प्रदीर्घ विकसनशील कविता-यात्रा की एक ऐसी झलक मिलती है, जो

संक्षेप में ही समग्र है। शुरू-शुरू में कवि लय का आधार लेकर चला है। ज्यादातर आरम्भिक रचनाएँ गेय हैं, पर समय के साथ यथार्थ का आग्रह और दबाव बढ़ता गया है। प्रगीति शिल्प से कालान्तर में मुक्ति और रिटॉरिक का वर्चस्व इसी प्रक्रिया के अन्तर्गत है। यह कवि शिल्प-सजग है पर शब्द-शिल्पी नहीं, शायद जीवन और सामाजिकता का पक्ष प्रबल होने से ही ऐसा हुआ है।

कवि-कर्म डॉ. रणजीत के लिए शुरू से हो सोद्देश्य रहा है। उनकी कविता एक बड़े लक्ष्य की प्राप्ति के लिए किये जाने वाले सामूहिक और सांगठनिक प्रयत्नों की प्रेरणा और अनुपूरक है। सामाजिक-आर्थिक विषमता को स्वीकार करने वाली व्यवस्था को कवि बदल देना चाहता है। उसके कुछ सपने है, मान्यताएँ और आदर्श हैं। उन सपनों, मान्यताओं और आदर्शों की उपलब्धि में कई बाधाएँ हैं। डॉ. रणजीत उन बाधाओं को देखकर भागने वाले नहीं, उनसे निरन्तर जूझने वाले एक युयुत्सु कवि हैं। इस दृष्टि से, उनकी कविताएँ भी यथास्थितिवादी रूढिग्रस्त ढाँचे से लगातार मुठभेड़ का ही परिणाम हैं। इतिहास के दर्द को आत्मसात् कर, इतिहास की धारा को आगे बढ़ाने वाले उत्पादक वर्ग से कवि की आत्मीयता इन कविताओं में जगह-जगह बड़े प्रभावशाली रूप में व्यक्त हुई है। शोषण तन्त्र के विभिन्न पहलुओं से तीव्र वैचारिक मुठभेड़ का लक्ष्य स्पष्ट होने से इनमें एक खास तरह का जुझारूपन आ गया है। और यही जुझारूपन इस वक्त ज्यादा मूल्यवान् है। एक ऐसे समय में, जब विश्वपूंजीवाद पूरे उत्कर्ष पर है और उसका प्रचार-तन्त्र उन्मत होकर साम्यवाद के अन्त की घोषणा कर रहा है—इससे उत्प्रेरित होकर कई जाने-माने लेखक क्रान्ति का उद्योग चलाकर पर्याप्त लाभ कमा लेने के बाद अब मार्क्सवाद की नाव से उतरकर अगले पड़ाव तक पहुँचने के लिए किसी अन्य विचारधारा की नाव ढूँढ रहे हैं। डॉ. रणजीत जैसे पारखी-परिपक्व कवि की आस्था और समर्पण रेखांकित करने योग्य है। अपनी एक कविता में डॉ. रणजीत लिखते हैं—

"मैं हूँ औघड़ प्रेमी/ मुझे प्यारी है नारी
और नारी होने के कारण ही/ यह दुनिया सारी
प्रेमी हूँ इसलिए हूँ साहसी
खतरा मोल लेने की रखता हूँ क्षमता
मेरी सबसे उत्कट कामना है/ दो स्त्रियों को
एक साथ पाना
एक स्वतन्त्रता और दूसरी समता।"

(अभिशप्त आग, पृ. 120)

नारी-प्रेमी पुरुषार्थवादी कवि डॉ. रणजीत को प्रिय है स्वतन्त्रता और समता। समता के बिना आर्थिक आत्म निर्भरता का स्वप्न पूरा नहीं होगा और आर्थिक आत्म-निर्भरता के अभाव में स्वतन्त्रता का कोई मूल्य ही नहीं है। डॉ. रणजीत अपनी कविताओं में इन दोनों शब्दों की वास्तविक प्रतिष्ठा करते हैं। उनकी आस्था दृढ़ है, अविचलित है और वैचारिक-बौद्धिक प्रखरता अप्रतिम।

आलोच्य संग्रह में ज्यादा कविताएँ कवि की ज्ञानात्मक संवेदना से व्युत्पन्न हैं। इनका रचनाकार देश और जाति की संकीर्णता से छूटकर विश्व नागरिकता का दावा कर सकता है। मानवीय प्रेम और संवेदनात्मक ज्ञान का सुपरिचित और स्वाभाविक आधार इन कविताओं में अलक्षित नहीं है। दाम्पत्य रति और वात्सल्य के भी करुण और मर्मस्पर्शी चित्र इन कविताओं में जगह-जगह मिल जाते हैं इसके अतिरिक्त, विविध रागात्मक सम्बन्धों की सहजता और सामाजिकता का कविजनोचित आग्रह और संतुलन भी कम दुर्निवार नहीं है, पर खास बात यह है कि डॉ. रणजीत आदमी को उसके आवरणहीन मामूलीपन में ही रचनात्मक प्रतिष्ठा देते हैं। अपनी कविताओं में व्यक्तित्व की सुस्पष्ट छाप के साथ यह कवि मानववादी है। एक ऐसा मानववादी जिसके पास सपने है, संवेदनशील मनुष्य की आँखों में पलने वाले मनुष्यता और भविष्य के उज्ज्वल सपने। यथार्थ से उत्कट साक्षात् के बावजूद, सपनों की कारगर उपस्थिति में डॉ. रणजीत औसत दर्जे के कवियों से भिन्न आचरण करते हैं। उनका कहना है—

प्यार और बगावत के मैं गीत लिखता हूँ
हैवानियत को हार और इन्सानियत की
जीत लिखता हूँ
लड़ाई जारी रहेगी जब तक 'इन्सान'
इन्सान नहीं बनता
इसीलिए अपना नाम अभी 'रणजीत' लिखता हूँ।

डॉ. रणजीत के इस कथन से उनको कविताओं की अन्तर्वस्तु और प्रकार्य का पता चलता है। एक कवि की सबसे बड़ी पूंजी होती है—उसकी आँखों में पलने वाले मनुष्यता के उज्ज्वल सपने। अपनी कविताओं के द्वारा वह बेहतर दुनिया के सपने बाँटता रहता है मुक्तहस्त। डॉ. रणजीत भी यही करते हैं। उनकी आँखों में ढेर सारे सपने हैं—खेतों को हरियाली और नयी जिन्दगी के सपने। उनकी कल्पना में एक ऐसा समाज है, जहाँ दुनिया के सब लोग हिल-मिलकर रहेंगे। मन्दिर-मस्जिद, चकले-पागलखाने नहीं होंगे। यह एक ऐसी दुनिया होगी जिसमें न जेल-कचहरी होगी, न फौज पुलिस। ऐसे ही सपने को साकार देखने के प्रयोजन से लोग

'गोदो का इंतजार' करते रहे हैं। लेकिन 'गोदो' ने आकर क्या किया—

मनुष्यों की दुनिया को/ बना दिया लोहे का
एक जंगल
जहाँ सीटियों के आदेश पर जागना होता है
और सीटियों के निर्देश पर सोना
जहाँ कुछ भी नहीं रह गया उसका अपना
न काम करना, न हँसना, न रोना
जहाँ फैक्ट्री के ढाँचे में ढल गया सबकुछ
स्कूल, कार्यालय और अस्पताल
जहाँ हर जगह पैदा होने लगा
सिर्फ माल माल और माल। (अभिशप्त आग, पृ. 108)

कवि देख रहा है कि पहले की तुलना में आदमी की जिन्दगी कहीं ज्यादा नारकीय हो गई है। हमारी दरिन्दगी अमानुषिकता के नये-नये शिखर छू रही है। यह सब देखकर कवि के भीतर की बेचैनी बढ़ जाती है। उसे अपने अन्दर की आग अभिशप्त प्रतीत होती है। अपने आस-पास के माहौल में यथास्थिति के प्रति एक कातर समझौतावादी व्यवहार देखकर कवि कभी-कभी उदास और असहाय भी दिखता है, ऐसे में कई कविताएँ 'प्रति श्रुति का गोत' न रहकर 'अलस-चिन्तन' हो जाती हैं। परन्तु उनके पोछे भी गम्भीर पीड़ायुक्त असहायता बोध है, इसमें सन्देह नहीं।

डॉ. रणजीत की संवेदनाओं का क्षितिज काफी फैला हुआ है। उनका ज्ञान काण्ड प्रशस्त है। अपने समय से संवाद की असंख्य आतुरताओं के बावजूद डॉ. रणजीत एक मनमौजी कवि प्रतीत होते हैं, अक्खड़-फक्कड़ और मस्तमौला। जीवन समुद्र का कुशल गोताखोर उन्हें कहना चाहिए। उनका प्रेम भी, इन्द्रिय-बोध की प्रगाढ़ता में खूब मांसल और सरस है और प्रतिकूल से जूझने का हौसला भी असाधारण है। योद्धा और प्रेमी का सहभाव झेलती डॉ. रणजीत की ये कविताएँ एक व्यवस्थित इतिहास-दृष्टि हैं, आलोचनात्मक-विवेक हैं, यह अलग से कहने को जरूरत नहीं।

संवेदनाओं के क्षितिज प्रशस्त होने से कवि की दिनचर्या में नैतिक बाधाएँ आयी है, कई कविताएँ इसकी सूचना देती है। 'संवेदनाओं के क्षितिज' कविता में कवि लिखता है—

और जब मैं तुम्हें अपनी गोद में लिटाये हुए
तुम्हारे केशों में अपनी अंगुलियाँ फिरा रहा होता हूँ
मेरे विचार हाथों में बन्दूकें लिए

वियतनाम के घने जंगलों में घूम रहे होते हैं
और अमेरिकी हवाई जहाजों से बरसाये जा रहे
जहरीले बमों की किरचें
मेरे चेहरे को लहूलुहान कर जाता है।

× × ×

जिन्दगी ने मेरी संवेदनाओं के क्षितिज इतने
फैला दिये है
कि दुनिया के कोने-कोने में मैं अपने दोस्तों
और दुश्मनों को देख रहा हूँ।

× × ×

और पेरिस के किसी चौराहे पर फहरता हुआ
मजलूमों का एक बुलन्द इरादा
जंजीबार में उठी हुई मुट्ठियों का एक जुलूस
न्यूयार्क में रंगभेद के खिलाफ़ कडक़ता हुआ एक नारा
मुझे इस तरह रोमांचित कर जाता है
जिस तरह महीनों जुदाई के बाद
तुम्हारा आलिंगन। (अभिशप्त आग, पृ.51)

'संवेदनाओं का क्षितिज' फैला हुआ होने से कवि को आत्मकेन्द्रित होने का मौका कम ही मिल पाता है। बावजूद इसके डॉ. रणजीत अपनी कविताओं में मौजूद हैं। उनकी रुचियाँ, पसन्द-नापसन्द, उनका पारिवारिक और वैयक्तिक सन्दर्भ पूरी गरिमा के साथ इन कविताओं में संयोजित है। अतः कहा जा सकता है कि कविता इस कवि के लिए हर बार साधन ही नहीं, कई बार उपलब्धि भी है। यह उपलब्धि जीवन देकर हुई है, बहरहाल।

'अभिशप्त आग' में कई कविताएँ कवि के निजी वैशिष्ट्य और उसके कवि-कर्म की अपरिहार्यता की गवाही देती है। 'मर्लिन मुनरो का अन्तिम पत्र', 'सखारोव के निर्वासन पर', 'फाउस्ट का कन्फेशन', 'गोदो का इन्तजार', 'संसार हत्या का षड्यन्त्र', 'पृथ्वी के लिए' और 'गाँव में' डॉ. रणजीत की ऐसी कविताएँ है जिनकी चर्चा किये बिना हिन्दी कविता के समकालीन परिदृश्य को समझ पाना मुश्किल होगा। ये ज्यादातर संश्लिष्ट संरचनाएँ हैं।

'मर्लिन मुनरो का अन्तिम पत्र' डॉ. रणजीत को एक अविस्मरणीय कविता है। पत्र-शैली में लिखी यह कविता मर्लिन मुनरो का आत्मकथ्य है। इसमें कवि ने उपभोक्ता संस्कृति के बीच एक सच्चे कलाकार की आत्म-वेदना का मर्मस्पर्शी

चित्रण किया है। यह कविता एलेन गिन्सबर्ग की 'अमेरिका' से तुलनीय है, कई कारणों से। व्यक्ति और अभिव्यक्ति की तथाकथित स्वतन्त्रता को उपलब्धि की तरह प्रचारित कर अमेरिका जैसी पूंजीवादी महाशक्ति ने मनुष्य के सामने आज ऐसा संकट खड़ा कर दिया है, जिसके निदान के सारे रास्ते लगभग बन्द पड़े हैं। वह सभ्यता जो नितान्त मानवीय और मूलभूत मनुष्यता की भावना और चेतना से सम्बद्ध सवालों के प्रति एक उपेक्षा पूर्ण व्यवहार करती है, डॉ. रणजीत की आलोचना का विषय है। मर्लिन मुनरो को सबकुछ मिला। हॉलीवुड की शोहरत, पैसा, इज्जत, दस लाख डालर का बैंक बैलेन्स, बेवर हिल्स पर एक शानदार कोठी, दसियों कारें और लाखों लोगों के आकर्षण का केन्द्र उसका शरीर— पर नहीं मिला तो एक ऐसा सहज स्नेही जो उसकी उपलब्धि और समृद्धि से अलग करके एक अदद औरत मर्लिन मुनरो को प्यार करता। इस कविता के अन्त में मुनरो कहती है—

मैंने जीवन में बहुत कुछ पाया है
सिर्फ एक इच्छा शेष है
कि कोई बिल्कुल अजनबी व्यक्ति
बिना मेरे बैंक बैलेंस और शारीरिक उभारों को
अपनी आँखों से टटोलते हुए
बिना मेरी सुन्दरता और शोहरत से प्रभावित हुए
बिना जाने कि मैं हॉलीवुड की रानी मनरो हूँ
मुझे एक आइसक्रीम खिलाता
या सहज स्नेह से सिर्फ मेरे गाल थपथपा देता।

(अभिशप्त आग, पृ. 42)

'फाउस्ट का कन्फेशन' कविता में कवि स्वीकार करता है कि एक छोटा-सा समझौता भी विद्रोह की आत्मा को कुचल कर रख देता है। जिसे आपद्धर्म की तरह स्वीकार किया था। उसे जीवन-दर्शन बनाने के लिए मजबूर हुआ। फाउस्ट अन्ततः अपनी आत्मा को नीलाम होते देखने के लिए विवश हो गया। फाउस्ट को नियति नये बुद्धिजीवी की नियति है और यह एक गंभीर सबक है।

'पृथ्वी के लिए' डॉ. रणजीत की एक महत्त्वपूर्ण कविता है, नये यथार्थ से अनुप्राणित। पर्यावरण प्रदूषण ने समूची पृथ्वी के अस्तित्व के लिए खतरा उपस्थित कर दिया है। ओजोन रक्षा परत के टूटने से किसी एक व्यक्ति, समाज या वर्ग-मात्र को खतरा न होकर समूची पृथ्वी को खतरा हो गया है। तेजाबी धुएँ के बादल और वृक्षों का धुआँधार कटाव सभ्यता को कहाँ से कहाँ पहुँचा गया—

वे काट काटकर तुम्हारी हरी-भरी रोमावली
तुम्हें बंजर रेगिस्तानों और दलदलों में बदल रहे है
तुम्हारे कटे हुए रोमों से सजा रहे हैं अपने घर-द्वार
फर्निश कर रहे हैं अपने कमरे
वे बाँध रहे है जगह-जगह
तुम्हारी रक्तवाहिनी धमनियाँ
अपने भव्य भवनों को वातानुकूलित करने के लिए
वे तुम्हारे लहराते हुए नील केशों में
आग लगा देना चाहते हैं
उनमें 'स्टार वार' आयोजित करके
तुम्हारी ओजोन की साड़ी फाडक़र
तुम्हें नंगा कर देना चाहते हैं द्रौपदी की तरह

× × ×

तुम्हारी कोख में कर रहे हैं वे परमाणु-विस्फोट
ये गिरा देना चाहते हैं हमेशा हमेशा के लिए
उसमें पलता हुआ अपना ही भविष्य।

(अभिशप्त आग, पृ. 123)

इससे स्पष्ट हो जाता है कि 'अभिशप्त आग' का कवि देश और जाति की संकीर्ण सीमाओं से ऊपर उठकर समूची पृथ्वी और विश्व की चिन्ता कर रहा है। उसकी चिन्ता में मनुष्य और प्रकृति के अन्तःसम्बन्धों को सातत्य देना शामिल है।

'गाँव में' डॉ. रणजीत की एक प्रबन्ध कविता है—यात्रा-वृत्त, संस्मरण और रेखाचित्र के मिश्रित काव्यात्मक विन्यास में कवि ने इसमें सहज-सरल ग्रामीण चरित्रों की जीवन्त बानगी प्रस्तुत की है। इसे पढक़र कवि के आरम्भिक जीवन के कुछ ऐसे चित्रों से साक्षात्कार होता है जिनमें उसके वर्तमान स्वरूप का प्रतिफलन निहित है। कवि के पिता, पत्नी, बचपन के सहपाठी सभी अपनी सहजता में अप्रतिम हैं। इस वर्णनात्मक प्रसार में डॉ. रणजीत कोई ऐसा प्रयास नहीं करते जिससे कवित्व पैदा हो। इसका सारा सौन्दर्य इतिवृत्त की सहजता में लक्षित होता है।

संक्षेप में, 'अभिशप्त आग' की कविताएँ उस कवि प्रकृति से हमारा साक्षात्कार कराती है जो कवियशःप्रार्थी न होकर मूल रूप से प्रयोजनधर्मी है। वह अपने उद्देश्य से छूटकर कभी-कभी ही कविता में अलस चिन्तन कर पाता है। डॉ.

रणजीत की कविताएँ मुख्य रूप से प्रतिश्रुति का गीत हैं। उन्हें अपने ढंग से लिखते हुए महसूस करना स्वाभाविक और सुखद है और यह किसी भी दौर के कवि के लिए खास बात है।

—रेवती रमण

***

जनवादी चेतना का प्रतिबद्ध स्वर

*** डॉ. नरपतसिंह सोढ़ा ***

'अभिशप्त आग' डॉ. रणजीत का सातवाँ काव्य संकलन है और दूसरा प्रतिनिधि संकलन। सन् 1957 से अब तक पैंतीस-छत्तीस वर्षों के सम्पूर्ण काव्य-सृजन में से इस संकलन के लिए पचहत्तर कविताएँ चुनी गई हैं। इतना पवित्र शब्द, झुलसा हुआ रक्त कमल, पृथ्वी के लिए—काव्य संकलनों से पूर्व डॉ. रणजीत का 'ये सपने : ये प्रेत' और 'इतिहास का दर्द' शीर्षक से दो संकलन प्रकाशित हो चुके हैं।

'अभिशप्त आग' में प्रकाशित कविताओं के साथ कविता के सृजन समय व स्थान का भी उल्लेख है। ये कविताएँ सितम्बर 57 से अप्रेल 91 तक विभिन्न स्थानों जैसे—जयपुर, बीकानेर, भीलवाड़ा, वनस्थली विद्यापीठ, बाँदा, वाराणसी में रहते हुए कवि ने लिखी हैं।

कवि इन्सान के दिल को ही सबसे बड़ा मन्दिर मानता है—

इतिहास का बदला लेने को/ जो आज तुम्हें उकसाता है/ वह वर्तमान के मरघट में/ भूतों के भूत जगाता है। इन्सां के दिल से बढ़कर भी/ क्या कोई मन्दिर हो सकता?

डॉ. रणजीत ने धधकते वर्तमान के वैषम्य पीते लोगों की आँखों में नये विकल स्वप्न को सभी पाषाणी बंध काट कर बाहर लाने के लिए कविता को चुना। जनवादी चेतना का प्रतिबद्ध व प्रखर स्वर कवि ने अपनाया। रूढ़िग्रस्त चिंतन की ऊँची दीवारों से घिरे, स्वार्थ के शासन में पिसते, बेरोकथाम शोषण सहते लोगों तक रोशनी पहुँचाने के लिए शब्दों का यह मुक्ति-सैनिक जैसे उठ खड़ा हुआ हो। किन्तु ब्रह्म का नहीं, साम्य का अलख जगाने। सखा भाव की भक्ति लिए नयी साधना लेकर कविता संसार में उसने घोषणा की—

'हाँ मर गया ईश्वर कि उसके त्रास सारे मर गये'
सृष्टि के आरम्भ से चलते हुए
आदमी के खून पर पलते हुए
अन्याय के इतिहास सारे मर गये....

'यह हुआ कैसे मगर?'
'साइंस की किरणों ने मारा, मर गया
वहम का पर्दा उघाड़ा, मर गया
आदमी ने जब तलक पूजा अंधेरे में उसे, जिन्दा रहा
रोशनी के सामने ज्यों ही पुकारा, मर गया।'

डॉ. रणजीत की कविता में संवेदनात्मक उद्‌देश्य है, चेतना की लय है, क्रांतिदर्शिनी नजर है। 'मानवीय क्षमता और समता के गीत', 'प्यार और बगावत के गीत' लिखने वाले डॉ. रणजीत की आँख हैवानियत की हार और इन्सानियत की जीत पर टिकी है। उसके भीतर 'नये सवेरे' को देखने की कविचेष्टा लालायित है—

'शायद कोई सवेरा/ क्षितिज के गर्भ में छटपटा रहा है।'

डॉ. रणजीत के कवि में क्रोध है, आक्रोश है, ऐसा कि वह विष-पुरुष बनकर विष बांटने में आनंदित होता है। कवि के पास अपने सपने हैं, लोगों के सपने हैं। नफरत भी है, क्योंकि उसके देश में बचपन भीख माँगता है, जवानी गुलामी करते हुए बुढिय़ा जाती है, परन्तु उसे लोगों से प्यार है—'मैं बागी हूँ क्योंकि मुझे अपने लोगों से प्यार है।'

कविता व गीत के प्रति डॉ. रणजीत के अपने विचार सुस्पष्ट हैं—'**गीत कितना ही सुघड़ हो/ व्यर्थ है उसकी सुघड़ता/ जब तलक वह दर्द को पाता नहीं है।''मेरे कंठ में उनके स्वर हैं/ जिन्होंने सारी जिन्दगी निःशब्द गुजार दी/ मेरे गीतों में उनका विद्रोह है/ जिनकी गर्दने उठने से पहले ही झुका दी गईं।'** इसलिए ही कवि अपने आस-पास को चीह्नता है, रेखांकित करता है। लोगों को, सभ्यता को उघाड़ती पंक्तियाँ—

वे, जो पानी को तो कई-कई बार छानते हैं/ पर जहरीली परम्पराओं को आंखें मीच कर पी जाते हैं/...पर विचार रेडीमेड ही खरीद लेते हैं,/पर आदर्श बासी ही अपना लेते हैं,/पर विश्वास किराये पर लेकर ही काम चला लेते हैं।

डॉ. रणजीत को पुस्तकों से प्रेम है। वह जमाने की कटुताओं, हृदय की कुण्ठाओं को पुस्तकों की पवित्र गंगा में बहाता है। दुनिया के कोने-कोने में अपने दोस्तों, दुश्मनों को देखता है। प्यार उसके लिए जीवन का ऐश्वर्य है। विश्व की घटनाओं की उसके अन्तस पर छाप है—चाहे क्यूबा हो, चैकोस्लोवाकिया हो, रूस हो या सखारोव का निर्वासन हो। उसका अपना गाँव उसके हृदय में कहीं पैठा हुआ है। 'गाँव' के अतिरिक्त 'कमलगट्‌टे', उड़द चने की दाल, तिल्ली के तेल में डूबे मकई के मेवाड़ी ढोकले सभी में कवि का मन रचा-बसा है, कविताओं में उसकी गंध है।

वह प्रकृति के दलन से चिंतित पृथ्वी को सम्बोधित करता है—

'तुम्हारी ओजोन की साड़ी फाड़ कर/ तुम्हें नंगा कर देना चाहते हैं, द्रोपदी की तरह वे' 'मैं तुम्हें बचाना चाहता हूँ माँ!'

कवि की अपनी शब्द सम्पदा है, भाषा संरचना है। कुल मिलाकर कवि की प्रतिनिधि कविताओं के इस संकलन का स्वागत है। ....अन्त में कवि की 'अभी आदमी' कविता की दो पंक्तियाँ भी कुछ कह रहीं हैं—

'अभी से न खुश हो मनुज की प्रगति पर
अभी आदमी बहुत जानवर है।'

और यही कवि की 'अभिशप्त आग' है।

—डॉ. नरपतसिंह सोढ़ा

***

एकपाठकीय प्रतिक्रिया

रसूल अहमद 'सागर' का पत्र

रामपुरा,
5 सितम्बर, 94 ई.

हिन्दी साहित्य में सम-सामयिक प्रगतिवादी कवियों के अग्रज,
डॉ. रणजीत साहब
सादर नमन!

"ये बिखरे काँच के टुकड़े गवाही हैं, जरा सोचो,
कि सच कहने की खातिर आईने कितने लड़े होंगे।"

—राजेन्द्र तिवारी

आपने जिस पुस्तक को 'अभिशप्त आग' की संज्ञा दी है, मैं उसकी कविताओं को भाषा के भोजपत्र पर अंकित विप्लव की अग्नि-ऋचायें मानता हूँ। आपके रचना संसार का फलक अत्यन्त व्यापक एवं बहुआयामी है। पुस्तक पढक़र मन आहलादित हो उठा। रचनायें जब दृष्टि की परिधि में आई तो मुझे ऐसा लगा कि जैसे आप मेरे मन की बात लिख रहे हैं। मेरे आस-पास की बात लिख रहे हैं। समूचे देश और विश्व की बात लिख रहे हैं। वास्तव में आपकी लेखनी ने काव्य के माध्यम से अपने समय के सच को वाणी दी है। अल्लाह करे ज़ोरे क़लम और ज़्यादा।

दर हक़ीक़त अभिशप्त आग युवा आक्रोश की मुट्ठी में बँधी बग़ावत की एक मशाल है। साम्प्रदायिकता तथा शोषण के विरोध में इंक़लाबी आवाज़ है। उसकी रचनाओं का जन-जन की पीड़ा से इतना गहरा सम्बन्ध है कि समूचे काव्य-संग्रह को आम आदमी की ज़िन्दगी का आईना कहा जाए तो बेहतर है। यह पुस्तक

वर्तमान जीवन परिवेश का एक ऐसा दस्तावेज है जिसमें व्यथा एवं संघर्ष-कथा की संवेदनशील अभिव्यक्तियाँ हैं। आपने समकालीन सामाजिक तथा राष्ट्रीय परिस्थितियों से कहीं भी आँख चुराने की कोशिश नहीं की। अधिकांश रचनायें समकालीन उन तमाम विसंगतियों पर सीधा प्रहार करती हैं, जो आदमी को जर्जरित अवस्था में ढकेल कर मरने के लिए मजबूर कर देती हैं।

भाषा-शैली की दृष्टि से आपने अपनी एक अलग पहचान बनाई है। हिन्दी, उर्दू तथा अंग्रेजी भाषा का शब्द-समन्वय आपके काव्य को भाषाई-एकता और सशक्तता प्रदान करता है। लील लिया, भुरकुस, ओक्खो, टटके आदि जैसे लोक भाषा के शब्दों को भी आपने अपनी रचनाओं में समुचित स्थानों पर ऐसे फिट किया है कि गंगा-जमुनी भाषा का सामंजस्य यकजहती की खूबसूरत शक्ल अख़्तियार कर लेता है। भाषा और अभिव्यक्ति की दृष्टि से आपका तर्जेबयान इतना सरस और प्रभावशाली है कि गाँव में, पृथ्वी के लिए, और गोदो का इन्तज़ार आदि जैसी तवील रचनायें भी पढ़ते समय तवील नहीं लगतीं।

आज के युग में शब्द का अवमूल्यन और राजनीति का अपराधीकरण होने से समाजवाद, न्याय, स्वतंत्रता समानता, धर्मनिरपेक्षता आदि पवित्र शब्दों का कोई अर्थ नहीं रह गया है। यह ज़माना सबसे अधिक क्रूर उन लोगों के लिए है जो सचमुच किन्हीं मूल्यों और शब्द की पवित्रता में विश्वास रखते हैं। अपराध, हिंसा, शोषण और क्रूरता की इस दुनिया में इस समय उन मूल्यों को बचाये रखने की समस्या है जिन्हें हम उच्चतर मानवीय मूल्य कहते हैं। अभिशप्त आग की रचनाओं में जहाँ जीवन-मूल्यों की गिरावट की चिंता है वहीं देश तथा समाज की समकालीन परिस्थितियों का युक्ति-युक्त चिंतन भी है।

आम आदमी स्वतंत्रता के बाद भी पूँजीवाद के शोषण चक्र से आज़ाद नहीं है। 'मेरी कलम : तुम्हारी किस्मत' नामक रचना में आपने चैलेंज और आक्रोश के साथ भावी अरुण विहान के लिए एक विप्लवकारी चिंतन दिया है। 'हारे हुए सिपाही का वक्तव्य' अपनी नहीं, अपनी पीढ़ियों के भविष्य की चिन्ता को आधार बनाते हुए व्याकुल है—

"कहीं दुश्मन मेरे बच्चों के मासूम पाँवों को
लोहे के तंग जूतों से न जकड़ दे
क्यों कि कल
इतिहास को उन्हीं पाँवों के बल पर आगे बढ़ना है—
मेरे पाँव अगर लड़खड़ा रहे हैं तो लड़खड़ाने दो।"

'एक बागी की स्वीकारोक्तियाँ' जहाँ न्याय और रिश्वत पर कटाक्ष करती है वहीं आडम्बरवाद पर व्यंग्य कसती है।

'मेरे आसपास के लोग'—

"मेरे आसपास बड़े सभ्य लोग रहते हैं
ये, जो पानी को तो कई-कई बार छानते हैं
पर ज़हरीली परम्पराओं को आँखें मीचकर पी जाते हैं।"

पीले प्रेतों की बस्ती में, साँसें और सपने, माध्यम, संवेदनाओं के क्षितिज तथा प्रतिष्ठान आदि जैसी सर्वोत्तम कविताओं की समीक्षा अल्प समय में लिखना मेरी बिसात से बाहर है। अपनी इन सर्वोत्तम रचनाओं के लिए मेरी और से बधाई स्वीकार कीजिए।

'साँसे और सपने' नामक कविता की निम्नलिखित पंक्तियाँ सदा मेरे हृदय पर अंकित रहेंगी—

"देवदत्त भाई! चाहो तो
मेरी साँसों के सीने में कोई शास्त्र भोंक दो
लेकिन मेरे
व्योम-बिहारी
सपनों के कोमल हंसों को
तीर मार कर नहीं गिराओ!

आपकी कविताओं की देह से अपनी माटी की सौंधी सुगन्ध ही नहीं आती अपितु उनमें ग्रामीण संस्कृति का सजीव चित्रण भी मिलता है।

"गरम गरम गुड़ की सौंधी खुशबू में
और चीनी मिल के आस-पास फैली हुई
अपद्रव्यों की बदबू में
खाना खाते हुए पिता की थाली से उठती
हींग के बधार की, और
पास ही रोटी का ग्रास चुभलाते हुए
टट्टी कर रहे शिशु की मिली-जुली गंध में
मैं तुम्हें पहचान लेता हूँ।"

अब मैं और अधिक न कहकर संक्षेप में बस इतना ही कहना चाहता हूँ कि कृति के नाम की सार्थकता अपना अभीष्ट पाने में पूर्ण रूपेण सफल है। रचनायें कटु यथार्थ का काव्यात्मक अनुवाद करती हुई सत्ता लोलुपों की काली करतूतों पर करारी चोट करती हैं। जिससे पाठक के मन में आपके प्रति आस्था और विश्वास

के साथ-साथ निर्भय अभिव्यक्ति, साफगोई और ईमानदार व्यक्तित्व की छाप पड़ती है।

आस-पास के प्रतीकों को उठाकर कथ्य और शिल्प की दृष्टि से आपने हिन्दी साहित्य को एक स्तरीय काव्य-पुस्तक प्रदान की है। साहित्य मानवीय भावनाओं को उजागर करने का श्रेष्ठ मध्यम तो है ही, राजनैतिक और सामाजिक परिवर्तन का भी मुख्य आधार है। हमें विश्वास है कि देश और समाज के हित में पुस्तक की लोक प्रियता उत्तरोत्तर बढ़ेगी।

उर्दू के विश्व विख्यात शायर डॉ. इकबाल के दर्शन से आपने अपने काव्य में जो इस्तफ़ादह किया है, उस पर डॉ. अल्लामा इकबाल का ही एक शेर आपको नज़र करते हुए अपना लेख समाप्त करता हूँ—

छुपाकर आस्तीं में बिजलियाँ रक्खीं हैं गरदूँ ने,
अनादिल बाग के गाफ़िल न बैठें आशियानों में।

तमाम नेक ख्वाहिशात के साथ,

विनम्र,
सागर
(रसूल अहमद 'सागर')

***

7

खतरे के कगार तक

संघर्षशील चेतना और आदमी का सपना

*** डॉ. संतोष कुमार तिवारी ***

कवि-कर्म की महती साधना यह है कि वह 'पहाड़ों की रपटीली ढलानों पर से कुछ अछूते गुलाबी और नीले फूल' तोडक़र अभिव्यक्ति के खतरे उठाये। ये गुलाबी और नीले फूल मानवीय स्नेह और अनुभव सम्पन्न जीवन के वे सर्जनात्मक क्षण हैं जो कवि दायित्व की सार्थक पहचान बनते हैं। आखिर कविता क्या देती है, व्यक्ति को? डॉ. रणजीत की पंक्तियाँ हैं— **'कविता में खिला हुआ/ एक सरल स्वस्थ और भली जिंदगी का सपना/ दे गया मुझे एक नयी उम्मीद का आक्सीजन/ और मैं फिर जुट गया/ अपने उसी संघर्ष में।'** जाहिर है डॉ. रणजीत अपने कवि-कर्म से भली-भाँति परिचित हैं और संकल्पित संघर्ष चेतना का स्वर, आस्थामय सोच और सही जिंदगी का सपना उनके काव्य की सबल आधार भूमि है। यदि केदारनाथ सिंह अपनी साँसों की डिबिया में पूरा ब्रहमांड समा लेना चाहते हैं तो कवि रणजीत एक अदद अदमी के भीतर पूरी कायनात लेकर चलते हैं। चंद्रसेन विराट के शब्दों में—**'दृष्टिकोण हो बड़ा जिसका/ उसको सब दृश्यमान छोटा है।'** गोया, रणजीत अमावस के खिलाफ दीप समूहों को आमंत्रण देकर ज्योतिपर्व के हिमायती है।

कविता मूलत: मनुष्य की उदात्त आदर्श चेतना है इसलिए कवि 'दरिंदों की दादागिरी' से दूर कविता में उसे घटित होते देखना चाहता है और फिर जिंदगी में भी।

'खतरे के कगार तक' संकलन में इक्कीसवीं सदी की आपाधापी और हड़बड़ी, साम्प्रदायिकता का जहर, सत्ता के तामझाम, अमानवीय व्यवस्था के तिकड़मी

छलछंद, संबंधों का अवमूल्यन, संस्कृति का ऐन्द्रियकरण, नारियों का नग्नीकरण— सबकुछ दो टूक बोली में साफगोई के साथ सहज अभिव्यक्ति पा गया है।

कविताओं का एक खास मंजर प्रिया की गौर-सारंगी देह से ताल्लुक रखता है, जहां जास्मीन की पंखुरियों जैसा जिस्म है। देह के सुडौल टाइप राइटर पर कवि मन की एक कविता टाइप करना चाहता है—**कितनी सुधड़ है तुम्हारी सारंगी सखि/ मेरा मन इसे बजाने के लिए लालायित है/ समा बंध जाय/ रुक जाएँ इतिहास के रथ के घोड़े/ जो तुम इसे बजाने दो/ एक बार देखो तो/कौन सी आदिम उद्‌वेगों को निचोड़ लाने वाली/ नयी रागिनी निकालता हूँ इसके तारों से/ और, कैसे खोते हैं अपन/ उसके दिव्य संगीत में।**

डॉ. रणजीत को इंद्रिय संवेदनों और सौंदर्यमय आकर्षण के चित्रण में कमाल हासिल है। पारस्परिक प्राणार्पण की उल्लासमयी रागिनी को शब्दचित्र देने में वे सिद्‌धहस्त हैं।

मनोवैज्ञानिक पकड़ और निर्भय आदमी के संकल्प भी रणजीत की कविताओं में द्दष्टव्य हैं। कवि की चिंता यह है कि 'ऐसा समय कब आएगा? जब कोई भला आदमी भी/इन दुष्टों को बस में रखा पाएगा।' उनमें जनता के दमन और दोहन के खिलाफ संघर्ष के स्वर भी है। मनुष्य होने का ध्यान इन कविताओं का मूल स्वर है। 'मौत की छाँह में', कविता सूक्ष्म मनोवैज्ञानिक पकड़ और 'कल मैंने' कविता जिंदगी के भयावह यथार्थ और दोहरे स्तर पर जीने की सही तस्वीर पेश करती है—'**कल रात मेरी आत्मा ने मुझे इस कदर कचोटा/ कि मैं तकिये में मुँह छिपा फूट-फूट कर रोया/ कल रात मुझे ऐसा लगा/ जैसे किसी गँवार पुलिस वाले ने मेरा गिरेबान पकडक़र/ अकारण मुझे लात घूसों से बुरी तरह पीटा हो/ आज मेरा तन-मन/ उसी अद्दश्य मार से टूटा हुआ है।** 'प्राकृतिक न्याय' और 'बुनियादी अंतर' जैसी कविताएँ संकलन में न होती तो बेहतर होता।

व्यंग्य की महीन मार, प्रहार क्षमता और चोट कई रचनाओं की संप्रेषणीयता को तीव्र बना देती है। बिना लाग-लपेट और दुराव-छिपाव के असलियत को काव्यात्मक जामा पहनाने में डॉ. रणजीत माहिर हैं। यह बेबाकी उन्हें खतरे के कगार तक ले जाती है।

—डॉ. संतोष कुमार तिवारी

***

8

प्रतिनिधि कविताएँ

काव्य सर्जना के विविध आयाम

* श्रीनिवास शर्मा *

डॉ. रणजीत हिन्दी की प्रगतिशील काव्यधारा के एक महत्त्वपूर्ण हस्ताक्षर हैं। लंबे अरसे से रचना कर्म से जुड़े रहे डॉ. रणजीत के अब तक कई काव्य-संग्रह प्रकाशित हो चुके हैं। उन्होंने कविता के अतिरिक्त साहित्य की अन्य विधाओं में भी उल्लेखनीय कार्य किया है।

डॉ. रणजीत एक प्रतिबद्ध रचनाकार हैं। उनकी प्रतिबद्धता मनुष्य के साथ ही विचारधारा के प्रति भी है। मार्क्सवाद में उनकी गहरी आस्था है परन्तु उनमें सैद्धान्तिक जड़ता तथा कठमुल्लापन नहीं है।

कवि सिद्धान्तकार नहीं होता। सिद्धान्त बघारना कवि नहीं, दार्शनिक का काम है। कवि की प्रतिबद्धता जीवन और जगत के प्रति होती है। वैचारिक प्रतिबद्धता उसके रचना कर्म को धार देती है। विचारधारा दृष्टि प्रदान करती है। विचारधारा के आलोक में कवि दृढ़ता के साथ अपनी बात कहता है। वैचारिक निष्ठा कविता को ओज और गांभीर्य प्रदान करती है।

डॉ. रणजीत में यह विशेषता है। विचारधारा विशेष से संपृक्त होने के कारण उनकी कविता में ताप है। व्यापक तथा गहरे जीवनानुभवों के कवि हैं डॉ. रणजीत। उन्होंने काफी भ्रमण किया है। उनके अनुभव जीवन के अनुभव हैं। उनके कथ्य में गहराई है। जीवन और जगत के प्रति उनका दृष्टिकोण युगधर्मानुकूल है।

डॉ. रणजीत वर्ग भेद को सामाजिक संरचना की देन मानते हैं। यही कारण है कि सामाजिक वैषम्य के साथ उन्होंने कभी भी सामंजस्य नहीं किया। वे उस समग्र व्यवस्था का विरोध करते हैं जो वर्ग संघर्ष का हेतु है।

डॉ. रणजीत की कविता व्यक्ति को एकाकीपन से निकालकर समाजोन्मुख करती है। डॉ. रणजीत में किसी प्रकार का विचलन या विभ्रम नहीं है। आस्था और विश्वास से युक्त हैं उनकी कविताएँ। कविताओं में वस्तुवादी सरोकार सर्वत्र दर्शनीय हैं। डॉ. रणजीत झूठे तथा वायवी कविता आन्दोलनों के फेर में कभी नहीं पड़े। पलायन की प्रवृत्ति उनमें नहीं है। प्रतिबद्‌ध कवि पलायनवादी नहीं हो सकता। भाववादी, व्यक्तिवादी लटकों-झटकों से उन्होंने अपने को अलग रखा है।

डॉ. रणजीत की कविताओं से गुजरना साहित्य और समाज के गतिशील स्वरूप को पहचानना है। यह गतिशीलता सरल-सपाट न होकर वक्र और तिर्यक है। क्योंकि यथार्थ कभी सतही-सपाट नहीं होता। परिस्थितियों को प्रभावित करने वाली अन्तर्धाराओं की भी पहचान आवश्यक है।

डॉ. रणजीत की कविताएँ आस्वाद के धरातल पर पाठकों को विभिन्न प्रकार के अनुभव परोसती हैं। कारण कि कविताओं का पाट गहरा होने के साथ ही व्यापक है। कवि अपने समय के इतिहास से बखूबी परिचित हैं। इतिहास का विवेक कविताओं में धार उत्पन्न करता है।

डॉ. रणजीत प्रथमत: और अन्तत: 'मनुष्य विमर्श' के कवि हैं। वे आधुनिक भाव-बोध के कवि हैं पर, पाश्चात्य आधुनिकता की विसंगतियों के कटु आलोचक हैं।

डॉ. रणजीत सीमित भावबोध के कवि नहीं हैं। व्यक्ति घर-परिवार, समाज, राष्ट्र, मानव-संबंध, स्त्री की समाजार्थिक हैसियत, सिद्‌धान्तहीन राजनीति—सबकुछ कविताओं में दर्शनीय हैं।

डॉ. रणजीत कविता में 'नारा' नहीं लिखते। कविता को सतही राजनीति से न जोडक़र उसके विधेयवादी स्वरूप की रक्षा करते हुए अंतर्वस्तु को रुपांतरित करने का प्रयास करते हैं। यहीं उनके कवि-कर्म की ईमानदारी तथा निष्ठा का पता चलता है। रणजीत समाज और जनता के कवि हैं। उनकी विकासशील जनचेतना, इतिहास चेतना के साथ सम्पृक्त है। इतिहास दृष्टि के मूल में समाज के गतिशील स्वरूप को पहचानने की कोशिश है। साहित्य और समाज की सतत् प्रवहमान धाराओं से कोई भी रचनाकार अपने को तटस्थ नहीं रख सकता।

हिन्दी कविता का तो जन्म ही साम्राज्यवादी शोषण तथा सामाजिक विषमताओं की कोख से हुआ है। यही वर्ग-संघर्ष का भी मूल आधार है। भारतेन्दु से आरम्भ हुई हिन्दी कविता की यह धारा बाधाओं, विषमताओं की चट्टानों से टकराती अपना रास्ता तय करती आयी है। डॉ. रणजीत उस धारा के एक मान्य हस्ताक्षर हैं।

उनकी कविता हर प्रकार के छल-छद्म का विरोध करती है। यही वजह है कि रणजीत वर्ग स्थिति और वर्ग-चेतना को लेकर बहुत सजग हैं।

आलोच्य संकलन में कुल 102 प्रतिनिधि कविताएँ हैं। 'मीरा नहीं हो तुम', 'फाउस्ट के कन्फेशन', 'शिरीष का पेड़', 'संवेदनाओं के क्षितिज', 'राष्ट्रवादी भारतीय', 'पोलैण्ड के बारे में', 'गोदो का इंतजार', 'मेरेलिन मुनरो का अन्तिम पत्र', 'पृथ्वी के लिए', 'सिकुड़ता हुआ अंतरिक्ष', 'भाषिक भ्रष्टाचार', 'मनुष्य के बारे में' जैसी कविताएँ व्यापक जीवन सरोकारों को उद्‌घाटित करती हैं।

विचारधारा के नाम पर उन्होंने अपनी कविता के आकाश को सीमित व संकुचित नहीं होने दिया। कविता में वर्ग चेतना के साथ ही एक 'सामाजिक दार्शनिक' की छवि सर्वत्र दर्शनीय है।

आज की कविता का मूल्यांकन तथा आस्वाद युगबोध के बिना असंभव है। डॉ. रणजीत की कविताओं को इसी परिप्रेक्ष्य में देखना चाहिए।

प्रतिनिधि कविताओं का प्रस्तुत संकलन पाठकों को न केवल आस्वाद देता है, बल्कि चेतना के धरातल पर भी जटिल क्रियाओं-प्रतिक्रियाओं से उत्पन्न विभिन्न प्रकार की संशिलष्ट जीवनानुभूतियों से रू-ब-रू कराता है।

—श्रीनिवास शर्मा

***

संघर्ष और सौन्दर्य की अंतर्यात्रा के कवि

*** दिनेश प्रियमन ***

भारतीय इतिहास में बीती बीसवीं शताब्दी के उत्तराद्र्ध का समय साम्राज्यवादी-उपनिवेशवादी ताकतों से भारतीय जनता की मुक्ति के उल्लास और भौतिक विकास के जरिये राष्ट्रीय नवनिर्माण के स्वप्नों और जीवन संघर्षो का इतिहास है। इस दौर में लगभग समूची भारतीय भाषाओं के साहित्य की विभिन्न विधाओं का मुख्य स्वर समग्र राष्ट्रीय जीवन के सुख-दुःख, आशा-निराशा, भविष्य की आकांक्षाएँ, समाज के वंचित वर्गों के जीवन संघर्ष, राजनीतिक नेतृत्व के नैतिक पतन की चिंताएँ. विज्ञान और तकनीकी विकास के अन्तर्विरोध और समाज में बदलते मनोविज्ञान पर केन्द्रित विषय भारतीय कविता के विषय रहे है।

स्वातंत्र्योत्तर हिन्दी कविता, विभिन्न काव्यान्दोलनों से गुजरती हुई जीवन, प्रकृति, समाज, राजनीति व इसके अन्तर्विरोधों से जुड़े अनगिनत विषयों पर केन्द्रित रही है। बीसवीं शताब्दी के सातवें दशक में जब अन्तर्राष्ट्रीय स्तर पर विश्व राजनीति अविभाजित सोवियत संघ और अमेरिका के दो अलग-अलग ध्रुवों

में बंटी थी दोनों में शीत युद्ध चल रहा था। हिन्दी के अधिकांश लेखकों कवियों पर इस वैचारिक विभाजन का प्रभाव था। यही वह समय था युवा कवि रणजीत की काव्य यात्रा वामपंथ की प्रखर वैचारिक अभिव्यक्ति की प्रतिबद्धता के साथ प्रारम्भ हुई।

मार्क्सवाद से वैचारिक ऊर्जा ग्रहण करने वाले हिन्दी के जिन कवियों ने साम्यवाद के पक्ष में रचनाकर्म प्रारम्भ किया; उनमें डॉ. रणजीत का स्वर अपनी वैचारिक स्वतंत्रता के आग्रह व अनवरत विकासमान काव्य चेतना के कारण सबसे अलग स्थापित हुआ। इसके कुछ स्पष्ट ऐतिहासिक व समसामयिक कारण है। रणजीत के समय तक यद्यपि हिन्दी की प्रगतिशील व जनवादी काव्यधारा अपनी सशक्त उपस्थिति दर्ज कर चुकी थी। तब तक केदारनाथ अग्रवाल, नागार्जुन, शमशेर बहादुर सिंह, शिवमंगल सिंह 'सुमन', रामधारी सिंह दिनकर, गजानन माधव, मुक्तिबोध, रामविलास शर्मा, बालकृष्ण शर्मा नवीन, नरेन्द्र शर्मा व शील जी आदि कवि—लेखक प्रगतिवादी साहित्य को अन्तर्राष्ट्रीय प्रवृत्तियों से जोड़ते हुए भारतीय जन-जीवन के रंग-रंगतों व उनके जीवन संघर्षों को अपने महत्त्वपूर्ण साहित्यिक अवदान से नये आयाम दे चुके थे। किन्तु इसी दौर में पं. बंगाल से उठे नक्सलवादी आंदोलन की उग्र वामपंथी कार्यवाही से प्रभावित जो नया और प्रखर कवि समुदाय, मुख्यधारा के रूप में पहचान बनाने लगा, रणजीत का रिश्ता उनसे नहीं बन सका। फरवरी 1973 में केदारनाथ अग्रवाल के साथ मिलकर बाँदा (उ. प्र.) में अखिल भारतीय प्रगतिशील हिन्दी साहित्यकार सम्मेलन के आयोजक सहभागी होने के बावजूद, जिसमें धूमिल भी शामिल थे, रणजीत स्वतंत्र व स्वाभिमानी काव्य-चेतना के कारण कट्टर वामपंथी साहित्यिक बिरादरी से अपनी धीरे-धीरे बाहर हो गये। किन्तु निःसंदेह हिन्दी कविता को प्रगतिवाद से व्यापक मानवतावाद की और ले ,जाने में जिन कवियों को याद किया जाना चाहिए, रणजीत उनमें से एक हैं। सिद्धार्थ प्रकाशन उदयपुर द्वारा हाल में ही प्रकाशित प्रतिनिधि कविताएँ : रणजीत के बहाने उनके कवि-कर्म के समग्र मूल्यांकन का अवसर हमारे सामने हैं।

डॉ. रणजीत वैचारिक प्रतिबद्धता के कवि हैं। वैचारिकी उनकी कविता का प्रस्थान बिन्दु है। वह विचार को जड़ या अंधविश्वास की तरह पकडक़र बैठना अनुचित मानते हैं वह मानते है कि विचार भी विभिन्न राजनीतिक-सामाजिक-सांस्कृतिक व आर्थिक परिस्थिति के साथ विकसित होते है। इसलिए उनकी वैचारिक प्रतिबद्धता से सम्पृक्त कविता में सतत् विकास की रेखा देखी जा सकती हैं जो मार्क्सवादी सोच से व्यापक मानवीयता के पैरोकारों तक जाती है।

प्रतिनिधि कविताएँ, रणजीत की पहली कविता जुझती प्रतिमा से ही इसका संकेत मिलेता है... इस मानव समाज के/अनगढ़ शिलाखंड के भीतर/मूर्तिमान होने को जूझ रही जो/प्रतिमा सब पाषाणी बन्ध काटकर/उसको बाहर लाना होगा/मिट्टी की परतों में दबी हुई छटपटा रही है जो/एक अजन्मी दुनिया की उस नयी पौध को/हृदय-रक्त से सींच हमें उमगाना होगा।

रणजीत की वैचारिकता में व्यापक मानवीय समाज के नवनिर्माण का संकल्प है। उसमें बेहतर दुनिया बनाने के विकल स्वप्नों की सतत दस्तकें हैं। उनमें शब्द सैनिकों के आह्वान हैं क्योंकि वह संघर्षरत सपनों को सच में बदलने के लिए बेताब है। **मुझे घेर कर खड़े हुए हैं मेरे सपने/ ...ये अवैध जनवादी सपने/ संघर्षों के आदी सपने/ सब समझौते तुडवाते है।** (ये सपने : ये प्रेत) भुजा उठाकर लड़वाते सपनों के आवेग में वह ईश्वर को अंधविश्वास मान कर उसकी मृत्यु की घोषणा करते हैं। **हाँ मर गया ईश्वर कि उसके त्रास सारे मर गये/ सृष्टि के प्रारम्भ से चलते हुए/ आदमी के खून पर पलते हुए/ अन्याय के इतिहास सारे मर गये।** (अस्ति नास्ति संवाद/पृ. 12)

प्रतिनिधि संकलन की कविताएँ रणजीत की मानवीय समाज में व्याप्त धार्मिक-साम्प्रदायिक उन्माद, असमानता, आशा निराशा, शोषण, संशय और भ्रम के बीच, तमाम त्रासद अनुभूतियों का प्रतिबिम्ब बनती हैं। किन्तु इस जीवन यथार्थ के साथ प्रकृति और प्रेम-स्नेह की तरल मर्मस्पर्शी संवेदनाओं की उपस्थिति और उसका संतुलन डॉ. रणजीत के कवि-कर्म में सदैव बना रहा है। संचयन की कविताएँ इसकी साक्षी है। एक विराट पवित्रता, एक अर्से बाद, संवेदनाओं के क्षितिज, बर्फ पिघलने के बाद, तुम नहीं हो, पुष्पयोनि, ममता, अत्मचिन्तन, शिरीष का पेड़, इतना पवित्र शब्द व अपनी खोयी हुई अस्मिता के लिए आदि शीर्षक कविताएँ प्रेम, स्नेह, सौन्दर्य और प्रकृति के प्रति उनकी आसक्ति प्रकट करती है। प्रवासिनी बिटिया के प्रति, सपने में, व गाँव जैसी कविताओं में व्यक्त नास्टेल्जिया वस्तुतः कितना मर्मस्पर्शी हैं। दो हजार पच्चीस, काश, हम बन सकते, बचाओ, काक्रोच व अजन्मे बालिका भ्रूण का आत्म चिंतन, शीर्षक कविताएँ राष्ट्रीय भविष्य, स्त्री, प्रकृति, जीव जन्तुओं के प्रति उनके गंभीर सरोकारों के साथ आज की सामाजिक-राजनीतिक विद्रूपताओं पर व्यंग्य, आक्रोश और पीड़ा भी व्यक्त करती है। भाषिक भ्रष्टाचार और सिकुड़ता हुआ अंतरिक्ष शीर्षक कविताएँ वैश्वीकरण के जरिये उभरते नव उप निवेशीकरण की प्रक्रिया व बढ़ते भ्रष्टाचार और शोषण पर गम्भीर टिप्पणियाँ हैं। परम पिता परमात्मा के सिवा 'और कितना अच्छा है' शीर्षक कविताओं के सवाल मनुष्य समाज के बीच

में ही मौजूद शासक और सत्ता विमर्श के सवाल हैं और हैं कवि की सजग पैनी दृष्टि का प्रमाण भी।

इस मानव समाज के/ अनगढ़ शिलाखंड के भीतर/मूर्तिमान होने को जूझ रही जो/ प्रतिमा/सब पाषाणी बन्ध काटकर/ उसको बाहर लाना होगा/ मिट्टी की परतों में दबी हुईछटपटा रही है जो/ एक अजन्मी दुनिया की उस नयी पौध को/ हृदय-रक्त से सींच हमें उमगना होगा।

—दिनेश प्रियमन

***

चौकड़ी भरती कविता

*** प्रो. गोपाल शर्मा ***

यदि मैं आम पाठक मात्र होता तो कवि की कविताओं का समय-समय पर पाठ करके 'आनंद और शिक्षा' प्राप्त करके ही कृतार्थ हो जाता। कवि की सर्जनात्मकता उसकी भाषिक कुशलता और विशेषतया सामान्य घटनाओं को कविता के शिल्प में ढालने की कला के सहारे जीवन की व्याख्या करना (लिटरेचर इज द क्रिटिसिज्म ऑफ लाइफ) और अर्थ विस्तार करना कोई आसान काम नहीं। कविताएँ आदि से अंत तक कविताएँ हैं और रणजीत कवि (इसलिए अपना नाम 'रणजीत' लिखता हूँ)। इसलिए मैं 'सहृदय पाठक अधिक' और 'समीक्षक कम' की भूमिका का निर्वहन करते हुए इन प्रतिनिधि कविताओं का पाठ करने बैठा हूँ। फिर भी समीक्षकों के वक्तव्य से प्रारम्भ करने का लोभ संवरण नहीं कर पा रहा क्योंकि मैंने रणजीत को अभी पढ़ा कहाँ है? डॉ रामशंकर द्विवेदी के शब्द हैं—रणजीत की ये कविताएँ उनके रक्तमांस से बनी हुई हैं। इन कविताओं में रणजीत का पूरा व्यक्तित्व आप देख सकते हैं। उसके कवि की आसक्ति, उसकी चाह, उसकी उत्कृष्टता, उसका औघड़पन, उसकी दरियादिली, संघर्ष करने की क्षमता और प्यार करने की शिद्दत सभी इन कविताओं में विद्यमान है। राजस्थान साहित्य अकादमी की ओर से डॉ. रणजीत के कविता-कर्म पर मोनोग्राफ लिखने वाले डॉ. रमाकान्त शर्मा पुरोवाक् में लिखते हैं 'डॉ रणजीत मनुष्य विमर्श के कवि हैं जिसके स्वाभाविक हिस्से हैं दलित विमर्श और स्त्री विमर्श। मार्क्सवाद से अनुप्रेरित हिन्दी के प्रगतिशील-जनवादी कवि कहकर डॉ. रमाकान्त शर्मा ने पाठक को संकेत रूप में बहुत कुछ कह दिया है। यही नहीं डॉ. गणपति चंद्र गुप्त ने भी 'हिन्दी साहित्य का वैज्ञानिक इतिहास' (भाग दो) में लिख छोड़ा है—डॉ. रणजीत का काव्य एक ईमानदार प्रगतिशील कवि की यात्रा के विभिन्न पड़ावों की सही तस्वीर प्रस्तुत करता है।...

वस्तुतः पुरोवाक् और ब्लर्ब पर दी गयी जानकारी ही नहीं शीर्षक के साथ 'प्रतिनिधि' पद भी कविता के पाठक के अधिकार को सीमित कर रहा है। ये सब सूचनात्मक, प्रशंसात्मक और सैद्धांतिक बातें कवि का एक प्रतिबिम्ब पाठक के मन-मस्तिष्क पर अंकित अवश्य करती हैं किन्तु पाठक क्या कवि में दिलचस्पी रखने के लिए इन कविताओं के पास जाता है? मैं तो नहीं गया। किसी रचनाकार और वह भी बड़े रचनाकार को समझने में समय लगता है, कभी-कभी तो शताब्दियाँ लग जाती हैं। समय सीमा के साथ ही अनेक दूसरी सीमाएँ हैं, मेरी अनभिज्ञता तो है ही। इसलिए मैं चाहता हूँ कि कविता को देखूँ कवि को नहीं।

कवि कविता की प्रत्येक पंक्ति में विद्यमान प्रतीत होता है। अनेक कविताओं में वह 'मैं' है और या 'हम' है। इन सौ से अधिक कविताओं के पाठ के दौरान एक प्रश्न बार-बार आ खड़ा होता है—यह 'मैं' कौन हैं? इस 'मैं' के पीछे कौन है? 'हम' कौन लोग हैं? पाठक भी सम्मिलित हैं क्या? संज्ञा से अधिक सर्वनाम पर भरोसा करने वालों में गालिब (तुम मेरे पास होते हो गोया, कोई दूसरा नहीं होता) से लेकर शमशेर (वह अनायास मेरा पद गुनगुनाता हुआ बैठा रहा) तक रहें हैं। रणजीत में भी 'मैं' है—पास मत आओ मेरे, मुझसे न पूछो बात कोई। 'मैं' की आप्लावित करती उपस्थिति अनुपस्थिति को बाँचता एक दूसरा 'मैं' जब अंतिम पृष्ठ तक पहुंचता है तो वह खुद को कवि के करीब पाता है और सोचने लगता है कि इस कवि से फोन करके बात की जाए। पाठक और रचनाकार का यह स्नेह बंधन कौन सी कविता/कविताओं की बदौलत है?

यह एक ऐसी साहित्यिक कृति है जो अनायास ही पाठक को उसके रचनाकार से बांधती है। वास्तव में यही तो किसी टैक्स्ट का लक्ष्य होता है कि वह तादात्म्य की भावना को उत्पन्न करे। पाठक सोचने लगता है कि इन कविताओं से वह ठीक वही समझ रहा है जो कवि का मंतव्य है और कवि वही लिख रहा है जो उसका विचार रहा है। पर पाठक जानता है कि यह मित्रता एकतरफा है और कवि उससे दूर है। उसके समक्ष कविताएँ हैं जो प्रतिनिधि के रूप में विद्यमान हैं। कवि जब बंगलोर में अपने बच्चों के साथ है, तब उसका एक पाठक दूर किसी देश में इन पंक्तियों के साथ उससे मुखातिब है। यह इकतरफा प्यार कुछ ऐसा है—

तुम नहीं हो पर तुम्हारे शरीर की ऊष्मा
अब भी मेरे बिस्तर में बसी हुई है
अब भी बिछा हुआ है मेरी किताबों पर तुम्हारा स्पर्श
बिखरी हुई गुलाब की ताजा पंखुरियों की तरह।

यह शब्द संस्कार और अनुभूति की वास्तविकता किसी प्रगतिवादी कवि की नहीं हो सकती। इसके लिए अनुभूति की गहनता और शिल्प के प्रति जागरूकता के बीच संतुलन की जरूरत होती है।

दूसरे शब्दों में कवि रणजीत उतना वास्तविक रणजीत नहीं है, वह तो 'पाठक' का 'कविता पाठ' से निर्मित रणजीत है। और यदि मैं समकालीन समीक्षा की शब्दावली में कहूँ तो वह पाठक/पाठकों की 'पाठ-फैंटसी' का अंग है। व्यक्ति रणजीत होते हुए भी नहीं है और रससिद्ध कवि पाठक के समक्ष कभी 'प्यार बेचता' है और कभी 'विष-पुरुष' हो जाता है। इस अर्धनारी या अर्धपुरुष शरीर को अशरीरी हो जाना पड़ा है। क्या इसी को पिछले पचास वर्षों से 'डैथ ऑफ दी ओथर' कहकर समझाया जाता रहा है? फ्रांसीसी उत्तरसंरचनावादी विचारक रोला बार्थ्स 1967 में रचनाकार के अधिनायकत्व को चुनौती देते हैं जिसे 1946 में विमसेट और ब्रेडले ने 'ईंटेंशनल फैलसी' कहकर अमेरिकी नव-समीक्षा का प्रमुख उपकरण माना था। ('The design or intention of the author is neither available nor desirable as a standard for judging the success of a literary work' (Wimsatt and Beardley) जो कुछ है वह 'पाठ' है, 'टैक्स्ट' है, 'कविता' है । इस दृष्टि से 'नयी साधना' कविता में कवि रणजीत जो कहते हैं, उससे पाठक भी यह कहने को उत्सुक होता है कि 'हमने भी सोचा है, मनन किया है...'। जो कवि कह रहा है या जो उसके उद्वेलित मन-मस्तिष्क से एक अवसर पर शब्दबद्ध हुआ, कविता वह नहीं है। कविता वह है जो पाठक के मन में अंकित होती है और जो कविता-पाठ के बाद की अव्यक्त स्थिति है। जब कवि रणजीत अपनी बात कह चुकते हैं, तब पाठक उनके मर्म से मर्माहत होने के बावजूद भविष्य के सपने देखता है।

'कवि का मंतव्य' रहा है, रहता है, किन्तु जब हर कविता में वह कुछ भिन्न स्वर से उपस्थित हो जाता है और राजनीति, अर्थशास्त्र, समाजशास्त्र, आदि बाँचते हुए भू से लेकर ख तक को समाहित करके 'भूख' तक चला जाता है तो पाठक समझ जाता है कि कवि रणजीत किसी एक 'पवित्र अर्थ' की ओर नहीं ले जा रहा। वह 'अनर्थ' को भी रेखांकित करते हुए उसमें 'अर्थ' का संधान करता है—

इतना पवित्र शब्द और होठ मेरे जूठे
कैसे कहूँ कि मैं
तुम्हें प्यार.....

और इस तरह 'शब्दों के पुल' कभी 'अधर' में लटके रह जाते हैं और कभी 'अधर' तक जा पहुँचते हैं। गत शताब्दी के भाषाशास्त्री सस्यूर, पिंकर, और

चोम्सकी यही तो कहते रहे कि कवि समझता है वह भाषा का प्रयोक्ता है (देखें—शब्द सैनिकों से) पर उसे पता ही नहीं चलता और भाषा उससे 'बिना सोचे समझे' कुछ ऐसा लिखवा लेती है—**मेरी हर लड़ाई निकलती है आखिर किसी न किसी स्त्रीलिंग संज्ञा के लिए।** और फिर कवि के मंतव्य को मनोविश्लेषक की दृष्टि से देखने की जरूरत हो जाती है। रणजीत की कविताओं में अभी 'रणजीत' लिखने की एक आग-सी है जो सर्वनामों से होकर विशेषणों तक जाती है किन्तु संज्ञा शून्य नहीं होती, 'विवेक संगत' रहती है। अज्ञेय के अनुसार "काव्य के जो भी गुण बताए जाते या बताए जा सकते हैं अंततोगत्वा भाषा के ही गुण हैं।" इस पंक्ति की दिशा में इन पंक्तियों के पाठकों को ले जाते हुए मैं यह कहना चाहूँगा कि रणजीत की काव्य भाषा समकालीन हिन्दी काव्य-भाषा का प्रसन्न प्रयोग है। इसमें एक ओर तो भवानी भाई की सी 'गीत फरोशी' है, दूसरी ओर रघुवीर सहाय की 'मुहल्लेदारी वृत्ति'। शहर के चौराहे पर सुकरात और कबीर से खड़े कवि 'प्रतिश्रुति का गीत' गाते हैं और सावधान करते हैं।

देखने की जरूरत यह भी है कि कवि रणजीत (ओथर-पोएट) जो कविताई करता है या जो कहता है वह किस अधिकार (ओथरटी) से करता है। क्या वह कोई समाज सुधारक, दार्शनिक, नेता, अभिनेता या अजेंडाधारी है? कहीं वह तथाकथित 'अर्बन नक्सल' तो नहीं? राधिका कन्हाई सुमिरन के बहाने कई भिखारीदास पहले भी 'नितांत ऐहिक कामनाओं' से प्रेरित सौंदर्यवादी और शृंगारवादी भौतिक (फिजिकल) कविता से युक्त रीतिकाल में वर्चस्वशाली हुए हैं। कौन है वह? कोई नहीं, कवि है। (Who is that? Nobody, he is the author.) 'शेक्सपीयर इन लव' फिल्म का यह कथन कवि, रचनाकार और लेखक को कोई खास 'भाव' नहीं देता किन्तु 'कोई नहीं' से 'कवि' के बीच की दूरी तय करते हुए जब रणजीत 'बिना कुदाल उठाए' कलम पर विश्वास कर 'दीवारें गिराने' की बात करता है तो वह वो सब हो जाता है जो वह नहीं है। वह 'तुम नहीं हो' जो रूमानी रेशमी कविताओं की 'एक नयी पुस्तक' को 'एक ही बैठक' में अंत तक पढ़ डालता है और 'एक अनिर्वचनीय सुख में निमग्न' हो जाता है।

वाद नहीं संवाद

एक पाठ निरंतर पाठक के साथ चला है। मार्क्सवाद की बात नहीं। 'अस्ति-नास्ति' संवाद भी नहीं। यहाँ कविता अपने युगीन संदर्भों से तो जुड़ी ही है, पश्चिम के विविध युग, मिथकों, कवि-उक्तियों द्वारा प्रदत्त सूचना और अध्ययन मनन के बाद उकेरी गई पंक्तियों में इस प्रकार प्रतिफलित है कि समग्रता का भाव दृष्टिगोचर होता है। 'प्रमथ्यु', 'फाउस्ट के कन्फैशन', 'मेरेलिन मनरो का अंतिम

पत्र', 'सखरोव के निर्वासन पर', 'आम्रकुंजों में उभरता वियतनाम', 'पोलैंड के बारे में', 'गोदो का इंतजार' आदि कविताओं का पाठ करने पर यह अनुभव होता है कि कवि पूर्व संचित और नयी समकालीन कथा सामग्री को भी कविता के शिल्प में ढालकर इस प्रकार प्रस्तुत करने में समर्थ है कि काव्य समीक्षक का बाना धारण करता पाठक इसे एक नए विधान की सृष्टि मान लेता है। अपनी उपर्युक्त वृत्तियों और विशेषताओं के कारण रणजीत इस अर्थ में प्रवर्तक कवि हैं। कवि की प्रसिद्ध पंक्तियाँ हैं—

बेचारा इतिहास
किस किस को माफ करेगा?

रणजीत के कवि-कर्म के बीच कई मुश्किलें (द्वंदात्मक स्थिति) हैं—एक तो वाद विशेष है (मार्क्सवाद का रचनात्मक विकास/ जूझ रहा है मार्क्सवाद के 'वैज्ञानिक सिद्धांत' से), दूसरे 'मेरे आसपास के लोग' हैं जो 'पानी को तो कई-कई बार छानते हैं' पर 'जहरीली परम्पराओं को आँखें मीच कर पी जाते हैं।' कवि का विद्रोह कभी शांत है और वह बस 'माध्यम' भर है। कभी वह सविनय अवज्ञा पर उतर आता है। 'सिरफिरों के साथ' उठता बैठता है। कभी उग्र रूप धारण कर लेता है—

हाँ, मैं बाग़ीहूँ
मुझे अपने देश, अपने धर्म और अपनी सरकार से नफरत है।

किन्तु इन कथन भंगिमाओं में अंतर्निहित जो तत्व पाठक सहज ही ग्रहण कर लेता है वह है कवि की आम-जन के प्रति आसक्ति :

मैं बाग़ीहूँ क्योंकि मुझे अपने लोगों से प्यार है
मैं इनके चेहरों पर बहार/इनके आँगनों में त्योहार देखना चाहता हूँ।

कवि की कविता में जनवादी, प्रगतिवादी और मार्क्सवादी लहर कभी इधर से और कभी उधर से आती दिखाई देती है; अनुप्रेरित करती है किन्तु एक हद तक। समय के साथ उसमें परिवर्तन आया है। वह गांधी और भगत सिंह ही नहीं शंकराचार्य और प्रमथ्यु तक भी हो आता है। मनुष्य और मनुष्यता को केंद्र में रखकर की गई कविताओं में इन्सानों की खोज करती कविताओं के साथ मार्क्सवाद से मोहभंग को रेखांकित करते चुभते चौपदे भी हैं—

वृद्ध चेहरा, धँसी आँखें टिकी हैं अदृष्ट पर
औ' पड़ी है थकी ऐनक 'कैपिटल' के पृष्ठ पर
अनगिनत बलिदानियों के लहू से लिक्खी किताबे इंकलाब
आह! सत्तर साल में ही आ गयी परिशिष्ट पर।

'मार्क्सवाद का प्रेत' पुस्तक के लेखक उत्तरसंरचनावादी जाक देरिदा ने मार्क्स को नहीं उसके वाद को अपनाने वालों के अवसान पर क्षोभ व्यक्त किया था। रणजीत की कविताओं में वाद के स्थान पर व्यक्ति मार्क्स है। मनुष्य है जो जीवन की आपाधापी में पडक़र भी कभी 'क्रांति' की बात करता है और कभी-कभी उस वियतनाम की जो आम्र कुंजों में से उभरता है।

प्रकृति और पर्यावरण

शायद जब से कविता जन्मी है तब से प्रकृति और कविता में बहनापा रहा है। दोनों एक-दूसरे का साथ कभी-कभार ही छोड़ती हैं। कभी वह उपमा के रूप में साथ होती है और कभी रूपक हो जाती है। वाल्मीकि को कोहरे से ढका चंद्रमा निश्वासांध दर्पण सा प्रतीत होता है। प्रसाद को उषा अंबर पनघट पर जल भरने वाली नागरी के समान दिखाई देती है।

इसलिए जब तक तुम्हारे स्पर्श में शिरीष के फूल खिले हुए हैं
तुम्हारे केशों में रातरानी की खुशबू है
तुम्हारी साँसों में इंसानियत की गर्मी है
तब तक ठहरी रहो

इस परम्परा को साहित्य अध्ययन की नवीनतम विमर्शवादी दृष्टियों में 'हरित विमर्श' ने खंडित किया है। अब प्रकृति को युगीन सम्बन्धों के साथ जोडक़र देखने के साथ ही नए संदर्भों और शब्दावलियों के द्वारा प्रकृति चित्रण में यथार्थ के बिम्ब उकेरे जाते हैं।

सडक़ के मोड पर आ जाता है अचानक
शिरीष का एक खिला हुआ पेड़
और सारा संदर्भ बदल देता है।

वे प्रकृति को अपने भीतर समाए हैं इसलिए वह कोई बाहरी वस्तु प्रतीत नहीं होती। कई कविताओं में जब प्रकृति चित्रण लगाव से अलगाव की ओर बढ़ता है तो विलग दृष्टि से विचित्र रूप की प्रस्तुति होती है। 'पानी', 'पेड़', 'पृथ्वी', 'आकाश', 'भूकंप' की कविताएँ 'शिरीष का पेड़' पर भारी पड़तीं हैं। पर्यावरण को बचाने की उत्कट आकांक्षा और ललक पाठक को तब आप्लावित करती है जब वह 'पृथ्वी के लिए' का पाठ करते करते उद्विग्न हो जाता है, संज्ञा शून्य सा होकर गिलहरी, मछली, खरगोश, पैंगविन की तरह इस भू को धारण करना चाहता है। इसलिए ऐसी तमाम कविताओं में प्रकृति 'सुकुमार' रूप में न होकर कभी निरुपाय सी होती है और कभी चीख कर कहती है—बचाओ!

बचाओ इसे अपने आणविक और जैविक हथियारों से

युद्धों से,
और उनके जन्मदाता राष्ट्र-राज्यों से
जनसंख्या विस्फोट से ...

एनिमल स्टडीज या मानवेतर अध्ययन की दृष्टि से जब 'काकरोच' जैसी कविता एक गतिशील बिम्ब के साथ कुछ अलग-सा अर्थ और अनुभव प्रस्तुत करती है तो पाठक की कल्पना ठहर जाती है, ठिठक जाती है। यह जो अनुभव अद्वितीय इन कविताओं में है और जो सरोकार हैं उनका शब्दांकन करना कठिन है। क्या एलियट बता सकते हैं कि निम्नलिखित पंक्तियों में अनुभव क्या है और 'ओब्जेक्टिव कोरिलेटिव' क्या है? क्या बिना इस शीर्षक के इन काव्य-पंक्तियों का मर्म उद्घाटित हो सकेगा?—

हमारी खानपान की सारी आदतें बदल कर रख दीं
तुम्हारे सहवास ने

इन कविताओं में मनुष्य और जीव-जंतुओं, प्रकृति का संश्लिष्ट रूप है, कविता के अर्थ की कई परतें हैं। आलोचक या समीक्षक द्वारा कोई विवेचन और पाठ पूर्ण नहीं हो सकता।

पता नहीं क्यों यह विचार मेरा पीछा नहीं छोड़ रहा है
कि यह मेमना मैं ही हूँ
और यह बाघ?
इस मासूम मेमने को निगलने वाला यह बाघ?
मैं सही शब्द चुनना नहीं जानती।

'मर्लिन मनरो का अंतिम पत्र' कविता की उपरोक्त पंक्तियों में कपड़े के दो खिलौने जिस 'घनीभूत पीड़ा' की ओर संकेत करते हैं वह कविता में चित्र-विचित्र का संगुंफन या 'सिंफनी' है।

परिवार और समाज

एक सूचना पाठक के कई बार काम आ जाती है। 'कवि को जीविका के कारण बहुत समय तक अपने परिवार से अलग रहना पड़ा है।' 'हाय हाय ये मजबूरी' से लेकर 'मा निषाद' तक की अनुभूति कराती कई कविताएँ कभी 'दर्द की गाँठ' को कसती हैं, कभी 'सपने' दिखाती हैं। 'पृष्ठभूमि' में 'चाँद का मायूस चेहरा' होता है। जिंदगी इतनी सपाट होती है कि—

मेरे दिल पर अवसाद का इतना बोझ रख जाता है
कि मैं घंटों तक किसी से बात भी नहीं कर पाता।

(संवेदनाओं के क्षितिज)

और फिर 'तुम नहीं हो' की अंतिम पंक्तियाँ आ मिलती हैं—

तुम नहीं हो पर तुम्हारे शरीर की ऊष्मा
अब भी मेरे बिस्तर में बसी हुई है
अब भी बिछा हुआ है मेरी किताबों पर तुम्हारा स्पर्श
बिखरी हुई गुलाब की ताजा पंखुरियों की तरह

ये पंक्तियाँ पाठक के मन में एक ऐसी मधुर अनुभूति जगाती हैं मानो वह स्पर्श उन्हे भी छू गया हो। प्रवासी का उत्साह प्रबल हो जाता है। पाठक अनुभव करता है कि कवि ने जो सिर्फ व्यंजित किया था वह उपस्थित हो गया। निराकार का साकार होना कुछ ऐसा ही होता होगा। कुछ ऐसा ही कवि-कुल गुरु कालिदास ने भी तो कहा था—रम्यानि वीक्ष्य मधुरांश्च निशम्य शब्दान...। यह दर्शन तभी संभव है जब 'चक्षु' हों।

तुम खुश रहो बेटी, मैं बिलकुल तटस्थ हूँ।
सारी परस्थता छोड़ कर अब स्वस्थ हूँ।

(प्रवासिनी बिटिया के प्रति)

'गुड्डन' जैसी कविताओं में कवि की मनस्थिति का अनुमान लगाना कठिन नहीं। यहाँ 'वाद' नहीं 'संवाद' है। लेखन, कविताई और जीवन एकाकार हो गया है। यहाँ जोडऩा होगा कि इन कविताओं में मानसिक अस्त-व्यस्तता के बीच भी रणजीत अपने समय को बाँच रहें हैं।

तुम्हें भूलने के लिए यह मकान ही छोडऩा होगा, बेटी !

विरह और वात्सल्य की मौन संयमित अभिव्यक्ति के द्वारा जीवन के जो चित्र दृष्टिगोचर होते हैं वे नायाब हैं।

'सरोज स्मृति' का कवि अचानक आ धमकता है। बड़े रचनाकार को समझने में वक्त लगता है, जनाब! कुछ रचनाओं में तो बस 'घूँघट की आड़' से दीदार ही हो पाएगा। फिर भी इन कविताओं का एक प्रमुख स्वर 'घर परिवार' से आलोड़ित है। इसमें अनुकूल पत्नी, पुत्री और समूचा गाँव है। एक लंबी कविता 'गाँव' का व्यापक फलक और रिश्ते नाते, मित्र, न जाने क्या-क्या जब पाठक के सामने फिल्म की पटकथा सा रु-ब-रु होता है तो एक 'फुरहरी भरा दयाभाव' तन मन पर छा जाता है। 'मीरा' का सुबह साढ़े तीन बजे उठकर मुंगोड़ों के लिए दाल पीसने से लेकर रात तक खटना, फिर भी पिटना तो भी मुस्कराते रहना क्या किसी के कहने मात्र से दस दिन के लिए भी कहीं भाग सकती है? यही नियति है।

वास्तव में हिन्दी साहित्य में 'उसने कहा था' से लेकर आज तक इस करुण रस ने सहृदय पाठक को सदा भाव विभोर किया है। 'नहाकर नेकर निचोडऩे लगा

मैं' जैसी पंक्ति में काव्यत्व कैसे अनायास ही आ गया, लिखना मेरे बस की बात नहीं। अभिभूत हूँ। अगाध स्वाभाविकता, प्रगाढ़ परिचय और निर्मल सहजता के बावजूद भी कवि की अनबूझ सजावट से कोई भी कह उठेगा कि ये सहज और सफल कविताएँ हैं। अनुभूति के रस में पगी हैं और काव्य गुण युक्त हैं।

गद्य की लय

इन कविताओं में परम्परागत पद्यात्मकता के स्थान पर गद्यात्मकता है किन्तु इससे काव्यात्मकता का निर्वाह न हुआ हो, ऐसी बात नहीं है। कविताएँ उन्हीं भावों और विचारों को अभिव्यक्त कर रही हैं जो कवि की अनुभूति के माध्यम से आए हैं। इस दृष्टि से कवि शब्द के संस्कार से युक्त है। वह पुराने शब्दों को नये अर्थ देता है और नए शब्दों में प्रयोगशील हो जाता। है। उदाहरण के लिए 'जूझती प्रतिमा' कविता में विशेषण विशेष्य के ऐसे युग्म आते हैं—विकल स्वप्न, धधकते वर्तमान पाषाणी बंध, अजन्मी दुनिया, आदि। 'भाषिक भ्रष्टाचार' को रेखांकित करती कविता में संकेत स्वरूप ही सही किन्तु यह बता अवश्य दिया गया है कि विश्व भर में भाषा और शब्दों का अवमूल्यन लगातार बढ़ रहा है और अशोभन कार्यों को शोभन नाम देने की परिपाटी चल निकली है। 'उपमान मैले' होने की प्रयोगवादी परम्परा से भी दो-चार कदम आगे जाकर कवि रणजीत 'विवेक संगत' की तलाश में है; भाषा और व्यवहार दोनों में उसे असंगति दिखाई देती है। 'अमल पताशा' सी भाषा और भाषिक व्यवहार अब ढूँढने से भी नहीं मिल रहा। इन पंक्तियों का कोई सानी नहीं—

आँवले के अचार के साथ खाये गए
भुने हुए होलों में
और न जाने कितनी-कितनी चीजों में
मेरे देश मैं तुम्हें पीता हूँ खाता हूँ
जीवित जागृत भरा पूरा पाता हूँ।

दिशा और द्वंद

शायद कवि का 'सोचना', 'एक बेहतर दुनिया के बारे में सोचना' दुनिया को बेहतर बनाने के लिए है। कहना न होगा कि इन कविताओं में कथ्य और शैली दोनों के द्वारा एक ऐसे भविष्य की ओर संकेत है जो भयावह नहीं। इस दृष्टि से कवि उत्तर आधुनिक उत्तर संरचनावादी और उत्तर मानवतावादी सोच से परे जाकर दो हजार पच्चीस में संसार को एक परिवार के रूप में हिलमिल कर रहता देखता है। यहाँ यह वर्ष प्रतीक मात्र है, भविष्य का, उस भविष्य का जिसका भूत और वर्तमान एक ही पंक्ति में अभिव्यक्ति पा गया है—अरे यह कौन सी दुनिया है भाई!

पाठ के माध्यम से पाठक कविता के मर्म तक जा पहुँचता है। कविता के माध्यम से कवि की ओर पहुँचता पाठक अपने आप कवि को जान जाता है। इस आलेख में प्रस्तुत कुछ उदाहरण या उद्धरण बड़े प्रयास से ढूँढकर प्रस्तुत नहीं किए गए हैं। इस प्रकार के सहज भावों से युक्त शतशः उदाहरण प्रस्तुत करना कोई कठिन कार्य नहीं। कवि ने जीवन के व्यापक विस्तृत क्षेत्र में वर्षों निरंतर अवगाहन किया है। गहराइयों में उतरकर जीवन कमल पर दृष्टिपात किया है। उसकी दृष्टि दसों दिशाओं में गयी है और जो भी वस्तु, व्यक्ति, स्थान, और अनुभूति उसकी सूक्ष्म अनी से बिंधी है, उसे उसने कविता के शिल्प में पिरोया है। यह कह देना भी जरूरी है कि 'वाद' की कुंजी से कविता का ताला न तो खोलना चाहिए और न यहाँ खोलने की कोशिश की गयी है। क्योंकि जो कुंजी, बकौल देरिदा, ताला खोलती है वही कुंजी उसे बंद भी करती है। कविता मानव की अक्षय जिजीविषा में से प्रस्फुटित होती है। जीवन की समग्रता में पनपती है। असीम उड़ती है। फिर भी 'सूरज का ध्यान' रखे जाने को कहती है।

—गोपाल शर्मा

120/23, एनपीए कॉलोनी, शिवरामपल्ली

हैदराबाद – 500052

मो. 9100895761

***

9

बिगड़ती हुई आबोहवा

अपने समय से मुठभेड़ करती कविताएँ

*** डॉ. बी.एल. आर्य ***

समकालीन हिन्दी के प्रगतिशील कवि डॉ. रणजीत द्वारा रचित 'बिगड़ती हुई आबोहवा' वर्ष 2000 से 2018 की कालावधि में लिखी गई 55 कविताओं का एक समृद्ध संकलन है। डॉ. रणजीत की इन कविताओं का मूल स्वर वेदना, संघर्ष, विद्रोह और समकालीन यथार्थबोध का है। प्रेमचन्द विजयवर्गीय के शब्दों में "उन्होंने युग जीवन को भावुक की ही नहीं, विचारक और विश्लेषक की दृष्टि से भी देखा है। इसलिए उन्होंने युग के कंकाल की पसलियाँ गिनने की अपेक्षा उसके क्षय कीटाणुओं को पकड़ा है।"

डॉ. रणजीत का कविता संसार उनके स्वानुभूत यथार्थ का प्रामाणिक दस्तावेज प्रतीत होता है। स्वयं कवि के शब्दों में, "कविता मेरे सामने अवचेतन का क्रंदन नहीं, अहम का विस्फोट नहीं, अपने या किसी के मनोरंजन या रस प्राप्ति मात्र की चीज नहीं, अपनी सामाजिक अनुपयोगिता के विरुद्ध अपने आपको प्रमाणित करने का प्रयत्न नहीं, एक सजग सामाजिक कर्तव्य है, अपने आस-पास के संसार को और उसके साथ ही साथ खुद अपने आपको, अपने सपनों के अनुकूल ढालने का प्रयत्न है।"

डॉ. रणजीत की कविताओं के केन्द्र में वह जीता-जागता मनुष्य है, जो चारों तरफ संघर्षरत है। वे चाहे परिस्थितियाँ हों, परिवेश हो, समाज हो यहाँ तक कि वह अपने आप से भी संघर्षरत है। कवि इस संघर्षरत आम आदमी को अपनी कविताओं में पूरी प्रतिबद्धता के साथ उतारने में सफल रहा है। प्रस्तुत कविता संग्रह की सभी कविताएँ आधुनिक परिवेश की समस्याओं को लेकर लिखी गई

हैं। कवि ने भारतीय समाज और राजनीति की लगभग उन सभी समस्याओं पर प्रकाश डाला है जो यथार्थ हैं और आम आदमी हर समय जिनसे टकरा रहा है, छटपटा रहा है। यह छटपटाहट गरीबीजन्य अकर्मण्यता के कारण पाठक मन को गरीबों से विमुख नहीं करती बल्कि उनके प्रति गहरी करूणा के साथ शोषण के विरुद्ध क्रांतिकारी भावना को जन्म देती हैं—

उल्टे रस्ते चल पड़ा अपना हिन्दुस्तान
पाँच दशक में बन गया आधा इंगलिस्तान
गर्दन तक रिण में डूबा यह देश पुराना
बड़ा कठिन है अब बिकने से उसे बचाना

(बिगड़ती हुई आबोहवा. पृ.सं. 06)

डॉ. रणजीत उदारवाद और भूमण्डलीकरण के खतरों की ओर स्पष्ट संकेत करते हुए इस ओर से हमें सचेत रहने की आवश्यकता पर भी बल देते हैं। उन्होंने न केवल बाजारवाद के दुष्प्रभावों की ओर हमारा ध्यान आकृष्ट किया हैं वरन् स्वातंत्र्योत्तर भारत में गहराते संवैधानिक मूल्यों के पतन की ओर भी पाठक का ध्यान खींचा हैं। वे आरक्षण का मखौल उड़ता हुआ देखकर व्यथित नजर आते हैं। क्योंकि आरक्षण एक संवैधानिक संरक्षण है जिससे छेड़छाड़ करना निश्चय ही दुःखद हैं—

तुम चाहे जितने कानून बनवा लो नये-नये
मिल्कियत तो हमारे पास ही रहेगी
तुम प्रधान की सीट आरक्षित कर दो
औरतों के नाम
हम अपनी ठकुरानी या बहू को लड़वा देंगे
सीट पिछड़ी जाति की हुई तो
हम अपने दूधिये को खड़ा कर देंगे
तुम सीट अनुसूचित जाति की घोषित करो
हम अपने धोबी या नाई को लड़वा देंगे
तुम डाल-डाल हम पात-पात।

कवि रणजीत ने सदियों से हाशिए पर रहे किन्नर समुदाय के दुःख-दर्दों से भी पाठक को जोडऩे का प्रयास किया है। उनकी कविता 'किन्नरों की जीत पर' यह स्थापित करने का प्रयास करती है कि जनतांत्रिक देश में जनतांत्रिक हथियारों से ही लडऩा पड़ता है—

सत्ता में दलितों, दमितों, उपेक्षितों की हिस्सेदारी

शायद यही है वह संभावना
जिसकी तलाश में
विकल्पहीन मतदाताओं ने पकड़ी है किन्नरों की बाँह
शबनम मौसी से शुरू हुआ यह सिलसिला
देखें कब तक पहुँचता है
दिल्ली की दहलीज तक
और कितना बदलता है लोगों का भाग्य।

(पूर्वोक्त, पृ.सं. 14)

डॉ. रणजीत मौजूदा दौर में ओछी होती जा रही राजनीति की भी खोज खबर लेते हैं। मौजूदा दौर में राजनीति का जो अपराधीकरण हुआ है, वह बहुत भयानह है—

राजनीति में कौन हैं, जो दूध के धुले हैं
हम तो हर कीमत पर, कुर्सी पाने को तुले हैं।
किसके साथ सोयें, किसके साथ जागे, किसी को क्या मतलब
तख्त में साझेदारी के सारे विकल्प खुले हैं।

(पूर्वोक्त, पृ.सं. 27)

कवि के सामने विचार से ज्यादा महत्त्वपूर्ण विराट् मानवीय मूल्य हैं। यही वजह है कि कवि नयी पीढ़ी से किसी भी तरह के वैचारिक प्रोपेगेंड़ा से बचने का आह्वान करते हैं—

न चण्ट-चालाक बनो, न भोले नादान बनो,
न रूढ़िवादी हिन्दू बनो, न बन्द दिमाग मुसलमान बनो।
नयी पीढ़ी के ओ किशोरों और नौजवानों,
बन सकते हो तो थोड़े और बेहतर इन्सान बनो।

(पूर्वोक्त, पृ.सं. 31)

प्रशासनिक लचरता, सत्ता की विवशता एवं वोट बैंक की राजनीति संविधान प्रदत्त मूल्यों की रक्षा में समर्थ नहीं दिखती। उनकी कविता 'असली क्रान्ति' हाशिए के समाज के नेपथ्य को ध्वनित करती है। सच्चे अर्थों में सामाजिक क्रान्ति अभी कोसों दूर है। कवि इस ओर एक सशक्त समाधान भी छोड़ जाता है—

असली क्रान्ति तो वह होगी जिसमें
न घोड़े रहेंगे, न चाबुक
सब पैदल होंगे अपने ही पाँवों पर चलते हुए।

(पूर्वोक्त, पृ.सं. 35)

'घोड़े' और 'चाबुक' इन दो प्रतीकों से पूरी कविता इस व्यवस्था की आन्तरिक परतों को उधेडक़र रख देती है। समग्रत: कहा जा सकता है कि डॉ. रणजीत की कविताओं के केन्द्र में आज का मनुष्य है जो हर वक्त अपने समय और समाज तथा स्वयं से मुठभेड़ करता रहता है। कवि मानवीय मूल्यों की तलाश में किन्नर विमर्श, दलित विमर्श और स्त्री विमर्श के अन्तर्गत उनकी मुख्यधारा में सहभागिता को लेकर स्पष्ट राय रखता है। क्योंकि इसके बिना देश के सम्पूर्ण विकास की बात बेमानी नजर आती है।

—**डॉ. बी.एल. आर्य**
सहायक आचार्य (हिन्दी)
मा.ला.व. राजकीय महाविद्‌यालय
भीलवाड़ा (राजस्थान)
मो.: 9602613949

***

बहुत कुछ है पर दिखता नहीं है कुछ भी

*** अनूप कुमार ***

पिछले छह-सात दशकों की हिन्दी कविता में डॉ. रणजीत अपने वैचारिक तेवर और प्रयोगधर्मिता के चलते एक अलग स्थान रखते हैं। मूलत: मार्क्सवादी होने के बावजूद वे अपने आप को कभी विचारधारा के बने बनाये खाचों में फिट नहीं कर पाये। मार्क्सवादी क्रान्तियाँ निस्संदेह उनके लिए प्रेरणा का स्रोत रहीं परन्तु उन जनसंघर्षो के फलस्वरूप स्थापित हुई सर्वहारा की तानाशाहियों के साये तले पलते अन्याय और अत्याचार का भी उन्होंने अपनी कविताओं और शुरुआती दौर में लिखी गई कहानियों में जमकर विरोध किया। इस विरोध के चलते उन्हें पर्याप्त आलोचना और व्यंग्यात्मक टिप्पणियों का शिकार भी होना पड़ा। कुछ व्यक्तिगत कारणों से और कुछ समझ में न आने वाली बात का त्वरित विरोध करने की अपनी प्रवृत्ति के कारण वे कभी वामपंथी लेखन की राजनीति की मूलधारा में सम्मिलित नहीं रह सके। इस सब के बावजूद वे जीवन के नवें दशक में भी सक्रिय और सचेत हैं। पिछले एक दशक से भी अधिक समय से वे अपने बच्चों के साथ बेंगलूरू में रह रहे हैं। लेखन कार्य आयुजनित समस्याओं के चलते कुछ मन्द अवश्य हुआ है परन्तु बन्द नहीं हुआ। इधर उनका एक नया कविता संकलन प्रकाशित होकर आया है 'बिगड़ती हुई आबोहवा'। इस संकलन में उनकी पिछले दो दशकों की कविताएँ संकलित हैं।

संकलन का आगाज 'उल्टे रस्ते' शीर्षक कविता से होता है, जिसमें रणजीत ने उदारीकरण और वैश्वीकरण जैसे आकर्षक शब्दों के पीछे की सच्चाई को छह दोहों में बयान करने की कोशिश की है। विश्व व्यापार संगठन और दूसरे तमाम अन्तर्राष्ट्रीय इदारों की भूमिका पर यह वाक्य बड़ा सारगर्भित बन पड़ा है—विषम खेल है, नियम उन्हीं के, वे निर्णायक/वे ही प्रतियोगी हैं, वे ही भाग्य विधायक।

इसके अतिरिक्त 'स्वागत में' और 'दो षट्पदियाँ' भी इसी मौजूं पर लिखी गई कविताएँ हैं। 'काला कुआँ (ब्लैक होल)' शीर्षक कविता ब्लैक होल के वैज्ञानिक सिद्धान्त पर लिखी गई उल्लेखनीय कविता है जो अस्तित्व और अनस्तित्व की गुत्थी को समझने का प्रयास करती है—**बहुत कुछ है पर दिखता नहीं है कुछ भी/ वास्तव में कुछ भी नहीं है/ पर निगल जाता है सबकुछ को/ डुबो देता है/ एक अस्तित्वहीनता के अंधे कुएँ में/नहीं, न पानी, न पृथ्वी, न हवा/ कुछ भी तो नहीं है/ पर सारे पदार्थों को बना देता है अपदार्थ।**

(पृष्ठ-5)

पर्यावरण डॉ. रणजीत के चिन्तन का एक महत्त्वपूर्ण बिन्दु रहा है। उन्होंने काफी पहले पर्यावरण विषयक हिन्दी कविताओं का एक संकलन 'खामोशी भयानक है' भी सम्पादित किया था। पर्यावरण प्रदूषण और परमाणु युद्ध के सन्दर्भ में उनकी कविताएँ प्रभावशाली बिम्ब प्रस्तुत करती हैं। इस संकलन में भी उनकी एक कविता 'परेशान मत करो, बच्चों!' उनके पर्यावरण चिन्तन को प्रतिबिम्बित करती है—

मात्र मिट्टी, बालू, पत्थरों का ढूह नहीं है यह/ जीवित जागृत, जंगम है यह पृथ्वी/ एक अरब जीव-प्रजातियों का/ हलचल-भरा वैश्विक मधुछत्ता/ यह साँस लेती है, धडक़ती है/ सोती है, जागती है/ करुणा और क्रोध करती है।

(पृष्ठ-20)

कुछ वर्षों पहले उत्तर भारत के कुछ हिस्सों में किन्नरों की राजनैतिक सफलता ने सबको अचंभित कर दिया था। कई स्थानों पर किन्नरों ने स्थानीय निकाय के चुनावों में जीत हासिल की थी। इसके अनेक राजनैतिक निहितार्थ निकाले गए। किसी ने इसे वर्तमान राजनैतिक व्यवस्था से मतदाताओं का मोहभंग बताया, तो कुछ लोगों ने दूसरे कारण बताये। 'किन्नरों की जीत' उसी दौर में लिखी गई कविता है, जिसमें कवि इससे अचंभित तो दिखता है, इसमें कुछ व्यवस्थागत संदेश भी देखता है परन्तु किसी परिवर्तनकामी प्रवृत्ति से नहीं जोड़ता। अंततः हुआ भी यही धीरे-धीरे वह प्रवृत्ति समाप्त हो गई और राजनीति फिर उसी ढर्रे पर चलने लगी—

पर गोरखपुर की जनता ने/किसी स्थापित राजनीतिक दल की गोद में जाने के बजाय/ एक हिजड़े की बंजर गोद पसंद की/ क्या यह जनता की मसखरी थी/ आशादेवी के साथ?/ या मतदाता यह देखना चाहते थे देखें/ हिजड़े क्या करते हैं राजनेता चुने जाने के बाद?

'मिल्कियत' शीर्षक कविता आरक्षण और विभिन्न कानूनों के जरिए सामाजिक समानता और न्याय प्राप्त करने की मृगमरीचिका और उसकी परिणति को प्रदर्शित करती है—तुम चाहे जितने कानून बनवा लो नये नये/ मिल्कियत तो हमारे ही पास रहेगी/ तुम प्रधान की सीट आरक्षित कर दो/ औरतों के नाम/ हम अपनी ठकुरानी या बहू को लड़वा देंगे/ सीट पिछड़ी जाति की हुई तो/ हम अपने दूधिये को खड़ा कर देंगे/ तुम सीट अनुसूचित जाति की घोषित करो/ हम अपने धोबी या नाई को लड़वा देंगे

(पृष्ठ-6)

इस क्रम में 'असली क्रान्ति' शीर्षक कविता भी सामाजिक समानता और न्याय के संघर्ष तथा उसके उद्देश्य पर एक सार्थक टिप्पणी करती प्रतीत होती है—

घोड़े पर सवार एक चमार/ चाबुक बरसा रहा है/ घोड़े से उतार दिये गये एक ठाकुर साहब पर/ सचमुच एक क्रांति आ गई है/ पैदल सवार हो गये हैं/ और सवार पैदल/ उन्होंने अपनी जगहें बदल ली हैं/ पर घोड़े और चाबुक?/ वे ज्यों के त्यों हैं/ असली क्रांति तो वह होगी जिसमें/ न घोड़े रहेंगे, न चाबुक/ सब पैदल होंगे अपने ही पावों पर चलते हुए।

(पृष्ठ-30)

इसी विचार बिन्दु के आस-पास घूमती कविता 'हो सारा संसार बराबर' भी अच्छी बन पड़ी है, जो विचार के साथ-साथ शिल्प को भी साधे रखने की कवि की कुशलता को अभिव्यक्त करती है—

मालिक और मजूर बराबर/ बाम्हन और चमार बराबर।/ एक एक को दस दस बंगले/ यह अन्याय अपार बराबर।/ रोटी, कपड़ा, घर इलाज पर/ सबका हो अधिकार बराबर।

(पृष्ठ-70)

'बचा रहूंगा मैं' भी एक अद्भुत कविता है जो इस विचार के इर्द-गिर्द घूमती है कि मृत्यु के बाद व्यक्ति किस तरह से उन तमाम लोगों की स्मृतियों में जीवित रहता है, जिनसे उसका कभी न कभी कोई सम्पर्क रहा हो या उसके नाम अनाम पाठक भी उसको जीवित रखते हैं अपनी स्मृतियों में—

मैं भी रहूँगा/ रहूँगा अपने बच्चों की स्मृतियों/ अपनी किताबों में/ अगर उनमें से कोई बची रही/ किसी घर, किसी पुस्तकालय में। रहूँगा अपने अनगिनत विद्यार्थियों, श्रोताओं/ सामाजिकों की स्मृति में/ दूकानदारों सब्जीवालों,/ बिजली ठीक करने वाले मिस्त्रियों/ राजगीरों, बढ़इयों, घरेलू नौकरानियों, रिक्शेवालों/ और स्कूटर मैकेनिकों की स्मृतियों में/ जिन जिन से मेरा साबका पड़ा है इस जीवन में/ वनस्थली विद्यापीठ और बांदा और बीकानेर की/ उन छात्र-छात्राओं की स्मृतियों में।

(पृष्ठ-47)

'शान्ति से मरूंगा मैं' इस संकलन की मूल्यवान कविताओं में से एक है। इस रचना में तमाम सफलताओं-असफलताओं और जय-पराजय के बावजूद जीवन को सार्थक ढंग से जीने का संतोष दिखता है—शान्ति से मरूंगा मैं/ बिना किसी कष्ट के/ मैंने जीवन को भरपूर जिया है/ भर भर कर पिया है प्याला/ और छलकाया है उसे चारों ओर/ संघर्ष किया है मैंने उदग्रीव,ऊर्ध्वबाहु जुल्म से जबर से/ यह नहीं कि सफल ही रहा हूँ/ उसमें हारा भी हूँ/ हुआ हूँ हताश भी अनेक बार/ पर गम नहीं पाला उस हार का/ टूटा नहीं हूँ कभी।

इसी रचना की अगली पंक्तियों में मृत्योपरांत नेत्रदान और शरीरदान के जरिए भी जीवन को सार्थक बनाने का अद्भुत उल्लास दिखता है—'मेरी आँखें/ अंधेरे में टटोल रहे/ किसी दलित, अल्पसंख्यक/ शोषित पीड़ित स्त्री को, बच्चे को/ देंगी नवजीवन का प्रकाश –/ गुर्दे भी काम आ जाएँ शायद/ किन्हीं जरूरतमंदों के/ नष्ट नहीं करूँगा लेकिन/ शेष बचे तन को भी जलाकर या दफना कर/ पढ़ें इसे एक पाठ्यपुस्तक की तरह छात्र/ चिकित्सा विज्ञान की प्रयोगशाला में।

(पृष्ठ-47)

हर युग में साहित्य की दो समानांतर धाराएँ अस्तित्व में रही हैं। एक ओर जनपक्षधर विद्रोही धारा रही है तो दूसरी ओर दरबारी, मठवादी और सत्ता के करीब रहने वाली धारा भी समानांतर चलती रही है। दूसरी धारा कई बार सृजनात्मक रूप से कमजोर होने के बावजूद भी साहित्यिक चर्चा परिचर्चा का हिस्सा बनी रहती है, तो पहली धारा जनजीवन से जुड़कर भी साहित्यिक चर्चा-परिचर्चा से दूर रहती है। 'अशोक वाजपेयी की एक कविता सुनकर' साहित्य और कला क्षेत्र में व्याप्त तमाम तरीके के जोड़-तोड़ और गोलबन्दी पर बेहतरीन टिप्पणी है—

कुछ लोग जो मुझसे ज्यादा सफल हुए/ ज्यादा मान्य, ज्यादा प्रसिद्ध/ ज्यादा ऊँचे पदों तक पहुँचे/ ज्यादा सम्मानित किये गये/ नजदीक पहुँचे कुछ ज्यादा बड़े लोगों के/ ज्यादा बार छपे स्तरीय पत्रिकाओं में/ ज्यादा भाषाओं में

अनूदित किये गये/ उन पर तरस आया आज पहली बार/ बिचारों से कुछ ज्यादा ही कीमत/ वसूल कर ली इन उपलब्धियों ने। मुझसे कम ही कर पाये अपने जीवन से प्राप्त। नहीं तो क्यों करनी पड़ती उन्हें अपने आखिरी दौर में यह प्रार्थनाः/ 'एक जीवन ऐसा भी दें प्रभु!/ तन कर खड़े रह सकें जिसमें/ बिना घुटने टेके।'

(पृष्ठ-64)

डॉ. रणजीत ने प्रेम कविताएँ भी लिखी हैं परन्तु उनकी प्रेम-कविताएँ सामान्य प्रेम कविताओं से अलग हैं। उनकी कुछ कविताएँ स्त्री-पुरुष के मध्य समानता पर आधारित सम्बन्धों की वकालत करती हैं तो कुछ कविताएँ दैहिक अनुभूतियों को भी एक अलग अंदाज में प्रस्तुत करती है। निस्संदेह इन कविताओं में सेक्स को लेकर भी एक अलग दृष्टिकोण है क्योंकि वह स्त्री-पुरुष सम्बन्धों का एक अनिवार्य भाग है—

जब तुम मेरे शरीर को सहलाती हो/ मेरी आँखें बंद क्यों हो जाती हैं?/ क्योंकि त्वचा सबसे प्राचीन इन्द्रिय है/ और आँखें सबसे बाद की/ विकास के क्रम में।

(प्राक्जान्त्विक आस्वाद, पृष्ठ-45)

इसी प्रकार 'तुम्हें चूम कर', 'परीक्षा और प्यार', 'दर्पण व्यक्तित्व', 'कभी-कभी', 'चूमा कर', 'अच्छी लगती है' और 'प्रिये' भी उल्लेखनीय प्रेम कविताएँ हैं।

डॉ. रणजीत की कविताओं से गुजरना अनुभव और अनूभूतियों के एक अद्‌भुत संसार से गुजरने जैसा है। जीवन के विशाल कैनवास में फैली उनकी रचनाओं में विज्ञान के अद्‌भुत रहस्यों को जानकर उत्पन्न आश्चर्य है, तो औद्‌योगिक सभ्यता के द्‌वारा नष्ट की जा रही प्रकृति की चिन्ता भी, सामाजिक मसले हैं, तो स्त्री-पुरुष प्रेम की नितान्त व्यक्तिगत अनुभूतियाँ भी। इस काव्य-संकलन की कुछ कविताएँ नितान्त साधारण हैं और कविता कम, सपाट बयानी ज्यादा लगती हैं। कुल मिला कर 'बिगड़ती आबोहवा' डॉ. रणजीत के रचना-संसार के विभिन्न आयामों को दिखाता एक पठनीय काव्य संकलन है।

—अनूप कुमार

***

इन्सानियत का पाठ

*** राहुल देव ***

समकालीन कविता की एक पीढ़ी वह भी है जो नई कविता आन्दोलन के बाद उभरी। उस पुरानी पीढ़ी के कुछ कवि आज भी कविताएँ लिख रहे हैं। इनकी कविताओं में बदलते हुए समय सन्दर्भों को भी सहज ही लक्षित किया जा सकता है। डॉ. रणजीत उसी परम्परा के वरिष्ठ प्रगतिशील कवि हैं। 'बिगड़ती हुई

आबोहवा' कवि रणजीत का नवीनतम कविता-संग्रह है। इस संग्रह में उनकी सन् 2000 से 2020 के बीच लिखी गई कुल 59 कविताएँ शामिल की गई हैं।

डॉ. रणजीत एक जनपक्षधर कवि हैं। उन्होंने प्रतिरोध की कुछ बेहतरीन कविताएँ लिखी हैं। नई सदी के आने के बाद मनुष्य के जीवन में जिस तरह बाजार और उत्तरआधुनिकता की घुसपैठ हुई है, उससे विकास के नाम पर सत्ता और पूंजी के गठजोड़ ने मनुष्यता के रास्ते में काँटे बिछाने का ही काम किया है। ऐसे तमाम विषयों की गहराई में जाकर कवि पाठक के सामने अपनी कविता के माध्यम से वैचारिक आधारभूमि निर्मित करता है। संग्रह की पहली कविता प्रश्न करते हुए मानो पूछती है कहाँ है असली आजादी—**'विषम खेल है/ नियम उन्हीं के/ वे निर्णायक/ वे ही प्रतियोगी हैं/ वे ही भाग्य विधायक/ शुरू हुआ अब खुल्ला खेल फर्रुखाबादी/ देखें कब तक बचती है अपनी आजादी।'**

समीक्षा के क्रम में संग्रह की 'मिल्कियत' शीर्षक कविता उल्लेखनीय है। यह कविता परम्परागत सामाजिक ताने-बाने की पड़ताल करती हैं। डॉ. रणजीत की कविताओं का मुख्य स्वर आक्रोशजनित व्यंग्य प्रतीत होता है लेकिन इसे व्यक्त करते हुए कवि हमेशा विवेकशील व संयत मुद्रा में रहे हैं। डॉ. रणजीत अपनी छोटी कविताओं में ज्यादा सशक्त रूप से उभर कर सामने आए हैं। संग्रह की अपेक्षाकृत कुछ बड़ी कविताओं में शब्द व्यय के कारण कथ्य की काव्यात्मकता धूमिल होती प्रतीत होती है। इन कविताओं पर थोड़ा और काम किया जा सकता था वे सपाटबयानी का शिकार मालूम होती हैं जैसे 'किन्नरों की जीत पर', 'एक बेलाग बात' तथा 'अच्छी बातों की चर्चा' शीर्षक कविताएँ। एक छोटी कविता 'नई पीढ़ी से कवि का आहवान' है—**'न चंट चालाक बनो/ न भोले नादान बनो/ न रुढ़िवादी हिंदू बनो/ न बंद दिमाग मुसलमान बनो/ नई पीढ़ी के किशोरों और नौजवानों/ बन सकते हो तो/ थोड़े और बेहतर इंसान बनो।'** कवि का यह मानववादी दृष्टिकोण संग्रह की मूल थीम है। संग्रह की एक और अच्छी कविता है 'मेरे बस की बात' जिसमें कवि बिगड़ चुके सामाजिक ताने-बाने को सुधारने के लिए सामूहिक सहयोग का आहवान करता है। यह किसी एक व्यक्ति के बस की बात नहीं। इसी तरह 'लोग' शीर्षक कविता भी परिवेश की विसंगतियों पर भरसक प्रहार करती है । कवि की स्त्री विषयक संवेदना 'प्यार करती हुई स्त्री' शीर्षक कविता में उमड़ पड़ी है। लेकिन कवि अपने सामाजिक उद्देश्य के प्रति सजग है और भावविगलित न होते हुए अगली कविता में वह 'असली क्रांति' की बात करता मिलता है। स्त्री को लेकर 'एक दुविधाग्रस्त महिला का अंतद्वंद' कविता भी अपने उद्दात्त भावों के कारण बेहद प्रभावी बन पड़ी है।

संग्रह की एक और बेहतरीन कविता का जिक्र करना चाहूँगा जिसका शीर्षक है 'लोग हैं बेशर्म'। इस कविता में कवि लिखता है—**'लोग हैं बेशर्म, बोलो क्या करें/ कुटिल इनके कर्म, बोलो क्या करें/ द्वेष इनका देश है और घृणा इनकी जाति है/ ढोंग इनका धर्म, बोलो क्या करें/ चीरकर मासूम हिरणों को अरे ये भेड़िए/ ओढ़ते मृगचर्म, बोलो क्या करें/ जुल्म का भांडा लबालब भर चुका/ और लोहा गर्म, बोलो क्या करें?'** इसे पढ़ने के बाद पाठक के मुँह से यही निकलता है कि शायद यही समय सही है उस गर्म लोहे पर चोट देने का।

कुछ और महत्त्वपूर्ण कविताएँ को रेखांकित करूँ तो उनमें संग्रह की 'मौत' शीर्षक एक छोटी सी कविता द्दष्टव्य है—**मौत जिंदगी की मंजिल है/ मौत से तो फिर डरना क्यों/ मौत आए तब डट कर मरना/ कतरा-कतरा मरना क्यों?'**। कवि कविता की तथाकथित मुख्यधारा का निर्धारण करने वाले अशोक बाजपेई स्कूल के कलावादियों पर भी तंज करता है। कवि के इस संग्रह में जो कविता मुझे सबसे ज्यादा पसंद आई वह है 'हो सारा संसार बराबर'। कुछ पंक्तियाँ देख लें—**'आर बराबर, पार बराबर/ हो सारा संसार बराबर/ मालिक और मंजूर बराबर/ बामन और चमार बराबर/ एक-एक को दस-दस बंगले/ यह अन्याय अपार बराबर/ रोटी, कपड़ा, घर, इलाज पर/ सबका हो अधिकार बराबर'**। इसी टक्कर की 'बयान' शीर्षक कविता भी है जिसकी अंतिम कुछ पंक्तियाँ देखते चलें, **'कैसी विडंबनापूर्ण स्थिति है कि/सबसे बुरे लोग सबसे ज्यादा संगठित हैं/कम बुरे कम संगठित/ और अच्छे लोग सबसे कम संगठित।'** 'लष्टम पस्टम' शीर्षक कविता और उद्धृत करने का लोभ संवरण नहीं हो रहा, इसे भी देखें—**'सब कुछ लष्टम-पस्टम है/ बिगड़ा पूरा सिस्टम है/ कमजोरों को गोली मारो/ यही यहाँ का कस्टम है/ सत्य, न्याय, ईमान, अहिंसा/ मूल्य मान सब नष्टम है/ जनसेवा व्यवसाय सियासत/ मुजरिम सब में रुस्तम है/ चोर-लुटेरे प्रथम पंक्ति में/ भले आदमी अष्टम है।'** पीढ़ियों के टकराव को सामने रखती कविता 'अगर आपको' सत्ता-पक्ष के लिए प्रश्न पूछती 'संसद में कैसे घुस आए' शीर्षक कविता और 'लेट जा, भई लेट जा' शीर्षक जैसी कुछ अन्य रोचक कविताएँ भी इस संकलन की उपलब्धि है।

कुल मिलाकर यहाँ एक महत्त्वपूर्ण कविता संग्रह है जिसकी कविताएँ आपको भाव और विचार दोनों स्तरों पर उद्वेलित करती हैं। कवि ने अपने समय समाज के कड़वे सच को कहने से कहीं भी गुरेज नहीं किया है। वह अपने देश और देश के लोगों से बहुत प्रेम करता है। पर इसके लिए उसे किसी सर्टिफिकेट की जरुरत नहीं है, उसकी कविताएँ ही उसका अंतिम बयान हैं; उसका अपना पक्ष हैं। ये कविताएँ परिवेश में व्याप्त हर तरह के आडंबर का विरोध करती हैं तथा हमें दिनों दिन कम

होते जा रही इंसानियत का पाठ पढ़ाती हैं।

—राहुल देव
9/48, साहित्य सदन, कोतवाली मार्ग,
महमूदाबाद 261203
जनपद सीतापुर (उ.प्र.)
मो. 9454112975

***

10

कविता समग्र

डॉ. रणजीत का कविता-संसार

*** मनोज मलिक ***

डॉ. रणजीत (जन्म 1937) एक अनीश्वरवादी और मानववादी कवि हैं। उनका कविता-संसार विशाल है। 1951 के आसपास से शुरू हुआ उनका कविता-सृजन का सिलसिला अब तक जारी है। इस तरह से 70 वर्षों का कालखंड किसी साधना से कम नहीं है।

अपनी एक कविता 'साँसों की हड़ताल' में वे अपनी अक्षय ऊर्जा का रहस्य बताते हैं कि—

कर ली हैं मंजूर सभी माँगें साँसों की
और अहम के मालिक को गद्दी से उतार कर
साँसों के प्रतिनिधियों को सत्ता सौंपी है
तभी निकल पाता है भाई इस करघे से ऐसा कपड़ा
घोर निराशा की जो बर्फानी सर्दी में
और जुल्म की तपती हुई धूप में
लोगों को राहत देता है—
उपयोगी है!

कविता 'विद्रोह के शुक्राणु' में भी वे यही बात कह रहे हैं। अपनी कविताओं के माध्यम से अगली पीढ़ी तक अपने विचार संक्रमित और संप्रेषित करने की अभिलाषा ने उनकी लेखनी को कभी रुकने नहीं दिया।

सर्वस्पर्शी रणजीत

कवि रणजीत ने जीवन के लगभग सभी पहलुओं को अपनी कविताओं में स्पर्श किया है। उनके काव्य में प्रकृति-वर्णन और सौंदर्य-प्रशंसा प्रमुख हैं। मजदूर, किसान के लिए सहानुभूति है, समाज-व्यवस्था में परिवर्तन लाने की कसक है। क्रांति की तड़प है, युवा प्रेमी का रोमांस करता हुआ हृदय है, तो वहीं, एक आम गृहस्थी के ऊबाऊ रोजमर्रा के जीवन की अभिव्यक्ति भी है। शायद ही ऐसा कोई जीवन-क्षेत्र होगा जो उनके काव्य से अछूता रहा हो। उनकी कविताओं में जहाँ वर्तमान समस्याओं से उपजी घोर निराशा के दर्शन होते हैं. तो वहीं बेहतर कल की उम्मीद भी दिखती है। जहाँ शोषण और अन्याय के प्रति असंतोष है, रोष है; वहीं मानवता में अगाध विश्वास भी मिलता है।

कविता : जीवन की अभिव्यक्ति

कवि रणजीत कविता को जीवन की अभिव्यक्ति मानते हैं, इसके लिए यह जरूरी नहीं है कि वह हमेशा ही असाधारण और भव्य हो। इससे अधिक महत्त्वपूर्ण है कि कविता सामाजिक परिवर्तन के संदेश की वाहक बने। कविता को आम आदमी अपने अनुभवों से जोडक़र देख सके। भले ही इस उद्‌देश्य को पाने के लिए कविता की भव्यता को, आलंकारिक भाषा को तिलांजलि क्यों न देनी पड़े। इस लिहाज से रणजीत एक सफल कवि कहे जा सकते हैं। कवि 'एक टुकड़ा आत्मवृत' में कहते हैं—

"इतनी साधारण साधारण बातें क्या कहनी चाहिए कविता में? ...
पर कविता आखिर जीवन की अभिव्यक्ति ही तो है
कभी कभार ही तो हो सकती है वह
सबसे अच्छे शब्दों का सबसे अच्छा संयोजन
पर जीवन में कितने अवसर आते हैं किसी हसीन प्रेम के?...
तो कविता कब तक बच सकती है साधारण होने से।"

एक अन्य स्थान पर कवि अपने सौंदर्य-बोध को सहज रूप से स्वीकार करता है—

"तीस बरस भोग कर भी
मैं नहीं निष्काम हूँ
आज भी मैं रूप का
रंग का,
गठन का गुलाम हूँ।"
सजग कवि

रणजीत की कविताओं में सबसे सशक्त बिन्दु है उनकी सरल परन्तु जीवन्त भावाभिव्यक्ति। वे पाठकों तक अपनी बात स्पष्ट ढंग से पहुँचाने में कामयाब रहते हैं। कवि कला-पक्ष की अपेक्षा वस्तु-पक्ष को प्रधानता देते हैं। क्योंकि वह कविता को समाज-परिवर्तन का एक माध्यम समझते हैं। एक जगह लिखते हैं—

"मेरी कविता वह मशाल है जिससे मैं समाज के...
इस सड़ियल ढाँचे में आग लगाता हूँ।"

फिर भी उन्होंने कला-पक्ष की भी उपेक्षा नहीं की है। उनकी कविताओं में हमें स्वाभाविक लय ताल मिलता है। उदाहरण के लिए कविता 'तिक् तिक् धा'; इसमें तो कवि रणजीत ने शब्दों का भरतनाट्यम ही रच दिया है। कवि ने यथासंभव रूपक, अनुप्रास आदि अलंकारों का उपयोग किया है। उनके काव्य में शृंगार रस, करुण रस आदि की छटा देखने को मिलती है। वह किसी सत्ताधीश को प्रसन्न करने के लिए नहीं, किसी पारितोषिक की चाहत में नहीं, बल्कि कमजोर लाचारों को जगाने के लिए अपना कवि-धर्म निभाने के लिए लिखते हैं। वे साफ-साफ कहते हैं—

मैं मनुष्य का कवि हूँ
और मनुष्य के लिए लिख रहा हूँ!
मैं तुम्हारे लिए लिख रहा हूँ!
ओ संसार के लाखों खेतों खानों और
कारखानों में काम करने वाले मेहनतकशो!

वे राष्ट्रकवि मैथिलीशरण गुप्त की बात "केवल मनोरंजन न कवि का मर्म होना चाहिए उसमें उचित उपदेश का भी मर्म होना चाहिए" को अपनी कविताओं में चरितार्थ करते हैं। उनकी कविताओं में वर्तमान की चुनौतियों का यथार्थवादी वर्णन है, इनमें कई बार कवि की निराशा भी झलकती है, जैसे 'जीने लायक', 'लगता है', 'यह देश (नज़े साहिर)', 'हम गंदे हिंदुस्तानी हैं' आदि। लेकिन विषम परिस्थितियों का हल निकालने के लिए उनका सही-सही ब्यौरा देना कवि अपना कर्तव्य मानता है। उससे नजरें बचाकर उनको हल नहीं किया जा सकता है। इसलिए स्थिति की भयावहता का यथार्थ वर्णन करना जरूरी हो जाता है।

नारी जागरण

कवि अपनी प्रगतिशील सोच के आधार पर नारी जागरण का महत्त्वपूर्ण कार्य भी अपनी कविताओं के माध्यम से कर रहे हैं। धर्म-परम्परा में जकड़ी नारी को जगाते हुए वे कहते हैं—

तुम जो अपनी दासता को

धर्म समझे सह रही हो
तुम जो अपने ही हनन को
त्याग भ्रम से कह रही हो
मैं तुम्हारे ही लिए तो लिख रहा हूँ!

वे पुरुषवादी-समाज पर तीखा वार करते हुए एक अन्य स्थान पर लिखते हैं कि—

एकाधिकार भावना से भरा पति
संसार का सबसे भयंकर प्राणी है।

नास्तिकता का जयघोष

कवि का स्पष्ट झुकाव नास्तिकता की ओर है। दरअसल मार्क्सवादी विचारधारा से प्रेरित कवि रणजीत ईश्वर की बजाय मानव-श्रम के ऊपर भरोसा करते हैं। वे अपने निरीश्वरवाद को छुपाते नहीं हैं, अपित बौद्धिक ईमानदारी का परिचय देते हुए इसका स्पष्ट रूप से उद्घोष करते हैं—

बहुत फरेब है, बहुत दगा है अभी
मुफलिसी पिछले जन्मों की सजा है अभी
आसमान पर दम तोड़ चुका है खुदा लेकिन
इन्सान इल्तजाओं में लगा है अभी।

न्याय, समता, भ्रातृत्वऔर स्वतंत्रता की स्थापना के लिए वे ईश्वर-रूपी भ्रम से मुक्ति को एक अनिवार्य शर्त मानते हैं। यह स्वर उनकी अनेक कविताओं में बार-बार प्रतिध्वनित होता है। और भी स्पष्टता के साथ—

"एक मेरे साथ अच्छा सलूक करने से
तुम्हारी बेइन्साफी घट नहीं जाती
अगर तुम होते, और होते रहीम-करीम भी
तो क्या इनकी हालत देख
तुम्हारी छाती फट नहीं जाती?"(इन्साफ की बात)

मंदिर-मस्जिद के नाम पर एक-दूसरे का सिर फोड़ने वालों को रणजीत मशवरा देते हुए कहते हैं:-

"तोड़ते आए हैं ज़माने से एक-दूसरे के इबादतखाने
अब इबादत की इस बुरी आदत को छुड़ाना ही पड़ेगा।
किसी ईश्वर के नाम पर मारते-मरते रहे सदियों से
भयजनित इस भ्रम को मन से हटाना ही पड़ेगा।" (इन्सानियत का पैगाम)

नीत्से की तर्ज पर रणजीत ऐसे ईश्वर की मृत्यु की घोषणा करते हैं जो विज्ञान-सूर्य की किरणों का सामना नहीं कर पाया, जो सत्य के आगे नहीं टिक पाया :-

'हाँ मर गया ईश्वर कि उसके त्रास सारे मर गये'
सृष्टि के आरम्भ से चलते हुए
आदमी के खून पर पलते हुए
अन्याय के इतिहास सारे मर गये....
'यह हुआ कैसे मगर?'
'साइंस की किरणों ने मारा, मर गया
वहम का पर्दा उघाड़ा, मर गया
आदमी ने जब तलक पूजा अंधेरे में उसे, जिन्दा रहा
रोशनी के सामने ज्यों ही पुकारा, मर गया।'

विचारों में क्रमशः परिपक्वता

रणजीत की कविताओं ने उनके जीवन के विविध अनुभवों को दर्शाया है। शुरू की कविताओं में क्रांति का आह्वान है। लेकिन बाद में उनकी सोच में बदलाव झलकता है। इस क्रमिक विकास में कवि ने अपने नये निष्कर्ष निकाले और अपनाए हैं। उदाहरण के लिए, 'प्रेम और संभोग' कविता में उनके बदलते निष्कर्षों की अभिव्यक्ति हुई है—

"पहले मैं सोचता था,
प्रेम दिव्य है, भव्य है, पुण्य है
और संभोग नीचता है, पशुता है, पाप है।
वासना-हीनता ही
प्रेम की सच्चाई का नाप है।
थोड़ा अनुभव हुआ तो पाया—
वासना एक सुलगती आग है
प्रेम उससे निकले हुए सतरंगी धुएँ का महल है...
थोड़े और अनुभव के बाद अब सोचता हूँ—
...यदि दो लोग बिना किसी विवशता के,
बिना किसी छल के
अपनी उत्कट इच्छा से चुने तो
संभोग भी अपने आप में एक मूल्य है।
दोनों चरम छोरों को साथ-साथ छूता हुआ
सम-भोग सचमुच स्वर्ग तुल्य है।"

निरंकुश साम्यवाद की आलोचना

सोवियत लेखक सोल्झेनित्सिन के उपन्यास 'गुलाग' का रणजीत पर गहरा प्रभाव उनकी अनेक कविताओं में नजर आता है। सोल्झेनित्सिन ने अपनी पुस्तक में सोवियत संघ की निरंकुश सत्ता और क्रूरता का बड़ा ही मार्मिक वर्णन किया है। इसे पढ़कर रणजीत का मार्क्सवाद से कुछ-कुछ मोहभंग हुआ लगता है। कवि कह उठता है—

"और भी सच्चाइयाँ हैं जिंदगी में वर्ग के संघर्ष के अतिरिक्त भी।
दर्द, मसले, राहतें इन्सान की हैं बहुत-सी जो अर्थ से निर्लिप्त भी।"

कवि बेबाक ढंग से साम्यवादी शिविर की हिंसा, दमन और अत्याचार की भर्त्सना करता है। मजदूरों की सत्ता के नाम पर उसे अत्याचार, हिंसा और तानाशाही स्वीकार नहीं है। वामपंथी और सच्चा मार्क्सवादी होने के बावजूद कवि बेहिचक साम्यवादी निरंकुशता और बर्बरता का विरोध करता है। कविता 'समानुपात' में कवि कहता है—

पूंजीवादी राजसत्ता से मैं
बीस साल से नफरत कर रहा हूँ
सोल्झेनित्सिन ! तुम्हारा गुलाग पढ़ कर
मैं सर्वहारा राजसत्ता पर भी थूकता हूँ।

कवि के मानववादी-मन को मेहनतकशों की सरकार के नाम पर लोकतंत्र की हत्या बर्दाश्त नहीं, स्वतंत्र-अभिव्यक्ति और मानवाधिकारों का हनन बर्दाश्त नहीं है। उन्होंने इसे अनेक कविताओं में उठाया है, जैसे 'गेहूँ और गुलाब', 'समानांतर सरकार', 'सोल्झेनित्सिन के नाम', 'मित्रतापूर्ण बलात्कर', 'फर्क करो' आदि।

कवि जन-जागरण के रूप में अपना अनूठा विकल्प सुझाता है—

"आदमी का हर गुलामी से निस्तार हो जाये
सत्ता का सारा तामझाम बेकार हो जाये
अपने ही दिमाग से सोचने लगे अगर जनता
दुनिया भर के नेताओं का बंटाधार हो जाये।"

पारिवारिक कवि

कवि ने अपनी अनेक कविताओं में पारिवारिक जीवन का सजीव चित्रण किया है। वे रॉबर्ट ग्रीन इंगेरसौल की तरह परिवार के महत्त्व से भली-भांति परिचित लगते हैं। परिवार समाज और राष्ट्र की मूल इकाई तो है ही, इसके अतिरिक्त यह हमें इस संसार में जीने का उद्देश्य प्रदान करता है। पति-पत्नी का प्रेम, उनके बीच की नोंक-झोंक, संतान प्रेम, रोजमर्रा की ऊब वाली जिन्दगी को अपनी कविताओं

के विषय बनाया है। अपनी कविता 'तुम्हारा आना' में वे लंबे वियोग के बाद हुए परिवार-मिलन का दृश्य-चित्र उकेरते हैं—

"गुड्डन !
तुम लोग आ जाते हो
तो मेरा नहाना, नहाना नहीं रह जाता
एक उत्सव धर्मी तीर्थ-स्नान हो जाता है...
निक्कू !
तुम लोग आ जाते हो
तो मेरा घर, घर नहीं रह जाता सिर्फ
एक रमणीक पर्यटन-स्थल बन जाता है
बुलबुल !
तुम लोग आ जाते हो
तो मेरा खाना, खाना नहीं रह जाता सिर्फ
एक शानदार भोज बन जाता है
...जीवन एक त्योहार बन जाता है।"

इस तरह से कवि परिवार को मनुष्य की खुशी का एक महत्त्वपूर्ण स्रोत मानते हैं।

जितनी छोटी कविता, उतनी ही प्रभावशाली

रणजीत की कविताएँ जितनी छोटी हैं, उतनी ही प्रभावशाली बन पड़ी हैं। इन छोटी कविताओं में उन्होंने गागर में सागर भर दिया है। ये कवि की तीव्र बुद्धि और समाज के सूक्ष्म अवलोकन को दर्शाती हैं।

शादी के बारे में वे कहते हैं—

"शादी वह खूबसूरत मज़ार है जिसमें
दफनाते हैं लोग अक्सर लाश प्यार की।"

इसी तरह अध्यापकों की दुर्दशा पर कहते हैं—

"चाहता था पुस्तकों की जिंदगी जीना बिचारा
कॉपियों की मौत लेकिन मर गया!"

वर्तमान सामाजिक हालात में 'ढाई आखर प्रेम' पर तीखा कटाक्ष करते हुए लिखते हैं—

"प्यार गाँव का दलित है, पैसा दुष्ट दबंग
दो अक्षर के सामने, ढाई हुए अपंग।"

और एक उदाहरण देखिए—

मौत जिंदगी की मंजिल है
मौत से तब फिर डरना क्यों?
मौत आये तब डटकर मरना
कतरा-कतरा मरना क्यों?

मानववादी रणजीत

एक मानववादी होने के नाते, मुझे उनकी मानववाद केंद्रित कविताएँ विशेष रूप से बहुत सुंदर लगीं, जिनमें प्रमुख हैं—'हो सारा संसार बराबर', 'ओ मनुष्य', 'नई पीढ़ी से', 'अभी आदमी', 'इन्सानियत का पैगाम', 'चार्वाक का यही है कहना' आदि। वंचित और हाशिए पर धकेले गये लोगों के लिए कवि के मन में सच्ची संवेदना है, जिसका प्रकटीकरण जगह-जगह पर उनकी कविताओं में दिखता है। दलितों पर होने वाले अत्याचारों से कवि का कोमल-हृदय विचलित हो जाता है। वे लिखते हैं—

"मुझे शैतान से कुछ लेना न देना है
मुझे भगवान से कुछ लेना न देना है
जो कुछ लेना-देना है सब इन्सान से है मेरा
किसी पाषाण से कुछ लेना न देना है।"

यद्यपि कवि को दलितों, शोषितों के प्रति सहानुभूति है, लेकिन फिर भी कवि का मानना है कि घृणा का उत्तर घृणा कदापि नहीं हो सकता है। 'असली क्रांति' में कवि अपना मत रखते हैं—

"असली क्रांति तो वह होगी जिसमें
न घोड़े रहेंगे, न चाबुक
सब पैदल होंगे
अपने ही पाँवों पर चलते हुए।"

कवि घृणा और द्वेष फैलाने वाले मजहबों से इतना तंग आ गया है, कि वह इनकी जगह पर एक मानववादी विकल्प की बात करता है—

"अब तो एक मजहब नया चलाना ही पड़ेगा।
खुदा की जगह इन्सान को बिठाना ही पड़ेगा।
इन्सां के लिए इन्सानियत से बढ़कर नहीं कुछ भी।
हर इन्सान को यह पैगाम सुनाना ही पड़ेगा।"

यह पंक्तियाँ पढ़कर मुझे गोपालदास 'नीरज' की कविता याद आती है—

"अब तो मजहब कोई ऐसा भी चलाया जाये,
जिसमें इन्सान को इन्सान बनाया जाये।"

कितनी अद्भुत समानता है इन दोनों मानववादी कवियों के विचारों में!

वे नई पीढ़ी की ओर मुखातिब होते हुए, उन्हें अपना मानववादी संदेश सुनाते हैं—

"न चंट चालाक बनो, न भोले नादान बनो,
न रुढ़िवादी हिंदू बनो, न बंद-दिमाग मुसलमान बनो
नई पीढ़ी के ओ किशोरो और नौजवानों,
बन सकते हो तो थोड़े और बेहतर इन्सान बनो।"

कवि रणजीत धार्मिक कट्टरवाद का विरोध करते हुए लिखते हैं—

"हिंदू होने या मुसलमान होने में कौन बड़ी बात है?
किसका जन्म कहाँ हो, यह क्या किसी के हाथ है?
जन्म से कुछ होने और कर्म से कुछ बनने में बड़ा फर्क है
जन्म से कुछ होने पर गर्व करना, मूर्खता है, कुतर्क है।"

मानव-मात्र के प्रति प्रेम और उसकी बेहतरी की उम्मीद ही कवि को जीवन में उमंग और खुशी प्रदान करती है, जिसे वे इस तरह से व्यक्त करते हैं—

"शांति से मरूँगा मैं...
सपना कुल संसार के
भरपेट सोने का
स्वस्थ-सुखी होने का
रक्खे है मुझको भी स्वस्थ सुखी।"

अपनी कविता 'चार्वाक का यही है कहना' में कवि सुखी रहने का मानो फार्मूला ही हमें दे देते हैं—

"जब तक जीओ, सुख से जी लो,
ऋण लेकर मीठा रस पी लो।
स्वस्थ रहो, नीरोग रहो,
करते सारे भोग रहो।
मरने तक ही यह जीवन है,
पुनर्जन्म तो निरा वहम है।
इसे अर्थ दो, मूल्य-मान दो,
स्वर्ग-नरक हैं यहीं जान लो।
औरों को भी सुविधा-सुख दो,
तुक-विहीन जीवन को तुक दो।
सबको अपने जैसा जानो,

पृथ्वी पर सबका हक मानो।
चार्वाक का यही है कहना,
जब तक जीना, खुश-खुश रहना।"

इस तरह कवि का चिंतन पूरी तरह से स्पष्ट है। कहीं कोई भ्रम की गुंजाइश नहीं है। मानववादियों के आदर्श वाक्यांश 'यहीं और अभी' (Here and Now) पर रणजीत और उनकी कविताएँ पूर्णत: खरी उतरती हैं। वे इसी दुनिया को स्वर्ग-समान बनाने पर जोर देते हैं और परलोक की कपोल कल्पना को नकारते हैं। हिन्दी में इतनी स्पष्ट मानववादी विचारधारा का वाहक कोई दूसरा कवि मुझे दिखाई नहीं पड़ता।

कवि ने अपने काव्य-संसार में पूरा जीवन उड़ेल कर रख दिया है। निश्चय ही, जो भी इन्हें बार-बार पढ़ेगा, वह हर बार विचारों के नये-नये हीरे-मोती पाएगा।

सभी साहित्य-प्रेमियों को विशेष रूप से मानववादियों को उनकी कविताओं का बार-बार अध्ययन करना चाहिए। कवि रणजीत के ही शब्दों से अपनी बात पूरी करता हूँ—

"सिर्फ एक अदद आदमी नहीं हूँ मैं
मेरे भीतर एक पूरी कायनात है
क्योंकि मैं कवि हूँ।"

—मनोज मलिक
म. नं. 2291, सेक्टर 23 सी,
चंडीगढ़ 160023
मो. 9463432405

***

इतिहास का रथ और अभिव्यक्ति की स्वाधीनता

*** जीवन सिंह ***

20 अगस्त, 1937 यानी भारत को आजादी मिलने के दस साल पहले जन्मे डॉ. रणजीत ने काव्य और गद्य दोनों में आज तक अपने एक सामाजिक मूल्यधर्मी स्वप्न के साथ अथक सृजन किया है। गद्य में आलोचना लेखन के साथ वैचारिक लेखन का काम भी उन्होंने सतत् किया है। इससे भाव और विचार की एक संतुलित ओजस्वी अनुशासित लय उनकी सीधी और सपाट शैली में लिखी कविताओं में बाकायदा बनी रही है। कविता की दुनिया में वे जब आये तब देश आजाद हो चुका था। उसका एक संविधान बनकर लागू हो चुका था। उनकी पहली कविता का रचनाकाल 1951 है जो 'क्रान्ति का आह्वान' शीर्षक से दिसंबर 1951 में भीलवाड़ा

में लिखी गयी थी। साफ है कि उनकी पहली कविता का विषय राजनीतिक है और उसमें हिमालय में हलचल और हिंदमहासागर में ज्वार भाटे के साथ शोषित वर्ग के खून खौल उठने की बात करते हुए क्रान्ति यानी देश की औपनिवेशिक व्यवस्था के स्थान पर आमूलचूल परिवर्तन का आह्वान किया गया है। इसकी रचना उस समय के क्रान्ति का आह्वान करने वाले दिनकर बालकृष्ण शर्मा नवीन आदि की कविताएँ पढ़कर हुई होगी। इसकी भाषा से पता चलता है कि यह उस समय के प्रतिष्ठित कवियों के प्रभाव से निर्मित काव्य भाषा है जिसकी शब्दावली ही कवि ने बाहर नहीं ली है वरन भाव भी लगभग वही हैं जो उस समय स्वाधीनता आन्दोलन में हिस्सेदारी कर रहे कवियों के थे। इस कविता की भाषा भी कवि की अपनी भाषा नहीं है। इतना अवश्य है कि वह अपनी कविता का विषय देश के संकटों के मार्फत चुनता है। धीरे-धीरे वह अपने अनुभवों और जीवन-दृष्टि के आधार पर जो भाषा अर्जित करता है उसी से वह अपनी नयी जमीन तैयार करता है। दरअसल कवि जब अपनी भाषा में कविता लिखने लगता है तभी वह कवि होने का दर्जा प्राप्त करता है। बहरहाल इतना तो शुरुआत से ही है कि इस युवा कवि के मन में समाज और देश को बदलने की भावना और आकांक्षा का एक तूफान जैसा विद्रोही आवेग विद्यमान है। खुशी की बात यह है कि वह उस पारम्परिक कविता के दायरे से बहुत जल्दी बाहर आ गया था, जो रस अलंकार रीति वक्रोक्ति ध्वनि जैसे काव्य सिद्धांतों के प्रभाव में तुकबंदी करते हुए लिखी जाती थी। उसके लिए छंद भी अलग तरह के पुराने ढर्रे के हुआ करते थे। लेकिन जब से डॉ. रणजीत ने काव्य सृजन शुरू किया अपने लिए नए-नए छंदों और नए रूप-विधानों का आविष्कार भी किया। वैसे कविता के दृश्य पटल पर उस समय हिन्दी में 'नयी कविता' का बोलबाला था। नयी कविता की शुरुआत यद्यपि कविता के एक मिले-जुले आन्दोलन के रूप में देश को आजादी मिलने के पहले ही हो गयी थी जिसमें प्रगतिशील और जनवादी काव्य-दृष्टि केन्द्र में थी किन्तु आजादी मिल जाने और नयी देशी राजसत्ता कायम हो जाने के बाद नयी पूंजीवादी और पब्लिक सैक्टर वाली एक मिश्रित अर्थव्यवस्था के नए राजनीतिक पथ का वरण कर लेने के बाद कुछ रचनाकार उस नजरिए से अलग हो गए जो आजादी आने से पहले विशुद्ध समाजवादी किस्म का समाज बनाने की बात किया करते थे और वैसा ही सपना देखते थे जिसमें स्वाधीनता के साथ न्यायनिष्ठ समता और बंधुत्व की भावना पर बल होगा। लेकिन धीरे-धीरे उसकी दिशा बदलती चली गयी। जिसका परिणाम यह हुआ कि इस नए राजनीतिक तंत्र में समाजकेन्द्रिकता की बजाय धीरे-धीरे व्यक्ति केंद्रिकता का रुझान साहित्य-रचना की एक प्रमुख प्रवृति बन

गया जिसने खासतौर से नयी कविता और नयी कहानी दोनों को प्रभावित ही नहीं किया, संचालित भी किया। कहना न होगा कि इस वातावरण में डॉ. रणजीत का पक्ष समाजकेन्द्रित कविता वाला बना रहा। किन्तु उनकी काव्य-दृष्टि के बारे में यहाँ यह कह देना जरूरी है कि वे अपने राजनीतिक नजरिए में एक ऐसे समाजवादी दृष्टि वाले रचनाकार रहे जो समाजवादी सपना तो देखता है किन्तु उसके लिए अभिव्यक्ति की आजादी को बनाए रखने के पक्ष में भी रहता है। यह कहना गलत नहीं होगा कि डॉ. रणजीत की कविता के ये दो ऐसे सूत्र हैं जो शुरुआत से लेकर आज तक बने हुए हैं और इसके प्रमाण उनकी इस सत्तर साला काव्य यात्रा से मिलते हैं।

चूंकि प्रगतिशील रचना परिवेश में रूप की बजाय कथ्य पर बल रखने की बात बहुत कही जाती रही और यह भी माना जाता रहा कि रचना की वस्तु ही उसके रूप का भी निर्धारण करती है। कदाचित उसी का प्रभाव रहा कि उन्होंने अपनी कविताओं के सृजन में व्यक्तिनिष्ठ ढंग की कलाकारिता पर ज्यादा ध्यान नहीं दिया। नयी कविता में जिस तरह से छंद मुक्ति का सहारा लेकर नयी कविता को एक नए रूपाकार में प्रस्तुत किया गया था और कविता के रूप विधान में एक नयी परम्परा की शुरुआत की गयी थी जो कविता के छंद से ज्यादा निकट गद्य की लय से थी। डॉ. रणजीत उससे वाकिफ होने पर भी उस रास्ते पर नहीं चले। रूप विधान के मामले में उन्होंने अपना स्वयं का एक अलग रास्ता बनाया और कई तरह के प्रयोग करते हुए उसी पर चलते रहे। इसी वजह से उनके यहाँ कविता अपने लिखित स्वरूप में ही सम्प्रेषित नहीं होती वरन् वे उसे वाचिक स्तर पर भी सम्प्रेषण की कला से जोड़े रखते हैं। यह कहना कदाचित् गलत नहीं होगा कि उनकी कविता में पठनीयता से अधिक श्रव्यता और दृश्यता के गुण मौजूद हैं। यद्यपि वे काव्य सृजन की व्यक्तिनिष्ठ कला को जानते खूब हैं। यदि ऐसा नहीं होता तो वे अपने एक लम्बे निबन्ध में अज्ञेय और मुक्तिबोध की कविताओं के बिम्ब-विधान की तुलना शायद ही कर पाते। डॉ. रणजीत ने कहानियाँ भी लिखी किन्तु कविता ने उनका हाथ जोर से पकड़े रखा। कहानी के मार्ग पर कविता ने उनको ज्यादा चलने नहीं दिया। सच तो यह है कि उनका मन कविता के लिए ही बना था। कविता में भी वे बीच के रास्ते पर चले जिसमें उस समय की तार सप्तक वाली जटिल शैली और कला वाली कविता के स्थान पर उन्होंने साधारणता की सीधी और सपाट शैली, वाचिक प्रकृति वाली कविता का वह रास्ता चुना जो गीत और कविता के बीच से होकर जाता था। जिस कविता को वे कवि-सम्मेलनों और मुशायरों में भी आसानी से पढ़ और सुना सकते थे और श्रोताओं की वाहवाही लूट सकते थे। जिसके पाठक ही नहीं श्रोता भी होते थे। वस्तुतः उनकी कविता पाठक और श्रोता दोनों के लिए

लिखी गयी है। वह जितनी पठ्य है उतनी ही श्रव्य भी। उनकी कविता पढ़ने से अधिक सुनने की कला है जो व्यक्ति की कला के स्थान पर सामाजिक सम्प्रेषण को ज्यादा महत्त्व देती हैं। जैसा कि हम पहले भी बतला चुके हैं कि डॉ. रणजीत ने कविता की शुरुआत दिसम्बर 1951 से की, जिसका मतलब है कि अपने किशोर काल से ही वे काव्य सृजन करने लगे थे, तब उनकी अवस्था मात्र चौदह साल थी। इसके बाद उनकी कविताओं में युवा प्रेम को खास जगह मिली। सच तो यह है कि प्रेम और राजनीतिक सामाजिक सम्बन्धों का यथार्थ ही उनकी कविता के दो प्रमुख विषय रहे हैं। जिनमें प्रेम के साथ बगावती तेवर को अपनाते हुए आरम्भ में ही कहते हैं—

प्यार और बगावत के मैं गीत लिखता हूँ
हैवानियत की हार और इंसानियत की जीत लिखता हूँ
लड़ाई जारी रहेगी जब तक 'इंसान' इंसान नहीं बनता
इसलिए अपना नाम अभी 'रणजीत' लिखता हूँ।

निस्संदेह उनकी कविता का यह मुहावरा और शैली तत्कालीन कवि-सम्मेलनों और मुशायरों की देन है। जो उस समय नगरों-महानगरों के साथ उच्च शिक्षण संस्थानों में भी हुआ करते थे। उस समय आज की तरह से कवि सम्मेलनों का एक विकृत व्यापारिक रूप सामने नहीं आया था और न ही उसका स्तर इतना नीचे तक गिरा था कि कविता और चुटकुलेबाजी या गलेबाजी का फर्क ही मिट जाय। उनका एक स्तर बना हुआ था। इस वजह से डॉ. रणजीत की आरंभिक कविताओं पर स्वाधीनता आन्दोलन और उससे निकले हुए जीवन-मूल्यों का स्पष्ट प्रभाव और उन्हीं की अनुगूंज मौजूद है। इस तरह की कविताओं के श्रोता उस समय मौजूद थे। सामान्यतया नए युवा कवि पर अपने समय का ऐसा प्रत्यक्ष और गंभीर प्रभाव कम ही देखने को मिलता है। आमतौर पर हिंदी में काव्य रचना करने वाले छंद-अलंकारों और रस रीति वाली कविताओं से ही अपनी कविता की शुरुआत करते हैं लेकिन डॉ. रणजीत अपने समय के भावनिष्ठ वैचारिक प्रभाव में बहुत जल्दी आ जाते हैं और इंदौर से बीए करते हुए यशपाल एवं राहुल सांकृत्यायन के साहित्य को पढ़कर उसके प्रभाव में बहुत जल्दी ही वामपंथी प्रगतिशील नजरिए को पकडक़र अपना बना लेते हैं। अपने सुदृढ़ वैचारिक पथ के निर्माण के लिए उनको ज्यादा इधर-उधर नहीं भटकना पड़ा। इस तरह से एक तरफ स्वाधीनता आन्दोलन और दूसरी तरफ आजादी के बाद देश में नयी व्यवस्था के निर्माण के लिए वामपंथी प्रगतिशील विकल्प का एक विराट सपना उनकी आँखों में आकर उनके लिए एक अंतर्दृष्टि का काम करने लगता है। उस समय दुनिया में दो तरह की व्यवस्थाएं

मौजूद थी जिनमें एक तरफ अमरीका और ब्रिटेन, फ्रांस, आदि की निजी पूंजी केन्द्रित पूंजीवादी व्यवस्था थी तो दूसरी तरफ सामाजिक पूंजी पर बल देने वाली सोवियत संघ की समाजवादी व्यवस्था थी। इनमें भारतवर्ष के तत्कालीन नेताओं, खासकर देश के पहले प्रधान मंत्री जवाहर लाल नेहरु ने तीसरा रास्ता अख्तियार किया था, जिसे मिश्रित अर्थव्यवस्था वाला रास्ता कहा जाता है। जिसका मतलब है कि हमारे यहाँ न निजी पूंजी केन्द्रित व्यवस्था चलेगी और न ही समाजकेन्द्रित। जैसी और जहाँ जिसकी जरूरत होगी उसी के अनुसार दोनों ही तरह की अर्थ-व्यवस्थाएँ यहाँ चलाई गयी यद्यपि अंग्रेजी शासक यहाँ की अर्थव्यवस्था को इतना चौपट, जर्जर और खोखला कर गए थे कि यहाँ कोई भी एक व्यवस्था को चला पाना आसान नहीं था। लेकिन डॉ. रणजीत के कवि ने पूंजीवादी व्यवस्था वाली स्वाधीनता को मानते हुए भी देश की सामान्य जनता के पक्ष में सोवियत संघ में विकसित तत्कालीन समाजवादी व्यवस्था और उसके साथ अभिव्यक्ति की स्वाधीनता को जोडक़र अपने मन में एक वैश्विक सपने का निर्माण किया और कविता के माध्यम से उसी के लिए काम भी किया। यह सब अध्ययन और अनुभव दोनों प्रक्रियाओं के संलयन और विलयन से होता है। जब किसी कवि की आँखों में सपने की कोई दुविधा नहीं होती तब कविता में स्वच्छता और सफाई का वेग कुछ ज्यादा ही रहता है क्योंकि कवि ऐसी स्थिति में एक नवजागरणकर्ता की भूमिका में खुद को पाता है। इसी का परिणाम है कि डॉ. रणजीत की ज्यादातर कविताएँ संबोधन परक उमंगभरी प्रसाद शैली में रचित हैं। इस प्रक्रिया में वह खुद को भी बदलता है तो अपने आस-पास और दुनिया को भी उसी बदले हुए रूप में देखना चाहता है। हालांकि मध्य वर्ग के नागरिक की दुविधा कभी मिट नहीं पाती। वह अपनी जिंदगी में बहुत नीचे तक नहीं उतर पाता। अपने स्टेटस को बनाए रखने की लालसा मध्यवर्गीय जन के मन में रहती ही है। वह न अपने प्रति ईमानदार रह पाता है न समाज के प्रति। इसलिए इस समस्या और संकट को मुक्तिबोध ने तो काव्यगत दुरुहता जैसी चुनौती होने के बावजूद अपनी कविता का विषय ही बना लिया। लेकिन डॉ. रणजीत ने अपने कवि के लिए 'इतिहास के रथ और अभिव्यक्ति की स्वाधीनता' के सहारे अपनी कविता को जीवन-धारा के मझधार में डाल दिया। ये दोनों बातें ही डॉ. रणजीत और उनके कवि-व्यक्ति दोनों में रही हैं। इसीलिये अभिव्यक्ति के खतरे भी उन्होंने अपनी सीमाओं में रहते हुए खूब उठाये हैं। उन्होंने जो कहा साफ-साफ कहा और जो लिखा साफ-साफ लिखा तथा जो जीवन जिया उसमें भी निस्संकोचता को स्वीकार किया। कहने की जरूरत नहीं कि उनकी कविता की प्रकृति इन्हीं सब कारकों के आधार पर बनी है।

राजस्थान के मेवाड़ अंचल के भीलवाड़ा के एक गाँव में डॉ. रणजीत का जन्म एक सिख परिवार में हुआ। उनके पिता कपड़े का व्यापार करने के सिलसिले में ब्रिटिश भारत के दिनों में ही पंजाब से भीलवाड़ा के एक गाँव कटार में आकर बस गए थे। यहीं उनको अपने घर-परिवार से सिख धर्म के समता और सेवा भाव के संस्कार मिले, जिसके साथ राजपूताने के मेवाड़ अंचल का सामाजिक-राजनीतिक-आर्थिक-सांस्कृतिक परिवेश मिला जिसमें सामंती जीवन मूल्यों का बोलबाला था। ऐसे में प्रगतिशील आधुनिक सोच और कर्म के लिए जगह बनाना कितना मुश्किल रहा होगा यह हम आज अच्छी तरह से जान सकते हैं। मातृभाषा के रूप में पंजाबी और स्थानीय भाषा-बोली के रूप में मेवाड़ी और शिक्षा की माध्यम भाषा के रूप में हिन्दी और अंग्रेजी का वातावरण कवि को मिला। मैंने उनसे पूछा कि आप राजस्थान छोडक़र अपनी आगे की उच्च शिक्षा के लिए इंदौर क्यों चले गए तो उन्हने बतलाया कि उदयपुर में उस समय बी.ए. में दर्शनशास्त्र विषय नहीं था और मैं दर्शनशास्त्र पढऩा चाहता था। यह अलग बात है कि दर्शनशास्त्र के नाम पर हमारे यहाँ उसके आधुनिक स्वरूप की जगह पर पुराने पारम्परिक धर्म और अध्यात्मशास्त्र को ही अधिक पढ़ाया जाता है। उन्होंने उदयपुर, इंदौर और जयपुर से उच्च शिक्षा ग्रहण की। जैसा कि हम आरम्भ में ही लिख चुके हैं कि जब 1947 में देश आजाद हुआ तब उनकी अवस्था 10 साल की हो चुकी थी। इस रूप में उनको स्वाधीनता आन्दोलन की हलचलों का एक ऐसा वातावरण भी मिला जो एक जागरूक सम्वेदनशील युवक को जहाँ एक तरफ ओजस्वी उत्साही आवेगवान भावुक बनाता था तो वहीं दूसरी तरफ उसके भीतर तरह-तरह के बंधनों से मुक्ति का जज्बा भी पैदा करता था। यही प्रक्रिया है जिसने पिछले सत्तर सालों में उनकी कविता को देशकाल और विश्व की हलचलों से जोड़े रखा। उन्होंने अपनी कविता के लिए खास-तौर से प्रेम और बगावत का रास्ता चुना। इससे स्त्री के प्रति उनकी आधुनिक प्रगतिशील दृष्टि का एक ग्राफ भी यहाँ बनता हुआ देखा जा सकता है। स्त्री के प्रति उनके हृदय में जितना सम्मान है वह उनके प्रेम-सन्दर्भ वाली कविताओं से खास-तौर से पता चलता है। लेकिन प्रधानता उनके यहाँ उस बगावती तेवर की ही अधिक है जो आमूलचूल बदलाव में विश्वास ही नहीं रखता वरन् अपनी सक्रियता से उसे बदलने के उपक्रमों में भी वह लगा रहता है। एक मध्यवर्गीय व्यक्ति के दायरे में जो करणीय संभव है उसे डॉ. रणजीत कविता और कर्म दोनों माध्यमों से करते रहे हैं। वे जो सोचते हैं उसे अपनी सीमा में करने का प्रयास भी करते हैं। ऐसे लोग यद्‌यपि अधिक नहीं होते। इसका परिणाम यह हुआ कि उनके यहाँ राजनीतिक कविता के लिए एक खास जगह बनती चली गयी। यदि

हम पिछले सत्तर सालों की देशी और वैश्विक राजनीति को जानना और समझना चाहते हैं तो उनकी कविता यात्रा के माध्यम से उसे आसानी से समझ सकते हैं। देशकाल की छाप उनकी कविता की एक पहचान के रूप में देखी जा सकती है। यह कहना गलत नहीं होगा कि राजनीति के मामले में जैसी दो टूक स्पष्टता उनके यहाँ मिलती है वैसी बहुत कम कवियों के यहाँ देखने में आती है। डॉ. रणजीत दूसरों के भ्रम-जालों को साफ करने से पहले अपनी आँखों के भ्रम-जालों को साफ करके अपनी काव्य यात्रा को जारी रखते हैं।

डॉ. रणजीत की सत्तर साला काव्य यात्रा को इस 'कविता-समग्र' में उन्होंने पांच काल खंड में बांटकर प्रस्तुत किया है। पहला कालखंड 1951 से 1957 तक की कविता का है जो उनकी कविता का आरम्भिक किशोरावस्था का दौर है। इसमें भी ज्यादातर कविताएँ 1957 में लिखी गयी है, जिस समय वे इंदौर में रहकर अध्ययन कर रहे थे। इस कालखण्ड में उन्होंने अपनी कुल 36 कविताओं को शामिल किया है जिसमें उनकी 'मैं प्यार बेचती हूँ' जैसी कविता भी शामिल है, जो 'दूसरा सप्तक' के कवि भवानी प्रसाद मिश्र की मशहूर कविता 'गीत-फरोश' के प्रभाव में (नज़्रे भवानी प्रसाद मिश्र) लिखी गयी थी। सच तो यह है कि उनकी सादगीपूर्ण व्यंग्यात्मक रचना शैली मिश्र जी से बहुत प्रभावित रही है यदयपि उसकी राजनीतिक दृष्टि और ओजस्विता उनसे भिन्न है किन्तु उसकी प्रासादिकता का जोड़ मिश्र जी से सही बैठता है। प्यार हमेशा से उनकी कविताओं के कई विषयों में से एक प्रमुख विषय रहा है। इसमें एक कविता में वे प्यार को अपने साधारण रूपकों से परिभाषित करते हुए कहते हैं कि प्यार न तो मिट्टी का कुल्हड़ होता है जिसमें एक बार पीकर उसे फेंक दिया जाय, न ही प्यार स्वर्ण-चषक होता है और न ही काठ की हांडी। वह होता है एक गिलास—

वह गिलास है/ –धुल जाता हर बार सिर्फ थोड़े पानी से...
और स्वच्छ उतना ही/ उतना ही पवित्र रहता है।

इस काल खंड की अधिकांश कविताएँ 1957 में इंदौर में रचित हैं। तब डॉ. रणजीत के तरुणाई के मित्र, और बाद में जनसता जैसे अखबार के सम्पादक रहे, प्रभाष जोशी उनके समकालीन थे। उनसे विमर्श करते हुए भी उन्होंने एक कविता 'प्रभाष के प्रति' लिखी जिसमें उनके मन में साम्यवाद के प्रति संदेह को दूर किया। इस रूप में उनकी कविताएँ अपने पाठक से सीधे संवाद करने वाली हो जाती हैं। दरअसल डॉ. रणजीत की कविताएँ अपने कथन में स्वत: स्पष्ट होती हैं। वे शब्दों में छिपाने की बजाय उसको उद्घाटित करते जाने की कला में अधिक विश्वास रखते हैं। यही वजह रही है कि कविता की प्रगतिशील परम्परा में उनकी कविता

केदारनाथ सिंह की बजाय भवानी प्रसाद मिश्र की काव्य परम्परा में आती है। इस वजह से कविता में सदैव बारीक कला के पक्षधर उनकी कविताओं का ज्यादा नोटिस नहीं लेते। उनकी कविता बोलती अधिक है इसलिए वह मुखर शैली की कविता के अंतर्गत आती है और इसी वजह से उस कविता में आने से रह जाती है जो कम बोलती है और साफ-साफ नहीं बोलती। जहाँ अभिधा की कला की जगह व्यंजना की कला को ज्यादा काम में लिया जाता है।

डॉ. रणजीत की कविताओं में बेहद प्रभावी तौर पर आयी रूमानियत को धर्मवीर भारती कदाचित् बहुत पसंद करते थे और इसी आधार पर उनकी कविताओं को धर्मयुग में खूब छापते थे। इस तरह से डॉ. रणजीत रोमांटिक यथार्थवाद के उस पहलू को भी कविता में लाते हैं जो प्रगतिशीलों के यहाँ उपेक्षित और वर्जित-सा विषय रहा है। यद्यपि गोर्की के यहाँ रोमांटिक यथार्थवाद के लिए खूब और खासी जगह रही है जिसका उपयोग प्रसिद्ध कथाकार रांगेय राघव ने भी अपने उपन्यासों में किया। इसी तरह के रोमांटिक यथार्थवाद की तरंगों में डॉ. रणजीत की कविता भी नहाई हुई है। उनकी कविताओं का दूसरा काल खंड 1958 से शुरू होता है जो 1964 तक चलता है। सात साल की यह अवधि उनकी कविता का सर्वाधिक उर्वर कॉल रहा है जिसमें उन्होंने मात्र सात साल में सबसे अधिक कुल 127 कविताओं का सृजन किया यानी औसतन हर साल अठारह कविताएँ। दरअसल अपने समय के आपसी रिश्तों और जिंदगी से कवि को आरम्भ से ही असंतोष रहा है। सच तो यह है कि यही असंतोष उनकी रचनाशीलता का सबसे प्रेरक कारक रहा है। 1957 में लिखी अपनी एक आत्मबोध शीर्षक कविता में उन्होंने अपने समय की जिंदगी के प्रति असंतोष व्यक्त करते हुए लिखा था—

इसे तुम जिंदगी कहते हो इसे ही/
क्या जिंदगी सचमुच यही है/
गन्दगी या बंदगी कुछ और होना चाहिए था नाम इसका/
जिंदगी तो यह नहीं है।

क्या आज भी यह कविता अपने समय के सच को नहीं कह रही है। सभ्यता-विकास के कितने ही ढोल क्यों न पीटे जाएँ सच तो यह है कि आज भी एक इंसान की जिंदगी में इंसानियत को राहत नहीं मिल पाई है। वह आज भी या तो गन्दगी है या फिर बंदगी। अपनी बात को साफ-साफ तौर पर कहने की कला में विश्वास रखने वाली ये कविताएँ आज भी इसी अर्थ में प्रासंगिक हैं कि ये विकास को इंसानियत के प्रतिमान से नापकर देखती हैं कोरी भौतिक समृद्धि से नहीं। दरअसल वह विकास आदमी के किस काम का जिसमें इंसानियत को चक्की के

दो पाटों के बीच में पीसा जा रहा हो। इस समग्र के दूसरे खंड की एक कविता 'प्यार और लड़ाई' में कवि अपनी पक्षधरता स्पष्ट करते हुए कहता है कि दुनिया में मेहनत करके जीने वालों से मुझे प्यार है और उनके श्रम पर डाका डाल रहे शैतान से मेरी लड़ाई है। सच यही है कि जब से कविता की सृष्टि हुई तब से यही बात रही है कि वह इसी प्यार और लड़ाई के विभिन्न रूपों से होकर गुजरती हुई आज जहाँ आ पहुँची है वहाँ भी वह एक नए रूप के प्यार और लड़ाई के दौर से गुजर रही है। इस प्रक्रिया में व्यंग्य करने की कला ही है जो उनके यहाँ हथियार की तरह काम करती है। इस कवि के हृदय में एक अभिशप्त आग शुरू से लगाकर आज तक जलती रही है जो 'अभिशप्त आग' जैसी कविता में मौजूदा रीति-नीतियों की धज्जियाँ उड़ाती है। यही इन कविताओं का मुख्य स्वर है।

तीसरे खंड में संकलित कविताओं की कालावधि 1965 से लगाकर 1983 तक कुल 19 साल की है। लेकिन इसमें कुल कविताओं की रचना संख्या 117 ही रही है। यानी औसतन हर साल 6 कविताओं की रचना कवि ने की है। इसके बाद चौथे खंड की कविताओं की संख्या 139 है जिनको 1984 से लगाकर 1999 तक की 16 साल की अवधि में लिखा गया है। इस अवधि में हर साल औसतन आठ से ज्यादा कविताएँ लिखी गयी। आखिरी पांचवें खंड में कुल कविताओं की संख्या 81 है जिनको कवि ने 2000 ई से लगाकर 2022 की जनवरी तक यानी कुल 21 सालों में लिखा है। जिसका मतलब है कि उसने इस अवधि में हर साल औसतन 4 कविताओं की रचना ही की है। साफ लगता है कि इस कालावधि में कवि की रचना-गति में अवरोध-सा आ गया। इसकी वजह शायद कवि के उस स्वप्न के प्रति उत्साह में कमी हो सकती है जो पूरा होने के बजाय बिखरता चला गया और इंसानियत की शक्तियों की विजय के बजाय हैवानियत की विजय होती चली गयी। पूरा हिसाब लगाया जाये तो डॉ. रणजीत ने अपनी काव्य-यात्रा के लगभग सत्तर सालों में 500 कविताओं की रचना की है जिनमें स्थानीय जीवन परिवेश से लगाकर देश और दुनिया के वर्तमान के संकटों और चुनौतियों को ध्यान में रखते हुए एक ऐसा भावनिबद्ध राजनीतिक सांस्कृतिक रसायन तैयार किया गया है, जो हैवानियत को ललकारता हुआ इंसानियत के पक्ष में दृढ़ता से अपनी दलीलें रखता है। हम चाहें तो इन कविताओं से मोटे तौर पर पिछले सत्तर सालों के देश और दुनिता के राजनीतिक इतिहास को जान सकते हैं।

डॉ. रणजीत की काव्य-यात्रा की खास बात यह रही है कि वे अपनी तरह से अपने रास्ते पर चले और समाजवादी सपने के अनुसार अपने गंतव्य की दिशा तय करने तथा एक सीमा और समय तक सोवियत समाजवादी व्यवस्था के समर्थक

होने के बावजूद अभिव्यक्ति की स्वाधीनता के भी पक्षधर रहे। जब सोवियत समाजवादी व्यवस्था में निरंकुशता की प्रवृति पैदा हुई तो वे इस व्यवस्था का विरोध करने से भी नहीं चूके। उनकी इस बात के प्रमाण उनकी इन कविताओं में मौजूद हैं जब वे सोवियत समाजवादी व्यवस्था को 'झुलसा हुआ रक्तकमल' कहते हैं और उन स्थितियों पर कविता में अपना पक्ष रखते हैं। 1996 तक आते-आते वे सर्वसमावेशी जैसे हो जाते हैं जिसमें राम, कृष्ण, गौतम, मार्क्स और गाँधी के दिखाये रास्ते एक जगह पर आकर मिल जाते हैं। सीतापुर उत्तर प्रदेश में जुलाई 1996 में उन्होंने 'कवि' शीर्षक एक कविता का सृजन किया जिसमें उन्होंने लिखा है—

मेरे भीतर है एक धनुर्धर राम
और एक लीलाधर कृष्ण
दुःख से कातर और
उससे छुटकारे के उपाय ढूँढता हुआ एक गौतम भी।
मेरे भीतर है एक मार्क्स
दलन और शोषण के विरुद्ध संघर्ष करता हुआ
और एक अहिंसक सत्याग्रही गाँधी भी।
सिर्फ एक अदद आदमी नहीं हूँ मैं
मेरे भीतर एक पूरी कायनात है
क्योंकि मैं एक कवि हूँ।

—जीवन सिंह

11

प्रतिश्रुत पीढ़ी

प्रतिश्रुति : एक ऐतिहासिक अनिवार्यता

* खगेन्द्र प्रसाद ठाकुर *

प्रतिश्रुति या प्रतिबद्धता की चर्चा आज फिर होने लगी है। समय ने इस चर्चा के लिए आज की पीढ़ी को मजबूर किया है। ऐतिहासिक दृष्टि से देखने पर पता चलता है कि प्रतिबद्धता की बहस पुरानी है। जब भारत में प्रगतिशील लेखक संघ के माध्यम से प्रगतिशीलता के आन्दोलन ने जोर पकड़ा तो साहित्यकारों के बीच प्रतिबद्धता, प्रतिश्रुति या पक्षधरता की चर्चा शुरू हो गयी। स्वभावत: चर्चा में समर्थन और विरोध दोनों के स्तर शामिल थे। साहित्य-सृजन में सामाजिक परिस्थिति के प्रभाव को इनकार करने वाले साहित्यकारों ने अज्ञेय जी के नेतृत्व में प्रतिबद्धता का विरोध किया। उन्होंने सामाजिक चेतना का ही निषेध किया। ऐसा करना उनके लिए आवश्यक था; क्योंकि प्रगतिशील साहित्यकारों ने सामाजिक संघर्ष, आस्था और मानव विकास की प्रक्रिया के प्रति अपने को संकल्पित घोषित किया था। इसका परिणाम यह हुआ कि प्रतिबद्धता का विरोध करते हुए अज्ञेय आदि प्रयोगवादी साहित्यकार जाने-अनजाने उस शक्ति और विचार-धारा से प्रतिबद्ध हो गये, उनके पक्षधर हो गये, जो संघर्ष आस्था और मानव विकास के विरोध में खड़ी थी, अर्थात् प्रयोगवादी साहित्यकार पलायन, अनास्था, प्रति गामिता आदि से प्रतिबद्ध हो गये। साहित्य क्षेत्र में उन दो शक्तियों में काफी दिनों तक द्वन्द्व होता रहा।

देश की आजादी के बाद क्रमश: यह बहस मन्द से मन्दतर होती गयी। कुछ समय के लिए तो ऐसा भी लगा कि अब प्रतिबद्धता पर बहस करना भी अनावश्यक है, प्रतिबद्ध होना तो अनावश्यक है ही। इस तरह की मनोदशा के

विकसित हो जाने के कुछ वस्तुगत आधार थे। आजादी के बाद जनता के हर तबके को आशा हुई थी कि उसकी जीवन-दशा में सुधार होगा, उसका भाग्य पलटेगा, स्वतंत्रता का फल उसके पास पहुँचेगा। सत्ताधारी दल ने समाजवादी ढाँचे का समाज बनाने की घोषणा की। उससे सामान्य भारतीय जनता और बुद्धिजीवियों का चिन्तन कुछ और आश्वस्त हुआ, कुछ और भ्रमित हुआ। सामाजिक और राजनीतिक शक्तियाँ भी कुछ दिग्भ्रमित हुई। परिणामत: पुनर्रचना की बात साधारणतया लोगों के दिमाग में धँसती नहीं थी। वास्तव में सामाजिक रचना का स्वरूप लोग समझ नहीं रहे थे। सामाजिक रचना के सम्बन्ध में सत्ताधारी धारणा ने ही लोगों को अभिभूत कर लिया था। समाज में क्रियाशील विभिन्न शक्तियों के अलग-अलग अस्तित्व का औचित्य लोगों की समझ में नहीं आ रहा था। इसीलिए प्रतिबद्धता की बात भी आमतौर से साहित्यकारों तथा बुद्धिजीवियों को जंचती नहीं थी। प्रतिबद्ध लोगों को साहित्यकारों और बुद्धिजीवियों की जमात में बहुत सम्मान नहीं प्राप्त था। खुल कर प्रतिगामी चिन्तन का विकास हुआ। वैचारिक क्षेत्र में, साहित्य-क्षेत्र में अराजकता व्यापने लगी। यथार्थ से कटते चले गये। लेकिन यह स्थिति टिकाऊ नहीं हो सकती थी। सामाजिक शक्तियाँ अपनी राह बनाती रही। सत्ता के द्वारा घोषित समाजवाद ने रूप ले लिया पूँजीवाद का। अर्थ का प्रभुत्व बढ़ता चला गया और मानव मूल्य का ह्रास होता चला गया। आजादी के बाद की मनुष्य की आशाएँ क्रमश: भस्मीभूत हो गयी। अब तक जो व्यवस्था विकसित हुई है, उसमे मनुष्य को मनुष्यता के हर मानदंड को महत्त्वहीन बना कर मुद्रा को, मुनाफे को सर्वोपरि बना दिया है। यह व्यवस्था नयी सामाजिक आवश्यकताओं की पूर्ति करने में असमर्थ हो चुकी है अत: सामाजिक शक्तियों का पुनर्गठन प्रारम्भ हुआ है। यह सामाजिक विकास के क्रम में एक महत्त्वपूर्ण बिन्दु है। पुनर्गठन की प्रक्रिया से अछूता कोई नहीं रह सकता। हरेक को ध्रुवीकृत होना है, परिभाषित होना है। अत: यह बिलकुल स्वाभाविक और अत्यन्त आवश्यक है कि आज फिर जोर-शोर से प्रतिबद्धता या पक्षधरता की चर्चा होने लगी है और एक पीढ़ी अपने को प्रतिबद्ध या प्रतिश्रुत घोषित करती हुई सामने आ रही है।

आज का भारत रास्ता खोज रहा है संकट से निकलने का। बुद्धिजीवी वर्ग या साहित्यकार इस खोज से अलग होकर शीशमहल में बैठा नहीं रह सकता। चेतना का मूल स्रोत जीवन की भौतिक स्थिति है और जीवन की भौतिक स्थिति ही कुछ लोगों को अपनी वर्तमान स्थिति की सुरक्षा के लिए एक ओर एकजुट कर रही है तो दूसरी ओर हजारों वर्षों से दलित शेष विशाल समुदाय को अपना भाग्य बदलने के लिए एकजुट होने की प्रेरणा दे रही है। पहली श्रेणी के लोग सिद्धान्त: प्रतिबद्धता

का विरोध करते हैं और दूसरी श्रेणी के लोग सिद्धान्ततः ही नहीं व्यवहारतः भी नये विश्वासों, नये मूल्यों से प्रतिबद्ध होने को मजबूर हैं। वे उस दर्शन से प्रतिबद्ध होते जा रहे हैं, जो उनके जीवन को, उनकी अनुभूति को उन्मुक्त करता है। आज के अन्तविरोधों से मुक्त हुए बिना न तो मनुष्य का जीवन स्वच्छन्द हो सकता है और न उसका चिन्तन स्वाधीन। अतः यह ऐतिहासिक रूप से भी अनिवार्य है कि सामान्यतः मनुष्य और विशेषतः साहित्यकार इस शक्ति और चेतना से प्रतिबद्ध हो जो उसे वर्तमान के अन्तविरोध से मुक्त करे। वह चेतना मनुष्य की मनुष्यता को पूर्ण करने वाली है। मैं जानबूझ कर चेतना शब्द का प्रयोग कर रहा हूँ; क्योंकि प्रतिबद्धता मात्र विचारों से नहीं सम्पूर्ण चेतना से होती है और परिणामतः क्रिया से होती है। क्रियाहीन चेतना पंगु होती है; क्योंकि क्रिया के बिना मुक्ति सम्भव नहीं। इसीलिए मैं मुक्ति के लिए प्रतिबद्धता को अनिवार्य मानता हूँ। मुक्ति की अनुभूति आत्मा में होती है; एवं मुक्तिबोध ने कहा था कि "पक्षधरता का प्रश्न हमारी आत्मा का हमारी अन्तरात्मा का प्रश्न है। मैं उस आत्मा का, उस अन्तरात्मा का पक्षधर हूँ। और चूंकि मेरी अन्तरात्मा की हलचल और बेचैनी आपकी अन्तरात्मा की हलचल और बेचैनी से मिलती-जुलती है, इसलिए जहाँ तक अन्तरात्मा का प्रश्न है, मैं आपका भी पक्षधर हूँ और आप मेरे भी पक्षधर हैं। संक्षेप में हम सब एक प्रवृत्ति हैं, एक धारा हैं—भावधारा, विचारधारा, जीवनधारा और हम उसी धारा के अंग हैं। और हम उस धारा के पक्षधर हैं और हम बिना उस पक्षधरता के अपने आपको अपूर्ण, मूल्यहीन और निरर्थक पाते हैं।" (नयी कविता का आत्मसंघर्ष)।

आज जो सामाजिक शक्तियों का पुनर्गठन और ध्रुवीकरण हो रहा है, उसका प्रभाव नयी पीढ़ी के रचनाकारों की चेतना पर पड़ रहा है। यह पिछले कुछ वर्षों में हिन्दी कविता में मुखरित हुए स्वर से ज्ञात होता है। अब हिन्दी कविता में संघर्ष की चेतना जीवन की अनुभूति में रंग कर तीव्रता से व्यक्त हो रही है। आज की पीढ़ी का कवि कहता है—

खरोंचने वाली उंगलियों को मरोड़ने
जहाँ जो भी पंजे तड़पे हों,
वे चाहे कितने भी बेबस हों
वे ही मेरे सगे हैं, बन्धु हैं। (प्रवासी, बन्धन के सेतु)

पीड़ा की सही समझ ने ही कवि की संवेदना का क्षेत्र इतना व्यापक बना दिया है। अपनी चेतना का सम्बन्ध अपने मन के घेरे के बाहर की दुनिया से जोड़ने पर ही मनुष्य की संवेदना का क्षेत्र मनुष्यता की तरह व्यापक होता है। प्रतिश्रुति या

प्रतिबद्धता के लिए भी यह आवश्यक है कि कवि परिवेश से सम्पृक्त हो, तभी कवि को यह महसूस होता है कि "धडक़नों में कहीं पर फौलाद गलता है, दिन निकलता है।" (शलभ श्रीरामसिंह)। परिवेश से कटे हुए कवि को तो धडक़नों में मौत की आहट सुनायी पड़ती है और हमेशा चारों तरफ अंधेरा दिखायी पड़ता है। लेकिन परिवेश का कोलाहल आज सब को जकड़ता जा रहा है; भले ही उसकी वैज्ञानिक समझ सबको न हो।

परिवेश की वैज्ञानिक समझ का अर्थ यह है कि कवि (या मनुष्य मात्र) को उसके साथ अपने सम्बन्ध के स्वरूप की समझ हो, अपने जीवन, अपनी भावना, अपनी विचारधारा के आधार की समझ हो, घटनाओं और समस्याओं के कारणों और उनके निदान की समझ हो। जो कवि इस समझ से रहित है, वह प्रतिश्रुत नहीं है, हालांकि प्रतिश्रुति समझ तक ही सीमित नहीं है, निदान की क्रियान्विति उसे पूर्णता प्रदान करती है। आज इस समझ के साथ कवियों की पीढ़ी अनुभूति की ईमानदारी और अभिव्यक्ति की सफाई के साथ बढ़ रही है। ऐसे कुछ कवियों ने 'प्रतिश्रुत पीढ़ी' के नाम से अपने को पेश भी किया है। यह कोई साहित्यिक साहसिकता नहीं, बल्कि इतिहास के संकेत की पकड़ और समय-सत्य की पहचान है। रणजीत के सम्पादन में प्रकाशित 'प्रतिश्रुत पीढ़ी' में इन आठ कवियों की सौ कविताएँ संकलित हैं—मृत्युंजय उपाध्याय, निरंजन महावर, श्यामसुन्दर घोष, कुमारेन्द्र पारसनाथ सिंह, जुगमन्दिर तायल, अजित पुष्कल, राजीव सक्सेना और रणजीत। वर्तमान भारतीय वातावरण और आज व्याप्त साहित्यिक माहौल में इन कविताओं का अत्यधिक महत्त्व है। जहाँ वर्तमान व्यवस्था से ऊबे हुए लोग विकल्प की दृष्टि के अभाव में निराशा, घुटन, कुण्ठा को ही जीवन का मूल स्तर बना रहे हैं, मूल्यहीनता की स्थिति स्वीकार करते जा रहे हैं, वहाँ इन कवियों की सुलझी दृष्टि और स्पष्ट दिशा संकेत से कविता में जीवन के प्रति आस्था और नये मनुष्य की प्रतिष्ठा का स्वर अधिक सशक्त और मुखर होगा। इन कवियों की वाणी में विद्रोह है और वह विधेयात्मक है, निषेधात्मक नहीं। निषेधात्मक विद्रोह वह है, जिसमें विद्रोही को पता नहीं रहता कि विद्रोह का मूल कारण क्या है, विद्रोह किसके विरुद्ध और किसके पक्ष में है? ऐसा विद्रोह तुरन्त पस्त हो जाता है और विद्रोही कुण्ठाग्रस्त हो जाता है। अकविता में विद्रोह का जो स्वर व्यक्त हुआ है, यह ऐसा ही है। जब विद्रोही को पता रहता है कि विद्रोह का मूल करण क्या है, किसके विरुद्ध और किसके पक्ष में हैं, तब विद्रोह विधेयात्मक होता है, अर्थात् उससे कुछ उपलब्धि होती है। मात्र निषेध से काम नहीं चलता, वह तो जहां का तहां रख देता है, इसलिए निषेध का भी निषेध करना पड़ता है, तभी विकल्प सामने आता है।

'प्रतिश्रुत पीढ़ी' के कवियों ने निषेध के निषेध को समझा है, इसलिए उनके स्वर में उलझन नहीं है। प्रतिश्रुत कवि कहता है—

मैं उन विरूपताओं की लपटों के बीच
प्रह्लाद की तरह सिर उठाते हुए सौन्दर्य को भी देखता हूँ
और इस संगति को भी
जो इन असंगतियों की काई फाड़ कर झाँक जाती है !
मैं अपने चारों ओर फैली संक्रान्ति से नहीं,
उसके बीच अपने नक्श उभारती हुई क्रान्ति से प्रतिश्रुत हूँ !
(रणजीत)

द्वन्द्वात्मक पद्धति से विकसित होते हुए समाज और उसके इतिहास को परखने की दृष्टि कवि में है। उस दृष्टि से सम्पन्न होने के बाद ही कवि के मन में यह विश्वास जाग सकता है—

अब तो अंधियारा लुकता छिपता है बन्द कपाटों में
लंगड़ी कुंठा फिरती वन-वन सूने घाटों-घाटों में
उदयाचल पर टंके रहें ये कुहरों के भारी पर्दे
एक किरण मुट्ठी में मेरी और मैं सूर्य बन गया हूँ !

(श्याम सुन्दर घोष)

प्रतिश्रुत कवि विद्रोह करता है उस परिस्थिति से जो आदमी को मूल्यहीन बना देती है और विकास की गति को पीछे मोड़ना चाहती है—"ये लोग भी खूब हैं। आदमी का अर्थ धो डालने पर तुले हैं। जानवर हैं। जिन्दगी को आदिम अहेर और दुनिया को जंगल किये चलते हैं।" (कुमारेन्द्र पारसनाथसिंह)। वर्तमान व्यवस्था में आदमी और समाज की उस दुर्दशा को अनुभव करने के बाद ही कोई नयी मनुष्यता और नये समाज के सृजन के लिए प्रेरित हो सकता है। नये सृजन के लिए प्रतिबद्ध कवि जानता है कि—उनकी आत्माएँ—

जो कभी मनुष्य थे
आज सिर्फ जिन्स हैं, जिनों के पहरे में (राजीव सक्सेना)

इसीलिए इस पीढ़ी का कवि साफ-साफ कहता है—

हम नवानूदित मानवता अनष्टुप के
अक्षर हैं भाव भरे
मूल से हट कर बोलते है
क्योंकि हम नये मूल्य
नये मान, अक्षर हैं

समय की मसि के

इप्सित चित्र हैं। (अजित पुष्कल)

इन प्रतिश्रुत कवियों को वर्तमान के विकल्प का, इसकी अनिवार्य ऐतिहासिक परिणति का ज्ञान है। इसीलिए उनकी 'संवेदनाओं के क्षितिज' बहुत विस्तृत हैं। ऐसे कवि को प्रिया का प्यार करते हुए भी 'साम्राज्यवाद के समुद्र में नहीं डूबने का संकल्प लिए हुए क्यूबा' याद आता है और उसके 'विचार हाथों में बन्दूक लिए वियतनाम के घने जंगलों में घूम रहे होते हैं।' (रणजीत) कांगो की आजादी के योद्धा लुमुम्बा की मृत्यु का दिन उसे 'किसी बदनसीब बाप के हृदय-सा टूटा हुआ बिलकुल चुप' लगता है। (पारसनाथसिंह) और वह समझता है कि 'एक शब्द मुझे सबसे जोड़ता है।'

(जुगमन्दिर तायल)।

वर्तमान के प्रति जागरूकता, संवेदनाओं के व्यापक क्षितिज और संघर्ष के संकल्प से इन कवियों ने मानवता के भविष्य के प्रति जो आस्था व्यक्त की है, वह आज की हिन्दी-कविता के लिए महत्त्वपूर्ण है। इन कवियों ने जो कुछ कहा है, अनुभव के आधार पर कहा है। अनुभूतियों एवं विचारों को समन्वित कर उन्होंने कविताओं का सृजन किया है। इसलिए कथन में प्रवाह और प्रभावपूर्णता है। जीवन की यथार्थ अनुभूति से ही इनकी भाषा में ओज और शक्ति का संचार हुआ है।

—खगेन्द्र प्रसाद ठाकुर

***

प्रतिश्रुत पीढ़ी की कविता

*** प्रो. विश्वंभरनाथ उपाध्याय ***

'प्रतिश्रुत पीढ़ी' काव्य संकलन में आठ 'सामाजिक चेतना' के कवियों को संकलित किया गया है। 'सामाजिक चेतना' के ये कवि और उनके सम्पादक डॉ. रणजीत, नयी कविता के वृक्ष के भीतर, पतनशील मानसिक स्थितियों और दृष्टियों के खिलाफ जिहाद करते नजर आते हैं। सम्पादक की लम्बी भूमिका में बड़ी साफ-साफ बातें कही गई है और प्रयोगशील रचनाओं से लेकर अब तक विकसित नवीन कविता के उस रूप को रेखांकित किया गया है, जिसे कथ्य की स्वस्थता और भंगिमा की स्पष्टता के कारण-'नव प्रगतिशील कविता' कहा जा सकता है।

इस दृष्टि से सम्पादक का वर्गीकरण और नामोल्लेख गौरतलव है। "तो जिसे नयी कविता कहा जाता है, वह कम से कम चार तरह की कविता है। एक वह है जो पहले की प्रगतिशील कविता का नया, उदार और व्यापक रूप है। दूसरी वह, जिसे

हम 'नयी रूमानी कविता' कह सकते हैं, धर्मवीर भारती, गिरिजाकुमार माथुर, जगदीश गुप्त, शंभुनाथसिंह, ठाकुरप्रसाद सिंह आदि नये कवियों और गीतकारों की बहुत सी रचनाएँ इसी धारा के उदाहरण प्रस्तुत करती हैं। तीसरी कविता वह है, जिसे इन दोनों की तुलना में 'बीमार कविता' कहा जा सकता है। यह वह कविता है जो कुठा, निराशा, पराजय, पतन, मृत्यु, हत्या, आत्महत्या और विक्षेप की अस्वस्थ भावनाओं, विचारों और कल्पनाओं तथा जीवन और जगत के असंगत, विद्रूप, वीभत्स और कुत्सित दृश्यों और बिम्बों से मिल कर बनती है। इस कविता के प्रतिनिधि उदाहरण हमें श्रीकान्त वर्मा, कैलाश बाजपेयी, मुद्राराक्षस, राजकमल चौधरी और दूधनाथ सिंह जैसे कवियों की कविताओं में मिलते हैं। ...चौथा रूप वह है जिसे अर्थमुक्त या ऊलजलूल कविता कहा जा सकता है।" "दाद देनी पड़ेगी इसके कुछ साहसी संदेशवाहकों को कि वे स्वय अब इसे 'अकविता' कहने लगे हैं। ...यह वह कविता है जो शब्दों का सार्थक प्रयोग नहीं करती, उनसे खेलती है या फिर उनको ईंट-पत्थरों की तरह अपने पाठकों के सिर पर दे मारती है। ...समसामयिक सृजन में विकृत रुचि लोगों का एक पूरा समूह 'अकविता' का अभ्यास कर रहा है।" (भूमिका)

सम्पादक स्वीकार करते हैं कि 'कुत्सित कविता' के भीतर भी अच्छी रचनाएं मिल जाती है लेकिन इस सुविधा के बावजूद, उक्त वर्गीकरण, सरलीकरण के आग्रह से युक्त है।

असलियत यह है कि 'प्रतिश्रुत पीढ़ी' के सम्पादक का ध्यान सिर्फ धनात्मक या पॉजिटिव स्वरों पर है यानि यह नजर की लड़ाई है। अगर व्यापक सन्दर्भ पर ध्यान दिया गया होता तो श्रीकान्त वर्मा, कैलाश बाजपेयी, राजकमल चौधरी और जगदीश चतुर्वेदी की कविताएं उन्हें असंगतियों (सामाजिक और वैयक्तिक) की उद्घाटक प्रतीत होती और तब वे 'नव प्रगतिशील कविता' के वृत्त में, चुपचाप 'उपस्थित' हो जाती।

मानव जीवन की 'सार्थकता' की तलाश में निरर्थकताओं और न्यूनताओं को नजर अन्दाज कर देना गलत है क्योंकि जीवन के द्वन्द्वात्मक स्वरूप के दो पहलू होते हैं, धनात्मक और ऋणात्मक। ऋणात्मक तत्व (मृत्यु बोध, आत्महत्या, विसंगति बोध आदि) की गहरी पहचान, जीवन की निरन्तरता और उसके आकर्षणों की ओर ध्यान खींचती है। सामाजिक दृष्टि से इस 'बीमार कविता' का एक आकर्षक पक्ष है, सामाजिक असंतोष, जो 'वैयक्तिक रूप' में अथवा व्यक्ति के माध्यम से, उसकी अपनी असंगतियों के साथ व्यक्त हुआ है जो स्वतन्त्रता के पश्चात मध्यवर्ग की उलझन आक्रोश और दिशान्धता का

प्रदर्शक है। हमारे सामाजिक साँचे में, प्रतिष्ठानों और प्रयत्नों में लगे हुए घुन के कारण ही यह 'रुग्णता' और 'पतनशीलता' प्रकट हुई है, इसलिए वह यथार्थ के सम्बन्ध में सारे भ्रमों को तोड़ती है। कैलाश बाजपेयी के 'संक्रान्त' और राजकमल चौधरी के 'मुक्ति-प्रसंग' को कुत्सा के विरुद्ध विद्रोह के रूप में भी देखा जा सकता है विशेषकर मुक्ति-प्रसंग तो 'बीमार पीढ़ी' के चेतन अवचेतन का तलस्पर्शी साक्षात्कार है और उसके विरुद्ध इन्कलाब भी।

प्रतिश्रुत पीढ़ी, दरअसल, समकालीन हिन्दी कविता की अतिरंजित 'दिशाहीन व्यक्ति निष्ठता' और अहंवाद के विरुद्ध प्रतिक्रिया है और इस दृष्टि से स्वागत योग्य है।

'संगठन-व्यक्ति' (आरगनाईजेशन-मैन) की सपाटता और सरलीकरण से 'व्यक्ति' प्रायः अपने को उपेक्षित महसूस करने लगता है। इसके विरुद्ध 'बीमार पीढ़ी' दूसरे ध्रुव पर जाकर सर्वथा अराजक और सिर्फ 'मूडी' होने लगती है। प्रतिबद्ध या प्रतिश्रुत पीढ़ी, इस सन्दर्भ में पुनः कविता को 'बाहर की ओर' देखने के लिए प्रेरित करती है, क्योंकि दुःख न केवल भीतरी होता है, न केवल बाहरी होता है, वह दोनों की टकराहट से सम्बन्धित होता है। सर्वथा अजनबी होने का मतलब यह भी है कि व्यक्ति 'बाहर' से एकदम नाराज है और उसे हालात को दुरुस्त करने का कोई उपाय नजर नहीं आ रहा है। इसीलिए 'बेबसियों के इजहार' को कवि की कोमल संवेदना का रूप समझना चाहिए, उनके प्रति 'जल्लादी' लहजा अपनाने से 'बेबसी और गैरदिलचस्पी' और अधिक बढ़ने लगती है।

'प्रतिश्रुत पीढ़ी' के शिल्प पर सम्पादक ने कुछ नहीं कहा। इसका कारण यह है कि वह कंटेण्ट को जरूरत से ज्यादा महत्व देते हैं और यह आदत हम सब प्रगतिशीलों में शुरू से ही घर कर गई है, यों सिद्धान्ततः शिल्प के प्रति जागरुकता की धारणा स्वीकृत है।

इसका परिणाम यह हुआ है कि कविता की दृष्टि से स्वस्थ चेतना की रचनाओं में 'प्रचार तत्व' की अधिकता होने लगती है, भंगिमा भाषणपरक हो जाती है। प्रतिश्रुत कविता 'भीड़ की कविता' में अक्सर परिणत हो गई है।

लेकिन जहाँ कवि 'बाहर' को 'भीतरीपन' दे सके हैं, वहाँ 'वास्तविकता की पहचान', बोधवृत्ति से आगे बढ़ कर कवि की 'निजता' के खरल में घुट पिस सकी है—कल्पना से छन सकी है, रूपायित हो सकी है, वहाँ प्रतिश्रुत कविता नवप्रगतिशील धारणा के गुणात्मक परिवर्तन का अवश्य परिचय देती है।

मसलन मृत्युंजय उपाध्याय 'युगस्थिति' को इन चार पंक्तियों में ही सटीक ढंग से कह सके हैं—

अंधों की धरती, बहरों का आकाश
दोनों के बीच, गूंगों की लाश!

मृत्युंजय अपने 'गीत' में लोकस्पर्श देकर कोमल और करुण को एक साथ बिना किसी 'घुन्नेपन' के यों प्रकट कर सके है—

देखना न सूरज
बीनना न गेहूँ
फूल सी आँखें कुम्हलाएंगी
जाती है जा, दुबली हो मत आना !
कूटना न धान, पीसना न जौ
दूध सी बाहें पियराएंगी
जाती है जा, सावन में आ जाना !

मृत्युंजय के 'निमिषपद्य' या संक्षिप्त कविताएँ उनकी विशिष्टता को साबित कर सकी है। प्रतिश्रुत पीढ़ी को वैविध्य दे सकी है।

निरंजन महावर में तीव्र असंगति बोध है, लेकिन उनकी रचनाओं में लाघव कम, स्फीति अधिक है। यहाँ अनास्था सफेदी की तरह बढ़ती है, नाखून अकर्मण्यता के कुष्ठ से गलते है, नसें चिटखती है, पसलियाँ आतिशबाजी की तरह उड़ती है, आत्माएँ भ्रूणों की तरह कबर बिज्जुओं द्वारा चींथी जा रही है। "समुद्र के गर्भ में पनडुब्बी भटक गई है, खोपड़ी खोखली हो गई है...।" फिर भी इन रचनाओं से परिवेश का त्रास उभरता है।

रूप को पकडने की क्षमता श्यामसुन्दर घोष की रचनाओं में मिलती है। वह रूपदर्शन को इस तरह प्रस्तुत कर सकते हैं कि वह सामाजिक दुर्गति का भी अहसास देता चले—

एक क्विंटल धूप, यह महाजन सुबह का ऋण दे गया !
और बदले में सभी कुछ ले गया !
इसी तरह आकंठ ऋण में डुबा कर कोई
अगर कर दे अकिंचन, धन्य मानूंगा!

लेकिन अनुभूति का पतलापन घोष की 'कुछ भी हो', जैसी रचनाओं में, न चाहते हुए भी, आ गया है। पुराने ढंग के रूपक विधान के अवशेष भी घोष में मिलते हैं, जैसे 'सिक्के की वसीयत' और 'सन्नाटा' में साफ लगता है कि घोष का क्षेत्र 'सुन्दर' की पहचान है, असुन्दर को वह सपाट ढंग से ही व्यक्त करते हैं।

कुमारेंद्रपारसनाथसिंह का मर्म भरा गद्य आकर्षक है। उनकी अनुभूति में अधिक सघनता है और उनकी सादाबयानी भीतर से, एक जटिल बुनावट का इशारा

करती है—

यह सहने की बात कोई अर्थ नहीं रखती !
रस्सी सिर्फ राख हो जाती है
कि समुन्दर के पेट में आग लग जाती है
धरती भीतर से कोयले और राख
और पानी है—कौन देखता है?

वास्तविक 'अकविता' यही है। इसमें यह नहीं लगता कि कविता हो रही है, न कविभाषा का प्रयोग है लेकिन इस तरह की मरमी रचनाओं की पृष्ठभूमि में कवि की गोताखोरी और उलझी हुई बात को सुलझे हुए तेवर देने की ताकत छिपी हुई है, पाठक सोचता ही रह जाता है। इस कला का और अधिक विकास होगा, तब 'फूले हुए गद्य' से छुट्टी मिलेगी।

जुगमंदिर तायल, घोष की तरह वातावरण के 'प्रभाव' को छवि देना चाहते हैं—

एकान्त : शीत धूप में जल सोया है, वस्त्र उतार
और जल में आकाश और पहाड़
एक पक्षी जगाने को उसे छूता है, फिर
सहम कर वापिस लौट आता है!

इसी तरह 'सूरज' नीली खिडक़ी से हरी मखमल के गलीचे देखता है, जिनके चारों ओर शीतल चाँदी की गोट लगी है। तायल में आत्मसाक्षात्कार की शक्ति भी है ('रचना से पूर्व', 'प्रक्रिया')। वह अपनी चेतना के तिलिस्म को धीरज के साथ टटोलते हैं और उसमें 'अर्थ' भरने का प्रयत्न भी करते हैं (सेतु)। उनके मन में अनास्थापरक स्थितियों के विरुद्ध संघर्ष का जो भाव है, वह उन्हें जिन्दगी की खूबसूरती की ओर ले जाता है, लेकिन इस 'परिणति की प्रक्रिया' में जो जटिलता होती है, उसका अहसास, पाठक को नहीं हो पाता (जिन्दगी)। कहीं-कहीं उनकी कथन शैली पारसनाथ सिंह के पास खिसक जाती है, जो बुरा नहीं है।

सामयिक, संकट बोध की स्थिति में दृश्यों को देखना और उन्हें अपने अर्थ से सम्पृक्त करता अजित पुष्कल को आता है—

तट पर सन्नाटा, हाथ में खाली वंशी,
डूबते हुए सूर्य की रोशनी, गटक कर मछलियाँ
समा गई धार में,
अजीब है आँखें, सामने सब घटने दिया !

'सामने सब घटने दिया' में हमारी जड़ता-कायरता पर व्यंग्य है, वह सूक्ष्म है, सघन भी। 'आवाज' शीर्षक रचना में भी दृश्यों पर समकालीनता का रंग है। स्फीति

अजीत पुष्कल में भी उभरती है, लेकिन सघनता उसे 'मुनादी' नहीं बनने देती—

कितना घृणित है, किसी को सूर्य कहना
और फिर उसी की आँच में दहना !

राजीव सक्सेना और रणजीत में प्रतिश्रुति विवरण-विस्तार का रूप धरती है, लेकिन इसके भी अनेक रंग और स्पर्श है। एक स्तर पर राजीव और रणजीत 'पतनशील' तर्कों के उत्तर देते हैं (अस्तित्व, प्रतिश्रुति का गीत)। ऐसी रचनाएं सम्मेलनों में खूब जमती है। दूसरे स्तर पर ये कवि 'उद्‌बोधन' का स्वर अपनाते हैं (मैं तुम्हें क्या दूँ)। ऐसी कविताएँ सपाट लेकिन 'सशक्त' होती है, एक गुर्राती हुई प्राणवत्ता इन्हें कविता के निकट रखती है। बीच में बिम्ब विधान भी ध्यान खींचता है—

मैं बैठा हूँ, इस पुराने महल में
जिसमें हर दिन एक ईंट सा गल कर
खिसक जाता है, सिसकता
अतीत का गर्व-गुम्बद !

सामाजिक आक्रोश जब व्यंग्य बन कर फूटता है, तब कविता का फैलाव और फुलाव उतना नहीं अखरता (विलुप्त पीढ़ी का गीत-राजीव)। कहीं-कहीं कटाक्ष की काट 'तराशक' भी हो जाती हैं—

जिन्सों का कोई पितृऋण नहीं,
वे मनुष्य को नहीं,
जन्म देती है सिर्फ मुनाफों को।

काश, यह सफाई शुरू से आखिर तक निभाई गई होती। राजीव की 'आत्मनिर्वासन' कविता खूब 'जोर-शोरदार' है।

यह 'जोर-शोरदारी' रणजीत में और भी ज्यादा है। वह सधे हुए स्वर में न बोल कर, वक्तव्य परक काव्य-शैली को जानबूझ कर अपनाते है, जो येवतुशेको जैसे कवियों की विशेषता है। कला और कविता में बहुत अधिक आकारहीनता, या अमूर्तता, स्वप्नबाजी और फेंटेसी की अय्याशी से भी कुछ प्रसिद्ध कवियों में प्रतिक्रिया जगी है और वे सीधी, अभिधा प्रधान कला पर बल दे रहे है ताकि कला और काव्य एक बार फिर आम आदमी से जुड़ जाएँ। वस्तुतः 'अकविता' के पीछे भी यही इच्छा रही है, एक-दूसरे रूप में। वक्तव्य-परक शैली को सफल बना सकना बहुत मुश्किल काम है। इसका एक नमूना धूमिल की 'पटकथा' में मिल सकता है, जो बकवास और भावना के पतलेपन के बावजूद अपनी विद्‌वता के कारण 'भीडक़ाव्य' का एक आकर्षक रूप पेश करती है।

रणजीत ने उक्त वक्तव्य विधि में अपने को व्यक्त करने की अच्छी कोशिश की है। 'मैं माध्यम हूँ' में वह घटाटोप बांधते हैं, नगाड़े से गूँजते हैं और व्यापक जनसंघर्ष उनकी चेतना में प्रतिबिम्बित होता हुआ दिखाई पड़ता है, लेकिन लम्बे-चौड़े संबोधनों और सावधानक शोरों के बीच (जो सामूहिक कविता के लिए जरूरी भी है) कवि मानव संवेदना के स्मरणीय क्षरणों को पिरोना भी जानता है—

मैंने इस छोटे से जीवन में बहुत कुछ पाया है...
सिर्फ एक छोटी-सी इच्छा शेष है—
कि कोई बिल्कुल अजनबी व्यक्ति
बिना मेरे बैंक-बेलेन्स और शारीरिक उभारों को
अपनी आँखों से टटोले हुए
बिना जाने कि मैं हालीवुड की रानी मनरो हूँ
मुझे एक आइसक्रीम खिलाता
या सहज स्नेह से सिर्फ मेरे गाल थपथपा देता !

(मेरेलिन मनरो का अन्तिम पत्र)

परिस्थिति में तुरन्त तब्दीली न होने से, भावुक आक्रोश व्यंग्य में अपने को सुरक्षित करता है। 'वक्तव्य कविता' में सन् साठ के बाद जिस 'हिन्दुस्तानी मुहावरे' का विकास हो रहा है, उधर रणजीत ध्यान देंगे। साथ ही वह व्यंग्यों में अपने चाकू की धार और बारीक करेंगे, लेकिन यह स्पष्ट है कि प्रतिश्रुत कविता के पीछे जो इरादे हैं, उनसे कविता, अहंवाद और कोरी आत्म-अभिव्यक्ति से बच सकती है, प्रतिश्रुत पीढ़ी के उक्त आठ कवि इस दिशा में सचेत हैं, यह स्वागत योग्य है।

सिर्फ अपनी नजर और तर्ज को ही तरजीह देने की और अन्य किसी भी रंग को न देख पाने की अंधता इस संग्रह से कम होगी। रणजीत जी की खरी-खरी सुनाने की ईमानदारी सुखद लगती है। सप्तम दशक की कविता में इस संकलन की उपेक्षा नहीं की जा सकती।

—विश्वंभरनाथ उपाध्याय

***

12

प्रगतिशील कविता के मील-पत्थर

अमेरिकी विचारक हावर्ड जिन कहता है, 'अपने समाज के प्रति आलोचनात्मक नजरिया हमारे भीतर पैदाइशी नहीं होता। हमारी जिंदगी में कुछ ऐसे क्षण रहे होंगे (कोई महीना या कोई साल) जब कुछ प्रश्न हमारे सामने प्रस्तुत हुए होंगे, उन्होंने हमें चौकाया होगा, जिसके बाद हमने अपनी चेतना में गहरे जड़ जमा चुकी कुछ आस्थाओं पर सवाल उठाए होंगे- वे आस्थाएं जो पारिवारिक पूर्वाग्रह, रूढ़िवादी शिक्षा, अखबारों, रेडियो या टेलीविजन के रास्ते हमारी चेतना में पैबस्त हुई थी। इससे एक सीधा सा निष्कर्ष यह निकलता है कि हम सभी के ऊपर एक महती जिम्मेदारी है कि हम लोगों के सामने ऐसी सूचनाएं लेकर जाएं जो उनके पास नहीं है। ऐसी सूचनाएं जो उन्हें लंबे समय से चले आ रहे अपने विचारों पर दोबारा सोचने के लिए विवश करने की क्षमता रखती हों।' समय-समाज के प्रति तार्किक आलोचनात्मक रवैया हिंदी की प्रगतिशील कविता की मूल पहचान रही है इसलिए उसकी इस बात को प्रगतिशील साहित्य के संदर्भ में रखकर भी देखा-समझा जा सकता है।

हिंदी की प्रगतिशील काव्यधारा और प्रगतिवाद को लेकर हमारे काव्य समीक्षकों में पर्याप्त मतभेद पाए जाते हैं। जबकि इन दोनों में भेद है। इसका स्पष्ट उल्लेख वरिष्ठ कवि चिंतक डॉ रणजीत द्वारा संपादित पुस्तक 'प्रगतिशील कविता के मील पत्थर' में हमें मिलता है। इस पुस्तक को प्रगतिशील कविता का प्रतिनिधि संकलन भी कहा जा सकता है जिसका पहला संस्करण इलाहाबाद के लोकभारती प्रकाशन द्वारा सन 1985 में प्रकाशित किया गया था। इस पुस्तक

में वे प्रगतिवाद और प्रगतिशील कविता के बारे में अपनी धारणा को स्पष्ट करते हुए लिखते हैं कि मार्क्सवादी सौंदर्य चिंतन या समीक्षा दृष्टि को 'प्रगतिवाद' मार्क्सवादी जीवन दर्शन से अनुप्राणित साहित्य को 'प्रगतिवादी साहित्य' और इस साहित्य सहित उस समस्त साहित्य को जो मूलतः मानववादी और अग्रगामी है चाहे उसके सृष्टाओं का दार्शनिक दृष्टिकोण कुछ भी हो 'प्रगतिशील साहित्य' कहना चाहिए। अधिकांश आलोचकों और स्वयं इस संकलन के संपादक ने भी प्रगतिशील साहित्य की शुरुआत 1936 से मानी है। भले ही आचार्य गया प्रसाद शुक्ल स्नेही की 'साम्यवाद' कविता 1921 में लिखी गई लेकिन हिंदी के प्रथम प्रगतिशील कवि होने का गौरव सुमित्रानंदन पंत को देते हैं क्योंकि उन्होंने अपने समसामयिक प्रगतिशील कवियों की अपेक्षा अधिक व्यवस्थित रूप से प्रगतिशील चिंतन से प्रभावित और उसकी मूल सृजनात्मक चेतना से अधिक संपृक्त कर देखते हैं।

इस वृहद संकलन में हिंदी के पचास कवियों की एक सौ ग्यारह चुनी हुई कविताएं संकलित हैं। जिससे पाठकों और शोधार्थियों को हिंदी की प्रगतिशील काव्य की लगभग पूरी जानकारी व समृद्धि का दिग्दर्शन हो जाता है। कुल पांच दौरों में विभाजित प्रगतिशील काव्य सृजन की अधिकांश उपलब्धियां इन कवियों में लक्षित की जा सकती हैं। हिंदी की प्रगतिशील कविता की विस्तृत संवेदनशीलता और उसके उदात्त मानववादी स्वरूप से यह किताब हमें भलीभांति परिचित कराती है। इस पुस्तक में सूर्यकांत त्रिपाठी निराला, सुमित्रानंदन पंत, बालकृष्ण शर्मा नवीन, रामधारी सिंह दिनकर, हरिवंश राय बच्चन, नागार्जुन, केदारनाथ अग्रवाल, त्रिलोचन, शंकर शैलेंद्र, शिवमंगल सिंह सुमन, नीरज, वीरेंद्र मिश्र, रामावतार त्यागी, गंगाराम पथिक, गजानन माधव मुक्तिबोध, शमशेर, बहादुर सिंह, विजयदेव नारायण साही, भवानी प्रसाद मिश्र, भारत भूषण अग्रवाल, गिरिजाकुमार माथुर, धर्मवीर भारती, नरेश मेहता, उपेंद्र नाथ अश्क, वीरेंद्र कुमार जैन, रामदरश मिश्र, दुष्यंत कुमार, केदारनाथ सिंह, नंद चतुर्वेदी, सर्वेश्वर दयाल सक्सेना, राजीव सक्सेना, शलभ श्रीराम सिंह, श्यामसुंदर घोष, धूमिल, विजय बहादुर सिंह, रणजीत जुगमंदिर तायल, मदन डागा, कृष्ण मुरारी पहारिया, मृत्युंजय उपाध्याय, लीलाधर जगूड़ी, चंद्रकांत देवताले, दूधनाथ सिंह, कुमार विकल, वेणुगोपाल, रमेश रंजक, सोमदत्त, उदय प्रकाश, राजेश जोशी और ज्ञानेंद्रपति की प्रमुख कविताएं शामिल की गई हैं। संपादक ने पुस्तक के प्रारंभ में विस्तार से हिंदी की प्रगतिशील कविता के उद्भव और विकास पर प्रकाश डाला है। हालांकि इस पुस्तक में कोई भी महिला कवयित्री नहीं है जबकि बीते कुछ दशकों

में निर्मला पुतुल, अनामिका और कात्यायनी जैसी कई प्रगतिशील कवयित्रीयों का हिंदी काव्य संसार में पदार्पण हुआ है और उन्होंने उल्लेखनीय कविताएं लिखी हैं। पुस्तक के अगले संस्करण में इन्हें जगह दी जानी चाहिए।

कविता संवेदना की गहराई में उतर कर कला की अन्यतम निर्मिती होने के कारण ही हमें आनंदित करने के साथ-साथ सुचिंतित जीवन दृष्टि प्रदान करती है। अगर हम इसके आलोक में समकालीन कविता के दृश्यपटल को टटोलें तो पाते हैं कि इसका अधिकांश हिस्सा अनुभूति और अभिव्यक्ति दोनों ही स्तरों पर कमजोर नजर आता है। ज्यादातर नए कवियों के पास सुसंगत काव्यदृष्टि का अभाव नजर आता है। उनके पास इतिहास की तटस्थ परख तो है ही नहीं परंपरा के प्रति रागात्मकता भी नहीं है। जीवन यथार्थ के बारीक पर्यवेक्षण के बजाय ऊपर ऊपर तैरते से दिखाई देते हैं। उनमे भविष्यदृष्टि की गहराई नदारद है। नवयुवा साहित्यवीरों में गंभीरता नही दिखती उनमे आत्ममुग्धता का अतिरेक है। बहुतेरी कविताओं में प्रगतिशीलता के मूल्य को कवच की तरह इस्तेमाल किया गया प्रतीत होने लगता है। काव्य की आंतरिक लय को त्यागकर उसमे कृत्रिमता का भी तेजी से प्रवेश हुआ है। उपर्युक्त परिप्रेक्ष्य में जब इस संग्रह की कविताएं आप पढ़ते हैं तो पता चलता है कि इन कवियों में मौजूद विविधता और नवीनता केवल प्रवृत्ति तक सीमित नहीं थी बल्कि जीवन की जटिलता, उसके तनाव, समय की निरंतरता और व्यापक सामाजिक बदलावों का प्रगतिशील कविता प्रतिनिधित्व करती थी जिन्हें पढ़कर हमारे युवा कवि बहुत कुछ सीख सकते हैं। आज का युग बहुस्तरीय चुनौतियों से भरा हुआ है। रचना प्रक्रिया और अनुभूति से अलग आज के युग में नए रचनाकारों के सामने और भी बहुत सारी चुनौतियां मुंह बाए खड़ी हैं। सांप्रदायिकता, बाजारवाद, असहिष्णुता, मानवीय संबंधों के विचलन, अपसंस्कृति का दबाव, भयावह बेकारी, पारिवारिक विघटन जैसी अनेक समस्याओं ने हमारे समाज को घेर रखा है। ऐसे में प्रगतिशील साहित्य पर मानवीय समाज को मानसिक तौर पर ऊंचा उठाने की महती ज़िम्मेदारी है। ऐसा साहित्य बेहतर जीवन मूल्यों की स्थापना करता है। समसामयिक सवालों से दो चार होने की कोशिश के साथ परंपरा और आधुनिकता की संगति बैठाता है। शब्द की अर्थवत्ता को संजोने का काम करता है और सबसे महत्वपूर्ण राजनीति को साहित्य की धधकती मशाल लेकर आगे सही राह दिखाने का काम करता है। सही मायनों में एक लोकतांत्रिक और उद्दात्त मानवीय गुणों की वकालत करने में प्रगतिशील कविता की भूमिका ने आधारभूमि निर्मित करने का काम पूरी ईमानदारी से किया है। प्रगतिशीलता एक शाश्वत और व्यापक मूल्य है। इस

दिशा में डॉ रणजीत द्वारा गहरी समझ के साथ परिश्रमपूर्वक किया गया शोध व संपादन इस पुस्तक को ऐतिहासिक महत्व का कार्य बना देता है।

- राहुल देव

rahuldev.bly@gmail.com

13

विद्रोह, पर्यावरण एवं नारी-संचेतना की कविताएँ

* राहुल देव *

वरिष्ठ प्रगतिशील कवि एवं लेखक डॉ. रणजीत ने विद्रोह, पर्यावरण एवं नारी-संचेतना जैसे प्रमुख विषयों को लेकर बीसवीं सदी के अंतिम दशक में लगातार तीन कविता संकलन सम्पादित किये जिनके नाम क्रमश: विश्व काव्य के विद्रोही स्वर, खामोशी भयानक है तथा आधी दुनिया का उद्वेग थे। प्रस्तुत आलेख में हम इन तीनों संकलनों पर एक-एक कर बात करेगें।

डॉ. रणजीत द्वारा सम्पादित संकलनों में पहला नाम आता है 'खामोशी भयानक है' का जिसमें 22 कवियों की पर्यावरण चिंता की 33 प्रतिनिधि कविताएँ संकलित की गयी हैं। यह 58 पृष्ठीय कविताओं की एक पतली-सी किताब है। सम्पादकीय आमुख से पता चलता है वर्ष 1990 में डॉ. भारतेंदु प्रकाश ने 'पर्यावरण संतुलन की रक्षा करते हुए बुंदेलखंड के औद्योगिक विकास की संभावनाएँ' विषय पर एक संगोष्ठी बाँदा में आयोजित की थी उसकी तैयारी के क्रम में ही और उनकी प्रेरणा से ही डॉ. रणजीत जो कि उस समय बाँदा के जवाहर लाल नेहरू महाविद्यालय में हिंदी विभागाध्यक्ष थे उन्होंने हिंदी की प्रतिनिधि पर्यावरण चिंता सम्बन्धी कविताओं का एक छोटा-सा संकलन तैयार कर दिया, जो उन्हीं के प्रयासों से संगोष्ठी के समय वितरण किया गया। इस संकलन की अधिकांश

प्रतियाँ मित्रों और पर्यावरण पर कार्य करने वाली संस्थाओं को भेंट स्वरूप ही बँटी। उस समय यह संकलन पाठकों में बेहद लोकप्रिय हुआ और फिर भारत ज्ञान विज्ञान जत्थे के आग्रह पर प्रकाशन के दो वर्ष बाद इसका दूसरा संस्करण विज्ञान शिक्षा केंद्र बाँदा ने प्रकाशित किया।

इस संकलन में प्रसिद्ध आलोचक आचार्य रामचंद्र शुक्ल की 'कछार की सैर' शीर्षक कविता भी पढ़ने को मिलेगी। संकलन के उल्लेखनीय कवि और उनकी कविताओं की अगर बात की जाय तो उनमें भवानी प्रसाद मिश्र की चर्चित कविता 'सतपुड़ा के जंगल', गोपालदास नीरज की 'अब युद्ध नहीं होगा', बाढ़ की विभीषिका को दर्शाती डॉ. केदारनाथ सिंह की मार्मिक कविता 'पानी में घिरे हुए लोग', स्वयं सम्पादक-कवि की 'पेड़', 'संसार-हत्या का षड्यंत्र' व 'पृथ्वी के लिए' शीर्षक तीन कविताएँ, डॉ. जितेन्द्रनाथ पाठक की कविता 'जंगल', चंद्रकांत देवताले की कविता 'पेड़', डॉ. विश्वनाथ प्रसाद तिवारी की कविता 'आरा मशीन', अशोक वाजपेयी की कविता 'क्या हासिल' और गद्यकाव्य 'विकल्प', उदयप्रकाश की दो अच्छी कविताएँ 'दो हाथियों की लड़ाई' और 'बचाओ', कुमार रवीन्द्र का नवगीत 'मरी झीलों के शहर में' का नाम लिया जा सकता है। संकलन की अकेली स्त्री स्वर ज्योत्स्ना मिलन की एक छोटी कविता 'इस तरह होने के बारे में' से इस संकलन के मूलभाव को समझा जा सकता है जो कि इस प्रकार है—'पहले/ पेड़ और मैं/ साथ साथ थे/ हमने सोचा ही नहीं कभी/ अपने/ इस तरह होने के बारे में/ हम इसी तरह थे/ शुरू से/ हमारे इस तरह होने में/ हमारी कोई भूमिका नहीं थी/ मगर इससे पहले/ कभी पता नहीं चला/ कि हमारा यों साथ-साथ होना/ हमारे हो सकने की शर्त है।'

1993 में प्रकाशित द्वितीय संकलन का शीर्षक है—'विश्व काव्य के विद्रोही स्वर'। इसमें 7 प्रमुख विदेशी कवियों की अनूदित कविताएँ शामिल की गयी हैं। डॉ. रणजीत ने स्वयं इन कविताओं का अनुवाद व सम्पादन किया है। अपनी काव्य रचना के प्रारंभिक काल में जिन विदेशी कवियों ने आपको सबसे अधिक प्रभावित किया था या जो आपको सर्वाधिक प्रिय लगे थे उनकी कुछ कविताएँ आपने अपने लिए हिंदी में रूपांतरित कर दी थी। इनमें खलील जिब्रान और नाजिम हिकमत मुख्य थे। इन दोनों कवियों की भाषाई सरलता और स्वच्छता ने और उनके गहरे मानववाद ने कवि रणजीत को बहुत प्रभावित किया। खलील जिब्रान के अनुवाद तो पांडुलिपियों के रूप में पड़े रहे पर नाजिम हिकमत की कुछ कविताएँ 'जेल से लिखे पत्र' शीर्षक से साप्ताहिक हिंदुस्तान में प्रकाशित भी हुई। मायकोवस्की और पाब्लो नेरुदा से यद्यपि आप काव्य रचना के स्तर पर ज्यादा प्रभावित नहीं

हुए, किन्तु कवियों के रूप में वे आपको अलग-अलग ढंग से महत्त्वपूर्ण लगे और फिर आपने उनकी कुछ पसंदीदा कविताओं के हिंदी रूपांतरण में काफी मेहनत की। मायकोवस्की के अनुवादों में वनस्थली विद्यापीठ के आपके प्रवासकाल के मित्र रहे और वहाँ रूसी भाषा के शिक्षक नरेश कुमार ने काफी मदद की और 'आलोचना' में इनमें से कुछ अनुवाद आप दोनों के संयुक्त नाम से छपे। जब यह किताब प्रकाशन के शुरूआती दौर में थी तब पता चला कि इसमें प्रिय कवि नाजिम हिकमत की 'जेल से लिखे गये पत्र' शीर्षक से जो बारह छोटी-बड़ी कविताएँ उन्होंने पाण्डुलिपि में शामिल करने के लिए रखी थी उनमें से एक ही कविता मिली बाकी कहीं मिस हो गयी। डॉ. रणजीत ने जब उन्हें अपनी लाइब्रेरी में ढूँढा तो नाजिम हिकमत का वह अंग्रेजी संकलन भी नदारद था जिसके आधार पर उन्होंने दो दशक पहले अनुवाद किये थे। फिर आपने अपनी फाइलों में साप्ताहिक हिंदुस्तान में प्रकाशित उनकी कुछ कविताओं की कतरन भी ढूँढने की कोशिश की पर नाकामयाब रहे। अंततः मन मारकर नाजिम हिकमत के उतने ही अंश से संतोष करना पड़ा पर पांडुलिपियों में से नाजिम हिकमत की ग्यारह छोटी-छोटी कविताओं के कहीं खो जाने का ग़म मन में लम्बे समय तक बना रहा।

संकलित कवियों की अगर हम बात करें तो उनमें लेबनानी-अमरीकी कवि खलील जिब्रान, रूसी क्रांतिकारी कवि मायकोवस्की, जर्मन कवि बर्तोल्त ब्रेख्त, तुर्की कवि नाजिम हिकमत, चिली के कवि पाब्लो नेरुदा, फिलिस्तीनी कवि महमूद दरवीश और दक्षिण अफ्रीकी कवि ए.एन.सी. कुमाली को शामिल किया गया है। यह सभी विद्रोही कवि विश्व काव्य में अपना प्रमुख स्थान रखते हैं। इन्हें विद्रोही या परिवर्तनकामी कवि इसलिए भी कहा जाता है क्योंकि इनकी अधिकांश कविताएँ वर्ग-भेद और आर्थिक-सामाजिक असमानता के विरुद्ध आवाज और अकाल, युद्ध, निर्वासन—शरणार्थी आदि की विभीषिकाओं के बीच क्रान्तिकारी विचारों की भी वाहक बनी। ऐसे कवियों को इसकी कीमत भी चुकानी पड़ी। संकलन की 'हम और तुम' शीर्षक कविता में खलील जिब्रान कहते हैं, "...हम दुःख के बेटे हैं और तुम प्रसन्नता के/ और हमारे दुःख और तुम्हारी प्रसन्नता के बीच/ एक संकरी पगडण्डी है/ जिस पर तुम्हारे शाही रथ नही चल सकते।" या फिर 'अपने देशवासियों से' व 'कब्र खोदने वाला' शीर्षक कविता में व्यक्त हुआ उसका वेदनामय आक्रोश। 'मृत हैं मेरे लोग' शीर्षक कविता की निम्नांकित पंक्तियाँ दृष्टव्य हैं, '...एक मात्र भला काम/ जो तुम्हे दिन के उजाले और रात की शांति के योग्य बनाता है/ वह करुणा है/ जो तुम्हे अपने जीवन का एक अंश/ किसी दूसरे इन्सान को देने के लिए प्रेरित करती है।' संकलन के दूसरे कवि मायकोवस्की की

'टैक्स इंस्पेक्टर से कविता के बारे में बातचीत' का नैरेटर कविता की शक्ति बयां करते हुए कहता है, '....अपनी शब्दावली में कहूँ/ तो एक तुक एक कनस्तर है-/ डायनामाइट से भरा हुआ/ और एक पंक्ति एक पलीता/ जब वह सुलगती हुई पंक्ति अंत तक पहुँचती है/ विस्फोट होता है!/ और सिर्फ एक छन्द/ एक पूरे शहर को उड़ा सकता है!' मायकोवस्की की 'रुचियों की भिन्नता' शीर्षक छोटी कविता के अनुवाद की सहज प्रतीकात्मकता देखें, 'घोड़े ने देखा ऊँट को/ और हिनहिनाया/ कैसा दैत्याकार दोगला घोड़ा है/ ऊँट बिलबिलाया/ तुम? घोड़े?—बिल्कुल नहीं/ तुम महज एक अविकसित ऊँट हो/ सिर्फ सफेद दाढ़ी वाला ईश्वर ही जानता था/ कि वे दोनों अलग-अलग नस्लों के जानवर हैं।' यह कवि अपनी कविताओं में पाठक से लगातार सवाल उठाते हुए एक ऐसी बहस आमंत्रित करते हैं जिनके जवाब देना सत्तापक्ष के लिए हमेशा से असुविधाजनक रहा है। आने वाली पीढ़ियों को सचेत करते हुए ब्रेख्त अपनी 'आने वाली पीढ़ियों के नाम' शीर्षक कविता में कहता है, 'सचमुच मैं अँधेरे युग में रहता हूँ/ निष्कपटता जहाँ मूर्खता है/ शांत मस्तिष्क उसी का हो सकता है/ जिसका दिल पत्थर का हो/ जिसके चेहरे पर हँसी है/ वह अभी खौफनाक खबरों से अनजान है।'

डॉ. रणजीत के तीसरे संपादित कविता संकलन का नाम है 'आधी दुनिया का उद्वेग' जिसका कैंद्रबिंदु वर्तमान में नारी स्थिति, संघर्ष और संचेतना की कविताएँ प्रस्तुत करना रहा है। इस संकलन की योजना भी पर्यावरण वाले पहले संकलन के साथ ही बन गयी थी लेकिन इसे पुस्तक का रूप लेते-लेते दो वर्ष लग गये। शीर्षक भी पहले 'आधी दुनिया का दर्द' सोचा गया जिसे विचारोपरांत 'आधी दुनिया का उद्वेग' कर दिया गया। तब तुरत-फुरत वाला ईमेल का जमाना तो था नहीं इसलिए काव्य-रचना में संलग्न मित्र कवियों से पत्र लिखकर प्रासंगिक रचनाएँ मंगवाई गयी और प्रतिष्ठित कवियों की कविताएँ उनके संकलनों में से चुनी गई। सम्पादक को चयन की प्रक्रिया में यह देखकर आश्चर्य हुआ कि दिनकर, बच्चन, अज्ञेय, केदार आदि प्रतिष्ठित कवियों के विस्तृत काव्य-सृजन में नारी स्थिति, संघर्ष और संचेतना की कविताएँ ढूँढने पर भी मुश्किल से ही मिलती हैं। हाँ प्रगतिशील कवियों में नागार्जुन इस दृष्टि से संपन्न हैं, उनके बाद नारी संचेतना की मर्मस्पर्शी कविताएँ समकालीन कवियों ने ही लिखी हैं। इस संकलन में कुल 32 कवियों की 35 कविताएँ संकलित हैं। उल्लेखनीय कवि और कविताओं की अगर बात करें तो उनमें गोपाल शरण सिंह की 'बालिका', सूर्यकान्त त्रिपाठी 'निराला' की 'विधवा' व 'तोड़ती पत्थर', सुभद्रा कुमारी चौहान की चर्चित कविता 'झाँसी की रानी', महादेवी वर्मा की 'दु:ख की बदली', नागार्जुन की 'जया' व 'तालाब

की मछलियाँ', रामइकबाल सिंह 'राकेश' की 'युगारम्भ की वे सुंदरियाँ', नीलकंठ तिवारी की 'कवि और वेश्या', सर्वेश्वरदयाल सक्सेना की 'हन्जूरी', केदारनाथ सिंह की 'सुई और तागे के बीच में', धूमिल की 'आतिश के अनार सी वह लडक़ी', चंद्रकांत देवताले की 'औरत' जैसी सशक्त कविताएँ इसमें शामिल हुई हैं। हालांकि कुछेक बड़े नाम वाले कवियों की बेहद सामान्य-सी कविताएँ भी इसमें जगह बना पाने में कामयाब हो गयी हैं जिनसे बचने पर यह संग्रह और अधिक मूल्यवान बन सकता था।

अंत में साहिर लुधियानवी के 'मर्दों ने उसे बाजार दिया' शीर्षक इस गीत की पंक्तियाँ वर्तमान सन्दर्भों में सर्वथा प्रासंगिक हो जाती हैं, 'औरत ने जनम दिया मर्दों को/ मर्दों ने उसे बाजार दिया/ जब भी चाहा कुचला मसला/ जब भी चाहा दुत्कार दिया।' यह संकलन वर्तमान स्त्री-विमर्श के तमाम मुद्दों को कविता के जरिये उठाने की हिमायत करता है। प्रस्तुत संकलन पाठक के मन:स्थल पर, उसकी एकांगी मानवीय संवेदनाओं पर प्रश्न खड़े करते हुए विचार करने पर विवश करता है, इसमें संशय नहीं है।

उक्त तीनों संकलनों की कविताओं से गुजरते हुए हिंदी कविता के विकासक्रम को भी सहज ही लक्षित किया जा सकता है। जनमानस में पर्यावरण चेतना की आज महती आवश्यकता है। जहाँ आज स्त्री विमर्श कविता से निकलकर गद्य साहित्य की केन्द्रीयता ग्रहण कर चुका है वहीं उसके समक्ष कुछ और नए विमर्शों का सूत्रपात हुआ है। विश्व के विद्रोही कवि और उनकी कविताओं के ताप का प्रभाव अपने यहाँ भी स्पष्ट दिखता है। मुक्तिबोध, धूमिल, कुमार विकल, गोरख पाण्डेय, पाश, रघुवीर सहाय जैसे तमाम कवियों की एक समृद्ध परम्परा हिन्दी में भी है, जिनकी कविता विश्व कविता के इन स्वरों से टक्कर लेने का पूरा माद्दा रखती है।

—राहुल देव

***

14

हिन्दी की प्रगतिशील कविता

* मन्मथनाथ गुप्त *

डॉ. रणजीत की पौने चार सौ पृष्ठ की एक पुस्तक जिसमें हिन्दी में प्रगतिशील कविता पर जो कुछ भी ज्ञातव्य है, वह सब सुन्दर रूप से आ गया है, ऐसा कहा जाए तो अत्युक्ति न होगी। कुछ लोग प्रगतिवादी और प्रगतिशील साहित्य में अन्तर करते हैं, पर डॉ. रणजीत सही रूप से ऐसा नहीं करते। हिन्दी साहित्य के इतिहासों में यह दिखाया जाता है कि प्रगतिशील साहित्य का एक युग था, जो 50-51 तक समाप्त हो गया, पर वह भ्रम इस कारण उत्पन्न हुआ कि इसके बाद संसार की सारी की सारी बड़ी भाषाओं के साथ हिन्दी में प्रयोगवाद इतना चला कि वह उसी के युग के रूप में ज्ञात हो गया। पर डॉ. रणजीत ने दिखाया है कि प्रयोगवादी आन्दोलन सन् 53 से चला आ रहा है, जब पहला तार सप्तक प्रकाशित हुआ। फिर प्रगतिवाद और प्रयोगवाद का कोई साँप—नेउला सम्बन्ध नहीं। प्रयोगवादियों में से बहुत से प्रगतिवादी हैं।

प्रगतिवाद हिन्दी साहित्य में अब भी जीवित आन्दोलन है और उसका सम्बन्ध किसी दल विशेष से नहीं, इसका प्रमाण 51 के बाद प्रकाशित कई कविता-संग्रहों से मिलता है, जिनमें ये मुख्य हैं—केदारनाथ अग्रवाल का 'लोक और आलोक'(1957) नागार्जुन का 'युगधारा' (1956) त्रिलोचन का 'दिगन्त' (1967) सुमन का 'विश्वास बढ़ता ही गया' (1955) और 'पर आँखें नहीं भरी' (1956) मिलिन्द का 'भूमि की अनुभूति' (1952) नीरज की 'प्राणगीत' (1953) 'दर्द दिया है' (1956) और 'नीरज की पाती' (1958), वीरेन्द्र मिश्र के 'गीतम' (1953)

और 'लेखनी-वेला', गिरिजाकुमार माथुर के 'धूप के धान'(1955) और 'शिलापंख चमकीले', मुक्तिबोध का 'चाँद का मुँह टेढ़ा है' (1964) दुष्यन्तकुमार के 'सूर्य का स्वागत है' (1957) और 'आवाजों के घेरे' (1963) और रणजीत का 'ये सपने-ये प्रेत' (1964)।

यह पुस्तक बांगला देश स्वातंत्र्य संग्राम के पहले प्रकाशित हुई, नहीं तो जो सैकड़ों कविताएँ इस संग्राम की प्रशंसा में प्रकाशित हुई और निरन्तर हो रही हैं, उन्हें भी गिनाया जा सकता।

डॉ. रणजीत का कहना है कि स्वतन्त्रता के पहिले द्‌वितीय महायुद्‌ध की जनयुद्‌ध वाली कविताएँ दल विशेष से बंधी थी, पर अब प्रगतिशील कविता पहले से नयी, व्यापक और उदार है। वह प्रयोग से नहीं घबड़ाती बल्कि उसमें आनन्द लेती और किलकारी भरके नृत्य करती है। प्रगति शीलता विचार से होती है और विचार अपने अनुसार जामा खोजता है तो इसमें बुराई क्या है।

लेखक डॉ. रणजीत ने क्रमशः प्रगतिशील कविता की वैचारिक पृष्ठभूमि, साहित्य के प्रति प्रगतिशील दृष्टिकोण, हिन्दी कविता में प्रगतिशील आन्दोलन की सामाजिक-सांस्कृतिक पृष्ठभूमि, हिन्दी की प्रगतिशील कविता और उसके स्रष्टा, प्रगतिशील कविता में सामाजिक यथार्थ, प्रगतिशील कविता में प्रेम, प्रगतिशील कविता का शिल्प आदि विषयों पर विस्तार से विचार किया है। लेखक ने नागार्जुन की भगतसिंह पर एक व्यंग्य कविता उद्‌धृत की है जो, इस प्रकार है—

भगतसिंह प्रिय तुम तो नाहक फाँसी झूल गए थे,
योग भोग का सर्वोदय का पथ ही भूल गए थे।
भगतसिंह तुम मंदबुद्‌धि थे, थे तुम औसत प्राणी
तुम पर असर नहीं कर पाई बापूजी की वाणी।
बापू का पथ पकड़ा होता, होते आज मिनिस्टर,
उपकुलपति तो बन ही जाते, होते अगर रिटायर।

शंकर शैलेन्द्र ने भी 'भगतसिंह से न्यौता और चुनौती' नाम से एक कविता में इसी प्रकार के भाव व्यक्त किये हैं। क्रान्तिकारी शहीदों में भगतसिंह कवियों को सहज में याद आते हैं।

इसमें सन्देह नहीं कि डॉ. रणजीत की पुस्तक एक सफल बहुतथ्यपूर्ण पुस्तक है।

—मन्मथनाथ गुप्त

***

***

हिन्दी की प्रगतिशील कविता

*** राजीव सक्सेना ***

डॉ. रणजीत की कृति 'हिन्दी की प्रगतिशील कविता' पीएच.डी. का शोध-प्रबन्ध है, लेकिन जैसा कि लेखक ने भूमिका में लिखा है, यह संयोग ही था कि शोध के लिए यह विषय स्वीकृत हुआ और डॉ. अचल जैसे निदेशक भी मिले जिन्होंने सहानुभूतिपूर्वक श्री रणजीत के काम में योग दिया। और इसके फलस्वरूप जो कृति हमें मिली, उससे हिन्दी की एक अत्यन्त गौरवशाली साहित्य-धारा पर प्रकाश पड़ता है।

डॉ. रणजीत ने माना है, "मार्क्सवादी सौन्दर्य चिन्तन और दार्शनिक विवेचन में प्रगति की धारणा को भी 'प्रगतिवाद' या प्रगतिशील दृष्टिकोण, मार्क्सवादी जीवन-दर्शन से अनुप्राणित साहित्य को 'प्रगतिवादी साहित्य' और इस साहित्य सहित इसके आस-पास के उस समस्त आधुनिक साहित्य को जो मूलतः मानववादी और अग्रगामी है—चाहे उसके सृष्टाओं का दार्शनिक दृष्टिकोण कुछ भी हो—और उस समस्त प्राचीन साहित्य को भी, अपने युग की ऐतिहासिक परिस्थितियों में जिसने समाज और संस्कृति को आगे बढ़ाने की प्रेरणा दी और जो मानववादी भावनाओं से पूर्ण है, 'प्रगतिशील साहित्य' कहा जाना चाहिए।"

इतनी व्यापक परिभाषा स्वीकार करने के बाद डॉ. रणजीत यह देखते हैं कि "प्रगतिशील कविता और प्रगतिशील साहित्य हिन्दी में आज भी जीवन्त और प्रवहमान हैं।" उन्होंने विरोधी आलोचकों की इस स्थापना का कि प्रगतिशील आन्दोलन 50-51 के आस-पास समाप्त हो गया, खण्डन किया है। इसी कारण डॉ. रणजीत की पुस्तक, इस विषय की कुछ अन्य पुस्तकों की तरह, सन् 51 तक समाप्त नहीं हो जाती, बल्कि उसके बाद आज तक के कवियों को समेटती है। प्रगतिशील कविता-धारा पर इतने विस्तार से विचार करने वाली यह पहली कृति है। पिछले दो दशकों से प्रगतिशील साहित्य-धारा के विरुद्ध लगातार कुत्सित प्रचार किया गया है जिसका मूल उद्देश्य रहा है कम्युनिस्टों को बदनाम करना और बुद्धिजीवियों को मजदूर किसान आन्दोलन से अलग करना। साम्राज्यवादियों की एजेंसियों ने इसमें भली-भांति भाग लिया है। इस अभियान के कारण नयी पीढ़ी में यह धारणा फैला दी गयी है कि प्रगतिशील साहित्य-धारा की कोई उपलब्धि नहीं है। डॉ. रणजीत की कृति इस कुप्रचार का खण्डन करेगी और उपलब्धियों की ओर पाठकों का ध्यान आकर्षित करेगी।

डॉ. रणजीत ने प्रगतिशील कविता के सभी पक्षों पर प्रकाश डाला है। उसमें प्रतिफलित सामाजिक यथार्थ, मानसिक यथार्थ, प्रेम और प्रकृति, आदि के विशद

विवरण से वे इस काव्य धारा के बहुमुखी और बहुरंगी स्वरूप को स्पष्ट कर सके हैं। साथ ही उसके शिल्प और बिम्ब-विधान की विशेषताएँ सामने रख कर उन्होंने उसकी कला सम्पन्नता का भी यथेष्ट परिचय दिया है।

शायद इस कृति का प्रारम्भिक भाग अत्यन्त महत्त्वपूर्ण माना जायेगा जिसमें डॉ. रणजीत ने साहित्य के प्रति प्रगतिशील दृष्टिकोण की व्याख्या दी है और प्रगतिशील साहित्य की सामाजिक-सांस्कृतिक पृष्ठभूमि स्पष्ट की है। यह भाग कविता ही नहीं, साहित्य के प्रतिमान निर्धारित करने के लिए काफी सामग्री दे सकता है।

यह हर्ष की बात है कि डॉ. रणजीत की इस कृति को इस वर्ष सोवियत लैण्ड का नेहरू पुरस्कार दिया गया है। पुस्तक इसकी अधिकारिणी है। प्रगतिशील साहित्य-धारा को प्रेरित करने में रूस की अक्टूबर क्रान्ति और भारत में समाजवादी सोवियत संघ से मैत्री की भावना की बड़ी भूमिका रही है और डॉ. रणजीत ने इस तथ्य का उचित सामाजिक-राजनीतिक विश्लेषण प्रस्तुत किया है। डॉ. रणजीत बधाई के पात्र हैं।

— राजीव सक्सेना

***

प्रगतिशील कविता का विवेचन

* जुगमन्दिर तायल *

'हिन्दी की प्रगतिशील कविता' डॉ. रणजीत का शोध प्रबन्ध है जिस पर जनवरी 1968 ई. में उन्हें राजस्थान विश्वविद्यालय से पीएच.डी. की उपाधि मिली है। रणजीत हिन्दी की वर्तमान पीढ़ी के प्रतिष्ठित प्रगतिशील कवि और विचारक हैं। उनके दो-तीन कविता-संग्रह अब तक प्रकाशित हो चुके हैं जिन्होंने पर्याप्त प्रसिद्धि तो प्राप्त की ही है, पुरस्कार भी प्राप्त किये हैं। रणजीत ने अपनी पसन्द का विषय चुना है और रुचि से उस पर काम किया है। शोध उपाधि प्राप्त करना उनके कवि का मुख्य उद्देश्य नहीं था, गौण उद्देश्य था। उनका मुख्य उद्देश्य था हिन्दी की प्रगतिशील कविता पर एक उत्तम पुस्तक तैयार करना। कहने की जरूरत नहीं है कि रणजीत को इस उद्देश्य में पूरी सफलता मिली है। पुस्तक के पहले तीन अध्याय (प्रगतिशील कविता की वैचारिक पृष्ठभूमि, साहित्य के प्रति प्रगतिशील दृष्टिकोण और हिन्दी कविता में प्रगतिशील आन्दोलन की सामाजिक-सांस्कृतिक पृष्ठभूमि) रणजीत की विद्वता के परिचायक तो हैं ही, अपने स्पष्ट विवेचन के लिए भी प्रशंसनीय हैं और पठनीय हैं। हिन्दी के शोध-प्रबन्धों में विचारगत अस्पष्टता और गोल-मोल का जो प्रदर्शन

बाहुल्य में मिलता है, उससे ये अध्याय पूर्णतः तथा मुक्त हैं। रणजीत ने हिन्दी में पहली बार प्रगतिशील कविता और हिन्दी में उसकी पृष्ठभूमि का इतने विशद् रूप में विचार किया है।

फिर भी आखिर है, तो यह शोध कार्य ही। हिन्दी में शोध-कार्य की अपनी एक खास प्रक्रिया है जिसमें साफ बात कम कही जाती है और आवश्यक वर्गीकरण-विवरण ज्यादा होता है। चौथे अध्याय में शायद इसी कारण रणजीत को भी हिन्दी की प्रगतिशील कविता का अनेक तरह से वर्गीकरण करना पड़ा है। यह वर्गीकरण बिल्कुल अनावश्यक है और मैं रणजीत से अपील करूंगा कि अपनी पुस्तक के अगले संस्करण में वे इसे एकदम हटा दें। प्रस्तुत पुस्तक में प्रगतिशील कविता की जो व्यवहारिक आलोचना है वह भी शोध-प्रक्रिया के अपने दोष से ग्रसित है। इन अध्यायों में अन्य शोध-प्रबन्धों के समान ही कुछ खास विषयों (प्रेम, प्रकृति, व्यंग्य, सामाजिक यथार्थ, मानसिक यथार्थ आदि) के आधार पर प्रगतिशील कविता का विवेचन किया गया है। इससे यह तो मालूम हो जाता है कि प्रगतिशील कविता में इन सबका समावेश हुआ है (किस काव्यधारा में इनका समावेश नहीं है।) किन्तु प्रगतिशील कविता की अपनी विशेषताएँ, अपनी उपलब्धियाँ क्या हैं, यह बहुत कुछ उपेक्षित रह जाती है। यह शोध प्रक्रिया की ही मेहरबानी है कि रणजीत जैसे परम्परामुक्त लेखक को भी अपने ग्रंथ में उपमा, रूपक आदि अलंकारों के उदाहरण इकट्ठे करने पड़े हैं और प्रबन्ध, मुक्तक तथा गेय के विभाजन में प्रगतिशील कविता को बिठाना पड़ा है।

हिन्दी की शोध-प्रक्रिया ने रणजीत के विवेचन को काफी क्षति पहुँचाई है, फिर भी हिन्दी के अन्य हजारों शोध-प्रबन्धों की तुलना में यह एक बहुत बेहतर ग्रंथ है। जिन्हें हिन्दी की प्रगतिशील कविता से प्रेम है, उन्हें तो यह ग्रंथ पढ़ना चाहिये ही, जिन्हें प्रगतिशील विचारधारा तथा कविता से विरोध है उन्हें भी इसे अवश्य पढ़ना चाहिये (यदि अपने पूर्वाग्रहों से वे ऊपर उठ सकें तो)। उनके अनेक भ्रम और पूर्वाग्रह इस पुस्तक को पढ़ने के बाद दूर हो जाएँगे ऐसा मेरा विश्वास है।

—जुगमन्दिर तायल

***

हिन्दी की प्रगतिशील कविता

*** मधुरेश ***

हिन्दी में प्रगतिवाद की चर्चा तो बहुत हुई परन्तु उसे समझने और उसके अन्तर्गत लिखे गये साहित्य के मूल्यांकन और विश्लेषण के गम्भीर और पूर्वग्रहरहित प्रयास अपेक्षाकृत कम किये गये। हिन्दी में प्रगतिवादी आन्दोलन

और साहित्य की जबर्दस्त विडम्बनापूर्ण स्थिति यह भी रही है कि एक ओर उसे जहाँ विरोधियों का मुकाबला करना पड़ा वहीं वह आपसी मतभेद और संकीर्णता, अन्तर्विरोध और बहुविध भटकाव का भी शिकार हुआ है और जाहिरा तौर पर इस सबका लाभ उसके विरोधियों को मिला है। उसी का नतीजा यह है कि इतने शक्ति सम्पन्न और समर्थ साहित्यिक आन्दोलन को समय-समय पर मृत भी घोषित किया जाता रहा है। बहुत से प्रगतिवादी समीक्षकों ने अपने छिट-पुट रूप में उसका सिद्धान्त-शास्त्र निर्मित किया, यहाँ-वहाँ पत्र-पत्रिकाओं में जब-तब उस पर लेख प्रकाशित होते रहे लेकिन प्रो. विजय शंकर मल्ल, डॉ. शिवकुमार मिश्र और हंसराज रहबर के ही प्रयास स्वतन्त्र पुस्तकों के रूप में सामने आये थे। इनमें भी डॉ. शिवकुमार मिश्र की पुस्तक ही सबसे उपयोगी और सार्थक है, क्योंकि वह प्रगतिवादी आन्दोलन और तत्सम्बन्धी साहित्य की सभी विधाओं और प्रमुख लेखकों पर विचार करती है। लेकिन अपनी विस्तारंगत सीमाओं के कारण वह प्रगतिवादी साहित्य की सामर्थ्य और शक्ति सम्पन्नता का एक रेखाचित्र मात्र बनकर रह गयी है।

डॉ. रणजीत कृत 'हिन्दी की प्रगतिशील कविता' प्रगतिवादी साहित्य के एक महत्त्वपूर्ण रूप और विधा के सुविस्तृत और गम्भीर विवेचन की पहल करती है। अपने मूल रूप में वह राजस्थान विश्वविद्यालय की पी.एचडी. उपाधि के लिए स्वीकृत शोध-प्रबन्ध है। डॉ. रणजीत स्वयं एक प्रगतिशील कवि और आलोचक हैं। उनका यह शोध-प्रबन्ध इस तथ्य का सटीक प्रमाण बन सका है कि अभिरुचि और निष्ठा के साथ किया गया शोधकार्य स्तरीय और मौलिक हो सकता है। वैसे, अपनी शोध विषयक अड़चनों और विश्वविद्यालयी प्रवृत्ति पर जो रोचक टिप्पणी अपनी भूमिका में उन्होंने की है वह अतिरंजित जैसी दिखने पर भी अपनी जगह पर बहुत ठीक है। अगर कुछ और लोग भी अपने अनुभवों और विचारों को ऐसी ही बेबाकी से रख सकें तो हिन्दी शोध और उसके विधायकों का वास्तविक चेहरा सामने आ सकेगा और भविष्य में हिन्दी-शोध के स्वरूप और दिशा-निर्धारण में उससे समुचित लाभ भी उठाया जा सकेगा।

'हिन्दी की प्रगतिशील कविता' अलग-अलग खण्डों में विभाजित न होने पर भी स्पष्ट खण्डों में विभाजित है। प्रस्तावना और उपसंहार वाले अंशों की छोड़कर जो कुल दस अध्याय उसमें हैं उनमें से प्रथम तीन में प्रगतिशील कविता की वैचारिक पृष्टभूमि, साहित्य के प्रति प्रगतिशील दृष्टिकोण एवं हिन्दी में प्रगतिशील आन्दोलन की सामाजिक-सांस्कृतिक पृष्ठभूमि की चर्चा और विवेचन है। इस तरह स्पष्ट निर्देश के अभाव के बावजूद यह खण्ड प्रगतिशील साहित्य के

सैद्धान्तिक और ऐतिहासिक विवेचन से सम्बद्ध है जबकि शेष सात अध्यायों में प्रगतिशील कविता के भावतत्त्व और शैली-शिल्प का विवेचन-विश्लेषण किया गया है। सम्पूर्ण प्रगतिशील साहित्य में सामाजिक यथार्थ के प्रति गहरा सैद्धान्तिक आग्रह पाया जाता है, अतः 'हिन्दी की प्रगतिशील कविता' में भी दो अध्यायों में विस्तार से डॉ. रणजीत ने उसका विवेचन दिया है। चूंकि विरोधियों द्वारा यह आरोप लगाया जाता रहा है कि प्रगतिवादी साहित्य मन की सत्ता का बहिष्कार करके समूह और समाज को ही महत्त्व देता रहा है अतः एक स्वतन्त्र अध्याय में यह स्वीकार करते है हुए भी कि मानसिक यथार्थ को प्रगतिशील साहित्य अधिक महत्त्व नहीं देता, प्रगतिशील कविता में मानसिक यथार्थ के चित्रण का विश्लेषण किया गया है। और अन्य अध्यायों में प्रेम, प्रकृति, शिल्प एवं व्यंग्य आदि के विवेचन द्वारा प्रगतिशील कविता के वैविध्य और सामर्थ्य को बड़े संयत ढंग से स्पष्ट किया गया है। प्रगतिशील कविता और साहित्य पर लगाये जाते रहे आरोपों का भी बड़ा समर्थ और कुशल प्रतिवाद लेखक ने किया है। फिर भी वह स्वयं किसी प्रकार की संकीर्णता या पक्षधरता का शिकार नहीं हुआ है। उपसंहार में बहुत खुले मन से उसने प्रगतिशील कविता की सीमाओं और अभावों का जायजा लिया है।

डॉ. रणजीत के इस शोध-प्रबन्ध की सबसे बड़ी खूबी यह है कि अपने विषय के प्रति गहरी निष्ठा एवं संसक्ति के बावजूद उसमें एक संयत तटस्थता शुरू से आखिर तक बनी रहती दिखाई देती है। इसका एक मात्र कारण यह है कि इस आन्दोलन से उन्होंने बहुत कुछ सीखा है जिसके कारण प्रारम्भिक दौर के एक औसत प्रगतिवादी समीक्षक के पूर्वग्रहों और संकीर्णताओं में अपने को नहीं फँसने देते। अगर कोई चाहे तो नवप्रगतिवादी आलोचना के बीज और सूत्र भी इसमें खोज निकालना उसके लिये बहुत मुश्किल नहीं होगा। इस पूरे शोध-प्रबन्ध में उसका यह उदार दृष्टिकोण कई रूपों में हमारे सामने आता है। सबसे पहले वह प्रस्तावना में ही इस चुनौती का सामना करते दिखाई देते हैं। हिन्दी में प्रगतिवादी साहित्य के लिए दो शब्द 'प्रगतिवादी' और 'प्रगतिशील' प्रयुक्त होते रहे हैं। परन्तु अधिकांश आलोचक, जिनमें डॉ. रामविलास शर्मा और डॉ. नामवर सिंह भी शामिल हैं, न सिर्फ उन्हें एक ही अर्थ में प्रयुक्त करते हैं बल्कि उनके अर्थ-भेद पर आपत्ति भी करते हैं। आमतौर से लोग 'प्रगतिवाद' में सैद्धान्तिक जकड़बन्दी और 'प्रगतिशील' में उदार दृष्टिकोण की गन्ध पाते रहे हैं। प्रगतिशील को प्रगतिवाद का समानार्थी और समानधर्मा बनाने का एक अनिवार्य नतीजा यह निकलता है कि उसमें संकीर्णता आती है और इस तरह से बहुत-सा सार्थक

और महत्त्वपूर्ण प्रगतिशील साहित्य या तो उपेक्षित रहा या फिर स्वयं ढकेलकर उसे दूसरे शिविर में डाल देने को विवश किया गया। डॉ. रणजीत अन्य बहुत से उदारमना प्रगतिवादी समीक्षकों की भाँति ही मार्क्सवादी सौन्दर्य चिन्तन और दार्शनिक विवेचन को 'प्रगतिवाद' कहते हैं, कठोर रूप से नियन्त्रित और अनुशासित साहित्य को 'प्रगतिवादी साहित्य' कहते हैं और समस्त आधुनिक मानववादी एवं अग्रगामी साहित्य को 'प्रगतिशील साहित्य' कहते हैं : "पर क्योंकि 'प्रगतिशील साहित्य' को मैंने प्रगतिवादी साहित्य के विरोधी शब्द के रूप में नहीं, एक ऐसे शब्द के रूप में प्रस्तुत किया है जो प्रगतिवादी साहित्य को भी न केवल अपने में समेट लेता है, बल्कि अपने भीतर उसे केन्द्रीय स्थान भी देता है इसलिये मेरे इस शब्द-प्रयोग के पीछे डॉ. नामवर सिंह प्रगतिशील साहित्य का प्रच्छन्न विरोध भाव नहीं ढूँढ सकते। इस प्रबन्ध में 'प्रगतिशील कविता' शब्द का प्रयोग मैंने इसी व्यापक, फिर भी सुनिर्धारित, अर्थ में किया है..." ('प्रस्तावना' पृ. 3) जाहिर है कि इस तरह से डॉ. रणजीत वह गलती दोहराने से बचते हैं जो इस आन्दोलन के शुरू के दौर में बहुतायत से दोहराई गई और जिसके कारण यह पूरा का पूरा आन्दोलन साहित्यकारों की छँटनी के दफ्तर में तब्दील होकर रह गया था। इसी तरह लेखक ने प्राचीन साहित्य के मूल्यांकन के प्रश्न पर प्रगतिशील दृष्टिकोण को स्पष्ट किया है। तुलसीदास को लेकर प्रगतिवादी समीक्षकों में जो बावेला मचा था वह अभी पूरी तरह से भुलाया भी नहीं जा सका है। इस सन्दर्भ में लेखक ने प्रगतिशील और कुत्सित समाजशास्त्रीय दृष्टिकोण को बहुत सफाई से उभारकर सामने रखा है। उसने बड़े स्पष्ट शब्दों में लिखा है : "प्रगतिशील आलोचक किसी प्राचीन साहित्यकार को इस कसौटी पर कसकर भला-बुरा नहीं कहते कि वह मार्क्सवादी जीवन-दर्शन को स्वीकार करता था या नहीं। वे सब साहित्यकारों से मार्क्सवादी बनने की अपेक्षा नहीं रखते। मार्क्स और मार्क्सवाद के जन्म से हजारों वर्ष पहले भी जीवन्त साहित्य रचा गया था और वह आज भी जीवित है तो इसलिये नहीं कि उसने मार्क्स के जन्म से पहले ही उसके सिद्धान्तों के अनुसार अपनी समस्याओं को सुलझाया था, बल्कि इसलिये कि वह जीवन से दूर नहीं भागा। जिस साहित्य ने जिन्दगी से आँखें चार की हैं, चाहे उसने जिस ढंग से ऐसा किया हो, वही साहित्य जीवित रह सकता है। पहली बात यह नहीं कि साहित्यकार किस जीवन-दर्शन का अनुयायी है। बात तो यह है कि वह जीवन के प्रति, अपने समय के यथार्थ के प्रति सच्चा है या नहीं और जीवन के प्रति उसका कोई न कोई मानववादी, बहुजन के लिये कल्याणकारी, दृष्टिकोण है या नहीं?..." ('साहित्य के प्रति प्रगतिशील दृष्टिकोण', पृ. 87) लेखक के इस

उदार और व्यापक दृष्टिकोण का ही सुपरिणाम यह है कि एक ओर वह प्राचीन साहित्य की जीवन्तता को साहित्यकार के सामयिक सन्दर्भों के प्रति उसकी संलग्नता में परखकर साहित्य के शाश्वत होने की अवधारण का विरोध करता है वहीं प्रगतिशील साहित्य की सोद्देश्यता में सम्पूर्ण और गहरी निष्ठा के बावजूद उसकी कलाहीन प्रचारवादी परिणति का दृढ़ विरोध करता है। और इसी रास्ते चलकर वह उस जगह पहुँचता है जहाँ खड़े होकर वह प्रगतिशील साहित्य के लिये भी शैली और शिल्प के प्रति किसी प्रकार की असावधानी या लापरवाही के लिये कोई छूट देने को तैयार नहीं है। लेकिन साथ ही वह प्रगतिशील साहित्य के सन्दर्भ में जनवादी रुझान को भी स्पष्ट कर देता है : "प्रगतिशील कवि स्पष्ट और प्रत्यक्ष कथन में अधिक विश्वास रखते हैं इसलिये प्रतीक विधान के प्रति बहुत रुचि उन्होंने नहीं दिखाई है...।" इसी प्रकार भाषा, बिम्ब, अलंकार, छन्द और लय आदि हर चीज में सहजता और प्रयासहीनता के साथ जनवादी सामाजिक आग्रह ही उनकी सफलता की एकमात्र कसौटी है। निश्चय ही उसके आगे विचारों का महत्त्व अधिक है लेकिन मात्र विचारों के आधार पर ही कोई चीज साहित्यिक रचना नहीं हो सकती है इसीलिये लेखक ने आन्दोलन के वक्त जोश में लिखी गयी बहुत-सी प्रचारधर्मी और नारेबाजी की सरहदों को छूती कविताओं की कटु आलोचना भी की है।

हिन्दी शोध का यह दुर्भाग्य रहा है कि उसमें मौलिकता के स्थान पर उद्धरणबहुलता को अकारण प्रश्रय मिलता रहा है और इसीलिये प्रबन्ध के गुण की अपेक्षा उसका परिमाण ज्यादा महत्त्वपूर्ण समझा-माना जाता रहा है। 'हिन्दी की प्रगतिशील कविता' उद्धरण की बैसाखियों पर चलने की इस परम्परा का तिरस्कार करती हैं। ऐसा नहीं है कि उसमें उद्धरण या फुट नोट न हों, वे हैं, परन्तु उनके साथ में एक अच्छाई तो यह है कि वे जरूरी होने पर ही हैं और दूसरे लेखक को कहीं भी अपने ज्ञान के अकारण प्रदर्शन की आवश्यकता नहीं पड़ी है। मेरे खयाल से इसका एकमात्र कारण यह है कि वह आरोपित और ठूँसा हुआ न होकर पूरी तरह आत्मसात् किया गया और पचाया गया ज्ञान हैं—जिसे पूरी तरह से समझ कर अपने विवेक के अनुरूप लेखक ने काटा-तराशा है। इस दृष्टि से प्रबन्ध के पहले तीन अध्याय विशेष महत्त्व के हैं जिनमें लेखक ने विषय का सैद्धान्तिक और ऐतिहासिक विवेचन प्रस्तुत किया है। बहुत से विदेशों दार्शनिकों एवं सिद्धान्तशास्त्रियों के मतों को उसने अपनी सहज-पाठ्य शैली में प्रस्तुत किया है और इस प्रकार विषय को अकारण नीरस और बोझिल हो जाने से बचा लिया है। उसका विश्लेषण तथ्य परक सुस्पष्ट एवं निष्कर्ष मूलक है और बहुत-सी

विवादग्रस्त एवं मतभेदपूर्ण समस्याओं से जूझते समय अपनी मौलिक विवेचन क्षमता को वह कहीं भी हाथ से फिसलने नहीं देता है।

डॉ. रणजीत के शोधप्रबन्ध 'हिन्दी की प्रगतिशील कविता' पर मेरी यह प्रतिक्रिया बहुतों को आवेगपूर्ण एवं सहानुभूतिपूर्ण संलग्नता के साथ लिखी गयी भी लग सकती है। मैं इसका प्रतिवाद नहीं करना चाहूँगा, क्योंकि यदि वाकई वह वैसी है तो उसके आधारभूत कारणों का उल्लेख भी प्रसंगवश होता रहा है। इसका एक और कारण यह भी हो सकता है कि एक समानधर्मा होने के नाते उसके माध्यम से अपनी बात कह सकने का उत्साह और उल्लास भी उसमें शायद जुड़ गया हो। लेकिन इसके अलावा भी एक कारण है, जिसकी चर्चा वैसे हो चुकी है, और वह है अधिकांश या आम हिन्दी शोध प्रबन्धों के बीच उसकी स्थिति जिसने शायद प्रतिक्रियावश भी मुझे उस आवेग से अलग नहीं होने दिया है। अतः अब दो-चार तथ्य-सम्बन्धी भूलों की ओर संकेत करके मैं इसे समाप्त करूंगा !

तथ्य सम्बन्धी ऐसी भूलों में सबसे पहले तो यह कि लेखक ने सेवा सदन को 1916 में प्रकाशित लिखा है जबकि वास्तव में वह 1918 में प्रकाशित हुआ था। इसी तरह शोधकर्ता ने 1936 में लखनऊ में होने वाले प्रगतिशील लेखक सम्मेलन में, जिसके सभापति प्रेमचन्द थे, पन्त और फैज के साथ यशपाल के सम्मिलित होने की बात भी लिखी है। सच्चाई यह है कि यशपाल उस समय जेल में थे और 38-39 से पहले साहित्य के क्षेत्र में उनका प्रवेश भी उस रूप में नहीं हुआ था। पन्तजी के पत्र 'रूपाभ' को एकाध जगह 'रूपायन' लिखा गया है। (पृ. 142) लेकिन यह छापे की भूल भी हो सकती है। और एक अन्तिम बात यह भवानी प्रसाद मिश्र की कविता 'पी के फूटे आज' को 'तार सप्तक' की कविता लिखा गया है (पृ. 308) जबकि वह 'तार सप्तक' के कवि न होकर 'दूसरा सप्तक' के कवि हैं।

यह ठीक है कि तथ्य सम्बन्धी यह भूलें इस शोध-प्रबन्ध में हैं। लेकिन उसके महत्त्व और उपलब्धियों के सामने ये बड़ी साधारण बातें हैं—सबसे महत्त्वपूर्ण बात यह है कि 'हिन्दी की प्रगतिशील कविता' जहाँ हिन्दी-शोध के लिये एक नया प्रतिमान प्रस्तुत करता है वहीं इससे भी अधिक उसका महत्त्व इसलिये है कि आज जब प्रगतिशील आन्दोलन के पुनर्गठन का सवाल तेजी से उठाया जा रहा है तो उसका यह आत्मालोचन, उदारता और व्यापकता, इस दिशा में उपयोगी साबित हो सकते हैं।

—मधुरेश

समीक्षा, अप्रैल, 1972

***

15

हिन्दी के प्रगतिशील कवि

* पी. कृष्णन *

प्रगतिशील कविता आधुनिक हिन्दी कविता की एक महत्त्वपूर्ण और जीवंत धारा है। लेखक ने 'प्रगतिशील कवि' शब्द को थोड़े व्यापक अर्थ में लिया है, सिर्फ 'प्रगतिवादी कवि' के अर्थ में नहीं। अतः प्रगतिशील कवि के अन्तर्गत लेखक ने उन सभी कवियों को स्थान दिया है, जिनके काव्य का मूल स्वर मानववादी, आस्थाशील और अग्रगामी है—चाहे वे विचारों से पूरे मार्क्सवादी हों या नहीं।

हिन्दी के अलग-अलग विद्वान् समीक्षक ने प्रथम प्रगतिशील कवि होने का गौरव अलग-अलग रचनाकारों को दिया है। डॉ. नगेन्द्र श्री सुमित्रानन्दन पंत को ही हिन्दी में प्रगतिवाद के प्रथम कवि मानते हैं। डॉ. प्रकाशचन्द्र गुप्त, श्री रामधारी सिंह दिनकर को प्रथम प्रगतिवादी कवि और 'हुंकार' को प्रथम प्रगतिवादी काव्य कृति मानते हैं। श्री ललित मोहन अवस्थी श्री गयाप्रसाद शुक्ल त्रिशूल जी को हिन्दी का प्रथम प्रगतिशील कवि स्वीकार करते हैं और ब्रजकिशोर चतुर्वेदी श्री रामेश्वर करुण को। विभिन्न समीक्षकों के मन्तव्यों की चर्चा करने के बाद लेखक इस निष्कर्ष पर पहुँचते हैं कि प्रगतिशील कविता के प्रथम स्रष्टा तो यद्यपि त्रिशूल जी ही थे तथापि हिन्दी के पहले प्रगतिशील कवि होने का गौरव पन्त जी को दिया जाना चाहिए। क्योंकि पन्त जी ही एक ऐसे कवि थे, जिन्होंने हिन्दी में प्रगतिशील काव्य-सृजन की एक वास्तविक परम्परा का प्रवर्तन किया। वे अपने समसामयिक प्रगतिशील कवियों की अपेक्षा अधिक व्यवस्थित रूप से प्रगतिशील चिन्तन से प्रभावित और उसकी मूल सृजनात्मक चेतना से अधिक सम्पृक्त कवि थे।

इस पुस्तक में कवियों के कृतित्व पर विचार उन के रचना-क्रम में ही किया गया है, ताकि प्रत्येक कवि के सृजन स्वर में आये हुए परिवर्तनों को लक्षित किया जा सके। यह विचार अधिकतर महत्त्वपूर्ण कविताओं को केन्द्र बना कर किया गया है और इस तरह विवेचन की इकाई कवि की किन्हीं अमूर्त उपलब्धियों को नहीं, मूर्त उपलब्धिपूर्ण कविताओं को बनाया गया है। हाँ, विवेचन का परिचयात्मक और सर्वेक्षणात्मक स्वर अवश्य दार्शनिक समीक्षा पढ़ने के अभ्यासी विद्वानों को अखर सकता है, पर हिन्दी काव्य के सामान्य पाठक इसे उपयोगी एवं आस्वाद्य पाएँगे।

हिन्दी के प्रगतिशील कवियों का वर्गीकरण मुख्यतः चार आधारों पर किया जा सकता है, पीढ़ियों के आधार पर, वर्ग स्थिति के आधार पर, सामाजिक चेतना के आधार पर और रुझान के आधार पर। लेखक ने 1936 से लेकर आज-तक के प्रगतिशील कवियों को चार पीढ़ियों में विभाजित करके उनकी काव्य-साधना की समीक्षा की है। पहली पीढ़ी में पंत, निराला, दिनकर और नवीन आते हैं। इन्हें मोटे-तौर पर प्रगतिशील आन्दोलन के पहले दशक के कवि कहा जा सकता है। दूसरी पीढ़ी में नागार्जुन, केदार, सुमन, त्रिलोचन, शैलेन्द्र, रांगेय राघव, रामविलास आदि कवि आते हैं, जिन्होंने 1945 के बाद लिखना शुरू किया। इन्हें प्रगतिशील आन्दोलन के दूसरे दशक के कवि कह सकते हैं। एक प्रखर राजनैतिक चेतना इस पीढ़ी के कवियों की प्रधान विशेषता है। तीसरी पीढ़ी में एक ओर मुक्तिबोध, शमशेर, नरेश मेहता और गिरिजा कुमार जैसे कवि आते हैं तो दूसरी ओर नीरज, वीरेन्द्र मिश्र जैसे गीतकार। चौथी पीढ़ी में उन नवयुवक कवियों को शामिल किया जा सकता है, जिन्होंने सन् साठ के बाद ही जमकर लिखना शुरू किया। जैसे धूमिल, शलभ, मृत्युंजय, जुगमंदिर, हरीश भादानी आदि।

इस पुस्तक में हिन्दी के पचास प्रगतिशील कवियों के कृतित्व पर समग्र रूप से विचार किया गया है। अपने विषय के प्रति गहरी निष्ठा और आसक्ति के बावजूद इसमें एक संयत तटस्थता शुरू से आखिर बनी रहती है। अतः हिन्दी के प्रगतिशील कवियों की चर्चा के सन्दर्भ में इस पुस्तक का अपना विशिष्ट स्थान रहेगा।

—पी. कृष्णन

प्रगतिशील कवि की पहचान

*** रामदरश मिश्र ***

प्रगतिशील कविता या चालू नारा?

प्रगतिशील कविता को लेकर हिन्दी में जो सीमाबन्दी शुरू हुई थी वह आज तक चली आ रही है। कुछ खास कवियों को प्रगतिवाद की सीमा में स्वीकार करने

और कुछ को नहीं करने का आधार अब तक स्पष्ट नहीं हो सका है। वास्तव में प्रगतिशील कविता की बात करते समय कविता की बात छोड़ दी जाती है और एक खास तरह की जिन्दगी के चालू फार्मूलों को ही महत्त्वपूर्ण मान लिया जाता है। इस प्रक्रिया में वे कवि महत्त्वपूर्ण हो उठते हैं जिन्होंने कविता कम लिखी है, नारे ज्यादा लगाये हैं। जीवन की जटिल गहरी पहचान की कलात्मक अभिव्यक्ति अप्रगतिशील मान ली जाती है और जनवादी नारों तथा वक्तव्यों का सरलीकृत वर्णन प्रगतिशील कविता का अपना संसार है। इस संसार में प्रगतिशील दृष्टि के साथ ही साथ जीवन के जटिल और गहरे यथार्थ की अनुभूति होना बहुत आवश्यक है। इसलिए कविता के सन्दर्भ में वे प्रगतिशील कवि अधिक प्रासंगिक और महत्त्वपूर्ण है जिनका जीवनानुभव बहुत गहरा, सौन्दर्य दृष्टि बहुत पैनी और जीवन दृष्टि प्रगतिशील है। ये कवि यदि कम्युनिस्ट पार्टी से सम्बन्ध नहीं रखते हैं तो भी उन कम्युनिस्ट कवियों से अधिक महत्त्वपूर्ण प्रगतिशील कवि हैं जो किताबी विचारों को बड़े सतही ढंग से उछाल कर एक ही साथ बहुत बड़ा विचारक और कवि होने का श्रेय लूटना चाहते हैं। यदि कविता से हटकर भी हम साम्यवादी दल से प्रतिबद्ध इन प्रगतिशील लेखकों और अन्य प्रगतिशील लेखकों पर विचार करें तो भी ऐसा मानने का कोई कारण नहीं दिखता कि दल से प्रतिबद्ध लेखक ही प्रगतिशील माना जाय, क्योंकि कम्युनिस्ट होने की सबसे बड़ी सार्थकता मैं इस बात में मानता हूँ कि वह वैचारिक विलासिता से उबरकर जन-जीवन के बीच जाय और उसे अपने विचारों, योजनाओं, व्यवहारों से नवीन जागृति प्रदान करें। शहरों में बैठकर खाली 'टेबल टॉक' करने वाला प्रगतिशील जन-जीवन (बात-बात में वह जिसकी दुहाई देता है) को कैसे प्रभावित कर सकता है? इससे वह प्रगतिशील किस अर्थ में महत्त्वहीन है जो कम्युनिस्ट तो नहीं है लेकिन कम्युनिज्म की उसी तरह बात कर लेता है जैसे कम्युनिस्ट प्रगतिशील बात करता है।

प्रगतिशील कविता और कवि का वास्तविक जीवन

प्रगतिशील कविता के सन्दर्भ में एक सवाल और बार-बार उठाया जाता है वह यह कि सुविधा में जीने वाले कवि स्वभावतः घटिया कवि हैं और असुविधा में जीने वाले कवि स्वभावतः बढ़िया कवि हैं। कवि ही नहीं बल्कि इन्हें क्रमशः घटिया और बढिय़ा प्रगतिशील भी मान लिया जाता है। यह बात सही हो सकती है यदि इसे सही ढंग से समझा जाय यह। सच है कि हमारे यहाँ का कोई भी कवि जान-बूझकर असुविधाओं में जीना नहीं चाहता, किन्तु यदि उसका जन्म ही अभावग्रस्त परिवार में हो गया है तो संकट झेलने और संघर्ष करने के सिवा उसके पास और विकल्प ही क्या हो सकता है। अनिवार्य रूप से ही सही, यह अभाव और संघर्ष का

दौर उसे अनेकानेक जीवनानुभवों से सम्पन्न करता है और ये जीवनानुभव उसे अभावग्रस्त तथा संघर्षशील जनजीवन के पास ले जाते हैं। यदि उस कवि के पास कलात्मक शक्ति है तो ये अनुभव सशक्त साहित्य की सृष्टि करते हैं। दूसरी ओर सुविधाओं में पैदा होने वाला तथा पलने वाला हमारा साहित्यकार चूँकि प्रयत्न करके जनजीवन के पास नहीं पहुँचता इसलिए जन-जीवन के प्रभाव और संघर्ष वाले अनुभवों से वंचित होकर केवल वैचारिक स्तर पर जन-जीवन की बात करता है इसलिए उसका साहित्य सशक्त नहीं हो पाता। किन्तु यहाँ भी यह ध्यान देने की बात है कि अभाव ग्रस्त लेखक भी जनजीवन के बीच उतरकर उसके लिये कार्य नहीं करता जिस तरह सुविधा संपन्न लेखक नहीं करता। हिन्दी के जिन प्रगतिशील कवियों को जनजीवन के लिये संघर्ष करने वाला कवि कहा गया है वे वास्तव में जनजीवन के लिए संघर्ष नहीं करते वे तो अपने अभावों से संघर्ष करते हैं और उनकी अक्खड़ता व्यवस्था से संघर्ष की अक्खड़ता नहीं होती केवल अहं की अक्खड़ता होती है। मसलन कवि त्रिलोचन को ले सकते हैं। त्रिलोचन ने अपने जीवन में रोजी-रोटी के लिए बड़ा गहरा संघर्ष किया है लेकिन सामाजिक स्तर पर भी उन्होंने कोई संगठित संघर्ष किया हो इसका पता मुझे नहीं है। इसी तरह व्यवस्था में न खप पाने की उनमें व्यक्तिवादी अक्खड़ता तो है किन्तु यह अक्खड़ता वैचारिक और सामूहिक स्तर पर एक संघर्ष की अक्खड़ता बनने के स्थान पर निजी भावात्मक प्रतिक्रिया बनकर रह जाती है।

प्रगतिशील कविता का व्यापक अर्थ

प्रगतिशील कविता में प्रगतिशीलता और कविता को अवांतर अप्रासंगिक कारणों से गौरवान्वित करने की जो परम्परा चली और अब तक चल रही है उसने इन दोनों का अहित किया। प्रगतिशीलों का एक बहुत बड़ा समूह कट कर छोटा हो गया और कविता अपनी गहरी संवेदनशीलता, अनुभव प्रवणता और सार्थकता खोकर वैचारिक वक्तव्य बन गई। हर्ष है कि प्रगतिशील कवि और आलोचक डॉ. रणजीत ने हिन्दी के प्रगतिशील कवियों पर विचार करते हुए प्रगतिशीलता को एक व्यापक अर्थ में लिया है और कविता की पहचान भी बहुत कुछ कविता की दृष्टि से की है। रणजीत ने प्रगतिशील कवियों का वर्गीकरण करते हुए उन्हें छः प्रकार की धाराओं में बाँटा है और उन छः धाराओं की निजी विशेषताओं की व्याख्या कर उनमें आने वाले कवियों की शक्ति और अशक्ति का आकलन किया है। उन छः धाराओं के लिए छः अध्याय रखे गये हैं— 1. छायावादी आध्यात्मवादी रुझान के कवि, 2. राष्ट्रीय रोमानी रुझान के कवि, 3. केन्द्रीय वर्ग के कवि, 4. रोमानी रुझान के प्रगतिशील कवि, 5. प्रयोगशील रुझान के प्रगतिशील कवि, 6. सातवें दशक

के प्रगतिशील कवि। इस वर्गीकरण से यह स्पष्ट है कि कवि केवल कम्युनिस्ट प्रगतिशीलों को ही प्रगतिशील नहीं मान रहा है बल्कि उन सारे कवियों को इसके अंतर्गत समाविष्ट कर रहा है जो अपनी वैचारिकता और अपनी संवेदनशीलता में सामाजिक हैं जिनमें जनजीवन के अभाव तथा संघर्ष की गहरी चेतना है और सड़ी-गली रूढियों, शोषक आभिजात्य के प्रति रोष और सामान्य मानवता के प्रति आस्था और विश्वास है।

प्रगतिवादी और मार्क्सवादी कविता

यह देखकर दु:ख होता है कि आज भी प्रगतिवाद पर जो शोध-ग्रंथ या लेख लिखे जाते हैं उनमें वे ही कवि प्रगतिवादी माने जाते हैं जो मार्क्सवादी दृष्टिकोण का या उस दृष्टिकोण से किसानों, मजदूरों के अभावों, संघर्षों तथा अभिजात शोषक वर्गों के भोग-विलास का स्फीत और सपाट वर्णन करते रहते हैं। शोधकर्ताओं और निबन्ध लेखकों का ध्यान इस ओर नहीं जाता कि बहुत से प्रगतिशील कवियों ने प्रगतिवादी आंदोलन की अनुभूतिहीन क्रांति गर्जना और सपाट बयानी से ऊबकर एक ऐसी काव्य-यात्रा आरम्भ की जो प्रगतिवादी यात्रा तो थी ही साथ ही साथ कविता भी थी। इन कवियों का दृष्टिकोण तो मार्क्सवादी था किन्तु ये मार्क्सवादी दृष्टिकोण के लिए कविता नहीं लिख रहे थे। ये कविता उस जीवन के लिए लिख रहे थे जिसका इन्हें अनुभव था। इसलिए इन्होंने मार्क्सवादी दृष्टिकोण के साथ ही साथ प्रामाणिक जीवन अनुभव को भी रेखांकित किया। ये अनुभव ठेठ प्रगतिशीलों के अनुभवाभास वाले अनुभवों की तरह सरल, सपाट और इकहरे नहीं थे। ये परिवेशगत यथार्थ और व्यक्तिगत आन्तरिकता के ताने-बाने से बुने हुए होने के नाते अधिक जटिल और संश्लिष्ट तो थे ही, गहरी सौन्दर्य चेतना से भी सम्पन्न थे। इन कवियों ने इन जटिल संश्लिष्ट अनुभवों की अभिव्यक्ति के लिये शिल्प के क्षेत्र में नये प्रयोग किये और कविता बिम्बधर्मा हो गई। बिम्बों के प्रयोग से कविता कथन की स्फीति के स्थान पर एक कलात्मक सांकेतिकता से दीप्त हो उठी। इसलिए लगता है कि प्रगतिशील कविता का वास्तविक सौन्दर्य उन कवियों की कविताओं में ही है जिन्हें लेखक ने प्रयोगशील रुझान के प्रगतिशील कवि कहा है। डॉ. रणजीत ने प्रयोगशील रुझान के कुछ कवियों को प्रगतिशील परम्परा में रखकर न केवल प्रगतिशील कविता की सही व्याप्ति की ओर संकेत किया है बल्कि इन कवियों की कविताओं के काव्यात्मक मर्म, प्रच्छन्न भाव से उनसे दीप्त होती हुई प्रगतिशील चेतना तथा चेतना और कविता के पारस्परिक संबंधों की साफ-सुथरी किन्तु अपेक्षाकृत गहरी व्याख्या करके अपनी साहित्यिक सूझ-बूझ का परिचय दिया है।

डॉ. रणजीत का विश्लेषण

रणजीत ने अपने को अन्य अनेक प्रगतिशील विचारकों से कई अन्य बिन्दुओं पर भी अलगाया है। वह अलगाव कितना सही है कितना गलत यह एक अलग प्रश्न है किन्तु इतना निश्चित है कि यह अलगाव रणजीत के अपने सोचने-समझने तथा भीड़ से अलग हट कर कुछ अपना निर्णय लेने की प्रवृत्ति का परिचय देता है।

निराला और पंत

इस संदर्भ में निराला और पंत की कविताओं के बारे में व्यक्त रणजीत के विचारों की ओर संकेत करना चाहूँगा। निराला प्रगतिशील कवियों और आलोचकों की कमजोरी है। वे इन्हें मसीहा करार देकर इनकी घटिया से घटिया कविताओं को उछालने की कोशिश करते हैं शायद इसलिए कि इनका जीवन अभावग्रस्त रहा है। दूसरी ओर वे पन्त को हर समय घटिया कवि सिद्ध करने की कोशिश करते हैं—शायद इसलिए कि पन्त का जीवन उतना अभावमय नहीं रहा। यह सच है कि अभाव और संघर्ष के नाते निराला की कविताएँ पन्त की कविताओं की अपेक्षा अधिक अनुभव सघन हैं और निराला की श्रेष्ठ कविताएँ पन्त की श्रेष्ठ कविताओं से बहुत भारी पड़ती हैं। किन्तु निराला की अधिकांश सामान्य कविताओं का स्तर पन्त की अधिकांश सामान्य कविताओं के स्तर से नीचे दिखाई पड़ता है। इसकी भी पहचान होनी चाहिये। इसी तरह पन्त की प्रगतिशील कविताओं और निराला की प्रगतिशील कविताओं में जो अन्तर है, उसकी सही पहचान होनी चाहिए। रणजीत ने समग्रत: पन्त की प्रगतिशील कविताओं को निराला की कविताओं की अपेक्षा अधिक महत्त्व दिया है, इसके लिये उन्होंने दोनों की कविताओं का विस्तार से विवेचन किया है, और यह स्पष्ट किया है कि पन्त में प्रगतिशील दृष्टि की जो सामग्रता है वह निराला में नहीं है। लेखक के ही शब्दों में, "निराला जी पन्त जी की तरह छायावाद का युगान्त घोषित कर प्रगतिवाद में दीक्षित नहीं हुए। उनके विचारों एवं विश्वासों में उस तरह का कोई बड़ा परिवर्तन नहीं आया। वे अपने छायावादी, अध्यात्मवादी विश्वासों में ही और उनके बावजूद प्रगतिशील रहे हैं।" लेखक इसलिए निराला के परवर्ती काव्य को प्रगतिशील कम यथार्थवादी ज्यादा मानता है। निराला की 'कुकुर मुत्ता' को लेकर रणजीत ने निराला की प्रगतिशीलता के खंडित रूप को स्पष्ट किया है। लेखक ने निराला और पन्त के दृष्टिकोण, अनुभव और शिल्प की पारस्परिक तुलना कर उनकी प्रगतिशील कविताओं का सापेक्ष मूल्यांकन किया है किन्तु लेखक निराला की एक विशेषता की ओर समुचित दृष्टिपात नहीं कर सका है वह यह कि निराला स्पष्ट प्रगतिवादी

दृष्टि के अभाव में भी जब अपनी गहरी मानवीय संवेदना के बल पर कोई अच्छी कविता लिखते तो उसका पूरा ढाँचा—(भाषा, छन्द, कथनवक्रता आदि) बदल जाता है और ये कविताएँ न केवल अपनी गहन अनुभूतिशीलता के नाते पन्त की गहन अनुभूतिहीन किन्तु चित्रात्मक कविताओं की अपेक्षा अधिक प्रभावशाली लगती हैं वरन् प्रगतिशील कविता के लोक-जीवन सुलभ शिल्प का प्रतिमान भी प्रस्तुत करती हैं।

नागार्जुन, त्रिलोचन शास्त्री और मुक्तिबोध

इसी तरह रणजीत ने नागार्जुन, त्रिलोचन और मुक्तिबोध जैसे प्रगतिवाद के मान्य कवियों से अभिभूत हुए बिना उनकी काव्यात्मक सीमाओं का निर्भीक भाव से उद्घाटन किया है। यह सच है कि इन कवियों में अभाव और संघर्ष के अनुभव ज्यादा हैं किन्तु इनमें से कितने अनुभवों को कविता के रूप में रचा जा सका है यह प्रश्न भी उठता है। रणजीत ने उस रचनात्मकता की खोज करते हुए इन कवियों का आकलन किया है। त्रिलोचन के संदर्भ में उन्होंने कहा है—"मुझे लगता है आवेग और ऊष्मा के आपेक्षिक अभाव के कारण ही त्रिलोचन की अधिकांश कविताएँ साधारणता और सहजता से अधिक ऊँची नहीं उठ पातीं हैं।" मुक्तिबोध की अनुभव सघनता और काव्यशक्ति की श्रेष्ठता को स्वीकार करते हुए भी रणजीत ने उनकी उन सीमाओं की ओर निर्देश किया है जो अनुभव और रचना के पारस्परिक संवाद के अभाव में पैदा होती हैं। रणजीत ने इनकी लम्बी कविताओं को विशृंखलित बताया है। इस विशृंखलता का एक कारण मुक्तिबोध की केन्द्रापगामी प्रवृत्ति भी है। "वे अपनी कई कविताओं में एक विचार से दूसरे विचार और एक बिम्ब से दूसरे बिम्ब की ओर इस कदर मुक्त प्रसंग में भटकने लगते हैं कि कविता का कोई उचित प्रभाव नहीं रह जाता।"

दिनकर की कविता

कहा जा चुका है कि लेखक ने प्रगतिशीलता को किसी रूढ़ रूप में न लेकर उदार रूप में लिया है। इसलिए उसने अन्य अनेक मुख्य-धाराओं के भीतर से उभरती हुई प्रगतिशील चेतना की भी पहचान की है। राष्ट्रीय रूमानी रूझान के कवि 'नवीन' और 'दिनकर' को भी उसने बड़े विस्तार से आकलित किया है। दिनकर निश्चय ही छायावादोत्तर काल के एक श्रेष्ठ कवि हैं। उनमें अनुभव का उद्दाम वेग है। उनके अनुभव व्यक्तिगत प्रेम के क्षेत्र के भी हैं, राष्ट्रीय संघर्ष के क्षेत्र के भी तथा सामाजिक विषमताओं के क्षेत्र के भी। यह सच है कि दिनकर अपने विचारों में सदा मार्क्सवादी नहीं रहे किन्तु उनके सामाजिक अनुभव उनकी अधिकांश कविताओं को प्रगतिवादी क्षेत्र में ला देते हैं। वैसे 'कुरुक्षेत्र' में उनका स्वर बहुत दूर तक

मार्क्सवादी है। वे सामाजिक समस्याओं के समाधान के लिए समता की स्थापना आवश्यक मानते हैं—

जब तक मानव, मानव का सुखभाग नहीं सम होगा।
शमित न होगा कोलाहल संघर्ष नहीं कम होगा..।।

इस तरह लेखक के शब्दों में "न केवल युद्ध के मूल कारण की उन्हें सही पहचान है बल्कि वे शोषितों के न्याय पूर्ण संघर्षों और उनमें प्रयुक्त हिंसा का समर्थन भी करते हैं।" फिर भी दिनकर समग्रत: मार्क्सवादी नहीं है—'कुरुक्षेत्र' में भी नहीं हैं। लेखक के शब्दों में "जहाँ शूरता और प्रतिशोध को गौरवान्वित करने लगते हैं और प्रतिशोध के लिए युद्ध के सिद्धान्त को प्रचारित करते हैं और जहाँ वे अविवेकपूर्ण वीरता की प्रशंसा करते हैं, वहाँ स्पष्ट ही युद्ध के प्रति उनकी धारणा पर सामन्ती क्षात्रधर्मवाद की गहरी छाप है।" जो भी हो 'कुरुक्षेत्र' बहुत दूर तक आधुनिक प्रगतिशील चिन्तन को प्रतिध्वनित करता है। रणजीत ने दिनकर की काव्य-यात्रा के विविध स्वरों का आकलन करते हुए और इन स्वरों के बीच उनके प्रगतिवादी स्वर की पहचान करते हुए यह निष्कर्ष निकाला है कि दिनकर मूलत: और अन्तत: प्रगतिवादी दर्शन के प्रति आस्थाशील कवि नहीं हैं। 'परशुराम की प्रतीक्षा' तक आते-आते उस शारीरिक शक्ति और शौर्य के प्रति वे अत्यधिक उन्मुख हो उठते हैं, जिसके प्रति उनका झुकाव 'हुंकार' में हो चुका था और जिसका विकास 'रश्मिरथी' में दिखाई पड़ता है।

हाल के अन्य प्रगतिशील कवि

प्रगतिशील कविता के केन्द्रीय वर्ग में अनेक कवि लिये गए हैं जिनमें नागार्जुन, केदारनाथ अग्रवाल, त्रिलोचन, रांगेय राघव जैसे बहुचर्चित कवि भी हैं और सुदर्शन चक्र, मलखान सिंह, सिसोदिया, चन्ददेव शर्मा आदि जैसे अनेक अचर्चित कवि भी हैं। डॉ. रणजीत को इस बात के लिए दाद देनी चाहिए कि उन्होंने इतिहास की पर्त के नीचे पड़े हुए अख्यात कवियों की कविताओं को पाठकों के सामने रखा। किन्तु यह सवाल भी इनसे किया जा सकता है कि क्या किसी समय के दौर से गुजरी हुई हर छोटी से छोटी चीज इतने महत्त्व की होती है कि वह दौर गुजर जाने के बाद भी उसे स्थाई मूल्य के रूप में याद किया जाय। ये अनेक कविताएँ कविता की दृष्टि से तो मूल्यवान नहीं ही हैं। इनका कुछ अपना अनुभवगत वैशिष्ट्य भी नहीं है। ऐसा लगता है जैसे कुछ सामान्य बातों को हर कवि एक ही ढंग से दुहरा रहा है। इसी तरह रूमानी रूझान के प्रगतिशील कवियों (जिनमें से अनेक लटकेबाज मंचीय गीतकार हैं) की सतही कविताओं को अनावश्यक महत्त्व दे दिया गया है। मुझे लगता है कि इनकी प्रगतिशीलता जितनी

मंचीय आवश्यकता से प्रेरित है उतनी स्वानुभूति से नहीं, फिर भी शिवमंगल सिंह 'सुमन', नरेन्द्र शर्मा और वीरेन्द्र कुमार जैन की कविताओं का अपना महत्त्व है।

प्रस्तुत पुस्तक बहुत श्रमपूर्वक लिखी गई है। इसलिए 1936 से लेकर अब तक लिखी गई प्रगतिशील कविताओं, उनके ख्यात-अख्यात कवियों और कुछ महत्त्वपूर्ण आलोचनात्मक टिप्पणियों का प्रामाणिक 'डाकूमेंट' इसमें प्राप्त होता है। इसकी एक विशेषता यह भी है कि प्रगतिशील कविताओं की खोज करते-करते यह कवियों की अन्य प्रवृत्तियों और विशेषताओं की ओर संकेत करती चली है। यह सच है कि लेखक ने कवियों और कविताओं की अनेक विशेषताओं का बड़ी सफाई से उद्‌घाटन किया है किन्तु यह उद्‌घाटन जितना सर्वेक्षण मूलक है उतना विश्लेषणमूलक नहीं। यदि लेखक ने इनमें से अनेक कवियों को लेने का मोह त्याग कर महत्त्वपूर्ण कवियों को ही लिया होता और अधिक गहराई से उनके काव्य की प्रगतिशील चेतना के साथ रचनात्मक बनावट का विश्लेषण किया होता तो पुस्तक और अधिक महत्त्व प्राप्त कर सकी होती।

—रामदरश मिश्र

***

सीमित परिप्रेक्ष्य का भी टूटता दायरा

*** आनंद प्रकाश ***

'हिंदी के प्रगतिशील कवि' के लेखक डॉक्टर रणजीत प्रगतिशील और प्रगतिवादी कवियों में भेद करते हैं। इस भेद से उन्हें यह लाभ मिलता है कि उनकी **"इस धारणा में प्रगतिवादी कवि तो आ ही जाते हैं, उनके आस-पास के वे सब कवि भी आ जाते हैं, जिनके काव्य का मूल स्वर मानववादी, आस्थाशील और अग्रगामी है, चाहे वे विचारों से पूरे मार्क्सवादी हों या नहीं।"** जितनी स्पष्टता उनकी इस परिभाषा में है, उतनी ही अपने उद्‌देश्य में भी। वे कवियों की **'किन्हीं अमूर्त उपलब्धियों'** की बात न करके **'मूर्त उपलब्धिपूर्ण कविताओं'** की बात करना चाहते हैं। प्रगतिशील शीर्षक के अंतर्गत लगभग 100 कवियों की 'सर्वेक्षरणमूला कृतीक्षा' पेश करते देख कर लोग यदि उन्हें उदारतावाद का अपराधी मानने लगें तो वह इसे गाली नहीं समझेंगे। बल्कि 'संकीर्ण राजनीतिक मतवाद' की तुलना में तो उन्हें उदारतावाद एक 'भला-सा शब्द' लगता है। 'पर यह उदारता सिद्‌धांतहीन नहीं है, इस बारे में अपने भीतर कम से कम मैं तो आश्वस्त हूँ' कहकर रणजीत अगले दो अध्यायों में उस सिद्‌धांत को प्रस्तुत करते हैं जिसके आधीन हिंदी कवियों को एक विशिष्ट विभाजन-क्रम में रखकर प्रस्तुत किया गया है।

वर्गीकरण की समस्या का जिक्र करते समय उन्हें तीन आधारों में से एक को चुनना था—1. पीढ़ीयों का आधार, 2. वर्ग-स्थिति का आधार, 3. सामाजिक चेतना की प्रखरता का आधार। तीसरा आधार उन्हें सबसे कम अनुपयुक्त लगा, इसलिए उसमें कुछ जरूरी तब्दीलियाँ करके तथा उसका नाम 'रुझान के आधार पर वर्गीकरण' रख कर इस्तेमाल कर लिया गया। लेखक की राय में यह तीसरा वर्गीकरण इसलिए ज्यादा सही है कि इसमें कवियों के सचेत रूप से स्वीकार किए गए विचारों से निर्देशित न होकर कविताओं के कथ्य तथा उनके मूल स्वर पर ध्यान दिया गया है।

रणजीत की राय में प्रगतिशील साहित्य परम्परा का जन्म 1930 के आस-पास हुआ था, और यह परम्परा बढ़ती हुई 1936 में अपने विकास की उस अवस्था तक पहुँच गई थी जहाँ इसके विशिष्ट तथा स्वतंत्र व्यक्तित्व की पहचान की जा सकती थी। 1936 से लेकर अब-तक के विकास को चार चरणों में विभाजित करके देखा जा सकता है। पहला दौर था 1936 से 1947 तक का, जिसमें भारतीय जनता ने एकजुट होकर साम्राज्यवादी ब्रिटेन के साथ संघर्ष किया और देश को आजाद कराया। दूसरा दौर था 1951 तक का, जिसमें प्रगतिशील धारा का खुलकर दमन किया गया। तीसरा दौर था 1951 से 1972 तक का जिसमें भारतीय गणराज्य की स्थापना के साथ-साथ लोकतंत्र के तहत दमन की मात्रा काफी कम हुई और साहित्यकारों तथा सामान्य रूप से प्रगतिशील शक्तियों को आजादी से काम करने की छूट दी गई। चौथा दौर है 1972 से अब तक का जब साहित्य में फिर कुछ नए तत्व उभरने लगे हैं और शायद ये तत्व एक लंबे काल तक शिक्षित वर्ग के चिंतन को प्रभावित करने जा रहे हैं।

लेखक का यह कहना है कि पहले दो दौरों में कविता ज्यादा राजनीतिक थी और बाकी मानवीय तत्व उस स्पष्ट राजनीतिकता से मंडित होकर आते थे। इसी कारण उस समय की कविता में कुछ अतिरिक्त उत्साह, कुछ सपाटबयानी और दोहराव दिखाई देता है। इसके विपरीत तीसरे दौर में कविता राजनीति के कुछ निषेधात्मक पक्षों के प्रति सावधान हुई। कविता के आंतरिक तथा मूलभूत तत्वों की तरफ अतिरिक्त रूप से झुकते हुए तब के कवियों ने कलात्मकता को प्रधानता दी, ताकि राजनीतिक टिप्पणी की सपाटता से बचकर संश्लिष्ट मानवीय अनुभूति को अभिव्यक्त किया जा सके। इससे कविता यदि राजनीति-विरोधी नहीं भी हुई, तब भी उसने राजनीतिकता से एक विशिष्ट तथा निश्चित दूरी बना ली। चौथा दौर शायद तीसरे दौर की कलात्मकता तथा राजनीतिहीनता की प्रतिक्रिया में फिर सपाटबयानी की तरफ झुका है और स्पष्ट रूप से राजनीति की बात करता है।

उसमें आक्रोश भी है और अपने राजनीतिक शत्रु का सीधे विरोध करने की चाह भी।

ऐसा महसूस होता है कि इस पूरे विभाजन के पीछे दो तरह की धारणाएं काम कर रही हैं। एक ओर तो रणजीत कविता में प्रतिबिंबित रुझान के आधार पर बात करते हुए लेखकों की निजी राजनीतिक समझ को अलग करके सिर्फ कविता के कथ्य की ही परख करना चाहते हैं ताकि 'गैर-साम्यवादी' और राष्ट्रवादी कवियों की कविता में भी प्रगतिशीलता ढूंढ सकें और इस तरह हिंदी कविता के पिछले पूरे इतिहास को पुनर्व्याख्यायित कर सकें। दूसरी ओर भारतीय प्रगतिशील राजनीति के विकास का संदर्भ भी बरकरार ही नहीं रखना चाहते बल्कि उससे बंधे रहना चाहते हैं, ताकि इस अध्ययन के माध्यम से एक स्पष्ट सरल और सामान्य राजनीतिक विकास को एक सीधी रेखा में दिखा सके।

भारतीय राजनीति में दिलचस्पी रखने वाले सभी लोग यह जानते हैं कि 1947 से 1951 तक का समय प्रगतिवादी शक्तियों के लिए कठिन समय था। उस काल में सबसे बड़ा सवाल यह था कि अपनी मूल प्रतिबद्धता का चरित्र बदला जाए या उस प्रतिबद्धता के मूल चरित्र की रक्षा निडरता से करते हुए केवल काम करने के तरीकों को बदला जाए। रणजीत प्रश्न को ऐसे न उठा कर सिर्फ कहते हैं कि दमन के कारण प्रगतिशील आंदोलन में संकीर्णता आने लगी।

राजनीतिक संकीर्णता की बात उठाना शायद रणजीत के लिए इसलिए जरूरी हो गया कि अगले दौर का अंत 1962 में दिखाया जा सकता, जबकि साम्यवादी शक्तियों के विभाजन के समय 'राजनीतिक संकीर्णता' और 'एकांगिता', 'स्वस्थ प्रगतिशीलता' और 'भली-सी उदारता' से अलग हो गई। एक तरह से यह कहा जा सकता है कि लेखक परिप्रेक्ष्य चुनने की दुविधा में जकड़ा हुआ है। या तो वह सिर्फ कविताओं में प्रतिबिंबित सामाजिक यथार्थ के चरित्र के आधार पर सैंकड़ों कवियों को लंबी जमात को प्रगतिशीलता के साथ जोड़ दे और या अप्रत्यक्ष रूप से राजनीतिक टिप्पणी और सपाटबयानी को कलात्मकता तथा संश्लिष्टता से अलग कर दे और इस तरह राजनीतिकता को कुछ-कुछ असाहित्यिक करार देकर संश्लिष्ट कलात्मकता को 'मानववादी, आस्थाशील और अग्रगामी' कह दें। ध्यान से देखें तो विश्लेषण के ये दो आधार परस्पर-विरोधी हैं—पहला आधार लेखक को अतिशय छूट देता है और साहित्य को केवल साहित्य के रूप में ही समझने-परखने की बात करता है (क्योंकि निजी वैचारिक धारणाओं की उनके साहित्यिक तत्वों पर ही जोर देने का दावा किया गया है), जबकि दूसरे फ्रेमवर्क में शासकीय दमन अथवा सुविधाओं तथा प्रगतिवादी ताकतों के परस्पर संबंध को ध्यान में रखा गया है, जो कि एक राजनीतिक तर्क है। यदि आलोचक एक तरफ साहित्यिकता को

राजनीतिकता से अलग करने की, बल्कि किसी हद तक एक को दूसरे के विरोध में खड़ा करने की बात सोचता है और दूसरी तरफ चुपचाप राजनीतिक फ्रेमवर्क की बात करने लगता है तो शायद पहचान नहीं पा रहा है कि असल में क्या कर रहा है। प्रस्तुत आलोचक ज्यादातर परिप्रेक्ष्य के इन दो पक्षों के बीच उलझा रहता है। और चूंकि वह इस दुविधा से बाहर नहीं निकल पाता, इसलिए उसके विश्लेषण से कितने ही, और परस्पर-विरोधी, निष्कर्ष निकाले जा सकते हैं।

रुझान के आधार पर लेखक ने कवियों की पाँच श्रेणियाँ बनाई हैं—छायावादी अध्यात्मवादी रुझान के कवि, राष्ट्रीय रूमानी रुझान के कवि, केंद्रीय वर्ग के कवि, रूमानी रुझान के प्रगतिशील कवि, प्रयोगशील रुझान के प्रगतिशील कवि। अंतिम अध्याय का शीर्षक है **'सातवें दशक के प्रगतिशील कवि'**, जिसे एक अलग श्रेणी के रूप में स्वीकार नहीं किया जा सकता, क्योंकि इन कवियों में भी कितने ही रुझान हो सकते हैं। बल्कि यदि लेखक को तर्क-नैरंतर्य बनाए रखना था तो इन कवियों को भी उपर्युक्त पाँचों विभाजनों में रुझान के आधार पर शामिल किया जा सकता था।

लेखक की राय में प्रगतिशीलता का परिपक्व स्वरूप 'काव्य-सृजन की एक वास्तविक परंपरा' की शक्ल में सबसे पहले सुमित्रानंदन पंत में देखने को मिलता है। शुरूआत के दूसरे प्रमुख कवियों में सूर्यकांत त्रिपाठी 'निराला', बालकृष्ण शर्मा नवीन, रामधारीसिंह दिनकर, शिवमंगल सिंह सुमन आदि का नाम लिया जा सकता है। 1972 से पहले के मुख्य कवि केदारनाथ अग्रवाल, रामविलास शर्मा, नागार्जुन, नीरज, वीरेंद्र मिश्र, गजानन माधव मुक्तिबोध, गिरिजाकुमार माथुर, शमशेर आदि है। सातवें दशक के कुछ प्रगतिशील कवि हैं—राजीव सक्सेना, रमेश कुंतल मेघ, रमेश गौड़, हरीश भादानी तथा वेणु गोपाल। इसी दशक के अन्य प्रगतिशील कवियों में कुमारेंद्र पारसनाथ सिंह, श्रीहर्ष, विजेन्द्र, श्याम सुंदर घोष, (और कुछ-कुमार विकल भी) हैं।

इन कवियों की चर्चा करते समय लेखक ने उनके रचना-काल की संक्षिप्त देने की कोशिश की है। विभिन्न कवियों की प्रगतिशील कविताओं का सार उनमें से महत्त्वपूर्ण उद्धरण तथा उन पर सामान्य आलोचनात्मक टिप्पणी देकर लेखक ने अपनी आलोचकीय जिम्मेदारी का पालन किया है। उसका उद्देश्य, जैसा मैंने ऊपर कहा है, हिंदी के सामान्य पाठक को यह बताना मात्र है कि हिंदी में प्रगतिशीलता की परंपरा बहुत पुरानी है, और उसका स्वरूप कुछ-कुछ इस तरह का है। इस प्रकार यह पुस्तक अपने मूल चरित्र में परिचयात्मक है। बीच-बीच में यही परिचयात्मकता लेखक को अतिशय साधारण व्याख्या की ओर भी मोड़ देती है,

तथा कवियों के, और कविताओं के, गुण-दोष ऐसी शैली में बतलाए जाने लगते हैं कि लेखक अपनी प्रथम प्रतिक्रियाओं को बिना अधिक सोच-विचार के सिर्फ कहता हुआ पाया जाता है।

संक्षेप में, लेखक के हाथ से धीरे-धीरे अपने सीमित परिप्रेक्ष्य की भी पकड़ छूटने लगती है। और यही इस पुस्तक की समस्या है। इसे छिपाने के लिए यदि लेखक उदारता का तर्क अपनाता है तो गलती करता है, क्योंकि जिस तरह की उदारता की बात लेखक ने की है, उसके तहत न केवल किसी भी कवि या कविता के भीतर 'मूल मानवीय' तथा 'प्रगतिशील' तत्व ढूँढे जा सकते हैं, अपितु किसी भी दूसरे कवि या कविता में अतिशय राजनीतिकता, सपाट बयानी, वैचारिक संकीर्णता, एकांगिता आदि तत्व दिखला कर अपनी असुविचारित प्रथम प्रतिक्रिया को आसानी से सिद्ध किया जा सकता है।

कहने का आशय यह है कि सही आलोचकीय उदारता इस उदारता से मूलतः भिन्न होती है, क्योंकि जहाँ सही उदारता कमजोर साहित्यिक कृतियों अथवा प्रगति विरोधी कृतियों के भी मूल मानवीय तत्वों को अपनी वैचारिक कसौटी के बल पर देख पाती है, और यह स्पष्ट करती है कि किस प्रक्रिया के दौरान वे मानवीय तत्व दब गए या कुछ-कुछ बदल गए, वहाँ गलत किस्म की उदारता कृतियों और कवियों में झलकने वाले मानवीय तत्वों को मनमाने रूप से व्याख्यायित और श्रेणीबद्ध करती है। इस उदारता की एक पहचान यह है कि यह कवियों तथा कविताओं को कुछ विशेषण प्रदान करके चुप हो जाती है (चाहे ये विशेषण प्रशंसात्मक-स्वीकारात्मक हों या निषेधात्मक), और काव्य प्रवत्तियों के विश्लेषण से हमेशा बचती है। इस उदारता के पास 'अतिशय राजनीतिक', 'संकीर्ण', 'कठमुल्लापन' आदि शब्द होते हैं, जिन्हें समय-असमय दोहरा कर संतोष प्राप्त कर लेना इसका धर्म बन जाता है। इसका यह अर्थ नहीं है कि आलोचक इन शब्दों का प्रयोग ही न करे, बल्कि यह कि इन शब्दों का प्रयोग पूरी जिम्मेदारी से करे, और संकीर्णता आदि की विशिष्ट व्याख्या करके बतलाए कि वह किस तरह की है और कितनी हानिकारक है।

इस उदारता को सही आलोचकीय उदारता से अलग करने के लिए यह दिखाना भी जरूरी है कि इसमें परिप्रेक्ष्य सबंधी तारतम्यता का अभाव होता है, जो व्यक्ति के बाद के आलोचकीय विकास में परिप्रेक्ष्य से निश्चित दूरी बनाए रखने की सचेत कोशिश में बदल जाता है। ऐसा होने पर परिप्रेक्ष्य की वैज्ञानिक समझ के आधार पर निकलने वाली साहित्यिक-सामाजिक दृष्टि के प्रति निरन्तर विरोध (अथवा कम-अज-कम संदेह) बनाए रखने की प्रवृत्ति बढ़ने लगती है और कार्यशीलता

का निर्णायक तत्व भी यही विरोध बन जाता है। अर्थात् व्यक्ति वृहद सामाजिक जरूरतों से निर्देशन लेते हुए वर्ग-शत्रुओं के विरुद्ध किए जाने वाले संघर्ष को त्याग कर 'संकीर्णतावादियों' से ही अंतिम और निर्णायक लड़ाई लडने को उतारू हो जाता है। इसमें अपने अंतिम रूप में समाज के किस वर्ग-विशेष को लाभ होता है, यह बताने की जरूरत नहीं है।

प्रगतिशील साहित्य के सामने एक सवाल हमेशा बना रहा है। वह है लेखन में सही प्रगतिशील दृष्टि के विकास का। इस पुस्तक को देखते हुए भी यह सवाल बार-बार सामने आता है। ऐसा क्यों होता है कि एक समय के प्रगतिशील दूसरे समय उदासीन अथवा प्रगतिविरोधी विचारात्मकता अपना लेते है? वहीं 'मानवीय दृष्टिकोण' जिससे आजादी से पहले कवियों को सामान्य जनता से जोड़ कर सार्थक लेखन के लिए भूमिका बनाई, आजादी के बाद जनता के अपने प्रश्नों से कटकर मानव-विरोधी बन गया। यदि यह अनायास ही हो गया, बिना कवियों-लेखकों के दिमाग में आए, तो क्या इसका यह कारण नहीं कि सही प्रगतिशीलता कभी अनायास नहीं पनपती। उसे विकसित करने के लिए लेखक को सजग रूप से जनता के सवालों से जुड़े रहना पड़ता है। जनता के संघर्षों की गलतियों से सबक सीख कर, सच्चाई से निर्देशित होते रह कर सही वैज्ञानिक दृष्टि का विकास करना पड़ता है। हो सकता है कि संकीर्णतावाद, एकांगिता वगैरह के बारे में रणजीत सही हों, लेकिन जिस वैज्ञानिक कसौटी दृष्टि से इन्हें पहचाना जा सकता है, इनका पर्दाफाश किया जा सकता है (और किया जाना चाहिए), वह दृष्टि दुर्भाग्यवश रणजीत में मुश्किल से ही मिलेगी।

प्रगतिशील दृष्टि के सवाल पर स्पष्ट हुए बिना सही प्रगतिशील लेखन का आधार नहीं बन सकता। और यह कहते हुए संकोच नहीं होना चाहिए कि यदि आज का प्रगतिशील लेखन अपने विश्लेषण में निर्भीक, वैज्ञानिक, ईमानदार और बौद्धिक नहीं होगा तो इस साहित्य परंपरा को पहले की भाँति कमजोर कर पाना आसान रहेगा—दूसरे अबौद्धिक साहित्यांदोलन पहले की भाँति इसे अपने नियंत्रण में रखे रहेंगे। आज के प्रगतिशील लेखक-आलोचक का काम है अधिकाधिक विश्लेषण और विचारात्मकता के बल पर परिप्रेक्ष्य की समझ को पुष्ट करना, और कवियों-लेखकों के सार्थक पक्षों को (बिना किसी निजी प्रतिक्रिया या पसंद-नापसंद के) रेखांकित करते हुए उन्हें दृष्टिहीनता या दृष्टि की अपर्याप्तता के खतरों से आगाह करते रहना।

—आनंद प्रकाश

16

रोटी और कमल

जुझारू प्रकृति के निबन्ध

*** डॉ. चन्द्रिका प्रसाद दीक्षित ***

'रोटी और कमल' समकालीन हिन्दी कविता के क्रान्तिकारी कवि और सोवियत लैण्ड नेहरू पुरस्कार के विजेता डॉ. रणजीत के सामाजिक, राजनीतिक लेखों का *सद्यः* प्रकाशित संकलन है। संकलन के पहले खण्ड में विभिन्न सामाजिक मसलों पर लिखे गए 16 लेख हैं, दूसरे खण्ड में साम्यवादी राजनीति, और व्यवस्था से सम्बद्ध 7 लेख हैं। इन लेखों में एक प्रकार का वैचारिक उद्देश्य है, साम्प्रदायिकता के प्रति सुचिंतित आक्रोश है।

हिन्दी निबन्ध रचना में प्राय: साहित्य की समस्याओं को निबन्धों का विषय बनाया गया, सामाजिक और राजनीतिक निबन्धों का क्षेत्र छूटा हुआ था। 'रोटी और कमल' के निबंध इसी रिक्तता को भरते हैं, अपनी प्रासंगिक अर्थवत्ता से जीवन को ऊर्जा प्रदान करते हैं। ये निबंध, निबन्धों के इतिहास में शायद पहली बार राजनीतिक समस्याओं और सामाजिक मामलों को युद्धस्तर पर सुलझाते हैं। ये जुझारू प्रकृति के निबंध हैं, जो चेतनशील समाज के निर्माण में अपनी संक्रामक भूमिका लेकर चलते हैं।

युद्ध-मुक्त मानव समाज के महान चिंतक और समाजवादी शिविर को विघटन से बचाने वाले क्रान्तिकारी सैनिक के रूप में डॉ. रणजीत 'रोटी और कमल' के प्रतीकात्मक संघर्ष को एक साथ लेकर चलते हैं, इसलिए इन निबंधों में मानव चेतना का सम्पूर्ण संघर्ष है। लेखक इन निबंधों में जनवादी जनाधिकार के लिए, स्वाधीनता और भाईचारे के लिए, मानवीय अस्तित्व और संवेदनशील प्रतिमानों के लिए संघर्ष करता दिखाई पड़ता है। निबंधों में जिस रचनात्मक दृष्टि और

सामाजिक यथार्थ का ज्वलंत प्रस्फुटन हुआ है, वह लेखक के साम्यवादी जीवन-दर्शन से अभिभूत है। 'फिर कोई गुलशन न उजड़े' निबंध को पढ़कर लगता है जैसे चिंतनशील लेखक में मानव जाति के विनाश की गहरी चिंता है, एक ऐसी चिंता जो साम्प्रदायिकता के विरुद्ध सतर्क है। सोने नहीं देती। यह चिंता उसे टॉलस्टाथ, बर्टेन्ट रसेल की तरह विश्व मानवता की ओर ले चलती है। साम्प्रदायिक दंगों पर लेखक ने सवाल पर सवाल किये है—

"जो सरकारें किसानों, मजदूरों और यहाँ तक कि विद्यार्थियों के जुलूसों पर गोलियाँ चलाने में नहीं हिचकती, --- हत्याओं और लूटमार पर --- साम्प्रदायिक भीड़ों पर कितनी बार गोलियाँ चलाई हैं? भारत में इतनी बार सांप्रदायिक दंगे हुए, हजारों लोग उनमें मारे गये, पर उनकी हत्या के अपराध में अब तक कितने लोगों को फाँसी पर लटकाया गया है? क्या साम्प्रदायिक दंगों के समय की गई हत्याएँ हत्याएँ नहीं है?" (पृ. 2)

सवालों को यूँ ही नहीं छोड़ दिया गया, उनके जबाव भी दिये गए हैं—

"जगह-जगह हम ऐसे साम्प्रदायिकता और धार्मिक कुसंस्कारों के विरुद्ध प्रचार-प्रसार करने वाले संगठन बनाएँ। हर शहर और कस्बे में चेतनाशील नवयुवक समाज के कार्यालय खोलें। कुसंस्कारों के विरुद्ध संघर्ष करने वाले महापुरूषों के उदाहरण, कवियों की कविताएँ, लेखकों के लेखादि, पेम्पलेटों के रूप में छापकर वितरित करे...।" (पृ. 4)

'आपका धर्म क्या है?' ब्लिट्ज में प्रकाशित टिप्पणी को एक लघु लेख के रूप में इस पुस्तक में पुनः प्रकाशित किया गया है। डॉ. रणजीत जनगणना में अपना धर्म 'मानवता' लिखाने वालों की गणना कराना चाहते हैं। धर्मान्धता के वातावरण में मानवता को सर्वनाश से, बचाना चाहते हैं। विवाह का सामन्ती और जनवादी आदर्श निबंध में वैवाहिक संस्था के क्रमिक इतिहास का आलोडऩ-विलोडन किया गया है। हिन्दू धर्मशास्त्रों में उल्लिखित विवाहों को सामंती, पुरुष एकाधिकारवादी शोषण मूलक बताते हुए, जनवादी आदर्शों की वकालते की गई हैं। परिवीक्षा विवाह (मेरेज इन प्रोवेशन) का विकल्प प्रस्तुत किया है, किन्तु उन्होंने यौन अनुभव प्राप्त स्त्री को भी पवित्र मानने के योरोपीय आदर्श को बताया है। देह धर्म की नैसर्गिक कामना पर बल देते हुए यौन स्वतंत्रता का जो समर्थन उनके निबंधों में परिलक्षित होता है, वह मनोविज्ञान की आधार भूमि पर खड़ा होकर भी भारतीय जीवन-धारा में प्रतिकूल दिखाई पड़ता है। लेखक ने यौन मुक्ति को संस्कार के रूप में मान्यता दे दी है, पर इसके संक्रामक दुष्प्रभावों की ओर कोई ध्यान नहीं दिया।

'नर-नारी विषमता के नैतिक और सांस्कृतिक पहलू' निबंध में लेखक स्त्री के शोषण, दमन के चिरकालिक प्रश्नों को लेकर चला है। यहाँ भी मूल में नर-नारी यौन की समस्या है। नारी-यौन के विकास और उसकी जीवमनोवैज्ञानिक भूमिका पर डॉ. रणजीत की गहरी रूचि दिखाई पड़ती है। वे इस प्रकार के निबंधों में एक अच्छे-खासे मनोविश्लेषणवादी दिखाई पड़ते हैं। कहीं-कहीं वे फ्रायड के चिंतन के अधूरेपन को भी उघाड़ते हैं (पृ. 24) उनके अनुसार फ्रायड ने नारी यौन के नृतत्वशास्त्रीय और सांस्कृतिक पहलू को अधूरे परिप्रेक्ष्य में रखा है, जैविक पक्षों की उपेक्षा और सांस्कृतिक पक्षों के संतुलन में फ्रायड की भूलों पर लेखक ने उंगली उठायी है।

'नकारात्मक आरक्षण' निबंध में जातीय आरक्षण के विस्फोटक सवालों पर विचार किया गया है तथा ऋणात्मक आरक्षण की बात उठायी है। 'बन्दूकबंदी' में आग्नेयास्त्रों के लाइसेंस रद्द करने का सुझाव है। रोटी और कपड़े की समस्याओं से जूझने वाले समाज में बंदूकों की होड़ को मूर्खतापूर्ण बताया गया है।

'तरुण साहित्यकारों से' निबंध में साहित्य-शास्त्र के पारम्परिक प्रतिमानों को एक स्वस्थ जनवादी जीवन-दर्शन प्रदान किया गया है। लेखक ने साहित्य सृजन के द्वारा मानव आत्मा के रूपान्तरण पर, मानव हृदय के परिष्कार पर बल दिया है। जीने और मरने का एक क्रान्तिकारी साधन बनकर साहित्य मानव को उत्तरदायी बनाता है। भिंडरावाले को सिक्ख स्वयं सजा दें, निबंध में उग्रवादियों के सरगना भिंडरावाले को सिक्ख समाज द्वारा दंडित करने का प्रश्न उठाकर डॉ. रणजीत ने एक वृहद मानवीय दर्शन का परिचय दिया है। "भिंडरावाले जैसे निरपराधियों के हत्यारे को संत कहना संतों की महान परम्परा पर थूकना है।" उल्लेखनीय है कि यह कथन डॉ. रणजीत का है जो सिक्ख परिवार में जन्मे, कालान्तर में जिन्होंने मानव धर्म स्वीकार किया।

'क्या संस्कृत हिन्दी का विकल्प हो सकती है' निबंध में हिन्दी जनभाषा को लेकर बुन्देलखण्ड विश्वविद्यालय में हिन्दी के कनवीनर के रूप में जो लड़ाई उन्होंने लड़ी और संस्कृत के मोर्चे में हिन्दी को अनिवार्य विजय दिलाई है, उसी का जनवादी अस्मिता पर मंडराने वाले पुराणपंथी खतरे के प्रति जागरूक रहने की अपील की है। क्या दिखाना चाहता है बुद्धू बक्सा? व्यंग्य लेख के माध्यम से टी.वी. जैसे प्रचार के प्रभावी माध्यम के सरकारी दुरूपयोग, किशोरों में अपराध, तस्करी, आदि वृत्तियों के प्रोत्साहन का दोष-दर्शन कराते हुए उसे 'बुद्धूबक्सा' कहकर करारी चोट की है।

पुस्तक के दूसरे खण्ड में 'खश्चोव और माओ के नाम खुली चिट्ठी', स्वाधीनता; मार्क्सवाद और लेनिनवाद, तीसरे विकल्प की चुनौतियां यूरोपीय साम्यवाद, सर्वहारा तानाशाही के विरुद्ध, अफगानिस्तान से रूसी फौजों की वापसी, गोर्वाचोव के सुधार (कुल 7) निबंध हैं। इन निबंधों से डॉ. रणजीत की पैनी राजनीतिक दृष्टि का परिचय मिलता है। साहित्य और राजनीति को जोडने में ये निबंध अन्तर्राष्ट्रीय महत्त्व के हैं। इन निबंधों में प्रमुख रूप से अन्तर्राष्ट्रीय कम्युनिस्ट आंदोलन के वैचारिक मतभेदों, विश्व मानवता और विश्व साम्यवाद पर आने वाले खतरों का उल्लेख किया गया है। डॉ. रणजीत साम्यवाद से मुक्त हैं। वे एक ऐसे मानववादी लेखक हैं जो दुनिया भर के कम्युनिस्टों को एक कर देना चाहते हैं। यह और बात है कि उनके निर्भीक और निष्पक्ष होने के कारण, कम्युनिस्ट पार्टी की भी, आवश्यक होने पर आलोचना करने के कारण, कहीं-कहीं उनका व्यक्तिव पार्टी से भी भारी दिखाई पड़ता है, और पार्टी उन्हें अपने में नहीं समा पाती। पार्टी की आपसी फूट से डॉ. रणजीत मानसिक रूप से पीड़ित होते हैं, रात-रात भर जाग -जागकर मतभेदों से सम्बन्धित दोनों पक्षों के साहित्य को बार-बार पढ़ते हैं। विक्षिप्त हो उठते हैं। पर उनकी मार्मिक पीड़ा को किसने पहचाना है? उनका लेखक पार्टी से भी भारी है, क्योंकि वह पार्टी संगठनों की गलतियों की ओर संकेत करता है। लेनिन और मार्क्स की नियमावली को संशोधित करना चाहता है। वह द्वन्द्वात्मक सिद्धांत के बेहूदे प्रयोग पर प्रहार करता है। फ्रायड के विकलांग चिंतन पर प्रश्न-चिन्ह लगाता है। इस स्वतंत्र और स्वाधीन लेखक को पचा सकने की शक्ति 21वीं सदी में भी अत्यन्त दुर्लभ हैं।

—डॉ. चन्द्रिका प्रसाद दीक्षित

***

एक विचारोत्तेजक निबंध-संग्रह : 'रोटी और कमल'

*** मोहनकृष्ण बोहरा ***

डॉ. रणजीत हिन्दी के उन लेखकों में से हैं जिन्होंने सामाजिक-राजनैतिक प्रश्नों पर समय-समय पर लेखनी उठाई है। वैसे तो अपनी कविताओं में भी उन्होंने ऐसे प्रश्न उठाये हैं लेकिन लेखों में उनका क्षेत्र व्यापक हो गया है। 'रोटी और कमल' उनके ऐसे ही लेखों और टिप्पणियों का संग्रह है। यह शीर्षक बेनीपुरी जी के 'गेहूँ और गुलाब' का स्मरण करा देता है। संभवतः रणजीत के अवचेतन पर भी इस शीर्षक की छाप रही हो। दोनों में कुछ समानता भी है, लेकिन कई कारणों से रणजीत की पुस्तक उससे भिन्न है। एक कारण यह भी है कि इसके एक

खण्ड में उनके साम्यवाद सम्बन्धी लेख संकलित हैं। पहले मैं इसी खण्ड की चर्चा करना चाहता हूँ। इसमें एक ओर यूरोप में साम्यवादी आन्दोलन के स्वरूप का परिचय दिया गया है तो दूसरी ओर भारत के साम्यवादी दलों के वास्तव से हमारा साक्षात्कार कराया गया है।

गत वर्ष से विश्व में साम्यवादी गढ़ ढहने शुरू हुए हैं लेकिन अपनी कविता और अपने लेखों में रणजीत साम्यवादी तानाशाही के प्रति प्रारम्भ से ही संशय व्यक्त करते आ रहे हैं। साम्यवादी हलकों में उनके इस तेवर का विरोध भी हुआ है; लेकिन समय ने आज रणजीत के पक्ष में गवाही दी है और सिद्ध किया है कि वे न केवल साहसिक थे बल्कि सही भी थे। पूर्वी यूरोप में साम्यवादी शासन का जो पतन हुआ है, वह कोई आकस्मिक घटना नहीं है। यह लावा वर्षों से भीतर ही भीतर उबलता रहा है। गत वर्ष चीन में छात्र-विस्फोट हुआ था, उसे दबा दिया गया लेकिन यूरोप में हुआ विस्फोट इतना प्रबल था कि उसे दबा देना संभव नहीं हुआ बल्कि उसी ने पार्टी ओर शासन दोनों को ध्वस्त कर दिया। रणजीत के लेखों में यद्यपि पूर्वी यूरोप में साम्यवादी शासन की चर्चा कम है, पश्चिमी यूरोप के यूरो-कम्यूनिज्म की चर्चा ही विस्तार से की गई है लेकिन पोलैण्ड की तानाशाही के प्रसंग में उन्होंने दिखाया है कि कैसे सोवियत संघ और उस शिविर के देशों द्वारा यूरो-कम्यूनिज्म के विरुद्ध किये गये धुआँधार प्रचार के बावजूद उसके 'खतरनाक जनतन्त्र प्रेम का दुष्प्रभाव' उनके अपने देशों पर पड़ा। अन्ततः पोलैण्ड के मजदूर-संघर्ष को दबाया नहीं जा सका बल्कि रूस को भी उसके प्रति नरमी बरतनी पड़ी। उसी को संदर्भभूत रखते हुए रणजीत ने 1981 में लिखा कि—

जो बात उसने (याने मास्को ने) आज पोलैण्ड में स्वीकार कर ली है, वह कल उसे हंगेरी और चेकोस्लोवाकिया में भी माननी पड़ेगी और देर-सवेर सोवियत संघ में भी। यह स्वयं सोवियत संघ के स्वास्थ्य के लिये भी शुभ होगा। [पृ.126]

इतिहास ने रणजीत के विश्लेषण को सही प्रमाणित किया।

वास्तव में, वर्तमान विप्लव का बीज तभी पड़ गया जब रूस का साम्यवादी शासन सर्वहारा के बजाय सर्वहारा के 'एलीट' वर्ग से अपना समर्थन-पोषण पाकर संतुष्ट होने लगा, और अपने शिविर देशों का इस्तेमाल अमेरिकी साम्राज्यवाद का विरोध और अपनी विदेश नीति के अंध-समर्थन के लिये करने लगा। रणजीत की यह टिप्पणी भी सटीक है कि—

समाजबादी व्यवस्था साठ साल की होने के बाद भी इतनी परिपक्व नहीं हुई है कि अपने देश के भीतर दस-बीस आलोचकों को भी सह ले। [पृ. 96]

वर्तमान विप्लव इन्हीं कारणों का पुंजीभूत प्रतिफलन है।

'तीसरे विकल्प की चुनौतियाँ' आलेख में डॉ. रणजीत ने भारत की वामपंथी पार्टियों की दुर्बलता पर उंगली रखी है। यह विडम्बना ही है कि नम्बूदरीपाद जैसे नेता आज भी वामपंथी विफलता या शिथिलता का दोष बाहरी परिस्थितियों में ही देखते हैं, अपनी नीतियों या ढाँचेगत जर्जरता में नहीं। रणजीत ने लिखा है कि—

मेरे विचार से भारत में कम्यूनिस्ट आन्दोलन की वर्तमान शोचनीय स्थिति के अनेक कारणों में से एक है उसकी मास्को या पेकिंग पंथिता और दूसरा है, उसका गैर जनवादी सांगठनिक ढाँचा।

इसी तरह की कई एक बातों की ओर उन्होंने हमारा ध्यान आकर्षित किया है। इस दृष्टि से उनके ये लेख वामपंथी विचार वाले लोगों के लिये आत्मविश्लेषण की अच्छी सामग्री प्रदान करते हैं। जिनकी विचारधारा भिन्न है, साम्यवादी शासन के वास्तव को जानने की दृष्टि से ये लेख उनके लिये भी पठनीय हैं।

× × ×

प्रस्तुत संग्रह के पहले खण्ड में रणजीत ने भारतीय समाज के बद्धमूल संस्कारों और उसकी अंधवृत्तियों का तीखा विरोध किया है; जातिवाद, सम्प्रदायवाद, राष्ट्रवाद आदि पर उन्होंने विशेष प्रहार किया है। उनकी तीखी आलोचना के मूल में उनकी कामना स्वस्थ मानववादी, समतावादी और स्वतन्त्र समाज का निर्माण देखने की रही है, इसलिये सबसे पहले उनकी सदिच्छा और सदाशयता को स्वीकार किया जाना चाहिये और उनके मत की समीक्षा भी इसे संदर्भ में रखकर की जानी चाहिये।

हमारे समाज की प्रमुख बुराई जातिवाद का जहर है। रणजीत का सुझाव है कि लोगों को अपने नाम के आगे जाति लगाता बंद कर देना चाहिये। ऐसा सुझाव अपनी आत्मकथा में बच्चन ने भी दिया है, लेकिन स्वयं रणजीत ने इस बात को अपना भी लिया है। साम्प्रदायिक संकीर्णता की वजह से हमारे यहाँ आये दिन दंगे होते हैं और उनमें हिंसा का ताण्डव होता है। इसे रोकने के लिये रणजीत का सुझाव है कि साम्प्रदायिक दलों को प्रतिबंधित किया जाना चाहिये। गत जनगणना के अवसर पर उन्होंने प्रबुद्ध लोगों से अपील की थी कि वे धर्म के कॉलम में अपने को हिन्दू या जैन नहीं, मानववादी लिखवायें। स्वयं उन्होंने इसका पालन भी किया।

ये सब बाते अपनी जगह ठीक है लेकिन प्रश्न यह है कि क्या ये सुझाव हमें समस्यायों के मूल तक ले जाते हैं? क्या इन्हें अपनाने से समस्याएँ सुलझ जायेंगी? समग्रतः देखने पर उनका सुझाव मूलतः यही है कि जाति, धर्म, सम्प्रदाय आदि संस्थाओं को ही समाप्त कर दिया जाय। न रहेगा बाँस, न बजेगी बांसुरी ! लेकिन क्या यह संभव है? यदि ये सुझाव सामयिक उपचार हैं तो इनके साथ ही, भारतीय

संदर्भ में इन समस्याओं पर मूलगामी चिंतन भी अपेक्षित है। प्रस्तुत संग्रह में मूल तक जाने की वृत्ति कम ही फलित हुई है।

लेखक का राष्ट्रवाद विषयक विचार भी मूल तक नहीं जाता बल्कि वह विवेचन तो विरोधाभासी भी हो गया है। उसका मत है कि 'राष्ट्रवाद भी अन्ततः उतना ही या उससे कुछ ही कम संकीर्ण सिद्धान्त है, जितना सम्प्रदायवाद' (पृ. 13)। स्वाभाविक है कि वे राष्ट्रवाद को भी अस्वीकार्य समझें। किसी भी अन्याय की स्थिति में व्यक्ति का साम्प्रदायिक हो उठना उन्हें स्वीकार्य नहीं है, लेकिन गौरतलब यह है कि भारत की केन्द्रीय सरकार को किन्हीं बेवकूफियों पर महाराष्ट्र या पंजाब के लोगों का लड़कर अपनी 'कौमियत' मांगना उन्हें गवारा है! वे उसकी अनुमति देते हैं। पश्चिमी बंगाल के बारे में वे लिखते हैं—

बंगलादेश के उदय ने भारत और पाकिस्तान इन दो राष्ट्रों के विलग अस्तिस्व को नहीं झुठलाया ही है, एक तीसरी राष्ट्रीयता 'बंगाली राष्ट्रीयता' के अस्तित्व को प्रमाणित किया है और संभव है देर-सवेर हमाग बंगाल भी उसमें शामिल हो जाना चाहे। यह एक ऐसी स्थिति है, जिसकी कल्पना भी बंगला देश के समर्थक सारे भारतीय राष्ट्रवादियों के मुंह का स्वाद बिगाड़ देती है। लेकिन यह बिल्कुल हवाई बात नहीं है। जिस बंगाली राष्ट्रीयता ने साढ़े सात करोड़ लोगों को इस बुरी तरह से आन्दोलित कर दिया है, वह पश्चिमी बंगाल में बिल्कुल सोयी रहेगी, ऐसा नहीं कहा जा सकता।.... [पृष्ठ 13]

यहाँ रणजीत ने समस्या को केवल कौम के कोण से ही सोचा है। यदि कौमियत ही संघटक तत्व हो तो भारत राष्ट्र का अस्तित्व ही कैसे संभव होगा? बंगला-देश के निर्माण में (जहाँ तक मैं सोचता हूँ) बंगाली-राष्ट्रीयता की भावना के उदयभूत तत्व (पृथक अस्मिता का आग्रह तो बाद में जुड़ा) शेष राष्ट्र से बंगाल की भौगोलिक पृथकता, उसका आर्थिक शोषण और राजनीतिक पक्षपात, और इधर के राजनीतिज्ञों की महत्वाकांक्षा आदि ने मिलकर उसे संभव बनाया। इन बातों को विस्मृत करने से सारा परिप्रेक्ष्य बदलता है और नतीजन बलबिन्दु भी बदलते हैं। अवश्य ही, डॉ. रणजीत ने यह भी लिखा है कि—

यह न समझा जाय कि मैं उस घड़ी को लाना चाहता हूँ। अन्ततः यह पश्चिम बंगाल की आम जनता की इच्छा पर ही निर्भर है कि वह भारत के साथ ही बनी रहना चाहेगी या बांगला देश के साथ जाने की बात सोचेगी, पर सवाल यह है कि यदि वह उसके साथ जाने की इच्छा जाहिर करती है, तब क्या हम उसके प्रति वैसा ही रुख अपनायेंगे जैसा याहिया खान ने अपनाया था या वास्तविक जनवादी दृष्टि का परिचय देंगे? [पृष्ठ 14]

सवाल यह है कि जनवादिता का निर्णय आप कैसे करेंगे? गोर्वाच्योव ने जो कदम अजर-बेजान-विप्लव के प्रति उठाया है, उसे आप क्या कहेंगे? फिर भारत में नागा और मिजो को हमने साथ जोड़ने का जो प्रयत्न किया, उसके लिय आप क्या कहेंगे? कश्मीर और पंजाब के बारे में निर्णय कैसे किया जायेगा? तामिलनाडु को कितनी छूट होगी? मुझे लगता है कि राष्ट्रीयता के निर्णय में केवल धर्म या भाषा को विघटनकारी या संघटनकारी तत्व मानकर फैसला नहीं किया जा सकता। उसमें भूगोल, इतिहास, राजनीति और कभी-कभी व्यक्तित्व और उसका नेतृत्व, और इसी तरह अन्य तत्व भी अपनी भूमिका निभाते हैं। रणजीत का आकलन इस मामले में अधूरा रहा है। इसलिये उनका विवेचन भ्रामक तथा निष्कर्ष अविश्वसनीय हो गये हैं। राष्ट्रीयता को साम्प्रदायिकता की तरह ही संकीर्ण मानते हुए भी उसकी जिस तरह वकालत उन्होंने की है, उसका विरोध तो स्पष्ट ही है।

रणजीत का यह बांगला देश विषयक लेख ही नहीं, अधिकांश लेख उनकी तात्कालिक प्रतिक्रिया ही ज्यादा व्यक्त करते हैं, जिन समस्याओं को उन्होंने उठाया है, उनका गहन चिंतन-मनन अभी अपेक्षित है।

नर-नारी सम्बन्धों के विषय में भी उनकी दृष्टि जनवादी तात्कालिकता में अटक कर ही रह गई है। अरेंज्ड (संयोजित) विवाह के विरुद्ध उन्होंने लड़के-लड़की को छूट देने का प्रस्ताव किया है। यह छूट वे गर्भाधान से पूर्व तक, लड़की-लड़के को साथ रहकर एक-दूसरे को परखने की सीमा तक देते हैं। लेकिन विचारणीय यह है कि जब तक यौन-पवित्रता के आग्रह का निर्मूलन सुनिश्चित नहीं किया जाता, तब तक इस खुली छूट के दुष्परिणामों को कैसे झेला जायेगा? दूसरों के संग रहकर तिरस्कृत हो चुकी लड़की के दुर्भाग्य का क्या उपचार होगा? वस्तुतः नर-नारी के सम्बन्धों की जटिलता गर्भाधान तक नहीं, गर्भाधान के बाद ही, बल्कि बच्चे के जन्म के बाद, गृहस्थी बसने पर ही सामने आती है। उसे दृष्टिपथ में रखे बिना गर्भाधान तक लड़के को लड़की के साथ रहने की छूट देना, उसे एक प्रकार से खिलवाड़ की अराजक छूट देना है। रणजीत का यह प्रस्ताव सुचिन्तित नहीं है।

लेकिन समस्याओं का सुचिंतित समाधान हाथ नहीं आने पर भी रणजीत का यह विचार-विवेचन स्वयं में एक सार्थक प्रयत्न है। बात यह है कि जो समस्याएँ रणजीत ने उठाई हैं उनका कोई बंधा-बंधाया समाधान है नहीं। युग को उन्हें अपने ढंग से ही सुलझाना होगा। वैसे शिक्षा, खेल, सांस्कृतिक कार्यक्रम, एन.सी.सी., फौज, औद्योगिक बस्तियाँ, रेल, अस्पताल आदि मिलन क्षेत्र जाति-बंधन को

स्वयमेंव ढीला करते जा रहे हैं। कल तक जिसे हरिजन कह कर आप अपना पल्ला बचाते थे, आज उससे पल्ला बचाकर बल्कि वैसे परहेजी व्यवहार का आभास देकर भी आप अस्पताल में अपने मरीज को एक दिन भी नहीं रख सकते; न उस मनोभाव से बस या रेल में सफर कर सकते हैं। प्रारम्भ में साथ-साथ रहना चाहे वह कितने ही समय के लिये हो, नाक भौं सिकोड़ कर ही हुआ हो, अब धीरे-धीरे वह सह्य हो चला है। नई पीढ़ी के छात्रों का मैत्री-जगत जाति-धर्म की दीवारें तोड़ता आ रहा है। सच तो यह है कि यह प्रक्रिया तीन-चार दशकों से प्रारम्भ हो चुकी है। यह पारस्परिकता कैसे घनिष्ठ हो, वह कैसे संस्कार बने, इस दिशा में भी सोचा जाना चाहिये। रणजीत के कुछ सुझाव इस प्रक्रिया में और भी तेजी लायेंगे। कोई भी विचारक, इतना ही कर सकता है कि अपने विचार-मंथन से इस प्रक्रिया को कुछ और तेज कर दे; अपने दृष्टिकोण से लोगों को कुछ और सजग कर दे। रणजीत की पुस्तक यह भूमिका निभाती है, इसलिये वह स्वागत योग्य है।

यदि ज्ञान-विज्ञान के विभिन्न क्षेत्रों के बुद्धिजीवी, समाजशास्त्री-अर्थशास्त्री, राजनीतिशास्त्री, वैज्ञानिक आदि-आदि समय-समय पर मिल बैठकर राष्ट्र के ज्वलन्त प्रश्नों पर विचार करें तो कोई कारण नहीं कि समस्या के विभिन्न पहलू सामने आयें और समाधान के नये मार्ग भी खुलें। हमारे कवि-लेखक इस दिशा में सोचते आ रहे हैं। 'रणजीत' की यह पुस्तक इस यज्ञ में उनकी आहुति है। उनकी जागरूकता प्रशंसनीय है।

—मोहनकृष्ण बोहरा

***

17

प्रगतिशीलता और अभिव्यक्ति की स्वाधीनता

प्रगतिशीलता और अभिव्यक्ति की
स्वाधीनता भी
* जीवन सिंह *

सर्वविदित है कि डॉ. रणजीत की मुख्य पहचान एक प्रगतिशील कवि के रूप में रही है जिन्होंने काव्य-रचना के साथ-साथ प्रगतिशीलता के पक्ष में उससे जुड़े सवालों और चुनौतियों को लेकर आलोचक की जिम्मेदारी भी निभाई है। इसी का परिणाम है उनकी 'प्रगतिशीलता और अभिव्यक्ति की स्वाधीनता' आलोचना पुस्तक में संकलित उनके द्वारा समय-समय पर लिखे गए निबंध, बहसें, पत्र और टिप्पणियाँ, जो उस समय उन्होंने अपने कविता संबंधी दृष्टिकोण को व्यक्त करने के उद्देश्य से लिखे और प्रकाशित कराये थे। कहना न होगा कि डॉ. रणजीत ने जितनी बेबाकी और खरेपन के साथ काव्य-रचना की, उतनी ही बेबाकी, स्वविवेक और साहस के साथ आलोचना भी लिखी है। उन्होंने कहानियाँ भी लिखी किन्तु उनका मन सबसे ज्यादा कविता में रमा और इसके बाद आलोचना में। वे साहित्य और जीवन के रिश्तों को लेकर यथार्थवादी नजरिए के पक्षधर और उसके समीपी रहे। यह नजरिया उनके सम्पूर्ण व्यक्तित्व और कृतित्व का हिस्सा रहा है। इसकी वजह है उनके द्वारा अपने जीवन सिद्धांतों को जीवन व्यवहार में उतारने

का प्रयास। उनकी आलोचना की किताबों में सबसे उल्लेखनीय और महत्त्वपूर्ण किताब यदि कोई है तो वह है—'प्रगतिशीलता और अभिव्यक्ति की स्वाधीनता'। सही बात तो यह है कि 'प्रगतिशीलता' और 'अभिव्यक्ति की स्वाधीनता', उनके जीवन और रचना के दो महत्त्वपूर्ण प्रतिमान और सिद्धात रहे हैं। डॉ. रणजीत के आज तक के जीवन एवं रचना-प्रक्रिया से इन दोनों का गहरा नाता रहा है। प्रगतिशीलता जहाँ उनके लिए आधुनिकता और वर्तमान को समझने और जीने का एक सिद्धांत रहा है जिसके लिए उन्होंने कविताएँ लिखी और उसी के लिए आलोचनाएँ, वहीं दूसरी तरफ 'अभिव्यक्ति की स्वाधीनता' उनकी प्रगतिशीलता को कुछ अलग तरह से परिभाषित करती है। वे उस प्रगतिशीलता के हामी कभी नहीं रहे जो व्यक्ति की स्वाधीनता को छीनकर अपनी विजय का डंका पीटती है। उनकी 'प्रगतिशीलता और अभिव्यक्ति की स्वाधीनता' शीर्षक इस पुस्तक का प्रकाशन 1990 ई. में हुआ जिसमें 1970 से 1990 के बीच की बीस वर्ष की अवधि में लिखे गए निबन्धों, पत्रों और टिप्पणियों का संकलन किया गया है। सच तो यह है कि इस अवधि में हिन्दी साहित्य की मुख्य प्रवृति प्रगतिशीलता ही रही है जिसे लेखक ने देश को आजादी मिलने से पहले की पुरानी प्रगतिशीलता यानी प्रगतिवाद के दौर से अलग करके देखा है और इस युग की प्रगतिशीलता को 'नयी प्रगतिशीलता' नाम दिया है जिससे किसी तरह के भ्रम की गुंजाइश न रहे। इस आशय के इस पुस्तक में दो निबन्ध संकलित है। एक का नाम है 'नयी प्रगतिशील कविता' और दूसरे का नाम है 'नयी प्रगतिशीलता पर कुछ और'। ये दोनों ही निबन्ध इस कृति के नाम को केंद्र में स्थापित करते हुए लेखक के साहित्य के प्रति दृष्टिकोण को भी स्पष्ट करते हैं और उसकी साहित्यिक दिशा को भी। इसका पहला आलेख 'कविता : मेरी नजर में' शीर्षक से है जिसमें कवि-आलोचक डॉ. रणजीत ने कविता और कवि के बारे में प्रचलित उन रहस्यवादी और भाववादी किस्म की पुरानी मान्यताओं को अपदस्थ करते हुए आधुनिक युग की उस प्रगतिशील धारणा को प्रस्तुत किया है जो काव्य-सृजन की नयी प्रगतिशीलता की एक आधार भूमि निर्मित करती है। उल्लेखनीय है कि यह कोई स्वतंत्र आलेख न होकर कवि के एक कविता संग्रह 'इतिहास का दर्द' की भूमिका के रूप में लिखा गया है जिसे यहाँ संकलित कर दिया गया है। इसमें डॉ. रणजीत कविता के बारे में अपनी उन मान्यताओं को भी प्रस्तुत करते हैं जो उनकी स्वयं की काव्य रचना-प्रक्रिया से संबन्धित हैं। इन मान्यताओं के अनुसार वे खुद को कवि नहीं, कविता-लेखक मानते है, उन्होंने स्वयं कहा है कि उनका कवि कविता करता नहीं, लिखता है और वह अपने आप बहती नहीं, उसको वह प्रयत्नपूर्वक बहाता है। कोई जरुरी

नहीं कि उनके इस दृष्टिकोण से अन्य भी सहमत हों ही क्योंकि कभी-कभी कविता में कुछ ऐसा भी हो जाता है जिसे कवि ने रचना करते समय सोचा ही नहीं था। ऐसा भी कुछ आ जाता है जो बहुत पहले से उसके स्मृति कोश या उसके अवचेतन में संचित था जो अवसर आने पर किसी प्रवाह की तरह से अचानक बहने लगता है। यह भी सच है कि यह स्मृति-स्रोत कोई रहस्य नहीं होता। इसका मतलब सिर्फ इतना ही है कि यह कवि के चेतन का हिस्सा न होकर उसके अवचेतन का हिस्सा होता है जिसके कारण विचारकों ने जाने-अनजाने कविता को बहने की तरह प्रस्तुत किया है। छायावादी कवियों में प्रमुख सुमित्रानंदन पन्त ने उसे इसी अर्थ में बहना बतलाया है—उमडक़र आँखों से चुपचाप बही होगी कविता अनजान। बहरहाल।

इसी क्रम में यहाँ पर लेखक का वह निबन्ध भी नयी प्रगतिशील कविता के नाम से संकलित है जिसे उन्होंने 1968 में अपने द्वारा संपादित कविता संकलन 'प्रतिश्रुत पीढ़ी' की भूमिका के रूप में लिखा था। इसमें लेखक ने उस युग में प्रचलित कविता के चार रूपों को सामने लाते हुए उसके पहले दो रूपों को कविता के स्वस्थ और बाद के दो रूपों को बीमार कविता के उदाहरण के रूप में प्रस्तुत किया है। यद्यपि इस तरह का विभाजन और वर्गीकरण एक तरह की आत्यंतिकता का द्योतक ही कहा जा सकता है। जिसे बीमार कविता माना गया है वह संतुलित न होने यानी अतिवादी होने के बावजूद अपने समय और मनुष्य-विरोधी व्यवस्था से मोहभंग को व्यक्त करने वाली कविता रही थी जिसने उस समय धूमिल और राजकमल जैसे दो बड़े कवि पैदा किये थे, जिसमें आगे चलकर रघुवीर सहाय और श्रीकांत वर्मा ने भी काव्य-सृजन किया। बहरहाल, उस समय की कविता को प्रगतिशील खेमे में इसी तरह से देखा जा रहा था यह सच है। लेकिन नामवर सिंह जी ने 1968 में ही प्रकाशित अपनी आलोचना-पुस्तक 'कविता के नए प्रतिमान' में रघुवीर सहाय और श्रीकांत वर्मा की कविताओं में आने वाली मोहभंग की कुछ-कुछ ऐसी ही प्रवृतियों को तत्कालीन कविता की नवीनता के रूप में रेखांकित किया था और यह सब भी उनकी प्रगतिशीलता का ही हिस्सा था। इस तरह से उस समय के युवा लेखक डॉ. रणजीत अपने उस आरंभिक समय की कविता को अपने नए-नए प्रगतिशील नजरिए से देखते और समझते हैं। यहाँ पर ही यह बतलाना प्रासंगिक होगा कि कवि-आलोचक डॉ. रणजीत ने इसी पुस्तक में एक आलेख डॉ. नामवर सिंह की 'कविता के नए प्रतिमान' की समीक्षा करते हुए लिखा है, जो 1975 के 22 जून के धर्मयुग में प्रकाशित हुआ, जिसमें नामवर जी की कविता संबंधी नयी स्थापनाओं के अंतर्गत छायावादी कविता विरोधी काव्य-संस्कार वाली

मान्यता को खारिज करते हुए अपनी सचेतन तर्क पद्धति से इसकी एक-एक रग को खोलकर रख दिया है। यह इस कृति का एक पठनीय और विचारणीय आलेख है। जिससे उनकी साहित्यिक दृष्टि का पता तो चलता ही है उनकी वस्तुस्थिति का उद्घाटन करने वाली दो टूक पद्धति का भी। जिसका प्रमाण उनका 'धूमिल की कविता' पर व्यावहारिक आलोचना संबंधी आलेख है जिसमें धूमिल को सातवें दशक का महत्त्वपूर्ण कवि मानते हुए उनकी सीमाओं का उल्लेख करते हुए, उनकी भाषा संबंधी नवीनता को महत्त्व देते हुए लिखा है—"शब्दावली से लेकर कथ्य की संकुलता और नवीनता तक, उनकी कविता, कविता की दुनिया का विस्तार करती है।"

इस पुस्तक में लेखक ने अपनी विषय-सामग्री को तीन-खण्डों में वर्गीकृत करते हुए पुस्तक के तीन खंड बनाकर प्रस्तुत किये हैं। पहला खंड बीसवीं सदी के मध्य में हिन्दी कविता की रचनात्मकता में आयी नयी प्रगतिशीलता के सिद्धांतों को उसके व्यावहारिक तौर पर उद्घाटित करने की विवेचना से सम्बन्धित है जबकि दूसरे खंड में उनकी समय-समय पर प्रकाशित साहित्यिक टिप्पणियों और पुस्तक समीक्षाओं का संकलन है जिनमें विचारोत्तेजकता का गुण उनको पठनीय बनाता है और उस समय को तथा उस समय की कविता को समझने में सहायक भी होता है। आज भी ये उस समय और उससे कविता के रिश्ते को समझने में इस समय के पाठक के लिए मददगार हो सकती हैं। इनमें पिछली सदी के उत्तरार्द्ध में चले विभिन्न काव्यान्दोलनों से सम्बन्धित सामग्री इस कृति का ऐतिहासिक महत्त्व निर्धारित करती है। ऐसी बहुत-सी सामग्री इसमें है जिससे गुजरते हुए आज लगता है कि हिन्दी का साहित्य कितने तरह के दौरों और संकटों से गुजरता हुआ आज यहाँ तक आ पहुँचा है। जहाँ अलगाव और अजनबीपन की त्रासदी मनुष्य को चारों तरफ से घेरने में लगी हुई है। इस खंड में लिखे लेखक के पत्र उसकी साहित्यिक जागरूकता का प्रमाण तो हैं ही, उसकी संवेदनशीलता का भी। तीसरा खंड इसलिए विशेष और ऐतिहासिक है कि इसमें 1973 में बांदा, उत्तर प्रदेश में प्रगतिशील कवि केदारनाथ अग्रवाल और डॉ. रणजीत के संयोजन में आयोजित 'अखिल भारतीय प्रगतिशील साहित्यकार सम्मेलन' से सम्बन्धित दस्तावेज, परिपत्र, संवाद, रिपोर्ट, वक्तव्य और कार्यक्रम संबंधी सामग्री को एक जगह पर संकलित कर दिया गया है और इसी में प्रगतिशील लेखकों के संगठन बनाने की समस्याओं को लेकर बहस-मुबाहसे तथा चिंताओं संबंधी सामग्री भी मौजूद है जो आज भी अपना विशेष ऐतिहासिक महत्त्व रखती है। बहरहाल।

—जीवन सिंह

18

आमने-सामने

*** फूलचन्द मानव ***

अमन प्रकाशन, कानपुर से 2019 में प्रकाशित कृति 'आमने-सामने' (चिंतन) समाज और समय से मुठभेड़ करती है। अपने लेखों के इस चौथे संकलन में रणजीत तुलसीदास, निराला, तस्लीमा, गणपति चन्द्र गुप्त, शलभ श्रीराम सिंह के साथ महेन्द्र जी पर भी, उनके कार्य-व्यवहार व लेखन के माध्यम से प्रकाश डाल पाए है। हमारे मित्र, कवि, उपन्यासकार विश्वम्भर नाथ उपाध्याय के बहाने उन्होंने अपने समय और उसकी सार्थकता को विस्तार से चित्रित किया है।

भारत में क्रांति, राष्ट्रीय एकता, साम्यवाद-समतावाद, आरक्षण, मूर्ति पूजन परम्परा, दंगा प्रवृत्ति जैसे विषयों पर समाज को जागरूक करते हुए रणजीत तीन-चार दशक पूर्व से अपनी भूमिका निभा रहे हैं। अध्ययन, चिंतन और मनन के गहन बिन्दु इन लेखों में बोलते-बतियाते जान पड़ते हैं। चिंतन कभी मौन नहीं रह सकता और जो खामोश है उसे चिंतन कहलाने का अधिकार नहीं। रणजीत ने राजनीति, समाज, धर्म और आर्थिकता की पहचान की है, तभी गहरे में पैठ कर निष्कर्ष निकाले हैं। शब्द की गरिमा उसके समझे-सराहे जाने में भी है। शोध या लेख, गद्‌य व काव्य की भाषा का अंतर, रणजीत के इन आलेखों में है।

अपने अन्दर और बाहर घटित हो रहे द्‌वन्द्‌व को सच्चा साहित्यकार कभी छिपाता नहीं है। प्रतिबद्‌धता, समर्थन और झकाव उसे अधिक पुख्ता करते चलते हैं। चार-पाँच दशक की रणजीत की समग्र रचनाशीलता, उनके कृतित्व की ही परिचायक है। नास्तिकता, निरीश्वरवाद, अंधविश्वाश, वैवाहिक आदर्श, यौन नैतिकता या विद्रोही यौन संबंध आदि विषयों पर चिंतन करके मुद्‌दों को स्पष्ट करना, रणजीत भाई की पहल का ही परिणाम है।

मन से निकले प्रखर भाव 'आमने-सामने' में व्यक्त हुए हैं। इन जघन्यताओं की जिम्मेदारी से मैं कैसे बच सकता हूँ? मर्द होने के नाते क्या मैं देश के हर कोने में दहेज के लोभ में पूरे परिवार द्वारा बाकायदा योजना बना कर जिन्दा जला दी गई बहुओं के लिए या ग्रामीणों द्वारा अपने क्षेत्र की व्यक्तित्ववान, बेकसूर स्त्रियों को डायन घोषित कर, हाथ-पाँव बाँधकर पत्थरों से मार डालने के लिए जिम्मेदार नहीं हूँ।

डॉ. रणजीत के 'आमने-सामने' पुस्तक में शामिल लगभग तीन दर्जन लेख श्रेष्ठ पत्रिकाओं और अखबारों में छपते रहे हैं। यहाँ विषय ही विवादित नहीं, इनके मूल बिन्दु प्रश्नाकुलता की ओर ले जाते हैं। समाज का ढाँचा, देश की गति, दुनिया की स्थिति इन लेखों से स्पष्ट होती है तो तटस्थ संतुलित ही नहीं सोच-विचार करते हर मन में कुलबुलाहट उपजाती है और यह सरसराहट-सी हमें आगे संवाद के लिये तैयार करती है। यहाँ भिडंत समय और समाज के नंगे चेहरों की है।

इधर जब से देश की सरकारें नई आर्थिक नीति पर चलने लगी है, एक नई नंगी लुच्ची संस्कृति के फैलाव के दरवाजे भी अनायास ही खुल गए हैं। हालत यहाँ पहुँची है कि हमारी फिल्मों में गाना बिना नाच के ज्यादातर बिना अधनंगी औरतों के सामूहिक नाच के फिल्माया नहीं जा रहा है। इलेक्ट्रोनिक मीडिया विभिन्न फिल्मी कार्यक्रमों और विज्ञापनों के माध्यम से नारी देह के भडक़ाऊ कामुक और फूहड़ दृश्य रात-दिन हमारी बैठकों, शयन कक्षों में परोस रहा है। भारतीय संस्कृति की ठेकेदार सरकारें पूरी शालीनता से इस भारी अपसंस्कृति को सहन कर रही है। यह सब, यहाँ उसी बहुराष्ट्रीय निवेश का ही हिस्सा है।

सौंदर्य का बाजारीकरण हों या रणजीत की प्रस्तुत कृति से कोई अन्य अंश, इनकी भाषा, शैली और शिल्प भी 'पाठक', को विवश करते हैं। कवि, रचनाकार, साहित्य में समाजशास्त्र, मनोविज्ञान या दर्शन, अथवा भूगोल-इतिहास को भी अपनी परिधि से बाहर नहीं समझता, उसके सामने समाज है और परिवार, राष्ट्र या विश्व। चिन्तन के स्तर पर वह 'समाज' से टूटकर कुछ सोच भी नहीं पा रहा। यही उसकी सफलता है।

रणजीत ने पद्य या गद्य में, कहानी अथवा समीक्षा-शोध में जो दिया है, जीकर, अनुभव करके, वास्तविक जीवन के स्तर पर उसका सामना करके ही लिखा है। ऐसे में जागरूक पाठक, शिक्षार्थी, विद्यार्थी वर्ग के लिए भी डॉ. रणजीत का लेखन उपयोगी और अनुकरणीय है।

—फूलचन्द मानव

***

वास्तविकता के 'आमने-सामने'

*** जीवन सिंह ***

डॉ. रणजीत एक बहुमुखी प्रतिभा के रचनाकार हैं जिन्होंने कविता से लेकर कहानी और आलोचना तक अब तक तीस से भी अधिक पुस्तकों की रचना कर हिंदी के कला एवं ज्ञान कोश को समृद्ध किया है। मैं यहाँ उनकी अब तक की अपेक्षाकृत सबसे अद्यतन गद्य कृति 'आमने-सामने' की बात कर रहा हूँ जो 2019 में अमन प्रकाशन, कानपुर से प्रकाशित हुई है। यह उनके चिन्तनपरक गद्य की एक ऐसी कृति है जिसमें साहित्य की आलोचना के कुछ प्रसंग होने के बावजूद जीवन की आलोचना से सम्बन्धित आलेख संकलित किये गए हैं। इसमें कुल पैंतीस आलेख संकलित हैं जिनमें केवल 9 आलेखों का सम्बन्ध साहित्य से है, शेष 26 आलेखों का सम्बन्ध देश और दुनिया की ज्वलंत समस्याओं और संकटों से है जिनके बारे में डॉ. रणजीत ने अपने विचार खुले मन और बेबीकी से प्रस्तुत किये हैं। मसलन 'मदर टेरेसा का असली रूप' जैसा आलेख मैंने इसी पुस्तक में पहली बार पढ़ा जिसमें मदर टेरेसा की जो बाहरी लोक प्रचलित छवि रही हैं, उससे अलग उनका एक अन्य आतंरिक रूप भी है जिसका उद्घाटन लेखक ने अपनी दृष्टि से ही नहीं वरन् कई अन्य विदेशी विद्वानों के स्रोतों के आधार पर किया है। इसी आलेख में पढने को मिला कि मदर का जीवन के प्रति जो नजरिया रहा है वह युगसंगत न होकर बेहद दकियानूसी था। इसकी वजह कदाचित उनका जीवन के प्रति पुराना ईसाइयत वाला दृष्टिकोण रहा है जिसमें उनके द्वारा परिवार नियोजन का विरोध करना भी शामिल है। जहाँ तक दीन-दुखियों की उनके द्वारा की गयी सेवा-सुश्रुषा का सवाल है, उसमें भी उनके नजरिए के पिछड़ेपन की आलोचना डॉ. रणजीत ने अपने इस आलेख में की है। डॉ. रणजीत मदर टेरेसा के इस नजरिए की आलोचना भी करते हैं कि "कष्ट भोगने से व्यक्ति की आत्मा उज्ज्वल और पवित्र हो जाती है।" बहरहाल यह एक पठनीय आलेख है इसके अन्य कई पहलू हैं जो पाठक के विवेक को भावना के कुहासे से बाहर निकालकर युग विवेक संपन्न बनाते हैं।

यह तथ्य किसी भी विवेकसंपन्न व्यक्ति से अब छिपा नहीं है कि मनुष्य की सभ्यतापरक जीवन यात्रा हजारों साल पुरानी है। यह तथ्य भी सभी को मालूम है कि इस संसार की गति-प्रगति किसी न किसी तर्क के तहत हुई है। यह तर्क ही तो है जो जिंदगी को बदलते हुए गलत या सही दिशा में ले जा रहा है लेकिन जैसा कि हम जानते हैं कि हमारी सभ्यतापरक जिंदगी हजारों सालों से चली आ रही है इसलिए इसके ऊपर पिछले समय का भारी वजन भी लदा हुआ है

जिससे उन लोगों को संघर्ष करना पड़ता है जो इसे बीते समय से बाहर निकालकर आगे ले जाना चाहते हैं। इस काम में जहाँ एक तरफ अनेक लोग इसे कर्म के स्तर पर बदलते हैं वहीं दूसरी तरफ कर्म को शब्द और विचार में बांधकर कुछ लोग इसे विचार के स्तर पर बदलने का काम करते हैं जिनको हम विशुद्ध विचारक कहते हैं। कहना न होगा कि यहाँ कवि रणजीत एक ऐसे युग विचारक की भूमिका में हैं जो अपने समय में प्रचलित पिछले समयों के दकियानूसीपन और रूढ़िवादी विचारों से संघर्ष करता है। इस कोटि में सबसे अधिक वे निबंध आते हैं जिनमें वे आस्तिकता और नास्तिकता के सवालों को खास-तौर से उठाते हैं। उल्लेखनीय है कि डॉ. रणजीत स्वयं अपने जीवन में आस्तिक नहीं रहे हैं यानी जीवन के प्रति उनका दृष्टिकोण वैज्ञानिक रहा है। इतना ही नहीं वे आस्तिकता के विरुद्ध अपने नास्तिक दृष्टिकोण को खुले तौर पर और कर्म के स्तर पर संसार और देश को बतलाना चाहते हैं कि नास्तिक होने यानी वैज्ञानिक दृष्टि की समाज को जरूरत क्यों है? उन्होंने इस सवाल पर केवल लिखा ही नहीं है वरन् जीवन में व्यावहारिक तौर पर काम भी किया है। आस्तिकता और नास्तिकता की समस्या पर इस पुस्तक में कुल चार निबन्ध हैं जिनके शीर्षक हैं—वैज्ञानिकों में अंधविश्वास, निरीश्वरवाद की परम्परा, विश्व में नास्तिकता की स्थिति और संभावनाएँ, नास्तिकों का तीर्थ : विजयवाड़ा। इन शीर्षकों से ही हम लेखक के नजरिए को जान सकते हैं कि वह आस्तिकता को किसी समाज, व्यक्ति और देश के विकास में कितनी अवरोधक और युगविवेक विरोधी मानता है। ये चारों आलेख न केवल हमको सही अर्थों में अपने युग-विवेक से परिचित कराते हैं वरन् हमारे भीतर की सिकुड़ी हुई संकीर्ण मानवता की गुत्थी को सुलझाने वाले भी हैं। सच तो यह है कि बिना वैज्ञानिक दृष्टिकोण अपनाए हम सच्ची कौमी एकता और लोकतंत्र भी नहीं ला सकते। इन आलेखों का उद्देश्य आस्तिकता और नास्तिकता की बहस न होकर व्यक्ति के दृष्टिकोण को विज्ञान सम्मत बनाना है जिससे मनुष्य अपने वास्तविक रूप को पहचान सके। इस दृष्टि से इन आलेखों की सार्थकता और उपयोगिता किसी से छिपी हुई नहीं है। इन आलेखों में से पहले आलेख—'वैज्ञानिकों में अंधविश्वास' में लेखक ने रजनीश को भी भगत सिंह और पेरियार के साथ नास्तिकों की सूची में शामिल किया गया है जो मेरी दृष्टि में सही नहीं है। सच तो यह है कि रजनीश नास्तिक होने का आभास जरूर देते हैं किन्तु वे उस तरह से नास्तिक नहीं हैं जिस तरह से भगत सिंह और पेरियार रहे हैं। उनकी नास्तिकता ऐसी है जो दूसरी तरह की आस्तिकता के समीप ले जाती है।

इस पुस्तक के शुरुआती आलेख सामाजिक, राजनीतिक, दर्शन, स्त्री और राष्ट्रीय महत्त्व के विषयों पर अलग-अलग समय पर जरूरत के अंतर्गत लिखे गए हैं। इनमें पहला आलेख महत्त्वपूर्ण और जरूरी सवाल उठाता है—'कैसे हो भारत में आमूलचूल क्रान्ति।' इस आलेख में लेखक रक्तरंजित क्रान्ति की पुरानी धारणा और स्थापना के विरुद्ध अपनी इस मान्यता से करता है कि आज रक्तरंजित क्रान्ति की कोई संभावना नहीं है और न ही उसकी जरूरत है। लेखक की यह धारणा पूरी तरह से सही और समय-संगत है। तो फिर सवाल उठता है कि आज किसी समाज में आमूलचूल परिवर्तन कैसे हो सकता है? यह सवाल भी बहुत सही है। इससे पहले वे फ्रांस, रूस और चीन में हुई क्रांतियों का आकलन करते हुए इस निष्कर्ष पर पहुँचते हैं कि इन क्रांतियों के परिणाम बहुत सुखद नहीं रहे इसलिए इन पर पुनर्विचार करते हुए और इनसे सीख लेते हुए वह कुछ अन्य उपाय इस आलेख में सुझाता हैं। मसलन उनका पहला ही उपाय एक जमाने में महात्मा गाँधी द्वारा सुझाया गया उपाय है, जिसमें वे भारत जैसे बड़ी और सघन आबादी वाले बेरोजगारी की विकट समस्या से जूझते देश के लिए उद्योगीकरण की भारी तकनीक पर रोक लगाने की बात करते हैं। गाँधी जी भी 1909 में लिखी गयी अपनी पुस्तक 'हिन्द स्वराज' में कुछ-कुछ ऐसी ही धारणा प्रस्तुत करते हैं। जिसे नासमझी से मशीनीकरण का विरोध मान लिया गया था। जबकि यह आधा-अधूरा और विखंडित सच है। सच तो यह है कि गाँधी जी मशीनरी के विरोधी न होकर भारी मशीनरी के इसलिए विरोधी हैं कि भारी मशीनरी किसी भी देश में बेरोजगारी फैलाने का बहुत बड़ा कारण बनती है। लेकिन उस समय के आठ साल बाद सोवियत रूसी क्रान्ति हो जाने के बाद गाँधी की बात को अनसुना कर दिया गया। आज उस अवधि को गुजरे हुए एक सौ बारह साल बीत चुके हैं और तब से गंगा में बहुत पानी बह चुका है तथा सम्पूर्ण मानवता महाऔद्योगीकरण से पैदा हुए पर्यावरण विनाश और नव-साम्राज्यवादी वैश्वीकरण के एक ऐसे दुश्चक्र में फँस चुकी है कि दुनिया के साथ कदम न मिलाकर अलग-थलग पड़ जाने का संकट सामने मुँह बाए खड़ा हुआ है। बहरहाल यहीं डॉ. रणजीत एक नया रास्ता सुझाते हैं कि "मानव केन्द्रित (मशीन केन्द्रित नहीं) तकनीकों के विकास एवं अनुप्रयोग की एक विकेन्द्रित ढंग की पूरी तरह से जनतांत्रिक और समतावादी व्यवस्था की रचना की कोशिश जनांदोलनों के माध्यम से करना भारत में बुनियादी परिवर्तन का एक रास्ता हो सकता है।" लेकिन यहाँ पर एक व्यावहारिक सवाल यह उठता है कि आज देश में ऐसा कौन-सा दल है जो इस तरह के विकल्प के लिए आन्दोलन करेगा और वह भी जनतांत्रिक तरीके से करेगा जबकि आज तो हालात ये हैं कि

लोकतंत्र और लोकतांत्रिक संविधान को ही बचा पाने का संकट सामने आ खड़ा हुआ है। पहले लोकतंत्र को बचाओ फिर कुछ कर सकते हो तो करो। यह कहना गलत नहीं होगा कि आज पूंजी ने जिस तरह से सभी जीवन क्षेत्रों में अपना प्रभुत्व व वर्चस्व कायम कर लिया है वह बेहद चिंताजनक स्थिति में देश को पहुँचा चुका है। जहाँ तक जनांदोलनों का सवाल है पिछले दस माह से देश में तीन कृषि कानूनों को वापस लिए जाने के लिए जनतांत्रिक तरीके से चल रहे किसान आन्दोलन की जो स्थिति है उससे यह नहीं लगता कि पूंजी के दकियानूसी प्रभुत्व और मध्य वर्ग के बढ़ते अवसरवाद से इस तरह का कोई आसान उपाय संभव रह गया है।

सच तो यह है कि देश में आज सबसे पहले जमीनी स्तर के सामाजिक-सांस्कृतिक नवजागरण अभियानों और आन्दोलनों की जरूरत है जो देश की बिखरी हुई जनता को एक सूत्र में पिरोकर उसके दकियानूसीपन और सामाजिक विभाजन से उसे बाहर निकाल सके। आज पहले से सबकुछ बदल चुका है और समाजों पर धार्मिक रुढ़िवादिता और अंधविश्वासों से ग्रस्त अपनी पहचानों का शिकंजा एक बार फिर से कस गया है। उसका अधिकांश हिस्सा अंधविश्वासों और अज्ञानता की गिरफ्त में फिर से आ चुका है। सभी तरह के धर्मों का पुनरुत्थानवाद आज बहुत तेजी से पूरी दुनिया में हो रहा है और इसमें उस अतिरिक्त पूंजी की बहुत बड़ी भूमिका है, जो वैश्विक आवारा पूंजी के स्तर पर सबको खरीदकर अपना गुलाम बना लेती है। मेरे विचार से डॉ. रणजीत ने इस आलेख में ज्यादातर पुरानी मान्यताओं को ही अपनी शब्दावली में प्रस्तुत किया है और इसमें उनका दृष्टिकोण आदर्शवादी अधिक रहा है। ये उस समय लिखे गए आलेख हैं जब देश में पूंजी के बढ़ते प्रभुत्व के बावजूद थोड़ा ही सही लोकतांत्रिक माहौल कुछ तो बचा हुआ था और समाज का आज जैसा गहरा और बेहद विकृत विभाजन नहीं हुआ था। दरअसल लेखक उन व्यावहारिक कठिनाइयों पर ज्यादा बात नहीं करते जो पिछले पच्चीस-तीस सालों में देश और दुनिया के सामने विकराल रूप में आ खड़ी हुई हैं। ऐसा प्रतीत होता है कि लेखक के ऐसे राजनीतिक चिंतनपरक आलेख काफी पुराने हो चुके हैं। जब देश में लोकतांत्रिक दृष्टि से कुछ संभावनाएँ बची हुई थी। आज तो जरूरत इस बात की ज्यादा है कि देश के ढीले-ढाले सेक्युलर ढाँचे पर आये संकट से कैसे उबरा जाए? इस आलेख में लेखक कई जगहों पर प्रबल आन्दोलन चलाने का प्रस्ताव करता है किन्तु ऐसा दिए हुए माहौल में कौन-सा दल या समूह करेगा इस तरफ कोई संकेत नहीं किया गया है क्योंकि इस समय जो राजनीतिक दल सत्ताओं पर काबिज हैं और मैदान में हैं उनका शायद ही लेखक द्वारा सुझाए गए उपायों पर विश्वास रह गया है। ये सभी दल पूंजीवादी वैश्वीकरण

के पक्षधर हैं और कम्युनिस्ट पार्टियों की आवाज धीरे-धीरे एक बहुत सीमित क्षेत्र तक सिकुडक़र रह गयी हैं। हालात ये हैं कि जहाँ वह थी वहाँ से भी सिकुड़ती चली जा रही हैं। बहरहाल इसमें एक आलेख 2011 में हुए अन्ना आन्दोलन के समर्थन में भी मौजूद है। जिसे एक जमाने में लेखक और कुछ अन्य विचारशील लोगों ने भी आज की स्थितियों का एक आन्दोलनकारी विकल्प माना था। सात सालों में अन्ना आन्दोलन का जो हश्र हुआ है और उससे निकले केजरीवाल जैसे विकल्प का भी, वह किसी से छिपा हुआ नहीं है। अन्ना अपने गाँव रालेगाँव सिदि्ध में जाकर मौन धारण कर एकांतवास में बैठने को विवश है क्योंकि 2013 तक जैसी भी लोकतांत्रिक स्थितियाँ देश में थी वैसा अब कुछ शेष नहीं रह गया है इसलिए परिवर्तन के विषय में जो विचार लेखक ने इन आलेखों में प्रस्तुत किये हैं वे आज के हालातों के हिसाब से पुराने पड़ चुके हैं और कुछ ऐसी नयी क्रूर फासिस्ट स्थितियाँ बन चुकी हैं जो सारी स्थितियों पर पुनर्विचार की माँग करती हैं क्योंकि सदाशयता भी तभी चल सकती है जब उसके चलने का कोई वातावरण बचा हो। यद्‌यपि इस मामले में आगे चलकर डॉ. रणजीत ने केजरीवाल और अन्ना के प्रति अपना नजरिया बदल लिया है जो उनके नए कविता संग्रह 'बिगड़ती हुई आबोहबा' की बयान जैसी कविताओं में साफ-तौर पर लिख भी दिया है—आशा की किरण **दिखाई दी थी एक/ अरविन्द केजरीवाल/ पर उस 'छोटे आदमी' ने एकछत्र बनने के चक्कर में/ कितनी जल्दी दिखा दिया/ अपना टुच्चा प्रेक्टीकल व्यक्तित्व/ अपने सबसे सिद्‌धांतनिष्ठ साथियों को/ बाहर का रास्ता दिखाकर।**

आज तो सबकुछ उलट-पुलट है। अत: इन विचारों को लेखक का एक सपना और यूटोपिया तो जरूर माना जा सकता है इससे अधिक फिलहाल और कुछ नहीं। सच तो यह है कि देश और विश्व में श्रम के दर्शन के विरुद्‌ध आज जैसे हालात हैं उनको ध्यान में रखते हुए और अधिक यथार्थ एवं जमीनी रूप में सोचने की जरूरत है और प्राथमिकता के हिसाब से इस समय के कार्यभार के बारे में सोचने की जरूरत है। पिछले सत्तर साल की राजनीति और मध्य वर्ग की चिन्तनशील भूमिका में कोई बहुत बड़ी कमी रह गयी है जिससे आज ऐसे हालात बने हैं कि जो भी लोकतंत्र और संविधान के लिए हाथ ऊँचा करता है उसे ही मीडिया द्‌वारा बदनाम करके देश-द्रोही घोषित कर दिया जाता है। इसलिए इन आलेखों में व्यक्त विचार आज के माहौल को समझने में कोई बहुत बड़ी मदद नहीं करते। आज फिर से सोचने और आत्मचिंतन की जरूरत है कि आज का सोचने-समझने वाला मध्य वर्ग अपने देश की स्थानीय जमीन से कितना कटकर सोचता है उसे कुछ पता ही नहीं है कि नीचे जमीन पर क्या हो रहा है और वह क्या सोच रहा है। देश का लोकतंत्र फिर से

धर्म की एक ऐसी जकड़ में आ गया है कि अब उसे जिंदगी से सम्बन्धित दूसरे बड़े और बुनियादी मुद्दे ज्यादा परेशान ही नहीं करते।

इस पुस्तक का सबसे आखिरी और इस पुस्तक का सबसे अधिक महत्त्व का आलेख है—'एक मानववादी आत्महंता का अंतिम पत्र'। यह आलेख लेखक ने आत्मकथ्य के रूप में लिखा है जिसे इसलिए पढ़ा जाना चाहिए कि यह खुद को सभ्य और विकसित कहलाने वाली मानवता के सामने ऐसे सवाल खड़े करता है जिससे उसकी सभ्यता का ऊपरी आवरण हट जाता है। लेखक का यह मानना सही है कि इस पृथ्वी पर लोग एक अर्थहीन जिंदगी जीने के लिए अभिशप्त हैं। पुराने दिनों में तो चंगेज खान और तैमूर लंग जैसे नृशंस शासक थे ही, आधुनिक कहे जाने वाले युग में भी हिटलर, ईदी अमीन और पोलपोट जैसे शासक हुए। और भी न जाने कितने इनके अलावा। सामान्य जीवन में भी कमजोर वर्ग के साथ शोषण-उत्पीडन, अन्याय, अनाचार की वीभत्स घटनाएँ जिस तरह से हर रोज हमारे आस-पास घटित होती हैं और न्याय हमेशा ताकतवर के पक्ष में रहता है उससे यह साफ है कि कोई भी सच्चा मनुष्य इनसे आत्म-हनन की स्थिति में आसानी से पहुँच सकता है। इस आलेख से यह भी स्पष्ट होता है कि लेखक आधुनिक युग में जिस तरह के मनुष्य यानी नए इन्सान की कल्पना करता है वह अभी अपवादस्वरूप ही नजर आता है इसलिए वह अपने जीवन को निरर्थक मानकर आत्म-हनन का प्रस्ताव करता है। वैसे भी यह कहना गलत नहीं है कि निरर्थक जिंदगी जीते रहना भी आत्म-हनन से कम नहीं होता। इस आलेख के अन्त में लिखे लेखक के इन विचारों से हम उनकी उस उदात भावना से परिचित हो सकते हैं। उन्होंने लिखा है कि "मैं अपने दुःखी जीवन से तंग आकर नहीं, अपने सामान्य जीवन से तंग होकर मर रहा हूँ। ....अब तक मैंने जीवन की सार्थकता अच्छे ढंग से जीवित बने रहने में ही ढूँढी। पर क्या जीवन का लक्ष्य सिर्फ जिए जाना है? ....जीवन की यह अर्थहीनता असह्य है। अमानुषिक मानव जाति के एक सदस्य के रूप में यह सामान्य अर्थहीन जीवन जीते रहना एक अभिशाप है। इस अभिशाप से मुक्ति के लिए अपने आप को समाप्त कर रहा हूँ।" यहाँ सवाल उठाया जा सकता है कि इस तरह के आत्म-हनन का प्रस्ताव एक तरह से संघर्षों से घबराकर जीवन से पलायन है। जीवन तो संघर्ष का नाम है जिससे सही दिशा में बदलाव होते हैं। मृत्यु इसका कोई समाधान नहीं है। हम अर्थहीन जीवन जीते हुए भी अर्थवत्ता की दिशा में आगे बढ़ सकते हैं। यद्यपि लेखक को जितना मैं जानता हूँ वे इस तरह के आत्म-हनन के पक्ष में शायद ही कभी रहे हो। उनका आशय यहाँ कदाचित यही बतलाने का है कि आज का मानव कोई सार्थक जिंदगी नहीं जी रहा है। वह जीवित दिखते हुए

भी एक जीवित शव जैसी जिंदगी जी रहा है। बहरहाल इस रूप में यह एक बेहद विचारोत्तेजक निबन्ध है, जो लेखक के आदर्श को भी हमारे सामने रखता है। इसके अलावा भी समय-समय पर लिखे गए कई जीवनधर्मी संकटों और समस्याओं पर लिखे विचारोत्तेजक आलेख इसमें पढ़ने को मिलेंगे। निस्संदेह यह कृति अपने पाठक को जीवन की आज की वास्तविकताओं के आमने-सामने लाकर सोचने समझने की दिशा में प्रेरित और प्रोत्साहित करने वाली कृति है।

—जीवन सिंह

मोबाइल—9785010072

***

19

आजादी के परवाने

* डॉ. मलखान सिंह सिसोदिया *

कवि-विचारक डॉ. रणजीत द्वारा 550 पृष्ठों में सम्पादित 'आजादी के परवाने' अपनी तरह की पहली और ऐतिहासिक महत्त्व की एकमात्र ऐसी पुस्तक है जिसमें ईस्ट इंडिया कम्पनी के रूप में भारत में सौदागर बनकर व्यापार करने के लिये आये अंग्रेजों की शासक के रूप में भारत में पाँव जमाने की दुरभिसंधियों के विरुद्ध अठारहवीं शताब्दी के अंतिम वर्षों से लेकर स्वतंत्रता प्राप्ति तक की 150 वर्षों की दीर्घ कालावधि में भारतीयों द्वारा किये गये दुर्घर्ष संघर्ष की रोमांचक स्मृतियों को 256 शहीदों की विभिन्न स्त्रोतों से प्राप्त जीवनियों के माध्यम से जीवन्त कर दिया गया है।

आजादी के परवाने पुस्तक की सबसे बड़ी विशेषता यह है कि उसमें भारत में अंग्रेजी राज्य के पाँव जमाने के प्रारम्भ से ही भारतीयों के आजाद रहने के रोमांचक संघर्ष को आजादी के परवानों की जीवनियों के माध्यम से दिखाया गया है, जो शमशेर गाजी, तिलका माझी से शुरू होकर टीपू सुल्तान के संघर्ष में अपने चरम पर पहुँचता है। उसके बाद किन्तूर की रानी चेन्नमा दक्षिण में, सरदार शाम सिंह अटारी वाला पंजाब में, अंग्रेजों के विरुद्ध संघर्ष करते हुये शहीद हुए। किसी भी पुस्तक में 1857 के स्वतंत्रता संग्राम के पहले के इन शहीदों के संघर्ष का कोई उल्लेख नहीं मिलता है। सभी लेखकों-इतिहासकारों ने उनकी उपेक्षा की है। इस दृष्टि से यह पुस्तक अद्वितीय है कि इसमें पहली बार अंग्रेजों के विरुद्ध प्रारम्भ के उन सब शहीदों का जीवनियों के माध्यम से उल्लेख मिलता है।

इस पुस्तक की दूसरी विशेषता यह है कि सम्पादक ने अंग्रेजों के विरुद्ध संघर्ष के कालक्रम के अनुसार शहीदों की जीवनियों को नियोजित किया है। उसमें वर्ष

1857 के स्वतंत्रता संग्राम को केन्द्र में रखकर उन्हें 57 के पहले के शहीद, 57 के शहीद, 57 के बाद के शहीद, वाइसराय कांड के शहीद, गदर लहर के शहीद, काकोरी कांड के शहीद आदि वर्गों में विभाजित कर उन्हें तरतीब और व्यवस्था दी है जिसमें विभिन्न कालों में किये गये संघर्षों का स्वरूप स्पष्ट हो जाता है कि वे किस-किस के द्वारा कैसे किये गये।

शहीदों की जीवनियों के इस विभाजन में एक और महत्त्वपूर्ण बात दृष्टव्य है कि सम्पादक ने सभी राजनैतिक विचारों आग्रहों और जाति-धर्म की संक्रीणताओं से ऊपर केवल अंग्रेजों के विरुद्ध संघर्ष और उसमें शहादत को ही प्रधानता दी हैं, शहीद चाहे किसी दल, संगठन या विचारधारा से सम्बंधित क्यों न रहे हों, उनकी दक्षिणपंथी या वामपंथी रुझान क्यों न रही हो, वे पिस्तौल-बम और हिंसा में विश्वास रखने वाले या कांग्रेस की अहिंसा में विश्वास रखने वाले या आजाद हिंद फौज की सैन्य कार्यवाही में विश्वास रखने वाले क्यों न रहे हों, सभी शहीदों की जीवनियों के प्रति समान दृष्टिकोण अपनाकर उन्हें पुस्तक में उचित स्थान दिया है। इसमें एक तरफ चन्द्रशेखर आजाद, सरदार भगत सिंह, अशफाक उल्लाह, रामप्रसाद बिस्मिल, रासबिहारी बोस और सुभाष चन्द्र बोस की जीवनियाँ हैं तो उनके साथ मदन लाल ढींगरा की भी जीवन है। इस प्रकार अंग्रेजी राज विरोधी-संघर्ष को सम्पूर्णता देने का सम्पादक ने स्तुत्य प्रयास किया है।

पुस्तक में जीवनियों के लेखक शिव वर्मा, मन्मथनाथ गुप्त, शचीन्द्रनाथ सान्याल जैसे सुप्रसिद्ध क्रांतिकारी हैं तो उनके साथ पंडित सुन्दरलाल, रतनलाल जोशी, मेवाराम गुप्त, प्रोफेसर चिन्तामणि शुक्ल, डॉ. मलखान सिंह सिसौदिया और अन्य जाने-माने लेखक भी हैं।

इस पुस्तक का महत्त्व केवल उसकी ऐतिहासिकता में नहीं है बल्कि उससे अधिक आजादी के शहीदों को अंग्रेजों और उनके पिट्ठू नौकरशाहों ने जेलों या अंडेमान की काल कोठरियों में कैसी लोमहर्षक यातनायें दीं उनके विषय में आज की पीढ़ी को आधिकारिक जानकारी देने में और शहीदों की अपूर्व दृढ़ता और अटूट मनोबल बताने में है जिससे उसमें देश की स्वतंत्रता की रक्षा की उत्कट भावना जागृत हो सके और वह इन जीवनियों से प्रेरणा प्राप्त कर सके। इस प्रकार इस पुस्तक का सर्वाधिक महत्त्व उच्च उद्देश्य के लिये प्रेरणा देने में निहित है। यही इस पुस्तक को आज की राष्ट्रीय परिस्थितियों में आवश्यक एवं मूल्यवान बनाती है। ऐसी जरूरी पुस्तक परिश्रमपूर्वक सम्पादित करने के लिये डॉ. रणजीत धन्यवाद के पात्र हैं।

—डॉ. मलखान सिंह सिसोदिया

20

डॉ. रणजीत की कहानियाँ

*** अनूप कुमार ***

हिन्दी साहित्य में डॉ. रणजीत की शिनाख्त एक कवि, आलोचक और चिन्तक के रूप में है। आम-तौर पर उनके द्वारा रचे गए कथा-साहित्य पर चर्चा नहीं हुई है। इसका सबसे प्रमुख कारण यह रहा है कि डॉ. रणजीत ने कहानी को अपने लेखन के एक फार्म के रूप में चुना तो परन्तु शीघ्र ही इससे विमुख हो गए और पूर्णरूपेण कविता व काव्यालोचना की ओर उन्मुख हो गए। उनके कुल दो छोटे-छोटे कहानी संग्रह प्रकाशित हुए, जिनमें एक-डेढ़ दर्जन कहानियाँ हैं। उनका पहला कहानी संग्रह 'गर्म लोहा ठण्डे हाथ' सन 1966 में प्रकाशित हुआ। इसके बाद दूसरा संग्रह 'एक प्रतिरावण का जन्म' सन् 1989 में प्रकाशित हुआ। अपने दूसरे कहानी संग्रह 'एक प्रति रावण का जन्म' में उन्होंने स्वयं ही स्वीकार किया है कि उनके पहले कहानी-संग्रह में ज्यादातर उनके विद्यार्थी जीवन में रची गई कहानियाँ हैं इसीलिए उन्होंने अपने दूसरे कहानी-संग्रह में पहले कहानी संग्रह की कुछ कहानियाँ भी शामिल कर ली हैं। इसके अतिरिक्त उनकी एक कहानी 'कायान्तरण' इन दोनों संग्रहों में शामिल नहीं है और कथायन-27 में छपी है। 'कथायन : कहानी की एक सदी' दुर्ग, छत्तीसगढ़ के श्री प्रकाशन का एक प्रकल्प है, जिसमें हिन्दी की कुल एक हजार चुनी हुई कहानियों को एक सौ संकलनों में प्रकाशित करने का उद्यम किया गया है। स्पष्ट है कि डॉ. रणजीत ने बहुत अधिक कहानियाँ नहीं लिखी हैं। यदि हम 'एक प्रति रावण का जन्म' को उनका प्रतिनिधि कहानी-संग्रह मान ले तथा अपने आलोचनात्मक विश्लेषण को इस कहानी संग्रह

के अतिरिक्त 'कायान्तरण' और पहले कहानी-संग्रह 'गर्म लोहा ठण्डे हाथ' में शामिल कुछ उल्लेखनीय कहानियों तक सीमित रखें तो भी रणजीत की कहानी कला का सम्यक विश्लेषण किया जा सकता है।

कहानी-लेखन वस्तुतः कविता-लेखन की अपेक्षा कठिन है तथा अधिक समय और समर्पण की माँग करता है। इसके लिए तैयारी भी अधिक करनी पड़ती है। भाषा के पक्ष से देखें तो भी दोनों में पर्याप्त अंतर होता है। एक अच्छे विचार को सरलता से एक अच्छी कविता में पिरोया जा सकता है परन्तु उसी विचार को यदि कहानी का फार्म दिया जाय तो उसके लिए अधिक श्रम और कौशल की आवश्यकता होती है। यही कारण है कि कविता की अपेक्षा कम ही लोग कहानी को अपने लेखन के फार्म के रूप में चुनते हैं। डॉ. रणजीत ने कविता के साथ-साथ कहानी को भी अपनी रचनात्मक अभिव्यक्ति के माध्यम के रूप में चुना और विद्यार्थी जीवन से ही कहानियाँ लिखना शुरू कर दिया था। उन्होंने कहानियाँ लिखी परन्तु बाद में पूरी तरह से कविता और काव्यालोचना को अपना कार्यक्षेत्र बना लिया। कहानी लेखन छूटता चला गया और धीरे-धीरे पूरी तरह बंद हो गया। यही कारण है कि हमें डॉ. रणजीत की कहानियों में एक प्रौढ़ कहानीकार नहीं दिखता। भाषा और कथ्य के स्तर पर दूसरे तमाम कहानीकारों से बेहतर होने के बावजूद प्लॉट के स्तर पर उनकी कहानियाँ कमजोर दिखती हैं और कुछ कहानियाँ तो अपना प्रभाव छोडने में पूरी तरह से निष्फल रहती हैं।

डॉ. रणजीत की कहानियों को विश्लेषण की दृष्टि से हम तीन श्रेणियों में बांट सकते हैं—प्रेम और यौन सम्बन्धों पर लिखी गई कहानियाँ, मध्यम वर्ग के सामाजिक मूल्यों पर लिखी गई कहानियों और साम्यवादी व्यवस्था तथा उसके अन्तर्विरोधों पर आधारित प्रतीकात्मक कहानियाँ। जैसा कि उन्होंने अपने दूसरे कहानी-संग्रह के आमुख में लिखा है कि उन्होंने ये कहानियाँ गढ़ी बहुत कम हैं, अधिकतर देखी या पायी ही हैं। विराट जीवन-सत्य के एक टुकड़े की तरह। इसलिए ये कहानियाँ टुकड़े-टुकड़े सच हैं। कुछ कहानियाँ उन्होंने अपने प्राध्यापकीय जीवन से उठाई हैं, जहाँ पाखण्ड और झूठ एक जीवन मूल्य की तरह जिया जाता है। इस तरह की कहानियों को चाहें तो चौथी कोटि बना कर शामिल कर सकते हैं।

डॉ. रणजीत के पहले कहानी संग्रह 'गर्म लोहा ठण्डे हाथ' की शीर्षक कहानी 'गर्म लोहा ठण्डे हाथ' उनके विद्यार्थी जीवन में लिखी गई एक रोमांटिक कहानी है। इस कहानी में एक युवा शिक्षक एक किशोरी को ट्यूशन देता है और बाद में दोनों के मध्य प्रेमांकुर फूटने लगते हैं। इस कहानी में डॉ. रणजीत ने पत्र, डायरी, कविता और समाचार की तकनीक का प्रयोग करके स्त्री-पुरूष सम्बन्धों के सन्दर्भ

में खोखले मध्यवर्गीय मूल्यों की पड़ताल की है। कहानी अच्छी बन पड़ी है परन्तु कहानी का अन्त उतना यथार्थवादी नहीं दिखता।

इसी संग्रह में एक कहानी है 'एक पत्रकार का प्रेमपत्र'। यह एक राजनैतिक व्यंग्य है। इसमें डॉ. रणजीत ने पत्र की तकनीक का प्रयोग किया है तथा तत्कालीन राजनैतिक हालात पर लिखा है। इसे मुश्किल से ही कहानी कहा जा सकता है। इसे समझने के लिए समकालीन राजनैतिक सन्दर्भ जानना आवश्यक है। इसके अतिरिक्त एक के बाद एक राजनैतिक परिस्थितियों का वर्णन गद्य को बोझिल बना देता है। इसके बावजूद इसे एक अच्छा प्रयोग कहा जा सकता है।

'देवताओं का सरकस' डॉ. रणजीत के दोनों संग्रहों में सम्मिलित है। यह आस्तिकता और नास्तिकता की बहस पर आधारित है। इसमें लेखक के अतिरिक्त मिसेज सिन्हा, लोहे की जंजीर में बंधी एक कुतिया, सरकस और एक दण्डवत तीर्थयात्रा करते व्यक्ति का प्रतीकात्मक प्रयोग है। एक अत्यन्त महत्त्वपूर्ण विषय पर लिखी गई अच्छी कहानी है। जंजीर से बंधी कुतिया का प्रतीकात्मक प्रयोग उन्होंने अच्छी तरह से किया है।

इसी प्रकार 'आपका भविष्य' तथा 'चिडा-चिड़ी की कहानी' भी दोनों संग्रहों में शामिल हैं। ये दोनों कहानियाँ राजनैतिक व्यंग्य हैं और डॉ. रणजीत की तीसरी कोटि की कहानियों में सम्मिलित की जा सकती हैं। 'आपका भविष्य' में एक भविष्यवक्ता बड़े ही रोचक अंदाज में लोगों को दो श्रेणियों की राशियों में हजूर राशि और मजूर राशि में बांटकर उनका भविष्य बताता है। इसमें पूरी व्यवस्था को मार्क्सवादी दृष्टिकोण से विश्लेषित किया गया है। अन्त में पता लगता है कि भविष्यवक्ता जेल से भागा हुआ एक मुजरिम है। इसी प्रकार 'चिडा-चिडी की कहानी' भी एक राजनैतिक कहानी है। इस कहानी में जंगल की चिड़िआओं को सर्वहारा का प्रतीक बनाया गया है तथा दूरबीन को मशीनीकृत पूंजीवादी उत्पादन प्रणाली के प्रतीक के रूप में इस्तेमाल किया गया हैं। किसी भी क्रान्ति की संभावना से बचने के लिए दूरबीनधारी मोटे पेट वाली चिड़िआएँ अपने एजेंटों का इस्तेमाल करके कैसे छोटे पेट वाली चिडियाओं को धर्म के नाम पर बांट देती हैं, यही इस कहानी का कथ्य है। इसमें डॉ. रणजीत ने बेबाक तरीके से हिन्दू-मुस्लिम-सिख और ईसाई धर्मों पर कटाक्ष किए हैं। इस कहानी का अन्त भी उम्मीद की इस किरण के साथ होता है कि अलग-अलग धर्मरूपी पेड़ों पर बैठी चिडियाएँ यूँ एक-एक कर उस पेड़ की ओर आ रही है, जिस पर किसी भी धर्म का अनुशासन और आतंक नहीं है।

'एक प्रतिरावण का जन्म' भी एक राजनैतिक व्यंग्य है। इसमें रामकथा का आश्रय लिया गया है कि कैसे राम लंका के नजदीक पहुँच कर रावण के खिलाफ व्यूह रचना करते हैं। परन्तु रामदल की व्यूह रचना धीरे-धीरे रावण से युद्ध की तैयारी के नाम पर स्वयं ही उसी तरह की एक लुटेरी व्यवस्था में बदल जाती है। रावण से लड़ने के नाम पर एक ऐसी व्यवस्था अस्तित्व में आ जाती है जो कि रावण दल की सारी बुराइयों को अपने आप में समेटे हुए है। 'चोर लुटेर भाई-भाई' भी इसी कोटि की प्रतीकात्मक कहानी है। इसमें एक किसान अपनी फसल को चोरों से बचाने के लिए एक नई व्यवस्था में चला जाता है, जहाँ एक किताब है और सभी लोग दिन भर मेहनत करते हैं और मिल बाट कर खाते हैं परन्तु धीरे-धीरे उसे पता लगता है कि वहाँ पर भी व्यवस्था के नाम पर उच्च स्थानों पर बैठे हुए लोग मेहनतकशों का शोषण करते हैं। मेहनतकश मजदूरों और किसानों को सूखी रोटी मिलती है तो व्यवस्था में उच्च स्तर पर बैठे हुए लोग चुपड़ी रोटी खाते हैं। कहना न होगा कि डॉ. रणजीत की ये कहानियाँ पिछली शताब्दी के आठवें और नवें दशक में विश्व के दो ध्रुवों में बँट जाने के दौर की हैं। इस दौर में पूंजीवाद से टक्कर लेने के प्रयास में समाजवादी व्यवस्था वाले देशों में तानाशाहियाँ स्थापित हो गई और शक-शुबहे का ऐसा लौह आवरण बनाया गया कि इन देशों की व्यवस्था स्वयं ही एक बुराई बनकर सडांध मारने लगी और अंततः लोकतान्त्रिक क्रान्तियों के हल्के धक्के से ही ये सारी व्यवस्थाएँ ध्वस्त हो गईं।

'मूर्तिभंजक का जन्म' एक प्रतीकात्मक कहानी है, जिसमें कथा नायक ऐसी मूर्ति की खोज करना शुरू करता है, जिसके सम्मुख वह अपना सर्वस्व समर्पित कर सके परन्तु अनेक मूर्तिकारों और संग्रहालयों में जाने के बाद वह ऐसी मूर्ति प्राप्त नहीं कर पाता और अंततः स्वयं मूर्तिकार बनने का निर्णय लेता है। मूर्तिकला पर अधिकार प्राप्त कर लेने के बाद वह एक पाषाण को मूर्ति में बदलने का निर्णय लेता है परन्तु ऐन मौके पर वह पाषाण स्वयं ही एक मूर्ति होने का हवाला देकर उसे रोकता है। कहना न होगा कि यह कहानी मनुष्य की पूर्णता की खोज को ही प्रतीक रूप में अभिव्यक्त करती है।

डॉ. रणजीत के दूसरे कहानी संकलन में शामिल कहानी 'कारबन' और 'मान-मर्दन' उनके प्राध्यापकीय जीवन से उपजी हुई कहानियाँ हैं। इन कहानियों में अपने आस-पास के मध्यमवर्ग की मूल्यहीनता खूब उजागर हुई है। 'कारबन' कहानी में मामूली 'कारबन' को लेकर ईमानदारी के पाखण्ड की पड़ताल की है। इस कहानी में उच्च शिक्षा के क्षेत्र में व्यास लापरवाही के भी दर्शन होते हैं कि किस प्रकार परीक्षा की कापियाँ चेक करने के दौरान हिन्दी के बजाय दूसरे विषय की

कापियों आ जाती हैं और जब तक उस गलती को सुधारा जाए, कई प्राध्यापक कापियाँ चेक कर चुके होते हैं अर्थात वे यह भी देखने की जहमत नहीं उठाते कि जो कापियाँ वे चेक कर रहे हैं, वे उन्हीं के विषय की हैं अथवा नहीं। इसी प्रकार 'मान मर्दन' कहानी में प्राध्यापकों द्वारा परीक्षा में अनुचित साधनों की चेकिंग के दौरान निजी खुन्नस निकालने का प्रभावी वर्णन है।

डॉ. रणजीत की कुछ कहानियाँ मध्यवर्गीय संवेदनशीलता पर टिप्पणी करती प्रतीत होती हैं। 'द्वीप और समुद्र' उनकी ऐसी ही कहानी है। इस कहानी में एक नन्हें बच्चे को साथ लिए अपने दूसरे बच्चे को ढूँढती एक दुखियारी महिला के प्रति मध्यमवर्गीय संवेदनशीलता की सीमाओं को कुशलता से दिखाया गया है। लेखक को रात में बस यात्रा के दौरान वह महिला मिलती है। उसके पास यात्रा भर के पैसे भी नहीं है। लेखक उसका टिकिट खरीदता है और रेलवे स्टेशन तक पहुँचने में मदद करता है। दुखियारी महिला भी उसकी उदारता से असहज महसूम करती है। कहानी के अन्त में लेखक सोचता है कि यदि वह महिला उसके अपने परिवार का हिस्सा होती तो क्या वह उसे उस अंधेरी रात में अकेली जाने देता?

'तीसरी प्रिया' स्त्री-पुरुष सम्बन्धों पर आधारित कहानी है। यह प्रो. सक्सेना, उनकी पत्नी और प्रो. सक्सेना की पूर्व छात्रा शिप्रा की कहानी है। लम्बे समय के बाद सम्पर्क में आई शिप्रा, जो कि अपने पति से संतुष्ट नहीं थी, और प्रो. सक्सेना के मध्य सम्बन्ध विकसित होते हैं। शिप्रा प्रो. सक्सेना द्वारा सेक्सुअल पहल करने पर बुरा नहीं मानती पर बाद में सबकुछ उनकी पत्नी से बता देती है। इस कहानी का प्लॉट बहुत स्पष्ट नहीं है और यह भी स्पष्ट नहीं होता कि आखिर इस कहानी के जरिए लेखक क्या कहना चाहता है? इस कहानी में प्रो. सक्सेना और उनकी पत्नी के मध्य के सम्बन्ध भी अस्वाभाविक प्रतीत होते हैं, क्योंकि यौन सम्बन्धों के मामले में नितान्त उदार समाज में भी पत्नी, पति के किसी अन्य महिला के साथ सम्बन्धों के मामले में इतनी उदार नहीं हो सकती।

इसी तरह 'नपुंसक' कहानी भी मध्यवर्गीय नैतिकता की चीर-फाड़ करती हुई कहानी है। कहानी एक क्लर्क की है, जिसकी पत्नी स्थानीय कॉलेज में प्राध्यापिका है। वह जानता है कि प्रो. राजन के साथ उसकी पत्नी के सम्बन्ध हैं परन्तु वही उसके समस्त वैभव के मूल हैं। उन्होंने ही उसकी पत्नी को पी.एचडी. कराकर प्राध्यापक की नौकरी दिलाई। आस-पास के लोग उसे व्यंग्यात्मक दृष्टि से देखते हैं और उसे नपुंसक कहते हैं परन्तु वह स्वयं को सफलता-असफलता और व्यवहारिकता के तमाम तर्कों से समझाता है। यह कहानी परिवार, समाज और व्यवस्था के जाल में फंसे हुए एक ऐसे व्यक्ति का आत्मालाप है, जो सबकुछ

जानकर भी कुछ नहीं कर पाता और अपने आप को खोखले तर्कों से समझाता है।

प्रथम पुरुष में लिखी गई 'इन्तजार' कहानी अपनी पुत्री से मिलने के लिए तड़पते एक पिता की कहानी है। आपस में न बनने पर पति-पत्नी तलाक लेकर अलग हो जाते हैं। पुत्री पिता के साथ रहती है परन्तु पत्नी अपनी चालबाजी से उस पुत्री को भी अपने कब्जे में ले लेती है और कथा के अन्त तक पिता के पुत्री से मिलन को निष्फल करने का प्रयास करती है और सफल भी होती है।

'खरबूजे' कहानी अत्यन्त साधारण है। इस कहानी में प्रेमी जोड़े बिन्दू और सोम के साथ बिन्दू की सहेली उमा की कथा है। उमा शुरूआत में तो दोनों से अलग-थलग रहती है परन्तु बाद में वह सोम के प्रति आकृष्ट होने लगती है। इस कहानी का अन्त भी बहुत स्वाभाविक नहीं लगता जबकि बिन्दू सोम की गोद में लेटी उमा को देखती है।

उपरोक्त कहानी के अतिरिक्त डॉ. रणजीत की एक कहानी 'कायान्तर' उनके दोनों ही संकलनों में शामिल नहीं है और कथायन 27 में प्रकाशित हुई है। यह कहानी भी कुछ अस्वाभाविक प्लॉट पर लिखी गई है। इसमें ट्रेन यात्रा के दौरान एक अजनबी पुरुष और स्त्री के मध्य यौन सम्बन्ध स्थापित हो जाते है। पुरुष अगर थोड़ा-बहुत अपने पारिवारिक यौन सम्बन्धों में समय के साथ आए ठण्डेपन से असंतुष्ट है तो स्त्री एक दुखियारी है, जिसे अपने जीवन में सफेद दाग के कारण केवल हिकारत ही मिली है। यह इकलौता यौन सम्बन्ध उसे जीवन का वह आनन्द और आत्मगौरव प्रदान करता हैं, जिसका उसने कभी अनुभव ही नहीं किया था। वास्तव में यह कहानी स्त्री-पुरुष सम्बन्धों को एक नए धरातल पर देखने के साथ यह स्थापित करने का प्रयास है कि वास्तव में स्त्री पुरुष की भोग्या नहीं बल्कि यौन सम्बन्धों में उसकी बराबर की साथिन है और उसे भी बराबर का आनन्द प्राप्त होना चाहिए। कहा जा सकता है कि यह कहानी यौन सम्बन्धों के क्षेत्र में एक वास्तव में जनवादी-मानववादी दृष्टिबिंदु को पाठकों के सामने रखती है।

उपरोक्त विश्लेषण के आधार पर हम कह सकते हैं कि डॉ. रणजीत की कहानियाँ उनकी कविताओं की तरह समाज में स्थापित मान्यताओं को तोड़ने का प्रयास करती हैं। कुछ कहानियाँ ऐसी भी हैं, जो स्थापित मान्यताओं के आधार पर कहानी के फार्म को ही चुनौती देती प्रतीत होती हैं, जैसे कि उनके पहले कहानी-संग्रह की शीर्षक कहानी 'गर्म लोहा, ठण्डे हाथ'। कई कहानियों के प्लॉट उतने परिपक्व नहीं है। इन सारी कमियों का कारण यह है कि उन्होंने एक हद के बाद कहानी-लेखन बंद कर दिया और कविता व काव्यालोचना की ओर उन्मुख हो गए।

—अनूप कुमार

21

आमूल क्रांति का ध्वज-वाहक

*** मलय पानेरी ***

क्रांतिकारी भगतसिंह को हम उनके समय के तेज तर्रार और युवा नायक के रूप में जानते रहे हैं, किंतु उनके चरित्र के अन्य उल्लेखनीय रूपों से इतना परिचय नहीं हो पाया है; जिससे भारतीय स्वतंत्रता संग्राम का एक महत्त्वपूर्ण चेहरा सामने आता है। उन्होंने देश को स्वतंत्रता दिलाने के अच्छे प्रयास किये परन्तु आजादी मिलने के लगभग सत्रह वर्ष पूर्व ही उन्हें फाँसी दे दी गई। भगतसिंह भले ही गाँधी के विचारों से सहमत नहीं थे, परन्तु अपने क्रिया-कलापों में वे भी हिंसा के पक्ष में नहीं थे। स्वतंत्रता प्राप्ति के लगभग डेढ़ दशक पूर्व मृत्यु प्राप्त इस नायक के बारे में यों तो बहुत-सी जानकारियाँ उपलब्ध हो जाती हैं, फिर भी सम्पूर्ण जानकारी एक जगह बामुश्किल ही मिलती है।

इस कमी को पूरा करती है डॉ. रणजीत और अनूप कुमार संपादित यह पुस्तक—'आमूल क्रांति का ध्वज-वाहक भगतसिंह'। इसके शीर्षक से ही यह स्पष्ट होता है कि इसमें केवल शहीद भगत सिंह की चर्चा नहीं है और न केवल क्रांतिकारी भगतसिंह की चर्चा है, बल्कि आमूल क्रांति के अग्रदूत भगत सिंह को केन्द्र में रखा गया है। इस नायक को समग्र रूप में जानने के लिए लेखक ने उसके जीवन से जुड़े विविध घटना-प्रसंगों को सोलह खण्डों में विभक्त किया है। यहाँ लेखक ने उन्हीं घटनाओं का विशेष उल्लेख किया है जिनसे इस स्वाधीनता सेनानी को और उस दमनकारी दौर को तथा अंग्रेजों की इंसान-विरोधी गतिविधियों को जानने में पाठक को आसानी हो। जिन प्रसंगों की लेखक ने यहाँ चर्चा की है, वे सामान्यतः

उनकी क्रांतिकारी प्रवृत्तियों से इतर हैं। इससे पाठक भगतसिंह को उसकी शहीद-छवि से पृथक कर सामाजिक चेतना के वाहक चरित्र के रूप में देखने लगते है। ये घटनाएँ ऐसी हैं जिनका उल्लेख इसलिए कम मिलता है कि उनका प्रत्यक्ष संबंध स्वतंत्रता आन्दोलन से नहीं था। लेकिन ये वास्तविक स्थितियाँ थी जिनसे भगत सिंह का मानवीय और सामाजिक चरित्र हमारे सामने आता है।

भगतसिंह स्वाधीनता संग्राम की राजनीति के नायक ही नहीं थे बल्कि वे युवा पीढ़ी में स्वतंत्रता की चेतना जगाने वाले पुरुष थे। बहुत छोटी उम्र में ही इन्होंने देश में अपनी एक अलग पहचान बना ली थी। इस पुस्तक में उनके द्वारा लिखे गए विभिन्न लेखों तथा पत्रों से उनके विचारों को जानने का प्रयास किया गया है। उनके पत्रों से ही हम जान पाते हैं कि इतनी कम उम्र में ही समाज में बदलाव के लिए कितने क्रांतिकारी विचार भगतसिंह के थे। सामाजिक बदलाव की उनकी सोच उन्हें स्वाधीनता-संग्राम की गतिविधियों से भी एक अलग पहचान देती है। समाज और देश के प्रति उनकी निष्ठा अलग-अलग रूपों में सक्रिय दिखाई देती है।

पुस्तक के आरम्भ में भूमिका के रूप में लिखा गया 'पंजाब का किसान-आन्दोलन, गदर-लहर और भगतसिंह' लेख बहुत महत्त्वपूर्ण है। इसमें लेखक ने भगतसिंह के बाल्यकाल से किशोर होने तक की उन पारिवारिक, सामाजिक और राजनैतिक स्थितियों का वर्णन किया है जिसने एक बालक मन को गहरे प्रभावित किया था। भगतसिंह का पारिवारिक वातावरण भी ऐसा था कि पिता, चाचा और अन्य सदस्य पंजाब के किसी न किसी लोकहित आन्दोलन से जुड़े हुए थे। ऐसी स्थिति में भगतसिंह की मानसिकता में भी देश-स्वातन्त्र्य की भावना स्वतः समा गई थी। उन्हें अंग्रेजी हुकूमत की दमनकारी नीतियाँ बहुत परेशान करती थी। इस समय उनकी उम्र बहुत कम थीं किंतु देश-प्रेम की भावना ने उन्हें अपनी उम्र से कहीं अधिक युवा बना दिया था। गदर लहर में भगतसिंह अपने परिवार के अन्य सदस्यों की भाँति सक्रिय हो गए थे—यहीं से उन्होंने राष्ट्रवादी आन्दोलनों में हिस्सा लेना शुरू किया और अपने साथियों को भी तैयार किया। इस विस्तृत लेख में लेखक ने उस समय क्रांति की चिंगारी चेताने के लिए शुरू किये गए समाचार,पत्रों 'गदर' और 'किरती' की भूमिका भी स्पष्ट की है। साथ ही उस समय निरंतर प्रकाशित हो रहे 'मतवाला', 'प्रताप' जैसे पत्रों का भी उपयोग अपने क्रांति लेखों के लिए किया परन्तु छद्म नाम से। उनका मूल उद्देश्य अपने विचारों को साधरण-जन तक पहुँचाने का था।

भगतसिंह के लिए 'विश्व-प्रेम' का अर्थ समग्र शांति है। यही शांति उनका कल्पित भविष्य भी है—इसके लिए यदि कुछ अशांति भी करनी या सहनी पड़े तो इसके पक्ष में वे हैं। विश्व-बंधुता के नारे लगाने वालों के पक्ष मे वे इसलिए नहीं हैं, क्योंकि केवल ढिंढोरा पीटने वाले कभी सक्रिय नहीं होते हैं। वास्तव में भगतसिंह स्वतंत्रता और शांति के लिए किसी आन्दोलन से क्रियात्मक जुड़ाव के पक्ष में थे। संसारव्यापी सुख-शांति और विश्व-प्रेम के लिए वे अपमानों के प्रतिकार के साहस को आवश्यक मानते थे।

लेखक ने यहाँ भगतसिंह के क्रांति-विचारों को सुस्पष्ट करने के लिए बहुत श्रम से ऐसी सामग्री जुटाई है, जो अब तक बहुत कम जानकारी में थी। भगतसिंह ने भारतीय जन-मानस को क्रांति के लिए मानसिक तैयारी की आवश्यकता पर बल देने के लिए ही 'किरती पत्र में धारावाहिक रूप में' अराजकतावाद पर एक लेखमाला शुरू की थी। इस लेखमाला में उन्होंने जिन तत्कालीन मुद्दों पर लिखा वे उस समय इसलिए प्रासंगिक थे, क्योंकि जनमानस को दमन के विरुद्ध तैयार करना बहुत मुश्किल हो रहा था, भगतसिंह इस चुनौती से निबटना जानते थे, सो उन्होंने इसके लिए जनता में कहीं भी हिंसात्मक-प्रवृत्ति की बात नहीं की। अहिंसा के विषय में भले ही वे गाँधीजी के मत से सहमत नहीं थे फिर भी अहिंसा के विरोधी नहीं थे। 'अराजकतावाद' को लेकर वे जनता के भ्रम भी दूर करते रहे और उसकी सही-सही व्याख्या उन्होंने अपने लेखों में की। दुनिया के अनेक प्रबुद्ध विचारकों के मतों का उल्लेख करते हुए अपने देशकाल की स्थितियों के अनुरूप उन्होंने यह विश्वास दिलाया कि 'अराजकतावाद के अनुसार जिस आदर्श स्वतंत्रता की कल्पना की जाती है वह पूर्ण स्वतंत्रता है, जिसमें न तो मन पर भगवान या धर्म का भूत सवार हो, न माया या संपत्ति के लालच का जुनून समाया हुआ हो।' ऐसे विचारों से हम भगतसिंह की एक नितान्त नयी छवि से परिचित होते हैं।

आज राष्ट्रवाद, लोकतंत्र, आजादी और समानता के अधिकारों पर निरंतर बहसें हो रही है। तथा यह माना जा रहा है कि वह लड़ाई अभी भी खत्म नहीं हुई है, जिसके लिए भगतसिंह ने फाँसी का फंदा चुना एवं अनेक लोगों ने कुर्बानियों दी। भगतसिंह के विचार आज अधिक प्रासंगिक लगते हैं क्योंकि इस दौर में राष्ट्रवाद के नाम पर भीड़ द्वारा हत्याएँ हो रही हैं, जबकि स्वतंत्रता से पहले ही राष्ट्रवाद को लेकर एक स्वच्छ विचार जनता में पहुँचाया जा चुका था।

संपादक ने 'साम्प्रदायिक दंगे और उनका इलाज' लेख में क्रांतिकारी आन्दोलन के दौरान किरती में छपे भगतसिंह के विचारों का सारांश दिया है। इसमें यह स्पष्ट किया गया है कि धर्मों ने हमारे देश की स्थिति को ज्यादा खराब किया

है। गुलामी की स्थिति में पत्रकारिता के दुरूपयोग पर भी यहाँ चर्चा की है। इनका यह मानना सही है कि उस समय अज्ञान फैलाने और संकीर्णता का प्रचार करने में अखबारों ने भी कोई कसर नहीं छोड़ी थी। ऐसी स्थिति में देश का भविष्य तब भी अंधकारमय था और आज भी कमोबेश हालात ऐसे ही हैं। अभिव्यक्ति की स्वतंत्रता की कष्टप्रद स्थिति से हम परिचित हैं। सत्ताधारी दल के विचारों का हमेशा स्वागत होता रहा है। यही स्थितियों उस समय भी थी परन्तु यह भी था कि किसी व्यक्ति विशेष के क्रिया-कलापों से आपत्ति होने पर वह प्रतिबंधित हो जाता। भगतसिंह के साथ भी ऐसा होता रहा परंतु छद्म नाम से वे अपने लेख अखबारों के माध्यम से सामान्य जनता तक पहुँचाते रहे। 'अछूत समस्या' उनका एक ऐसा ही लेख है जिसे भगतसिंह ने 'विद्रोही' नाम से प्रकाशित कराया था। 'अछूत का सवाल' नामक लेख में वे मनुष्य को मनुष्य का दर्जा देने की ही बात करते हैं।

यहाँ एक बात की ओर विशेष ध्यान दिया जाना चाहिए कि उस समय समाज जिन बुराइयों में जकड़ा हुआ था उनके विरोध में गाँधीजी, अंबेडकर, नेहरू आदि नायकों के उद्देश्य समान थे पर कार्यवाही के तरीके अलग-अलग थे। भगतसिंह भी उनमें सम्मिलित थे जिनके सुधारवादी कार्यक्रम बहुत सादे एवं सरल थे। समाज में समानता को लेकर वे बहुत सजग थे। जिस व्यक्ति की पहचान अंग्रेजी हुकूमत के विरुद्ध एक विद्रोही की हो उसी के विचार भारतीय समाज के लिए इतने शांतिप्रिय थे कि सहज विश्वास नहीं होता है। लेखक ने स्वतंत्रता के इस नायक की एक समग्र छवि हमारे सामने उपस्थित की। इसमें उन्होंने यह भी सम्मिलित किया कि एक क्रांतिकारी के जीवन में निश्छल प्रेम का वही स्थान है जो किसी सामान्य व्यक्ति के जीवन में होता है। सुखदेव को लिखे एक पत्र के हवाले से लेखक ने यह जानकारी अपने पाठकों से साझा की है।

एक क्रांतिकारी व्यक्ति का आचरण कितना दृढ़ होता है इसका बेहद सटीक उदाहरण है 'बम काण्ड पर सेशन कोर्ट में बयान' लेख। इसमें भगतसिंह की निर्भीक शैली ही नहीं बल्कि उनकी व्यवहार-कुशलता भी प्रकट हुई है। मर्यादित दृढ़ता का भी परिचय मिलता है। वे अपने कष्टों से कभी घबड़ाते नहीं थे बल्कि उन्हें फलीभूत होते देखना चाहते थे। उन्हें अपने जीवन में पसन्द के निर्णय लेने के अवसर सुलभ नहीं हुए इसलिए वे परिस्थितियों के अनुरूप बेहतर निर्णय लेने की ही कोशिश करते थे। जब उन्हें फाँसी देना निश्चित कर दिया तब उनके पिता ने तत्कालीन हुकूमत से बचाव की अपील की, जो भगतसिंह को कतई उचित नहीं लगी। उन्हें ऐसा लगा कि जो क्रांति-बीज उन्होंने बोया है, वह जन-चेतना के रूप में अंकुरित नहीं हो पाएगा.... और वे ऐसा नहीं चाहते थे।

भगतसिंह को भारतीय स्वतंत्रता संग्राम में उनके योगदान और बलिदान के लिए यद्यपि पर्याप्त मान दिया गया है फिर भी उनके कुछ किस्से जो उस समय के अग्रणी नेताओं से मतभेद के रूप में उभरे, उन्हें अक्सर छुपाने के प्रयास किये जाते रहे हैं, उन्हें भी यहाँ लेखक ने सम्मिलित किया है। चाहे वे उनके द्वारा लिखे पत्र हो या अपने पारिवारिक सदस्यों को दी गई व्यक्तिगत हिदायतें हो या स्वयं के बारे में उनके निजी विचार हों। भगतसिंह को पूर्णतः जानने के लिए इन सभी प्रसंगों को जानना आवश्यक है।

इस पुस्तक का महत्त्वपूर्ण लेख है 'क्रांतिकारी कार्यक्रम का मसौदा'। इसे एक गुप्त पुस्तक से लिया है जिसकी उस समय चर्चा नहीं थी। जिस पुस्तक से इसे प्राप्त किया वह 'बंगाल में संयुक्त मोर्चा आन्दोलन की प्रगति पर नोट' है तथा इसके लेखक सी.ई.एस. फैयरवेदर हैं। लेखक ने यहाँ जिस प्रकार से इसका उल्लेख किया इससे यह आभास होता है कि शायद पर्याप्त प्रमाण नहीं है कि यह भगतसिंह ने ही लिखा हो। लेकिन इसमें जो विचार सामने आते हैं उससे यह सन्देह नहीं रह जाता है, क्योंकि क्रांति के पक्ष में जैसी दृढ़ता यहाँ नजर आती है, वैसी भगतसिंह के अलावा दुर्लभ थी। भगतसिंह समझौते के पक्ष में कम रहे किन्तु विरोधी कभी नहीं रहे। आन्दोलन के उद्देश्य यदि सफल हो रहे हों तो समझौते में उन्हें बुराई नजर नहीं आती थी। उनका मानना यह था "समझौतो से डर इसलिए महसूस होता है, क्योंकि प्रतिक्रियावादी शक्तियाँ समझौते के बाद क्रांतिकारी शक्तियों को समाप्त करने की कोशिशें करती हैं।" इसीलिए वे समझौतों को विशेष महत्त्व नहीं देते थे। इसका मुख्य कारण था कि कहीं ये स्थितियाँ भारतीय किसानों को विपत्ति में ना ला दे। मजदूरों और किसानों का वे हमेशा कल्याण चाहते थे। इसके लिए वे अपने लगभग अंतिम दिनों में पण्डित जवाहरलाल नेहरू से वैचारिक समानता स्थापित करने लगे थे। क्योंकि नेहरू ने उस समय मजदूरों और किसानों को संगठित करने की कोशिश की थी। समग्रतः देखा जाए तो यह स्पष्ट होता है कि भगतसिंह जिस प्रकार के क्रांतिकारी थे उनमें अपने आन्दोलनों को लेकर स्पष्ट दृष्टि थी। वे कहीं भी संशयशील नहीं थे। इसीलिए उनके आन्दोलनों की सफलता या असफलता की बात छोड़ दें तो भी यह तो स्वयं सिद्ध है कि वे उस समय अधिक गतिशील थे। उनकी आमूल क्रांति का आधार देश का मजदूर, किसान, निम्न तबका, मनुष्य-समाज, समानता का अधिकार आदि रहे हैं। देश-प्रेम और स्वतंत्रता संग्राम उनकी प्रथम सूची में अवश्य थे परन्तु सामान्य भारतीय जनता के हित भी सर्वोपरि थे।

डॉ. रणजीत द्वारा संपादित इस पुस्तक का आज महत्त्व अधिक इसलिए है कि—राष्ट्रवाद को लेकर इस समय हमारे देश में जो आक्रामकता दिखाई देती है,

वैसे संकीर्ण विचार राष्ट्रवाद के संदर्भ में उस समय नहीं थे। भगतसिंह के विचार काफी तार्किक रहे हैं। यदि उन्हें सही-सही समझने की चेष्टा की जाए तो राष्ट्रवाद की विचारधारा में आक्रामकता कुछ कम हो सकें और समावेशी राष्ट्रवाद की हमारी सोच बुलंद हो सके। राष्ट्रवाद को लेकर होती रही बहसों में भगतसिंह को समय-समय पर याद किया जाता रहा है किन्तु केवल उनके बलिदान पर ही विशेष ध्यान दिया गया। उनके समग्र मूल्यांकन पर चर्चा कम ही हुई है।

यहाँ इस पुस्तक में संपादक ने श्रमपूर्वक ऐसी सामग्री संकलित की है जिससे भगतसिंह के आमूल क्रांति के विचारों से अवगत हुआ जा सके।

—मलय पानेरी

***

22

जाति का जंजाल

*** केशव कर्ण ***

डॉ. रणजीत हिन्दी साहित्य में उत्तर आधुनिक काल के महत्त्वपूर्ण कवियों में से एक हैं। आप अपनी कविताओं में कुरीतियों, पाखंड, संकीर्णता पर कठोर प्रहार करते हैं। आपके साहित्य में 'वसुधैव कुटुम्बकम' की वही भारतीय अवधारणा अब भी गुंफित होती है। आप मानवतावादी कवि हैं। आलोचकों को आपकी कविताओं में वामपंथी प्रभाव परिलक्षित होता है लेकिन इस बात से भी इंकार नहीं किया जा सकता कि आपके जीवन, आचरण और साहित्य पर समाजवादी आंदोलनों का गहरा प्रभाव रहा है।

मुझे आपको पढ़ने का अधिक अवसर प्राप्त नहीं हुआ लेकिन मैं भाग्यशाली हूँ इस अर्थ में कि कई औपचारिक और अनौपचारिक मंचों पर आपकी कविताएँ सुन चुका हूँ। साहित्य और सामाजिक विषय पर कई वार्ताओं में आपके साथ बैठने का सौभाग्य भी मिला है। मुझे आपका स्नेहिल आशीष हमेशा मिलता रहा है। अब तक काव्य, समीक्षा, साहित्यिक-सामाजिक निबंध विषयक तीस पुस्तकों के प्रणयन के बाद भी आपकी सृजनशीलता निरंतर गतिमान है।

जाति का जंजाल। यह पुस्तक विभिन्न सामाजिक-राजनितिक आंदोलन के प्रणेताओं, विश्लेषकों, समाज-सुधारकों द्वारा लिखे गए निबंधों का संकलन है जो डॉ. रणजीत के सम्पादन में मानवीय समाज प्रकाशन यवतमाल महाराष्ट्र से प्रकाशित हुई है। पुस्तक में संकलित आलेख जाति की भ्रांति, जातिवाद का सामाजिक कुप्रभाव, जातीय-कट्टरता के कारण, निवारण, जातिमुक्त समाज के लाभ, मानवीय मूल्यों के उत्थान आदि पर केन्द्रित है। पुस्तक की पूर्व-प्रस्तावना में डॉ. रणजीत कहते हैं—

कोई पासी, चमार, ब्राह्मण है/ कोई जुलाहा, भिश्ती, पठान है/ कोई बौद्ध है/ कोई जैन है, कोई हिन्दू, कोई मुसलमान है/ जातियों और धर्मों के इस बियाबान में/ मैं खोज रहा हूँ/ कितने ऐसे लोग हैं—जो केवल इंसान है?

संकलन का पहला आलेख प्रसिद्ध सामाजिक चिन्तक श्री सच्चिदानंद सिन्हा का है। शीर्षक है 'जाति का मिथक और गतिविज्ञान' जिसमें यह समझने का प्रयास किया गया है कि आखिर वह कौन-सी सोच है जिससे जाति व्यवस्था अपनी जड़ें गहरी करती जाती हैं। लेखक कहते हैं कि प्रत्येक जाति यह विश्वास करती है कि उसका उद्भव प्राचीन काल के अलग—अलग मानव कुलों से हुआ था और कि हजारों वर्षों से वह अपने रक्त की शुद्धता बरकरार रखे हुए हैं। ये दोनों मिथ्या विश्वास ही हैं।

इसी संकलन में संकलित बाबा साहब भीमराव अंबेडकर का लेख 'जाति का उन्मूलन' उनके उस अध्यक्षीय उद्बोधन का हिन्दी रूपान्तरण है जो कभी हुआ ही नहीं। दरअसल 1936 में जाती-पांति तोडक़ मंडल के सौजन्य से लाहौर में एक सम्मेलन के लिए डॉ. अम्बेडकर को आमंत्रित किया गया था किन्तु संबोधन की अग्रिम प्रति पढक़र आर्य-समाजी संयोजकों ने अपने हाथ खींच लिए और यह ऐतिहासिक भाषण महज कागजों में कैद रह गया।

भारत में जाति व्यवस्था के खिलाफ संघर्ष करने वाले दूसरे महान् योद्धा समाजवादी विचारक राम मनोहर लोहिया का आलेख 'जाति का विनाश : क्यों और कैसे' जून 1958 में दिए गए लोहिया जी के भाषण का ही रूपान्तरण है। लोहिया जी का यह अक्षरश: विचारणीय आलेख सामाजिक-न्यास की संकल्पना है। डॉ. लोहिया कहते हैं, सच्चे मानी में ऊँची जातियों का ज्यादतर बहुमत तो नीची जातियों की पाँत में ही आता है, किन्तु वे इस स्थिति से अनभिज्ञ हैं। यही अनभिज्ञता तो दुनिया में अब तक इस बेमिसाल बनावटी सामाजिक व्यवस्था को कायम रखे हुए है।

'अम्बेडकर और लोहिया का जाति-विमर्श' शीर्षक लेख में प्रख्यात राजनितिक विश्लेषक योगेन्द्र यादव तुलनात्मक अध्ययन प्रस्तुत करते हुए कहते हैं, अम्बेडकर से अलग लोहिया हिन्दू धर्म-शास्त्रों के अन्दर ही समाधान का रास्ता सुझाते हैं। वे हिन्दू-धर्म की ग्रंथ परम्परा की महानता में कोई रूचि नहीं रखते थे। वे पौराणिक पात्रों की आलोचना बाहर से नहीं बल्कि पुराणों की अन्तर्वस्तु से करते थे।

'सामाजिक न्याय और गाँधीजी' शीर्षक निबंध में मस्तराम कपूर वर्ण-व्यवस्था के पोषक तत्वों का पर्दाफाश करते हुए कहते हैं, वर्ण व्यवस्था की एक

बड़ी विशेषता यह है कि यह अपने एकाधिकार को बनाए रखने के लिए समान अवसरों का छलपूर्ण नारा लगाती है। और विशेष अवसरों का विरोध करती है। इसके लिए वे आधुनिक बाजारवाद को भी दोष देते हुए लिखते हैं, यह व्यवस्था चाहती है कि भेड़ियों और मेमनों में खुली प्रतियोगिता होने दी जाए।

इसी पुस्तक के एक लेख 'जातिगत झगड़े और हमारा भविष्य' में सच्चिदानन्द सिन्हा इस कुप्रथा के भविष्यत खतरे के प्रति आगाह करते हुए सवाल उठाते हैं कि जाति आधारित बिखराव इतना व्यापक है कि अगर लोग अपने आधिकारिक पद की जिम्मेदारियों की जगह जातिगत निष्ठाओं को रखने लगें तो कोई भी प्रशासन काम कर पाएगा? ऐसी स्थिति में व्यवस्था बैठ जाएगी। हाल में उभरे जातिवाद के नए दौर और टकरावों ने लोकतांत्रिक संस्थाओं और प्रशासनिक कुशलता पर गंभीरे चोट की है। अगर नियुक्ति, पदस्थापन और तबादला सभी में काबिलियत और काम-काज को आधार बनाने की जगह व्यक्ति की जाति के आधार पर फैसले लिए जाने लगें, तो कोई भी प्रशासनिक व्यवस्था कैसे काम कर सकती है?

—केशव कर्ण

जाति जंजाल नहीं, जंजीर है

* रघु ठाकुर *

डॉ. रणजीत ने 'जाति का जंजाल' के नाम से जाति-वर्ण के प्रश्न को लेकर सत्ताइस लेखों को संकलित और प्रकाशित किया है। इस अर्थ में उनका यह प्रयास सराहनीय है कि उन्होंने 'जाति' जिसने हमारे देश को न केवल अतीत में जड़ बनाया था, बल्कि अभी भी बना रही है, विषय पर बिखरी सामग्री को एक साथ परोसा है। हालांकि इन लेखों का चयन, उन्होंने किन आधारों पर किया, उनकी विषय-वस्तु के आधार पर या वैयक्तिक संबंधों के आधार पर या अन्य कोई वजह, यह तो वही बता सकते हैं। इस पुस्तक में एक तरफ तो बाबा साहब आम्बेडकर व डॉ. राममनोहर लोहिया के महत्त्वपूर्ण लेख भी हैं। जिन्होंने 'जाति' के उद्‌भव और विनाशक स्वरूप को तार्किक ढंग से एक थीसिस के रूप में रखा है और दूसरी तरफ कई ऐसे भी लेख है जिनमें कोई चिंतन नहीं, वरन केवल शब्दजाल है। हालांकि रणजीत ने आरम्भ में जो पक्तियाँ लिखी हैं, वह उनकी पीड़ा का तथा पुस्तक के उद्‌देश्य पर सटीक टिप्पणी है।

कोई पासी चमार-ब्राहमण है/ कोई जुलाहा-भिश्ती पठान है/ कोई जैन है, कोई बौद्‌ध है/ कोई हिन्दू कोई मुसलमान है/ जातियाँ और धर्मों के इस बियाबान में/ मैं खोज रहा हूँ/ कितने ऐसे लोग है जो केवल इंसान हैं?

जो लेख पुस्तक में छपे हैं उनमें लोहिया-अंबेडकर के लेखों को छोड़कर अधिकांश पिछले कुछ वर्षों में अनेकानेक पत्र-पत्रिकाओं में प्रकाशित हो चुके हैं तथा उनमें अब एकदम नयापन तथा ताजे हालात का सटीक वर्णन या निशाने पर चोट कुछ कम नजर आती है।

डॉ. रणजीत ने यह ईमानदारी बरती है कि उन्होंने अपने आपको इस पुस्तक का लेखक नहीं, वरन संपादक कहा है। आज का दौर तो जिस बौद्धिक चोरी और शब्दाडंबर का है उसमें अनेक ऐसे विद्वतजनों को मैं जानता हूँ जिन्होंने लेख तो दूर, दस्तावेजों के संकलन को भी अपना लेख घोषित कर दिया।

पुस्तक का पहला लेख 'जाति का मिथक और उसका गति विज्ञान' सच्चिदा बाबू ने लिखा है। पहली पंक्ति में वे लिखते हैं कि—"अपनी दीर्घकालिक निरंतरता में मिथक एक स्वतंत्र अस्तित्व ग्रहण कर लेता है पर यह अस्तित्व जो किसी मानव समुदाय की सामूहिक कल्पना से ज्यादा कुछ नहीं होता।"

डॉ. रणजीत ने पुस्तक में 1977 के जाति तोड़ो सम्मेलन के दस्तावेज भी संकलित किये हैं। हालांकि 1977 के बाद के इन 36 वर्षों में दलित चेतना व जाति विरोधी संघर्षों या विचारों में कई नये पहलू समाने आ रहे हैं। पुस्तक के पृष्ठ 186 पर दस्तावेज में लिखा है "यदि आज के भारतीय को इसका ज्ञान हो सके कि हमारी अपनी ही धरती पर हमारे ही प्रतिभाशाली पूर्वजों द्वारा शताब्दियों तक जीवन और दर्शन के हर क्षेत्र से जातिवाद को उखाड़ दिया गया था तो उससे एक नया गौरव आ जाये।" पर अब दलित प्रश्न कर रहा है कि यह उखड़ा हुआ जातिवाद पुन: स्थापित कैसे व क्यों हो गया?

प्रो. डी.आर. नागराज का लेख 'अश्पृश्यता का सवाल गांधी और अंबेडकर' बहुत ही सारगर्भित तथ्यपरक व महत्त्वपूर्ण है।

डॉ. रणजीत को साधुवाद देना चाहिये कि उन्होंने जाति विषय पर दो सौ सैंतीस पेज संकलित कर पाठकों के समक्ष प्रस्तुत किये हैं। इन पृष्ठों में सभी रुचि के पाठकों को मानसिक खुराक उपलब्ध है। पुस्तक का नाम जाति का जंजाल उन्होंने क्यों रखा, मैं नहीं जानता, परंतु इतना अवश्य है कि जाति जंजाल नहीं, जंजीर है, मजबूत जंजीर जिसे मानवता को बचाने के लिये काटना ही होगा।

मैं उम्मीद करता हूँ कि डॉ. रणजीत इन पृष्ठों में चर्चित विश्लेषणों से और आगे के विमर्श को भी संकलित कर एक पुस्तक और निकालेंगे जिसका नाम 'जाति की जंजीर तोडऩा ही होगा' हो सकता है।

—रघु ठाकुर

23

धर्म और बर्बरता

धर्म विवेचन का एक सार्थक प्रयास

*** अनूप कुमार ***

ऐतिहासिक दृष्टिकोण से देखें तो धर्म और उसके अतार्किक-अवैज्ञानिक स्वरूप पर बहस कोई नई बात नहीं है, बल्कि यह बहस भी उतनी ही पुरानी है, जितना पुराना धर्म है। मानवीय समाज प्रकाशन ने कवि डॉ. रणजीत द्वारा सम्पादित 'धर्म और बर्बरता' पुस्तक का प्रकाशन कर इस विमर्श को नए सिरे से केन्द्र में लाने का प्रयास किया है। यह एक ऐसा संवेदनशील विषय है, जिस पर कलम उठाने के लिए काफी साहस की आवश्यकता है। डॉ. रणजीत पहले भी इस तरह के विषयों पर कलम चलाते रहे हैं।

पुस्तक में बीसवीं शताब्दी के साम्यवादी लेखक एवं चिन्तक राधामोहन गोकुल जी, हिन्दी के शीर्षस्थ ऐतिहासिक उपन्यासकार आचार्य चतुरसेन, शहीद भगत सिंह और महापण्डित राहुल सांकृत्यायन के लेख ऐतिहासिक महत्त्व के हैं। भगत सिंह का लेख उनके सुप्रसिद्ध लेख 'मैं नास्तिक क्यों हूँ' का संक्षेपण हैं। इसके अलावा चतुरसेन और राहुल के लेख भी उनकी पुस्तकों क्रमशः 'धर्म के नाम पर' और 'तुम्हारी क्षय' के एक-एक अध्यायों के संक्षेपण हैं। पंकज बिष्ट ने अपने लेख 'धर्म की जरूरत क्या है' में जीवन के विभिन्न क्षेत्रों में धर्म की अप्रासंगिकता पर गंभीर चर्चा करते हुए धर्म से सम्बन्धित सारी बहस को साम्प्रदायिकता तक सीमित कर देने के खतरे की ओर संकेत किया है। गीतेश शर्मा और मस्तराम कपूर ने धर्म के नाम पर चल रहे पाखण्डों और अन्याय पर प्रकाश डाला है परन्तु दोनों के लेखों में कई बार कथ्य का दोहराव दिखता है। सुन्दर चन्द ठाकुर ने धर्मों की उत्पत्ति का तार्किक और वैज्ञानिक दृष्टि से विवेचन किया है। विनोद शाही ने अपने

छोटे से लेख में धर्म के विकल्पों की खोज की चर्चा की है। अब्दुल हलीम खान का लेख धर्म के व्यावसायिक पक्ष का सटीक विश्लेषण प्रस्तुत करता है। अपनी बेबाक टिप्पणियों की वजह से अपनी जमीन से बेदखल होने की सजा भुगत रही लेखिका तस्लीमा नसरीन का लेख, जो वस्तुतः उनकी पुस्तक 'औरत के हक में' में प्रकाशित दो अलग-अलग टिप्पणियों को जोड़ कर बनाया गया है, उन महानुभावों के लिए विशेष रूप से पठनीय है जो हिन्दू या इस्लाम धर्म में औरतों को दी गई स्वतंत्रता और हकूक पर भाषण देते नहीं थकते। मार्क्सवादी लेखिका-कवयित्री कात्यायनी ने 'धर्म, मार्क्सवाद और भारतीय वामपंथ' शीर्षक लेख में इन तीनों के अन्तर्सम्बन्धों का गंभीर विवेचन किया है। उनका यह कहना पूरी तरह सही है कि साम्प्रदायिका का सामना तथाकथित धार्मिक उदारवाद की जमीन पर खड़े होकर नहीं किया जा सकता। हिन्दी की शीर्षस्थ उपन्यासकार मैत्रेयी पुष्पा ने स्त्रियों को गुलाम बनाए रखने की पुरुष-प्रधान व्यवस्था में धर्म की भूमिका की गंभीर विवेचना की है। ओम प्रकाश वाल्मीकि का छोटा-सा लेख भी पठनीय है परन्तु जब वे यह कहते हैं कि "धर्म की प्रासंगिकता आज संदिग्ध है क्योंकि राजनीतिज्ञों ने इसे खत्म कर दिया है", तो ऐसा प्रतीत होता है कि वे धर्म की अतार्किकता और अवैज्ञानिकता पर कुछ दुविधा में हैं। रणजीत ने भी धर्म और धर्मनिरपेक्षता पर सार्थक चर्चा की है। गुरमीत सिंह का लेख जो कि वस्तुतः एक पाठक के रूप में उनका प्रतिक्रियात्मक पत्र है, एक तर्कशील व्यक्ति की बेचैनी को प्रकट करता है। पुस्तक का मुखपृष्ठ विषय के अनुकूल डिजाइन किया गया है।

—अनूप कुमार

***

धर्म, जाति और साम्प्रदायिकता

*** कश्मीर उप्पल ***

सुखद आश्चर्य हैं कि हमारे वर्तमान समय और परिस्थिति के बिल्कुल अनुकूल देश के सम्मुख एक साथ तीन पुस्तके आई हैं। इनमें देश की भाषा में देश के युग पुरुषों के सम्बोधन हैं। ये सम्बोधन इतने सामयिक हैं कि लगता हैं हमारे देश में बढ़ती धार्मिक और साम्प्रदायिक हिंसा के विरुद्ध आज हमारी भाषा और शब्द चाहे कमजोर पड़ते दिखते हों परन्तु हमारे विचारकों के दस्तावेजों में वर्तमान के प्रश्नों के उत्तर ठीक-ठीक दर्ज हैं।

'धर्म और बर्बरता', 'साम्प्रदायिकता का जहर', 'जाति का जंजाल' इन तीनों पुस्तकों के संपादक डॉ. रणजीत हैं। 'धर्म और बर्बरता' पुस्तक में जिन विचारकों के आलेखों को सम्मिलित किया गया हैं, इनमें आचार्य चतुरसेन शास्त्री, महापंडित

राहुल सांकृत्यान, शहीद भगत सिंह से लेकर तस्लीमा नसरीन, मैत्रेयी पुष्पा और कात्यायनी आदि के आलेख हैं। इनसे गुजरते हुए हम समझते हैं कि धार्मिक मूर्खता के कारण पूरे विश्व समाज की दशा अत्यंत शोचनीय रही है। जिस समाज में जितनी धर्मान्धता है, वह उतना ही गर्त में पड़ा हुआ है। यूरोप में रोमन कैथालिक और प्रोटेस्टेंट ने एक-दूसरे को अग्नि के हवाले किया था। आज हम इक्कीसवीं शताब्दी के भारत में धर्मान्धता के पागलपन की बढ़ती घटनाएं देखने को अभिशप्त हैं। ऐसे अंधकारपूर्ण समय में 'धर्म और बर्बरता' पुस्तक एक लाइट-हाउस की तरह है। राधामोहन गोकुल जी अपने आलेख 'ईश्वर की असलियत' में कई ऐतिहासिक तथ्यों के आधार पर कहते हैं कि हमारा अवतार और पैगम्बर विज्ञान है, हमारा धर्म विवेक है, हमारा खुदा संसार के मनुष्यों का समूह है। ईश्वर और उसके आश्रित धर्म और राज्य दोनों ही मनुष्य के प्रधान शत्रु हैं। जहाँ अधिकार के नाम पर काम होता है वहीं ईश्वर और शैतान की पैदाइश होती है।

आचार्य चतुरसेन शास्त्री 'धर्म और व्यभिचार' लेख में पूरे विश्व के धर्मों में निहित व्यभिचार की प्रथाओं के वीभत्स रूप सामने लाते हैं।

इन आलेखों में शहीद भगत सिंह का कालजयी लेख 'ईश्वर के अस्तित्व का सवाल' ----तर्क के आधार पर समझाता है कि मनुष्य का ज्ञान और विज्ञान ही महत्त्वपूर्ण है। वे कहते हैं भारत में अंग्रेजों की हुकूमत इसलिए नहीं है कि ईश्वर चाहता है बल्कि इसलिए है कि अंग्रेजों के पास ताकत है और हममें उनका विरोध करने की हिम्मत नहीं है। वे हमें अपने प्रभुत्व में ईश्वर की सहायता से नहीं रखे हुए हैं बल्कि बन्दूकों, राइफलों, बम, पुलिस और सेना के सहारे रखे हुए हैं।

इन दिनों हमारे देश में धर्म और राजनीति का जो घालमेल हो रहा है उसे शहीद भगत सिंह के विचारों से अच्छी तरह समझा जा सकता है। इसी तरह साहित्यकार पंकज बिष्ट धर्म, आधुनिकीकरण, वैज्ञानिक विकास और विवेकीकरण के सवाल उठाते हैं। पंकज बिष्ट के अनुसार 'क्या धर्म हमारी भौतिक विकास की असफलता को ढकने, एक बलशाली पश्चिमी सभ्यता की आंधी के सामने अपने ठहरे हुए सामाजिक मूल्यों और जीवनशैली तथा परंपरागत सामंती आर्थिक व सामाजिक ढाँचे को न बचा पाने की हताशा का माध्यम बन गया है?' वे आगे कहते हैं कि पश्चिमी सभ्यता का प्रतिरोध करने के लिए एक समाज के तौर पर हम जो रास्ता अपनाने की कोशिश कर रहे हैं वह और भी गर्त में ले जाने वाला रास्ता है। हम जितना पीछे लौटने की कोशिश कर रहे हैं, उतना ही अपनी हार को सुनिश्चित कर रहे हैं। हमारा समाज पश्चिम के समाज के सामने अपनी कोई पहचान नहीं बना पाया है और अपने को हीन पाता है। इसके परिणामस्वरूप सबसे आसान तरीका

'महान् धर्म, महान् संस्कृति और महान् परम्पराओं' की आड़ लेना हो गया है।

आज हम दुनिया की सबसे ऊँची मूर्ति और सबसे भव्य मंदिर बनाने की योजना बनाने पर सामाजिक-शक्ति खर्च कर रहे हैं। भूलना नहीं चाहिए कि पिछला एक हजार वर्ष का इतिहास पश्चिम के ज्ञान-विज्ञान का रहा है। हमें समझना होगा कि भौतिक विकास के साथ जब तक समाज का मानसिक विकास नहीं होता है तब तक समाज के आधुनिकीकरण और विवेकीकरण की प्रक्रिया भी पूरी नहीं हो पाती है। पश्चिमी समाजों में जो तकनीक आ रही हैं उसका वहाँ क्रमिक विकास हुआ है। हमारे लिए विज्ञान और तकनीकी चमत्कार हैं, जीवनशैली नहीं है। इसने हमारे पूरे समाज के दुचित्तेपन को चरम पर पहुँचा दिया है, जिसका लाभ प्रतिगामी शक्तियाँ उठा रही हैं।

हमारे देश में धर्म को लेकर तार्किक ढंग से विचार ही नहीं होता है। साम्प्रदायिकता धर्म पर कोई तार्किक विचार और बहस होने ही नहीं देती है। हमारे देश में साम्प्रदायिकता सत्ता हथियाने का एक उपकरण बनी हुई है। 'धर्म और बर्बरता' पुस्तक से हम हमारे देश में क्रोनी-केपिटलिज्म को भी समझ सकते हैं। राजनेताओं, पूंजीपतियों और सरकारी अधिकारियों का हित धर्म और साम्प्रदायिकता के गठजोड़ में है।

डॉ. रणजीत द्वारा संपादित दूसरी पुस्तक 'जाति का जंजाल' पहली पुस्तक की पूरक के रूप में पढ़ी जाने की माँग करती है। इसमें सत्ताइस महत्त्वपूर्ण आलेख हैं। इस पुस्तक में डॉ. अम्बेडकर, राममनोहर लोहिया, सच्चिदानंद सिन्हा, योगेन्द्र यादव, रजनी कोठारी, धीरुभाई शेठ और विनोद शाही के विचार इस अंधेरे समय को प्रकाश से भर देते हैं।

अम्बेडकर का लेख लाहौर में वहाँ के एक संगठन जाति-पाति तोडक़ मंडल के अध्यक्षीय उद्‌बोधन का संक्षिप्त रूप है। यह एक संबोधन था जो हो नहीं सका क्योंकि उसकी अग्रिम प्रति पढक़र सम्मेलन ही रद्द कर दिया गया था। इस ऐतिहासिक भाषण का संक्षिप्त रूप पुस्तक में है क्योंकि मूल उद्‌बोधन छप्पन पृष्ठों का था। इस आलेख से यह पुस्तक और अधिक महत्त्वपूर्ण बन गई है।

डॉ. अम्बेडकर के अनुसार 'धर्म, सामाजिक स्थिति और संपत्ति ये तीनों प्रभुता के स्रोत हैं। आज के यूरोपीय समाज में संपत्ति की प्रमुखता है किन्तु भारत में धर्म और सामाजिक व्यवस्था का सुधार किए बिना आज आर्थिक सुधार नहीं कर सकते। धर्म और जाति का प्रश्न इसीलिए महत्त्वपूर्ण है।'

डॉ. अम्बेडकर का भाषण कई उपशीर्षकों में विभाजित है जिससे जाति एवं वर्ण व्यवस्था के विरोधाभास स्पष्ट रूप से सामने आते हैं। यह आलेख कांग्रेस और

समाज सुधार, कम्युनिस्ट और समाज सुधार, क्या चातुर्वर्ण श्रम का विभाजन है, आर्य समाज की वर्ण व्यवस्था, वर्णव्यवस्था असाध्य और हानिकारक, वर्णभेद और प्रजनन विज्ञान, हिन्दू समाज एक काल्पनिक वस्तु, आदिवासी और जातिभेद, शुद्धि संगठन, जाति भेद और सदाचार, मेरा आदर्श समाज, अहिन्दुओं की जात-पांत, जाति-भेद मिट कैसे सकता है? हिन्दू रोम-रोम शास्त्रों से बंधा हैं, जातिभेद क्यों नहीं मिट सकता? सुधार का पहला कदम : पुरोहितशाही पर नियंत्रण तथा हिन्दुओं के लिए कुछ विचारणीय प्रश्न आदि उपशीर्षकों में बँटा है।

इस तरह डॉ. अम्बेडकर के जाति उन्मूलन के विचार बहुत ही व्यापक सामाजिक प्रश्नों को सामने लाते हैं। आज हमारे देश में धर्म और जाति की राजनीति चल रही है, उसे डॉ. अम्बेडकर के माध्यम से ही उसकी सम्पूर्णता में समझा जा सकता है। डॉ. अम्बेडकर की चिन्ता का विषय कोई एक जाति नहीं वरन् सम्पूर्ण मानवता हैं।

अब जाति का जंजाल प्राचीन परम्पराओं वाला नहीं रह गया है। उसमें अब नये-नये पहलू जुड़ने लगे हैं। इनमें सबसे नया पक्ष आरक्षण का है। विनोद शाही लिखते हैं कि आरक्षण का फायदा पाने की चाहत वालों की जातिगत अस्मिताएं संगठित हो रही हैं और जो सरकारें बनाने गिराने की हद तक ताकतवर हो रही हैं।

धीरूभाई सेठ के अनुसार आरक्षण के जरिए प्रगति के अवसरों को हड़पने की इस होड़ ने हमारी लोकतांत्रिक चुनावी राजनीति को अलोकतांत्रिक रुझानों से ग्रस्त कर दिया है। इसके कारण झूठे-सच्चे आश्वासन दिए जाते हैं। इससे अन्ततः समाज को तनावग्रस्त होना पड़ता हैं। वे जातिगत आरक्षण के बारे में कहते हैं कि असली समस्या यह है कि समाज में पहले से ताकतवार बने बैठे समुदायों के मुँह में आरक्षण का चस्का लग गया हैं।

जाति के जंजाल में आरक्षण के बाद भूमंडलीकरण ने एक नया आयाम जोड़ दिया है। आरक्षण केवल सरकारी संस्थानों में लागू होने वाली प्रक्रिया है। भूमंडलीकरण की मुक्त बाजार वाली व्यवस्था में निजीकरण को बढ़ावा दिया जाता है और आरक्षण के नियम लागू नहीं होते हैं। इस कारण देश में बेरोजगारी की समस्या ने विकराल रूप ले लिया हैं।

शृंखला की तीसरी पुस्तक है—'साम्प्रदायिकता का जहर'। इसमें महात्मा गाँधी, जवाहरलाल नेहरू, आचार्य नरेन्द्र देव, जय प्रकाश नारायण, अम्बेडकर, प्रेमचन्द, तस्लीमा नसरीन, कमलेश्वर, पुरुषोत्तम अग्रवाल, हिलाल अहमद और डॉ. राम पुनियानी सहित तीस महत्त्वपूर्ण लेखकों के आलेख सम्मिलित हैं।

डॉ. रणजीत ने इस पुस्तक के लिए अंग्रेजी में प्रकाशित महत्त्वपूर्ण दस्तावेजी पुस्तकों से आलेखों का अनुवाद कराया हैं। इस तरह हमारे देश के कई विचारकों के आलेख हमें पहली बार हिन्दी में इसी एक पुस्तक में पढने को मिलते हैं। जवाहरलाल नेहरू का आलेख आज के साम्प्रदायिक संगठनों का चरित्र समझने में सहायता करता हैं।

जवाहरलाल नेहरू लिखते हैं कि मुझे अभी यह मानने में कोई अफसोस नहीं है कि हिन्दू साम्प्रदायिक संगठनों जिनमें हिन्दू महासभा भी शामिल हैं की गतिविधियाँ साम्प्रदायिक, राष्ट्रविरोधी और प्रतिक्रियावादी रही है। नेहरू बहुसंख्यक सम्प्रदायवाद के बारे में कहते हैं कि यदि वह राष्ट्रीय समस्याओं की अपेक्षा साम्प्रदायिक समस्याओं पर अधिक बल देता है तो वह स्वाभाविक रूप से राष्ट्रद्रोही हैं।

मौलाना अबुल कलाम आजाद के अनुसार यदि हममें से कोई ऐसा हिन्दू है जो हजार वर्ष या उसके अधिक काल की हिन्दू जीवन पद्धति को वापिस लाना चाहता है तो वह केवल स्वप्नलोक में विचरण कर रहा है। इसी प्रकार यदि कोई मुसलमान अतीत कालीन अपनी सभ्यता और संस्कृति का पुनरुत्थान करना चाहता है तो वह भी स्वप्न लोक में विचरण करता है।

आजकल की राजनीति बहुमत की जगह बहुसंख्यक वर्ग की बात करने लगी है। बहुसंख्यक वर्ग की यह सोच अल्पसंख्यक वर्ग के लिए एक संकट बन गई। इस तरह के विभाजन से देश में कानून का राज्य खत्म होने की भी संभावना है।

डॉ. अम्बेडकर अपने आलेख में कहते हैं कि साम्प्रदायिक प्रश्न की सबसे बड़ी कठिनाई हिन्दुओं का इस बात पर जोर देना है कि बहुमत का शासन पवित्र है और इसे हर हालत में बनाये रखना है। वे आगे कहते हैं कि भारत में बहुमत राजनीतिक बहुमत नहीं है। भारत में बहुमत पैदा होता है, इसका निर्माण नहीं किया जाता। साम्प्रदायिक बहुमत और राजनीतिक बहुमत में यही अंतर हैं।

रेणु व्यास ने अपने आलेख में प्रो. विपिनचन्द्रा द्वारा साम्प्रदायिकता के बताए तीन चरणों का उल्लेख किया है। प्रो. विपिनचन्द्र के अनुसार (1) यह विश्वास कि एक ही धर्म के मानने वालों के सांसारिक हित अर्थात् राजनीतिक, आर्थिक, सामाजिक और सांस्कृतिक हित एक जैसे होते हैं जबकि ऐसा नहीं है। (2) यह विश्वास कि भारत जैसे बहुधर्मी समाज में एक धर्म के अनुयायियों के धार्मिक ही नहीं सांसारिक हित भी अन्य धर्मानुयायियों के सांसारिक हितों से भिन्न हैं। इसे विपिनचन्द्र ने 'नरमपंथी साम्प्रदायिकता' की संज्ञा दी है। (3) 'उग्रपंथी या फासीवादी साम्प्रदायिकता' के तीसरे चरण में यह मान लिया जाता हैं कि विभिन्न

धर्मों के अनुयायियों के हित न केवल परस्पर विरोधी हैं वरन् इनका सहअस्तित्व असंभव है।

हमारे देश में आज यही हो रहा है।

डॉ. रणजीत द्वारा संपादित 'धर्म और बर्बरता', 'जाति का जंजाल' और 'साम्प्रदायिकता का जहर', इन तीनों पुस्तकों की विषय-वस्तु एक धारा से आगे बढ़ती हैं। ऐसा लगता है एक पुस्तक दूसरी और तीसरी पुस्तक की पूरक हैं। इन पुस्तकों को किसी भी क्रम से पढ़ा जा सकता है। इनको पढने के बाद हम एक ही तरह के निष्कर्ष पर पहुँचते हैं।

साम्प्रदायिकता देश की कई तरह की स्थितियों की उपज होती है। साम्प्रदायिकता से ही विश्व के कई देशों में कई विचारधाराओं का जन्म होता है जैसे फासीवाद, नाजीवाद और कैथोलिक प्रोटेस्टेंट संघर्ष आदि। भारत जैसे विविधता से भरे देश में साम्प्रदायिकता का उभार अधिक खतरनाक है। साम्प्रदायिकता से झुलसे देश आज भी दुनिया के सर्वाधिक गरीब और कुपोषित देश बने रहने को अभिशप्त हैं।

डॉ. रणजीत द्वारा संपादित धर्म और बर्बरता, जाति का जंजाल और साम्प्रदायिकता का जहर तीन पुस्तकें होकर भी एक ही विषय-वस्तु की एक पुस्तक के समान है। धर्म, जाति और साम्प्रदायिकता एक-दूसरे से उत्पन्न प्रश्नों की दुनिया है। इनसे ही पूरे विश्व में कई तरह की विचारधाराओं का जन्म होता है। ये विचारधाराएं किसी एक देश की सीमाओं तक सीमित होकर नहीं रह जाती हैं।

भारत की साम्प्रदायिकता की जड़ें फासीवाद और नाजीवाद की विचारधारा से न केवल प्रेरणा पाती है बल्कि उसे एक आदर्श के रूप में भी देखती हैं। द्वितीय विश्वयुद्ध के बाद पश्चिम अपनी साम्प्रदायिकता का पश्चाताप कर आगे बढ़ रहा है। यूरोप की पतनशील संस्कृति कैसे किसी देश का आदर्श हो सकती हैं?

—कश्मीर उप्पल

***

24

भारत के प्रख्यात नास्तिक

*** बलजीत भारती ***

भारत मोटे तौर पर एक धार्मिक देश है। अधिकतर आबादी भगवान एवं भाग्य पर विश्वास करने वाली है, लेकिन हर काल व समाज में धारा के विपरीत चलने वाले लोग मौजूद रहे हैं। इन्हें प्रकृतिवादी, भौतिकवादी, मानवतावादी, समाजवादी, मार्क्सवादी, तर्कवादी व नास्तिक आदि विभिन्न नाम दिए जा सकते हैं। वस्तुत: इन सबका उद्देश्य मानव मात्र की भलाई की दिशा में काम करना है। ये समय व भगवान के ऊपर कर्म को महत्त्व देते हैं। इनका विश्वास है कि हर अच्छी व बुरी स्थिति के लिए मानव स्वयं जिम्मेवार है।

पुस्तक 'भारत के प्रख्यात नास्तिक' में ऐसे ही कुछ महानुभावों के बारे में अवगत करवाया गया है, जिन्होंने विपरीत परिस्थितियों में रहते और जीते हुए समाज की धारा को मानव-अनुकूल बनाने का प्रयास किया। पुस्तक में जिन शख्सियतों को शामिल किया गया है। उनका कार्यकाल लगभग 600 ई.पू. (महात्मा बुद्ध) से शुरू होकर सन् 1965 (तसलीमा नसरीन) पर आकर ठहरता है। पुस्तक में इनके कार्यकाल व कर्मक्षेत्र को जन्म वर्ष के अनुसार स्थान दिया गया है। पुस्तक भगत सिंह व सुनील जैसे महान् तर्कवादी व नास्तिक महानुभावों को समर्पित है। पुस्तक की शुरुआत डॉ. रणजीत सिंह की एक खूबसूरत कविता से होती है—

कितना अच्छा है कि कोई ईश्वर नहीं है यहाँ
सिर्फ है उसका सेमल के फूल सा

खरगोश के सींग सा
बाँझ के बेटे सा
भुस-भरे जर्जर बाघ सा
एक अर्थहीन, खोखला, भुरभुराता हुआ नाम
जो आता रहता है, वक्त-बेवक्त
धूर्त सत्ताधारियों, शोषक व्यापारियों
और पाखंडी पुजारियों के काम
और जिसे भोले-भाले, बोधहीन, दीन-दुःखी लोग
लगाते रहते हैं अपने दुःख-दर्दों पर
समझ कर बाम।

इसके बाद डॉ. रमेन्द्र के लेख 'भारतीय दर्शन में नास्तिकता की परम्परा' में नास्तिक शब्द का अर्थ, नास्तिक-आस्तिक में भेद व लोकायत अर्थात चार्वाक मत को भली प्रकार से समझाया गया है। इसके अतिरिक्त 83 अन्य महान् व्यक्तियों के बारे में लेख हैं, जो विभिन्न लेखकों द्वारा लिखित हैं। विभिन्न पुस्तकों, पत्रिकाओं, रचनाओं, आलेखों, वेबसाईटस, संस्थानों, प्रकाशनों तथा व्यक्तिगत प्रयासों से सामग्री उपलब्ध करवाई गई है, जो बेहद पठनीय एवं प्रशंसनीय है।

इस पुस्तक में जिन प्रमुख हस्तियों के बारे में वर्णित है, उनमें से प्रमुख हैं—गौतम बुद्ध, महावीर, अजित केशकम्बल, धर्मकीर्ति, हेनरी डेरोजियो, ज्योतिबा फूले, राधामोहन गोकुल जी, स्वामी अछूतानंद, पेरियार, प्रेमचंद, एम.एन. राय, जवाहर लाल नेहरू, बी.आर. अम्बेडकर, जे.वी.एस हाल्डेन, राहुल सांकृत्यान, गुरबक्श सिंह प्रीतलड़ी, डॉ. अब्राहम टी. कॉबूर, शहीदे आजम भगत सिंह, ललई सिंह यादव, हंसराज रहबर, खुशवंत सिंह, ए.वी. शाह, डॉ. नरेंद्र दाभोलकर, गोरा, शिवनारायण रे, रामस्वरूप वर्मा, महाश्वेता देवी, डॉ. पुष्पमित्र भार्गव, बी. प्रेमानंद, जावेद अख्तर, सुनील, अरूंधती राय और तसलीमा नसरीन।

यह पुस्तक हमें क्यों पढ़नी चाहिए? इसलिए कि इसमें भारत के एक लंबे इतिहास की जानकारी मिलती है। समय-समय पर विभिन्न व्यक्तियों द्वारा चलाए गए जन-आंदोलनों व राजनीतिक घटनाक्रमों की जानकारी इसमें निहित है। उन लोगों के बारे में जानना-पढ़ना कितना सुखद लगता है, जिनका इस देश के निर्माण और उत्थान में विशेष योगदान रहा है। इन लोगों ने अलग लीक पर चलते हुए सामाजिक विकृतियों के खिलाफ अपनी आवाज उठाई और सारी जिन्दगी समाज को सही दिशा देने में कुर्बान कर दी।

पुस्तक में दिए सभी व्यक्ति बेशक मानववादी हैं। सम्पादक ने महान् जनवादी लेखकों, समाजवादियों, जन आंदोलनकारियों को भी इसी श्रेणी में रख लिया है। इसका कारण शायद यह है कि भले ही ये घोषित नास्तिक न हों, लेकिन ये आध्यात्मिक कभी नहीं रहे। इनमें से कोई भी भाग्य और भगवान के भरोसे रहकर काम करने वाला व्यक्ति नहीं है।

हर व्यक्ति की इच्छा रहती है कि वह अपने जैसे विचारों वाले व्यक्तियों के बारे में जाने, सो इसके लिए यह पुस्तक अति महत्त्वपूर्ण सिद्ध हो सकती है। निश्चित ही डॉ. रणजीत का यह प्रयास बेहद प्रशंसनीय है।

—बलजीत भारती

***

महान् मानववादी विचारकों से रू-ब-रू कराती नयी पुस्तक

*** लीलाधर स्वामी ***

पुस्तकें पढ़ने के अलावा समय काटने का कोई बेहतर उपाय नहीं है। बढ़ती उम्र में जीवन के साथी-संगी दूर चले जाते हैं, तो कुछ प्रिय साथी काल-कवलित हो जाते हैं। बचे हुए कुछ मित्र चल फिर कर मिलने में असमर्थ हो जाते हैं, तो कुछ बातचीत कर कहने-सुनने की क्षमता खो बैठते हैं, ऐसे में ले देकर साथ देने के लिए पुस्तकें ही बची रहती हैं।

अच्छी पुस्तक का चुनाव कठिन काम है। बहुत-सी पुस्तकें आधी-अधूरी पढ़ते छोड़नी पड़ती है। दोष किताब का होता है या पढ़ने वाले का? विषय के प्रति आपका रूझान न होना या लेखक की क्षमता दोनों में कोई एक कारण बनता है।

प्रकाशन संस्थान, अंसारी रोड़, नई दिल्ली के द्वारा प्रकाशित पुस्तक के सम्पादक हैं डॉ. रणजीत। डूंगर कॉलेज बीकानेर में 1960 में डॉ. रणजीत हिन्दी के व्याख्याता थे। उनका व्यक्तित्व व व्यवहार निहायत फूल-सा कोमल व प्रभावपूर्ण आभा वाला था।

मैं शायद फ़र्स्ट ईयर का विद्यार्थी था। उनके विचार वामपंथी थे। पुस्तक का शीर्षक है 'भारत के प्रख्यात नास्तिक'।

मेरे मत में पुस्तक के शीर्षक में 'नास्तिक' शब्द को दरगुजर कर दें तो कोई हानि नहीं है। इसमें जिन विचारकों के बारे में लेख हैं वे असंदिग्ध रूप से महत्त्वपूर्ण हैं।

अपने समय को प्रभावित करने वाले इसमें करीब 82 व्यक्तियों के जीवन व कर्म क्षेत्र के बारे में प्रेरणाप्रद सामग्री है। निश्चित रूप से इन व्यक्तियों को मैं समय के पथ-प्रदर्शक का स्थान प्रदान करता हूँ। इसमें साधु-संत, साहित्यकार,

समाजशास्त्री, अर्थशास्त्री, राजनीतिज्ञ, अभिनेता व रंगकर्मी के बहुआयामी जीवन चरित्र हैं। कदाचित्त किसी चूक से खिलाड़ी जगत् का व्यक्ति स्थान पाने से वंचित रहा है।

ये आस्तिक है या नास्तिक इससे कोई ज्यादा फर्क पडने़ वाला नहीं क्योंकि वे हमारे समाज के पथ-प्रदर्शक निश्चित रूप से हैं। गौतम बुद्ध से लेकर तसलीमा नसरीन तक की इस शृंखला में अनेक नाम हैं जिनमें कुछ का नाम लिया जा सकता है—गौतम बुद्ध, तीर्थंकर महावीर, अजितकेश कम्बल, राहुल सांकृत्यायन, हेनरी डेरोजियो, ज्योतिबा फूले, राधामोहन गोकुल जी, स्वामी अछूतानंद, पेरियार रामास्वामी, लाला हरदयाल, मानवेन्द्र नाथ राय, स्वामी सहजानंद, भीमराव आम्बेडकर, यशपाल, दामोदर कोशाम्बी, हंसराज रहबर, आम्टे, सत्यजीत राय, मधुलिमये, महाश्वेता देवी, विजय तेंदुलकर, जवाहरलाल नेहरू, किशन पटनायक, वासव प्रेमानंद, स्वामीनाथन अय्यर, विनायक सेन, डॉ. श्रीराम लागू, राही मासूम रजा, आरपी सराफ, डॉ. दत्तात्रेय, अमर्त्य सेन, माणिक सरकार, लक्ष्मी स्वामीनाथन, राम मनोहर लोहिया, अली सरदार जाफरी, बलराज साहनी।

ईश्वर व धर्म के बारे में इनके विचार क्रांतिकारी हैं। साहसी वह है जो परम्परागत सोच व ढर्रे को प्रश्न चिह्न लगाता है या रूढ़िवादी गंदले जमाव को तोड़ कर अपनी ओर से विचारों में नया प्रवाह देता है।

यथास्थितिवाद या पड़ा पानी सड़ जाता है चाहे वह कहीं भी हो। समय के साथ जीवन दृष्टि में परिवर्तन आवश्यक है।

धर्म कीर्ति 550 ईसा पूर्व में पैदा हुए। उनका मत था वेदों को प्रमाणिक मानना, किसी ईश्वर को सृष्टिकर्ता मानना, जाति का घमण्ड करना व तप करना यह सब मूर्खों के काम है। उनका मत था कि ज्ञान की प्रमाणिकता व्यवहार अर्थात् प्रयोग से होती है।

भारत में दलित वर्ग सदियों तक अंधकार में धकेले जाते रहे हैं। उच्च वर्ग के ब्राह्मण, विचारधारा के सदैव अग्रदूत रहे हैं, पर इन्होंने सदैव चाहा कि दलित जन जागरूक न हो। ऐसी मजबूत वर्ण व्यवस्था निर्मित कर दी गई कि दलितों को सीमाबद्ध कर दिया गया। दलितों को ब्राह्मण में प्रतिस्थापन होने से वर्जित कर दिया गया। हमारे यहाँ बहुत समाज सुधारक हुए हैं, यह इस बात का प्रमाण है कि हिन्दू जीवन पद्धति में विसंगतियाँ विद्यमान थी। नामदेव, रैदास, कबीर ने इन विसंगतियों पर आक्रमण किया। ज्योतिबा फूले ने (1827) हिन्दुओं में व्याप्त पाखण्ड का पर्दाफाश किया व दलितों के मुक्ति-संग्राम का नेतृत्व किया व जाति

प्रथा के नाश, स्त्री शिक्षा व दलित शिक्षा पर जोर दिया। डॉ. भीमराव अम्बेडकर (1891) में दलितों को राजनीतिक शस्त्र प्रदान कर उन्हें सवर्णों के समकक्ष ला खड़ा किया।

आज भी दलित वर्ग दबा हुआ है। वर्तमान भारत के सामान्य नागरिक की जीवन दृष्टि ही उन्हें समानता के धरातल पर ला सकती है।

फैज अहमद फैज ने विश्व काव्य मंच पर एशिया का प्रतिनिधित्व किया। फैज उस समय हमारे सामने आये जब हम साम्राज्यवाद से मुक्त होकर स्वतन्त्रता की ओर अग्रसर हो रहे थे। उर्दू शायरी जो अब तक महबूब की जुल्फों में खोई हुई थी, उसे फैज ने निकाल कर कहा-'ए खाक नशीनों उठ बैठो, वो वक्त करीब आ पहुँचा है, जब तख्त गिराये जायेंगे, जब ताज उछाले जायेंगे।' यहाँ शायर समय परिवर्तन की बात कहता है।

जवाहरलाल नेहरू (1889) की उपस्थिति भारतीय इतिहास में एक चमकते हुए नक्षत्र की तरह है। भारत के स्वतन्त्रता संग्राम में उनकी भूमिका महत्त्वपूर्ण थी। धार्मिक पाखण्ड, अंधविश्वास व साम्प्रदायिकता के नेहरू सदैव विरोधी रहे थे।

अमर्त्य सेन (1933) का जीवन हलचल भरा रहा। उनका अनुभव व विचार है कि बुराइयों का शिकार सर्वप्रथम गरीब होता है। चाहे वह धार्मिक कट्टरता हो या अकाल। विलक्षण विद्‌वान होते हुए भी आप आम आदमी व साइकिल से जुड़े रहे।

पुस्तक में एक आलेख फिल्मकार सत्यजीत राय पर है। सत्यजीत राय ने अपनी फिल्मों के माध्यम से बंगाली समुदाय की सांस्कृतिक सोच को 'एक्सप्रेशन' दिया। वे फिल्मों के सभी प्रकार के कार्य करने में माहिर थे। मतलब इस व्यक्ति में प्रतिभा की विविधता विद्‌यमान थी। फिल्म के माध्यम से राय महोदय ने विश्व स्तर पर भारत की पहचान कराई।

निष्पक्ष समीक्षक का रुख अपनाया जाये तो राय के लिए यह कहा जाना चाहिए कि उन्होंने गरीबों की भावनाओं का सौन्दर्यपूर्ण फिल्मांकन किया। सपने कैसे टूटते हैं, यह जानना भी जरूरी है, तभी तो समाजशास्त्री व कानून निर्माता उपाय ढूँढते हैं।

अभिनेता श्रीराम लागू के मत में मानव सभ्यता के इतिहास में कभी ईश्वर की जरूरत थी पर आज मनुष्य ज्ञान-विज्ञान तर्क के उस पायदान पर है कि हर बात को विवेक के स्तर पर परखा जाना चाहिए।

संसार के सभी पैगम्बरों व धर्म संस्थापको ने कहा था कि उनकी बात सत्य है व ईश्वर का सीधा संदेश वे दे रहे हैं। इसमें संशय या सन्देह की आवश्यकता नहीं है। तत्कालीन समय की ऐसी माँग रही होगी पर सर्वप्रथम बुद्‌ध ने यह कहने

का साहस किया कि बात इसलिए मत मानों कि मैंने कही है। उनका मत था कि अनुभव व तर्क की कसौटी पर बात को कसो। मानवीय विचारों की स्वतन्त्रता की स्थापना बुद्ध ने की।

क्रांतिकारी विचार अपने समय की आवश्यकता होती है। समय चक्र परिवर्तनशील होता है। बदलते समय व आवश्यकता के संदर्भ में पुरानी स्थापनाएं भी जांच-पड़ताल चाहती हैं।

पुस्तक में वर्णित सभी विद्वानों ने अपने समय में व्यवहारिक जीवन का मार्ग प्रशस्त किया है। धर्म व ईश्वर को दैनिक जीवन में उतारने वाले लेखक गीतेश शर्मा का आलेख प्रभावित करने वाला है क्योंकि वह स्वयं जीवन में लम्बे समय तक तहेदिल से धार्मिक अनुष्ठान करने वाले रहे, उनका कालांतर में मत बना कि विश्व में करीब 50 प्रमुख धार्मिक मतावलम्बी है पर एक ने भी मानव कल्याण के लिए कोई अविष्कार नहीं किया। जबकि विज्ञान के अविष्कार का लाभ सभी धर्म वाले उठा रहे हैं, ये खाते किसी की है और गाते किसी की। कमल हासन भी फिल्म जगत् का मशहूर किरदार है।अपने धर्म निरपेक्ष विचारों के साथ उसका सामाजिक योगदान महत्त्व का है। एड्स पीड़ितो के लिए व कैंसर पीड़ितों के लिए उसने अपनी पूंजी को सार्थक बनाया है।

जाति-पांति के विरोधी तथा वंचित दलितों की खुशहाली के लिए डॉ. के. वीरामणि ने अनेक सामाजिक संगठनों के लिए कार्य किया।

खुशवन्त सिंह के विचार हैं कि आपको अपने जन्म के धर्म में जो बातें बुनियादी तौर पर सही लगे उन्हें अपनाना चाहिए पर जो बात आपकी समझदारी व सामान्य ज्ञान की लाली से मेल नहीं खाती उसे छोड़ देना चाहिए। निश्चय ही धर्म संस्थापकों ने मानव कल्याण के लिए अच्छे काम किए हैं, परन्तु उस वक्त ज्ञान-विज्ञान का विकास अल्प था किन्तु धर्म ग्रंथों में वर्णित अनेक बातें सामान्य वैज्ञानिक नजरिये से आज मेल नहीं खाती है तथा हास्याप्रद प्रतीत होती हैं।

इस पुस्तक का आखिरी अध्याय तसलीमा नसरीन पर है। तूफानों में नारी स्वतन्त्रता का दीप जलाने वाली तसलीमा न हारने वाली प्राणी है। इस्लाम में घर कर गई प्रचलित रूढ़ियों की वह प्रमुख विरोधी है। तसलीमा नसरीन की कहानी को उसके अपने बचपन की घटनाओं ने उत्पन्न किया है। बचपन में निकट के परिजनों द्वारा वह दैहिक रूप से कुचली गई तथा पूर्वी बंगाल में पीरबाड़ी जैसे धार्मिक केन्द्र में वीभत्स क्रिया-कलापों से उसे धर्म से घृणा हो गयी। धर्म के नाम पर वह कई बार छली गई। पुरुष की स्त्री के प्रति सामंती दृष्टि व देह लोभी होना तसलीमा के लिए तकलीफ उत्पन्न करने वाला रहा है। उसकी सोच उस स्वतन्त्रता

की हामी है, जो पुरुष स्वयं के लिए चाहता है और तसलीमा वैसी ही स्वतन्त्रता स्त्री के लिए चाहती है।

पूर्वी बंगाल की इस्लामी जीवन शैली को यह स्वीकार्य न होने से तसलीमा बंधन तोडऩे वाली लेखिका के रूप में स्थापित हो रही है। परम्परागत रूप में अब तक स्त्री की जो तस्वीर गढ़ दी गई है वह तसलीमा के विचारों से मेल नहीं खाती है। स्त्री के हर बेमेल पुरातन बिम्ब को वह तोड़ती है। तसलीमा ने अपनी आत्मकथा में जिन तथ्यों व यथार्थ का उद्घाटन किया, उसकी यह ईमानदारी उन लोगों को पसन्द नहीं आ पाई जो पोंगा-पंथी हैं, तथा नारी स्वतन्त्रता के हामी नहीं है। उसके व्यवहार की वजह से उसके जीवन में झंझावात आते रहे हैं। ईश निंदा ने उसकी जीवन ज्योति में आग का काम किया है। ऐसे में निर्वासन उसकी नियति बन गई है। विवाह व प्रेम के रिश्तोंमेंजो अंधेरे व खोखले कोने हैं उन्हें सार्वजनिक कर देने से साहित्य जगत् ने उछाल के साथ उसका स्वागत कर उसे लेखका बना दिया है।

इस महाद्वीप में हमारा सामाजिक व धार्मिक पैमाना इतना दरिद्र है कि तसलीमा का व्यवहार इस निर्धारित पैमाने से बाहर छलक जाता है। यही उसकी समस्या है। तसलीमा एक ऐसा दरिया है कि अक्सर उसके बहाव से राजनीति की भी चूले हिल जाती है। पुस्तकें बहुत हैं व योग्यता से लिखने वाले लेखक भी बहुत हैं, पर मानव जीवन सीमित है। ऐसे में आप अपनी पुस्तक का चुनाव किस कुशलता से करे यह देखने की बात है।

—लीलाधर स्वामी

***

25

समग्र मूल्यांकन वाले आलेख

रणजीत की काव्य-चेतना

*** माधव हाड़ा ***

डॉ. रणजीत हिन्दी प्रगतिशील साहित्य-सर्जना और चिंतन के क्षेत्र में उन अग्रगण्य विचारक-कवियों में आते हैं जिन्होंने अपने मौलिक और स्वतंत्र चिंतन से मार्क्सवादी विचारणा की कतिपय सीमाओं और विश्वव्यापी वामपंथी आन्दोलन में उत्पन्न अंतर्विरोधों को स्पष्ट करते हुए समय-समय पर उनसे अपना मतभेद प्रकट किया। डॉ. रणजीत के प्रारम्भिक कृतित्व में मार्क्सवादी विचारणा और वामपंथी आंदोलन के प्रति वैचारिक प्रतिश्रुति अत्यन्त प्रबल है, लेकिन आगे चलकर स्वतंत्र चिंतन और अन्तर्राष्ट्रीय परिस्थितियों में परिवर्तन से कुछ धरातलों पर डॉ. रणजीत अपने भिन्न दृष्टिकोण का परिचय देते हैं। 'इतिहास का दर्द' (1967 ई.) की भूमिका में उन्होंने कविता को 'एक सजग सामाजिक कर्तव्य' स्वीकार करते हुए लिखा है—"मैं कविता करता नहीं, लिखता हूँ। वह अपने आप बहती नहीं, मैं सोच-समझकर बहाता हूँ। कविता मेरे लिए अवचेतन का क्रंदन नहीं, अहम् का विस्फोट नहीं, अपने या किसी के मनोरंजन या रस प्राप्ति की चीज नहीं, अपनी सामाजिक अनुपयोगिता के विरुद्ध अपने आपको प्रमाणित करने का प्रयत्न नहीं, एक सजग सामाजिक कर्तव्य है, अपने आस-पास के संसार को, और उसके साथ ही साथ खुद अपने आपको अपने सपनों के अनुकूल ढालने का प्रयत्न है।"[1] 'लेकिन सनीचर'-10 (कविता विशेषांक, मई 1978) में संपादित अपनी कविताओं के आत्मकथ्य में वे कविता को केवल एक सजग सामाजिक

कर्तव्य तक ही सीमित करने वाली एकांगी दृष्टि से उत्पन्न खतरे को समझ लेते हैं। उन्हीं के शब्दों में—"कविता के प्रगतिशील आंदोलन के साथ मेरा सम्बन्ध है, इसलिए उसे निरर्थक शब्द कीड़ा मैं नहीं मानता पर कविता मात्र को क्रांति का हथियार या सामाजिक परिवर्तन का औजार मानने की संकीर्णतावादी दृष्टि को भी मैं स्वीकार नहीं करता। वह एक ऐसी दृष्टि है जिसे काम करने दिया गया तो न केवल प्रकृति, प्रेम, सौंदर्य आदि विषयों पर लिखी कविताएं प्रगतिशील कविता की सीमा रेखा से बाहर निकाल दी जाएगी, बल्कि सामाजिक क्रांति से संबद्ध वे कविताएं भी पलायनवादी और प्रगति विरोधी घोषित कर दी जाएगी, जिनमें क्रांति का दर्द, अवसाद और उसकी विडम्बनाओं को अभिव्यक्ति दी गई हो जबकि मेरे विचार से ऐसी कविताएँ सपाट क्रांतिकारी या क्रांति-विरोधी कविताओं की अपेक्षा कहीं संश्लिष्ट और कहीं गहरी हो सकती है, और होती है।"[2] प्रतिबद्ध वैचारिक निष्ठा के कारण ही डॉ. रणजीत के प्रारंभिक कृतित्व में स्वतंत्रता के प्रति तिरस्कार का भाव मिलता है। कवि के शब्दों में—"मुझें खूब याद कि सातवें दशक के प्रारंभ में मैं अपनी एक कविता 'कुत्तों को आजादी' कवि-सम्मेलनों और गोष्ठियों में बड़ी रुचि से सुनाया करता था और वह खूब पसंद को जाती थी। इस कविता में बोलने को आजादी को भौंकने की आजादी के रूप में प्रस्तुत करके उसका मजाक उड़ाया गया था।"[3] लेकिन रूस में साम्यवादी शासन के अन्तर्गत स्वतंत्रताओं के अस्थायी निलंबन को क्रमश: स्थायी और स्तालिन युग में और अधिक दृढ़ और वीभत्स कर दिये जाने तथा भारत में आपातकाल के दौरान समाजवाद के नाम पर स्वतंत्रताओं का अपहरण कर विषमतापूर्ण जीवन को और घुटनपूर्ण बना देने से डॉ. रणजीत की स्वतंत्रता विषयक उक्त धारणा में परिवर्तन हुआ हैं। अब वे मानने लगे हैं कि 'आम आदमी के लिए जीने की स्वतंत्रता, भूखों मरने से बचने का अधिकार प्राथमिक अधिकार है पर किसी भी प्रबुद्ध व्यक्ति के लिए और लेखक उन्हीं में शामिल है—अभिव्यक्ति की, संगठन की, अपनी पसंद की सरकार चुनने की और चुनी हुई सरकार की आलोचना करने की स्वतंत्रता इतनी महत्त्वपूर्ण है कि उसके लिए कई बार वह प्राण तक न्यौछावर करना और भूखों मर जाना भी पसंद करता है। अभिव्यक्ति की स्वतंत्रता लेखन-कर्म के लिए प्राथमिक मूल्य है।[4] वर्तमान वामपंथी आंदोलन में उत्पन्न अनेक अन्तर्विरोधों और उसके नेतृत्वकर्ता साम्यवादी रूस द्वारा मार्क्सवादी सामाजिक-राजनीतिक दर्शन को एक जड़ीभूत राजनीतिक-आर्थिक प्रणाली में बदल दिये जाने से भी डॉ. रणजीत के मन में क्षोभ है। सोल्झेनित्सिन के निष्कासन और उनकी चर्चित कृति 'गुलाग' पर प्रतिक्रिया करते हुए वे शोषण और उत्पीड़न पर आधारित पूंजीवादी राज्यसत्ता की तरह

'सर्वहारा राजसत्ता' पर भी 'अकूत साम्यवादी घृणा' के साथ थूकते हैं।[5] इन कतिपय मतभेदों के बावजूद मार्क्सवादी विचारणा और उसके साहित्य-चिंतन की बुनियादी स्थापनाएँ और निष्कर्ष डॉ. रणजीत की काव्य-सर्जना की मूलवर्ती प्रेरणा रहे हैं। डॉ. रणजीत के चार काव्य-संकलन, 'ये सपने : ये प्रेत' (1964), 'जमती बर्फ : खौलता खून' (1966), 'इतिहास का दर्द' (1967 ई.) और 'प्रतिश्रुत पीढ़ी' (1968 ई.) प्रकाशित हो चुके हैं, जिनमें से अंतिम संपादित हैं और प्रथम दोनों संकलनों की अधिकांश अच्छी-अच्छी कविताएं अंतिम मौलिक काव्य-संकलन 'इतिहास का दर्द' (1667 ई.) में सम्मिलित कर ली गई हैं।

डॉ. रणजीत की अधिकांश राजनीतिक कविताओं का कथ्य क्रांतिबोध, क्रांति विषयक अवसाद, दर्द और विडम्बना तथा सर्वहारा जन के प्रति सहानुभूति है। क्रांतिबोधविषयक कविताओं में सतत् संघर्ष, संकल्प और भविष्य के प्रति दृढ़ आस्था का भाव व्यक्त हुआ है। इस दृष्टि से कवि की 'जूझती प्रतिमा' और 'मेरी कलम : तुम्हारी किस्मत' कविताओं की चर्चा की जा सकती है। 'जूझती प्रतिमा' में अतीत के व्यामोह को परित्याग कर 'धधकते हुए वर्तमान का विषपान' करते हुए आदमी द्वारा मिट्टी की परतों में दबी हुई छटपटाती 'अजन्मी दुनिया' की नयी पौध को हृदय-रक्त से सीचने का संकल्प व्यक्त हुआ है। 'मेरी कलम : तुम्हारी किस्मत' में शोषक और उत्पीडक़ शक्तियों की मदान्ध क्रूरता और दोगले व्यवहार को आवेशपूर्ण भाषा में ललकारा गया हैं—

मेरे बागी गीत सुनो फुफकार रहे हैं/ मेरी कलम तुम्हारी किस्मत का निर्णय करने तैयार खड़ी है/ मेरी क्रांति दर्शिनी नजरें/ भावी अरुण-विहान देखकर/ लगा रही है आग तुम्हारे वर्तमान में/ मेरा विप्लवकारी चितन/ संक्रामक रोगों के घातक/ विष कीटाण बिखेर रहा है, संभलो!![6]

डॉ. रणजीत की कविताओं में क्रांति-बोध ही नहीं, क्रांति विषयक अवसाद, दर्द और विडंबना भी अभिव्यक्त हुई है। इस दृष्टि से उनकी 'फाउस्ट के कन्फेशन', 'सलीबविहीन योद्धाओं का दर्द', 'हारे हुए सिपाही का बयान', 'इतिहास का दर्द' आदि कविताएँ ली जा सकती हैं। 'फाउस्ट के कन्फेशन' में विद्रोह की समझौतापरक नियति और तत्सम्बन्धी अवसाद, ग्लानि और पश्चाताप व्यक्त हुआ है—

अब मैं भटक रहा हूँ/ अपने आत्महीन अस्तित्व के कंधों पर/ अपने असफल विद्रोह की लाश रक्खे हुए/ ताकि देख लें मेरे हम सफर/समझ लें : कि किस तरह एक सामयिक समझौता भी—/ विद्रोह की आत्मा को तोड़ देता है![7]

'सलीबविहीन योद्धाओं का दर्द' में रात-दिन तपस्या कर रहे, भूख-प्यास, सर्दी-गर्मी, मान-अपमान सब सह रहे 'सर्वहारा आदमी' के संघर्ष को किसी आदर्श तक नहीं पहुँचने दिये जाने का अवसाद व्यक्त हुआ है। 'हारे हुए सिपाही का बयान' और 'आने वाले विद्रोहियों के नाम' में हारकर भी न हारने के सतत् मानवीय संकल्प और संघर्ष की व्यंजना है। 'इतिहास का दर्द' में विश्वव्यापी वामपंथी आंदोलन के विघटन और साम्यवादी राष्ट्रों की पारस्परिक शत्रुता और मतभेदों से क्षुब्ध संवेदनशील प्रतिबद्ध की अन्तरंग व्यथा है—

काश यह दुनिया कुछ कम उलझन भरी होती !...... सच की दुश्मनी सिर्फ झूठ से होती..... लेकिन यहाँ/ तो प्यार के खिलाफ प्यार खड़ा है:/ एक प्यार के खिलाफ दूसरी तरह का प्यार........[8]

प्रगतिशील कार्यकर्ता-कवि की निष्ठा, आग्रह और आवेश डॉ. रणजीत की उन कविताओं में व्यक्त हुआ है, जिनमें सर्वहारा वर्ग के प्रति सहानुभूति और पक्षधरता को अभिव्यक्ति मिली है। इस दृष्टि से कवि की 'तुम्हारे लिए', 'माध्यम' और 'शब्द सैनिकों से' शीर्षक कविताएँ विशेष उल्लेखनीय है। 'तुम्हारे लिए' में कवि का अपनी कविताओं की अन्तर्प्रेरणा के विषय में लम्बा बयान है, लेकिन यह बयान, मात्र बयान रह गया है, वांछित सृजनात्मक तनाव और अन्तःप्रेरणा के अभाव में कविता होने से रह गया है। यही वक्तव्यपरकता 'माध्यम' में भी है, जिसमें कवि ने अपने व्यक्तित्व एवं कृतित्व को सर्वहारा वर्ग की कष्ट-पीड़ाओं और आशा-आकांक्षाओं का संवाहक माना है—

मैं माध्यम हूँ !/ मैं उन सब भटकती आत्माओं का माध्यम हूँ...../मेरे कंठ में उनके स्वर हैं/ जिन्होंने सारी जिन्दगी निःशब्द गुजार दी/ मेरी कलम में उनकी आग है/ जिनकी आग जलने से पहले ही बुझा दी गई।[9]

आग्रह, आवेश और वक्तव्यपरकता का अतिरेक 'शब्द सैनिकों से' में भी है, जिसमें कवि ने अपने शब्दों को मुक्ति-सैनिक मानकर उनसे 'रुढ़ि ग्रस्त चिंतन की ऊँची दिवारों से घिरे हुए' और 'बीते युग के संस्कारों की सरमायेदारी का शोषण सह रहे' सर्वहारा आदमी तक 'रोशनी का नया पैगाम' पहुँचाने का आग्रह किया है। डॉ. रणजीत की इन कविताओं में 'भावनागत ईमानदारी' और निष्ठा बेशक है, लेकिन अपेक्षित सर्जनात्मक तनाव के अभाव में ऐसी अधिकांश कविताएँ 'राजनीतिक कार्य और इच्छा' के रिटोरिक का सपाट अनुवाद मात्र रह गई हैं।

डॉ. राणजीत की कविताओं में समसायिक राजनीतिक संदेश है, लेकिन उनकी संवेदना का विस्तार यहीं तक सीमित नहीं है। 'इतिहास का दर्द' में संकलित और अद्यावधि पत्र-पत्रिकाओं में प्रकाशित उनकी कुछ प्रणय कविताएँ उनकी

आंदोलनी और राजनीतिक मुद्रा को तोड़ती है। वामपंथी चिंतन के प्रति प्रतिबद्धता के बावजूद डॉ. रणजीत प्रेम के क्षेत्र में अनुभूत या पर्यवेक्षित प्रत्येक अनुभूति को वर्ग-संघर्ष से उत्पन्न मानने की एकांगी दृष्टि को अस्वीकार करते है,[10] इसलिए उनकी प्रणय कविताओं में जीवनगत ऊष्मा और गहन अतरंगावलोकन मिलता है। इस दृष्टि से कवि की 'एक विराट पवित्रता', 'तुम नहीं हो' और 'उस समय' कविताएँ ली जा सकती हैं। 'एक विराट पवित्रता' में स्त्री-पुरुष के बीच की सतत यंत्रणा को, दैनिक जीवन की रिक्तता और कटुता को देह-भोग के परम आत्मीय क्षणों की विराट पवित्रता की विपरीतता में रखकर समर्थ अभिव्यक्ति दी गई है—

अपनी इन मृणाली बाँहों से मुझे घेरकर इसी तरह/ठहरी रहो !..../उस विराट् पवित्रता से मुझे छुए रहो/ क्योंकि कुछ ही क्षण बाद/ अपने आप तुम्हारा आलिंगन ढीला पड़ जायेगा.... और तब/ तुम्हारे चेहरे पर उभरती हुई मुस्कान में मुझे बनावट/ नजर आएगी/ और मेरे लहजे से निकलती हुई अभिमान की गंध/ तुम्हे असहय लगने लगेगी।[11]

'तुम नही हो' में प्रेयसी की अनुपस्थिति में अनुभूत मनोभावों की मर्मस्पर्शी और सूक्ष्म व्यंजना है। पूर्व संसर्ग की स्मृतियों के छोटे-छोटे तलस्पर्शी बिम्बों से निर्मित यह कविता रणजीत की उत्कृष्टतम् कविताओं में परिगणित की जा सकती है। 'उस समय' अपेक्षाकृत छोटी कविता है, जिसमें संभोग के नितान्त निजी, आत्मीय और सम्पृक्त क्षण को अभिव्यक्ति दी गई है—

उस समय/ मेरी होती है सिर्फ/ एक शैया-भर जमीन/ एक कमरा-भर आकाश/ एक ट्यूब-भर रोशनी/ और एक आकुल द्रवीभूत देह/ रोम-रोम मेरी, नितान्त मेरी, अपनी निजी/ शेष सारी दुनिया न जाने कहाँ होती है/ न जाने किसकी![12]

डॉ. रणजीत ने इधर कुछ ऐसी कविताएँ भी लिखी है जिनमें विवाह के पश्चात् के दाम्पत्य जीवन की घुटन, एकरसता, टूटन और ऊब को अभिव्यक्त किया गया है। इस प्रसंग में कवि की 'टूटन' कविता का उल्लेख किया जा सकता है, जिसमें वैवाहिक जीवन की ऊब और एकरसता को टूटन और चटखन की पारस्परिक उपेक्षा की रोजमर्रा घटनाओं से अभिव्यक्त किया गया है—

हुआ यह कि/ अपनी बीवी से मेरा सम्पर्क टूट गया है..../ वह यह तक भूल गई है/ कि उड़द की दाल मुझे नींबू के बिना अच्छी नहीं लगती/ और मैं उसकी दवा लेने बाजार जाता हूँ/ और दोस्तों से गप्पें लड़ाकर और बच्ची को आइसक्रीम खिलाकर लौट आता हूँ..../ वह एक जो बड़ा सच था हम दोनों के बीच/ लगता है

वह पूरी तरह झूठ गया है।[13]

डॉ. रणजीत की मान्यता है कि ऐतिहासिक विकास की सतत प्रक्रिया को आगे बढ़ाने में साहित्यकार की महत्त्वपूर्ण भूमिका होती है। साहित्यकार इस परिवर्तन-प्रक्रिया को दो प्रकार से प्रभावित करता है—एक तो सामयिक राजनीति पर जोश-खरोश के साथ लिखकर प्रतिक्रियावादी ताकतों पर प्रहार करता है और दूसरे, मानव-आत्मा का परिष्कार कर उसे धर्मोदेशों और वर्गों से ऊपर उठाकर सम्पूर्ण मानवता के प्रति जिम्मेदार बनाने की कोशिश करता है। डॉ. रणजीत पहली भूमिका को 'सामयिक' और दूसरी को 'अपेक्षाकृत अधिक स्थायी' मानते हुए कहते हैं कि "ये दोनों भूमिकाएँ एक-दूसरी से अलग रखकर सफलतापूर्वक अदा की ही नहीं जा सकती। वही साहित्य स्थायी भी हो सकता है जिसने अपनी युगीन आवश्यकताओं को पूरा कर लिया हो।"[14] चिंतन के धरातल पर इन दोनों भूमिकाओं को परस्पर संयुक्त मानकर भी डॉ. रणजीत कृति स्तर पर सायुज्य का निर्वाह नहीं कर पाते हैं जिससे उनकी कविताओं के दो पृथक्-पृथक् स्वरूप परिलक्षित होते हैं। समसामयिक राजनीतिक आवेश में लिखी उनकी कविताओं में 'तुम्हारे लिए', 'मेरी कलम तुम्हारी किस्मत', 'सांसों की हड़ताल', 'लाल खून', 'माध्यम', 'मेरेलिन मनरो का अंतिम पत्र', 'शब्द-सैनिकों से', और 'संवेदनाओं के क्षितिज' आदि कविताओं का उल्लेख किया जा सकता है जिनमें रचना-प्रक्रिया, तनाव और आत्म-संघर्ष को झेले बिना ही राजनीतिक दर्शनाधारित संवेदनाओं को अभिव्यक्ति दी गई है। विकास को परिवर्तन प्रक्रिया को आगे बढ़ाने में अपेक्षाकृत अधिक स्थाई आधार प्रस्तुत करने वाली कविताओं में डॉ. रणजीत की प्रणय कविताओं और मानव-स्थितियों पर लिखी छोटी प्रतिक्रियात्मक कविताओं का उल्लेख किया जा सकता है। कवि की 'इतिहास का दर्द' में संकलित 'इतिहास का न्याय' और बाद में प्रकाशित 'दूसरी बार समुद्र यात्रा करते हुए'[15] जैसी कविताओं में इन दोनों भूमिकाओं का समन्वय भी देखा जा सकता है।

समसामयिक राजनीतिक आवेश और जोश-खरोश पर आधारित होने के कारण डॉ. रणजीत की कविताओं में रूपगत वैशिष्टव, भाषागत नये विन्यासों का अभाव है, अनावश्यक विस्तार और प्रचुर विवरणात्मकता है, लेकिन जहाँ उनका कवि-व्यक्तित्व प्रकृत भूमि पर रहता है वहाँ कलात्मक संयोजन और सघन बिम्बात्मकता परिलक्षित होती है। ऐसे अधिकांश स्थल उनकी प्रणय कविताओं में हैं। केवल 'तुम नहीं हो' कविता में से तीन-चार अन्त:प्रसूत ऐन्द्रिय बिम्बों के उदाहरण दिये जा रहे हैं—

1. तुम नहीं हो/ लेकिन कमरे में फैली हुई है तुम्हारे चेहरे की गोरी-नाजुक/ खुशबू।

2. तुम नहीं हो/ पर कागज की रंग-बिरंगी नावों की तरह/ तुम्हारे हल्के-फुल्के चुम्बन/ मेरे कमरे की हवा में तैर रहे हैं।

3. रोशनदान की राहों से मेरे पास चले आते हैं कभी/ दो नन्हें-नन्हें सफेद कबूतरों की तरह/ पंख फडफ़ड़ाते हुए तुम्हारे आलिंगन।[16]

राजनीतिक आवेश और अन्तर्वस्तु की कविताएं भी जहाँ गहरी रचनात्मकता से अनुप्रेरित हैं, कलात्मकता का निर्वाह करती है, पर ऐसी कविताएँ 'इतिहास का दर्द' में कम हैं। पृष्ठभूमि को उदाहरणार्थ लिया जा सकता है, जिसमें वर्तमान संकट की भयावहता और आतंक का चित्रण है—

जर्द है चाँद का मायूस चेहरा/ रह-रह कर खाँस उठता है/ दमें का मरीज बूढ़ा आसमान/ करवटें बदल रही हैं/ हिस्टीरिया से पीड़ित झीलें...... फूलों को परेड में पंक्तिबद्ध करके/ सगीनें भोंकने की दीक्षा दी जा रही है।[17]

सन्दर्भ

1. इतिहास का दर्द, दृष्टिकोण (भूमिका), पृ. 6.

2. आत्म-कथ्य, सनीचर-10 (कविता विशेषांक), मई 1978.

3. रचनात्मक आवेश और परिवेश (परिचर्चा, संयोजन : डॉ. नवलकिशोर), मधुमती अगस्त 197, पृ. 15.

4. वही, पृ. 18.

5. 'पूंजीवादी राजसत्ता से मैं/बीस साल से नफरत कर रहा हूँ/ सोल्झेनित्सिन! तुम्हारा गुलाग पढ़कर/मैं सर्वहारा राजसत्ता पर भी थूकता हूँ/उसी अकूत साम्यवादी घृणा के साथ/क्योंकि सब सत्ताएँ घृणास्पद हैं....', मधुमती, मई 1678, पृ. 25.

6. इतिहास का दर्द, पृ. 43.

7. वही, पृ. 73.

8. वही, पृ. 134.

9. वहीं, पृ, 65.

10. 'मसलन वर्ग-चेतना की व्याख्या में डॉ. रणजीत, वर्ग-युद्ध के तो समर्थक हैं, मगर वह प्रकृति और प्रेम के क्षेत्र में अनुभूत या पर्यवेक्षित प्रत्येक मानवीय अनुभूति को वर्ग संघर्ष से उत्पन्न नहीं मानते, न यह कि मानवीय आयाम वर्ग-संघर्ष की सीमाओं का अतिक्रमण नहीं कर जाते।'

—डॉ. विश्वम्भरनाथ उपाध्याय : समकालीन कविता की भूमिका, पृ. 62.

11. इतिहास का दर्द, पृ. 82.
12. राजस्थान के कवि, भाग-2 (सं योगेन्द्र किसलय), पृ. 63.
13. वही, पृ. 65.
14. इतिहास का दर्द, दृष्टिकोण (भूमिका), पृ. 7-8.
15. राजस्थान के कवि, भाग-2, पृ. 14.
16. इतिहास का दर्द, पृ. 132-33.
17. वही, पृ 64-65.

—माधव हाड़ा

***

रणजीत की राजनैतिक कविता

* डॉ. विश्वम्भरनाथ उपाध्याय *

डॉ. रणजीत की कविता यों तो सब प्रकार की कविता हैं, उसमें प्रकृति, प्रेम, सौन्दर्य और शिवत्व की रचनाएँ हैं। किन्तु उनकी राजनैतिक कविताएँ विशेष रूप में ध्यानाकर्षक है। राजनैतिक कविताओं में विशेषता यह है कि उनमें कवि की अपनी राजनीति साफ समझ में आती है और वह बदलती रही है। इस कारण रणजीत की इन कविताओं में कवि का बोध स्पष्ट हैं और उसे समझा जा सकता है। दूसरे राजनैतिक कविताओं में कथन की सफाई है। उनमें खरी-खरी कहने की प्रवृत्ति है, उनमें गोपन नहीं है और रणजीत जी की यह विशिष्टता है कि वह कविताई में छिपाते नहीं, साफ कहते हैं, यहाँ तक कि कविता की गुणवत्ता की भी परवाह नहीं करते। सत्य के प्रति प्रियता इसका कारण है। यह सत्यप्रिय कवि हैं। सत्य वह जिसे कवि स्वयं पसन्द करे, चुनें, जो उसे प्रिय है, उसे वह कहे और निर्भय होकर कहे। इस गुण के कारण रणजीत की कविताओं में खरी-खरी कहने की ताकत आ गई है और यह शक्ति उन्हें औरों से भिन्न करती है। शायद डॉ. रणजीत एकमात्र अकेले और निराले कवि हैं जो अपने प्रिय या चुने हुए सत्य को डंके की चोट पर कह सके हैं।

डॉ. रणजीत ने शुरू में साम्यवाद के पक्ष में कविताएं लिखी थी और प्रकाशित कराई थी। वे उनके संग्रहों में विद्‌यमान है किंतु कवि का मूल मंतव्य साम्यवाद नहीं, मानवतावाद है और यह मानवतावाद रणजीत के मूल में है जो साम्यवादी होने पर भी उन्हें उन साम्यवादियों से पृथक् करता है, जो साम्यवादियों को मानवतावाद के विरुद्‌ध जाने या जरूरत पड़ने पर खामोश रह जाने को विवश करते रहे हैं। किंतु रणजीत ने साम्यवादियों या कम्युनिस्टों की रणनीति या टैक्टिक्स का समर्थन नहीं किया।

वह हर हालत में साम्यवाद को मानव प्रेम का पर्याय बनाते हैं। डॉ. रणजीत को मानव-द्रोह पसन्द नहीं है और ऐसे अवसरों पर शत्रु पक्ष तक का समर्थन करने लगते हैं, भले ही वह न चाहते हो। ऐसे अवसरों पर डॉ. रणजीत, साम्यवादी नहीं मानवतावादी सिद्ध होते है। कारण यह है कि साम्यवाद अथवा मार्क्सवाद वर्ग चेतना का विचार दर्शन है। वह पीड़ित, शोषित मानव वर्ग के विरुद्ध जो शोषक वर्ग है, उसको विनिष्ट करना चाहता है—शोषण की समाप्ति शोषक वर्ग की समाप्ति से होगी और रणजीत ऐसे खून बहाऊ मौके पर अपने मानव प्रेम के कारण ऐसे रक्त पिपासु दृष्टिकोण का समर्थन नहीं करते। उनका यह रवैया उनकी आलोचना में साफ झाँकता है। डॉ. रणजीत ने मेरी प्रसिद्ध 'आदमखोर' कविता पर आलोचना लिखी है जो प्रकाशित है। इस आदमखोर कविता में मैंने लिखा था कि जो रक्त शोषक वर्ग और व्यक्ति है उनके प्रति मारक दृष्टि होनी चाहिए। आखिर ये जो कोटि-कोटि पीड़ित, शोषित जनसमूह हैं, उनमें यह वद्धमूल भाव है कि वे चाहते हैं कि ये जो पूंजीपति, अधिकारी, अपराधी और दूसरे परावलम्बी या दूसरों के रक्त पर पल रहे हैं, उन्हें जीने का हक क्या है? उन्हें नष्ट करना जरूरी है। कुतंत्र का यही अर्थ है जो वर्ग संघर्ष के इतिहास से स्वतः सिद्ध है आखिर इतिहास में यही हुआ है कि परपीडिक़ो से आखिर क्रांतिकारी वर्गों ने बदला लिया है, उनका रक्त बहाया है और उन्हें अपदस्थ किया है। सोविगत रूस, चीन, क्यूबा, वियतनाम, उत्तर कोरिया आदि में यही हुआ है और इस वर्ग-दृष्टि का समर्थन न करना वर्ग-दृष्टि का अपमान करना है। आज भी जो साम्यवादी नक्सलपंथ है, वह रक्त क्रांति का पक्षधर बना हुआ है। वह वर्ग शत्रुओं के प्रति मानववाद के तर्क का समर्थन नहीं करता क्योंकि उससे तो शोषक वर्ग कभी समाप्त नहीं होगा। यह सच है कि अकारण हिंसा का समर्थन त्याज्य है किन्तु शोषित वर्ग विवश होकर शस्त्र ग्रहण करता है। जो प्रबल वर्ग है उन्हें अपदस्थ नहीं किया जा सकता, विवश होकर पीड़ित जन उनके विरुद्ध हिंसा का मार्ग अपनाते हैं और इतिहास उन रक्तिम क्रांति के पक्षधरों का इतिहास ही है।

हमारी 'आदमखोर' कविता में यही इतिहास सम्मत दृष्टिकोण व्यक्त हुआ था किन्तु डॉ. रणजीत ने इसकी आलोचना में मानववादी नजरिया अपनाया और खूनी नजरिए का विरोध किया। इस कारण डॉ. रणजीत वस्तुतः मानववाद के हितैषी सिद्ध हुए हैं और क्रांति विरोधी साबित हुए हैं। यह कवि का जो दृष्टि-बिन्दु है, वह हमारी दृष्टि से समर्थनीय नहीं है।

किन्तु इतिहास में ऐसे अवसर आए हैं आते हैं जब सशस्त्र क्रांति का बिन्दु बहस-तलब बनता है कि क्रांति का कोई विकल्प है या नहीं? वर्तमान समय में

भी यह बिन्दु बहस और विचार का मुद्दा बना हुआ है। चारू मजूमदार ने इस इन्कलाबी नजरिए का समर्थन किया था और नक्सलपंथियों ने इसे अभी भी अपनाया हुआ है। क्योंकि रक्त क्रांति की जगह चुनाव का विकल्प खुल गया है। साम्यवादी दलों ने चुनाव का विकल्प अपना लिया है और खूनी क्रांति का मार्ग छोड़ दिया है किन्तु जनता की जो हालत है, वह बदतर होती गयी है और क्रांतिकारी कार्यनीति दृष्टि से सम्पन्न साम्यवादी कामरेड यही रक्त पिपासु कार्यनीति अपनाएँ हुए हैं। डॉ. रणजीत अपने मानववाद को तरजीह देते हैं किन्तु यह भूल जाते हैं कि सोवियत रूस, चीन, वियतनाम, क्यूबा आदि में यदि मानववादी कोमल नीति अपनाई गयी होती तो उन देशों में जनक्रांति सफल नहीं हो सकती थी। यह एक ऐसा ऐतिहासिक तथ्य है जो आज भी सच है और जब तक यह तथ्य है, तब तक शोषित जनता के सामने यह विकल्प रहेगा।

परन्तु डॉ. रंणजीत इतिहास के कोमल विकल्प के समर्थक हैं। उनका कवि हृदय इसकी अनुमति देता है कि सशस्त्र क्रांति की जरूरत न पड़े और अहिंसक चुनाव की राजनीति से ही इन्क्लाब हो जाए। सोवियत रूस के पतन से ऐसी संभावना बन भी गई है, चीन, वियतनाम में भी जनतांत्रिक अहिंसक व्यवस्था बनती जा रही है और नक्सलपंथी क्रांति अभी दूर प्रतीत होती है। जनतंत्र मजबूत हो रहा है और रक्तहीन क्रांति का विकल्प खुल गया है। ऐसे में डॉ. रणजीत का कोमल विकल्प दृढ़ होता प्रतीत होता है और लगता है कि वह सही मार्ग पर हैं। यदि यह थोड़ी देर के लिए मान भी लिया जाए तो यही कहना होगा कि जनतंत्र में रक्त क्रांति का विकल्प दूरस्थ हो गया है और अब फिलहाल डॉ. रणजीत की विजय होती दिखती है और वह अपनी कविता में सही लाइन पर हैं। यदि डॉ. रणजीत ही लाइन पर हैं तो उनका कार्य सरल हो गया है। उन्हें अब वर्ग शत्रुओं को कोमल दृष्टि से देखते चलने की स्वाधीनता है और वह यह कर भी रहे हैं। इस कारण उनकी राजनैतिक कविताओं में जहाँ आलोचना है, व्यंग्य हैं, उपालब्ध और वाक्छल है, वहाँ वह व्यंग्यकार है और व्यंग्य से कार्य ले रहे हैं और खूब ले रहे हैं।

डॉ. रणजीत का यह मार्ग निरापद है और इसमें कोई खतरा नहीं है। वह जहाँ एक और साम्यवाद के समर्थक हैं वहीं वह प्रतिक्रियावाद के आलोचक हैं। डॉ. रणजीत यह निरापद मार्ग अपना कर पूरी शक्ति के साथ प्रतिक्रियावाद के विरोध में लिख रहे हैं। उन्होंने साहस के साथ भाजपा और हिन्दूवादियों के विरुद्ध लिखा है—

देख कुर्सी के निकट अब आ रही है भाजपा
पिछले पापों पर थोड़ी सकुचा रही है भाजपा

मस्जिद गिरा के और फैला के सम्प्रदायवाद
कस्में धर्मनिरपेक्षता की खा रही है भाजपा
पक्की लुटेरिनों के लो पल्लू पकड़-पकड़
अपनी चरित्र शीलता दिखला रही है भाजपा

और डॉ. रणजीत यह जो साम्राज्यवादी कोहरा फैला हैं, उससे क्षुब्ध हैं और सोचते हैं कि देश के हारे हुए लोग विवश हो रहे हैं—

मुझे प्रतीक्षा उस दिन की जब मिल कर एक लपट बनकर
कूड़ा करकट भस्म करेंगे, अलग-अलग अंगारे लोग

यानी क्रांति का एक घोष अभी भी डॉ. रणजीत में है और यह विकल्प, उनकी रचना 'विकल्प' में अभी भी है—

या तो आदमी मान-अपमान हानि-लाभ से वीतराग हो जाये
या फिर हर जोर जुल्म के खिलाफ
आक्रामक आक्रोश से फुंकारता हुआ
न्याय निचोड़ नक्सलवादी
एक तीसरा विकल्प भी है, ज़्यादा रचनात्मक
पर इसके लिए बड़ा क्रांतिकारी धैर्य चाहिए
छोटे-छोटे दियों और दीप समूहों के पास जा
उन्हें एक ही व्यापक दीपावली में
पिरोने की कोशिश कर
इसी कोशिश में लगे हुए लोगों के साथ जी
इसी कोशिश में लगे हुए लोगों के साथ मर!

किंतु यह तीसरा विकल्प बहुत स्पष्ट नहीं है, कवि को इस पर पूर्ण यकीन है। यह तीसरा विकल्प है जरूर मगर यह मात्र विकल्प है, कहने को और असलियत यह है कि इस पर चलने वाले व्यक्ति कवि को सूझते नहीं है। उनसे जाकर मिलने और जुड़ने का कवि के पास समय नहीं है।

डॉ. रणजीत जहाँ नरसिंह राव जैसे कांग्रेसियों के गाँधीवाद पर व्यंग्य करते हैं, वहीं वह महिला डकैत फूलन का समर्थन करते हैं। कवि 'चम्बल की बेटी' कविता में फूलन देवी दस्यु महिला को क्रांतिकारी कहते हैं—

झाँसी की रानी से, जान आफ आर्क से
नहीं हो कम बलिदानी
औरत के स्वाभिमान के युद्ध की दुर्घर्ष सेनानी
लेनिन की पोती, होचीमिन्ह की बेटी

चे गुएवारा की बहिन
संघर्ष तुम्हारा नहीं जाएगा बेमानी

किन्तु यह असाधारण स्थिति है और असाधारण दशा में डॉ. रणजीत मानववाद को विस्मृत कर देते हैं। यदि यह सत्य है तो डॉ. रणजीत रक्त क्रांति के समर्थक 'गदर' जैसे आन्ध्र के कवि का समर्थन करेंगे और 'गदर' जैसे कवि नक्सलपंथी इलाकों में बढ़ रहे हैं। जनतंत्र में भ्रष्टाचार की बाढ़ के कारण जनता में आक्रोश वृद्धि की ओर है और विधि व्यवस्था में जनसाधारण की आस्था दुर्बल हुई है क्योंकि न्यायालयों में न्याय जटिल है, उलझन भरा है और विलम्बकारी है। नरसिंहराव जैसे आरोपों में घिरें मंत्री सब छूट गए, छूट रहे हैं अतएव न्याय व्यवस्था में गरीब और असहाय व्यक्ति श्रद्धा नहीं रख सकता और वह विधि व्यवस्था को आमूलचूल बदलना चाहता है।

बहरहाल, डॉ. रणजीत हिन्दी प्रदेश के ऐसे अंचल में सक्रिय हैं जहां साम्प्रदायिक राजनीति का विरोध एक साहस का कार्य है। वह भाजपा की खुले आम आलोचना करते हैं और डरते नहीं हैं। उनका यह साहस उनकी अनेक कविताओं में प्रकट हुआ है और यह क्रम जारी है। उनकी कविताओं में 'सिर्फ एक शब्द नहीं, 'इतिहास का दर्द' एक पंडुकी लहूलुहान 'मत्स्यन्याय' जबरकाट जैसी अनेक कविताएँ हैं जो व्यवस्था विरोधी है और वे श्रोता और पाठक को संघर्ष की ओर उन्मुख करती हैं। डॉ. रणजीत ने अपना पूर्ण जीवन कविता को, संघर्ष को समर्पित किया है और वह अभी भी उस संघर्ष के पक्षधर हैं। उन्हें हिन्दी प्रदेश का 'गदर' कहा जा सकता है और ऐसे रचनाकार को उपेक्षित करना उचित नहीं है। वह निश्चय ही आन्ध्रप्रदेश के नक्सली कवि गदर के प्रतिनिधि हैं और हिन्दी प्रदेश के इन्कलाबी तेवर उनमें विद्यमान हैं।

जो यह समझते हैं कि इस तरह के लेखन से क्या होता है, वे यह भूल जाते हैं कि—ऐसी कविताओं से जन-आतंक बढ़ता है। ग्रामशी ने यह लक्ष्य किया था कि अभिजन समाज में जनआतंक दबा रहता है जबकि जनपक्षीय आतंक वहाँ प्रबल होता है जहाँ जनप्रतिरोध, (हिंसक या अहिंसक) प्रबल होता है। अभिजन समाज में जो वैषम्य, भ्रष्टाचार, संग्रहशीलता और जोर जबरदस्ती की बहुतायत रहती है, उसका कोई भय नहीं रहता। इस वातावरण में डॉ. रणजीत की निर्भय कविताएं अभिजन समाज को भयभीत करती हैं और शोषित जनता निर्भय होती चली जाती है और फिर एक ऐसा समय आता है जब लोग सशस्त्र जनसंग्राम के लिए उठ खड़े होते हैं। आज यह स्थिति नहीं है। आज अपराध बाढ़ पर है परन्तु कल स्थिति बदल सकती है, यानी अस्थिरता, तोड़-फोड़ और असुरक्षा की वृद्धि किसी बड़े परिवर्तन

की सूचक हो सकती है।

और बिहार, उ.प्र., म. प्रदेश, आंध्रप्रदेश, झारखण्ड आदि अनेक अंचलों में जो हिंसा बढ़ रही है, अराजकता, वह बदलाव की सूचक है और राज्य सत्ताएँ इस जन-उभार के सम्मुख दुर्बल साबित हो रही हैं। संभव है कि ऐसा कुछ न हो और राज्य सत्ता ही प्रबलतर प्रमाणित हो जाए किन्तु एक संभावना तो है ही और ऐसी संभावना या आशंका डॉ. रणजीत जैसे जननिष्ठ कवियों की रचनाओं से बढ़ती जा रही है।

जनस्थिति क्षुब्ध है और वह अनन्तकाल तक यथास्थिति बर्दाश्त नहीं कर सकती। या तो स्थिति बदलेगी या परिस्थिति में परिवर्तन होगा। जो हो रहा है, वह अनन्त काल तक नहीं चल सकता। जनतंत्र या तो जनसमस्याओं का समाधान करें या वह नष्ट हो जाए, यह चुनौती है जो सामने है और निर्णायक एवं अटलनीय है। डॉ. रणजीत की राजनैतिक कविता परिवर्तन के इस क्रम को पुनः-पुनः रेखांकित कर रही है और उसका यही महत्त्व और गरिमा है।

मैं डॉ. रणजीत के कविता कार्य को बहुत महत्त्व देता हूँ। कविता की दृष्टि से भी उसका महत्त्व है, किन्तु कविता की दृष्टि से चाहे उसकी कीमत कम आंकी जाए किन्तु उसकी जो सामाजिक भूमिका है, उसका मूल्यांकन होना चाहिए और उसकी कद्र की जानी चाहिए। हमारे डॉ. रणजीत, आन्ध्रप्रदेश के गदर जैसे कवि हैं और गदर जैसे किसी रचनाकार की जनमहिमा स्थापित की जानी चाहिए।

—डॉ. विश्वम्भरनाथ उपाध्याय

***

एक अनूठे प्रगतिशील कवि : डॉ. रणजीत

*** डॉ. रमाकान्त शर्मा ***

रणजीत की रचनाधर्मिता बेमानी यात्रा नहीं है। वह सही दिशा में आगे बढ़ने का सही रास्ता है। मार्क्स के सपनों तक पहुँचने की कारगर कोशिश और उन सपनों को साकार देखने की जुनून के हद तक पहुँची उत्कण्ठा का नाम 'रणजीत की कविताएँ' हैं। साम्यवादी जीवन-दर्शन से अभिभूत रचना-दृष्टि और सामाजिक यथार्थ की कलात्मक अभिव्यक्ति रणजीत के काव्य-लोक की उपलब्धियाँ हैं। खुशी की बात यह भी है कि इस रचनाकार की कलम के तेवर शुरू से आज तक बराबर प्रभावी बने हुए हैं। रणजीत की कलम चुकना और चूकना नहीं जानती, अनुभूत सत्य की खुरदरी जमीन से उगी इनकी कविताएँ संघर्ष की राह से गुजरती हुई अन्ततः शस्त्रागार में परिणत हो जाती हैं। इनकी कविताओं के हथियार शोषण के खिलाफ जेहाद बोलते हैं, असंगतियों और विसंगतियों पर करारी चोट करते हैं और जीर्ण

रूढ़ियों की जड़ता को तोड़ते हैं।

निश्चय ही रणजीत की कविताओं के बीच होना अनुभव की राह से गुजरना है। एक ऐसा अनुभव जो हमें सोचने-समझने और कुछ कर गुजरने को मजबूर करता है। जब विचारधारा अनुभव का हिस्सा बनकर सामने आती है तब उसकी शक्ति सौ गुना बढ़ जाती है। इसमें दो राय नहीं कि रणजीत की कविताएं आग और रोशनी की कविताएँ हैं। इन कविताओं से जलाने और आलोकित करने के दो जरूरी काम एक साथ सम्पन्न होते हैं। प्रख्यात आलोचक शिवदान सिंह चौहान ने रणजीत के लिए बहुत ठीक लिखा था कि—"रणजीत एक अनुभूति प्रवण कवि हैं। उनकी अनुभूतियाँ मात्र वैयक्तिक नहीं हैं, बल्कि एक मानी में देश और विदेश के हर पीड़ित, उपेक्षित और आक्रान्त व्यक्ति के साथ वे अपनापन महसूस करते हैं और उसके साथ वे स्वयं भी पीड़ा झेलते हैं। यह उनके सच्चे मानववाद का प्रभाण है। 'टोकियो में मजबूरन टूटी हुई एक हड़ताल' और 'लियोपोल्डविल में एक गिरफ्तारी' के प्रति उनका हृदय उतना ही संवेदनशील है, जितना 'एक हिन्दुस्तानी लडक़ी' की मजबूरियों के प्रति। हर अन्याय को देखकर उनके मन में आदि विद्रोही स्पार्टकस की याद ताजा हो जाती है और छह हजार गुलामों की लाशें उनके दिमाग में बिछ जाती है।"

रणजीत के दस कविता-संग्रह प्रकाशित हो चुके हैं—'ये सपने: ये प्रेत' (1964), 'जमती बर्फ : खौलता खून' (1966), 'इतना पवित्र शब्द' (1985), 'झुलसा हुआ रक्तकमल' (86), 'पृथ्वी के लिए' (91) और 'खतरे के कगार तक' (99)। उनके दो प्रतिनिधि काव्य-संकलन भी निकले हैं। 'इतिहास का दर्द' (66) और 'अभिशप्त आग' (93), 'झुलसा हुआ रक्तकमल' को कवि रणजीत ने एक स्वयंचेता साम्यवादी के अन्तरसंघर्ष के रूप में प्रस्तुत किया है। राजनीतिक कविताओं के इतिहास में 'झुलसा हुआ रक्तकमल' एक ऐतिहासिक दस्तावेज के रूप में जाना जायेगा।

प्रगतिशील काव्यधारा को आगे बढ़ाने वाले ये दस कविता-संग्रह कथ्य के दृष्टिकोण से तो रेखांकित करने योग्य हैं, कवि के बदलते हुए सोच के भी परिचायक हैं। कवि का चिन्तन उत्तरोत्तर गहन से गहनतर और सघन से सघनतर होता चला गया है। सामाजिक असंगतियों और विसंगतियों के खिलाफ कवि के विद्रोही तेवर और न्यायपूर्ण जिन्दगी के लिए उभरते तीखे स्वर पाठक को झकझोरते हैं—ऊपर से नीचे तक हिला देते है। व्यापक जीवन-सदर्भों से जुड़ी रणजीत की कविताएँ अपने भीतर बहुत कुछ समेटे हुए हैं। इनमें जहाँ एक ओर पहाड़, नदियाँ, फैक्टरियाँ, जंगल, धान, दरांतियाँ, सायरन, कॉलेज, युनिवर्सिटी,

झण्डे, झाड़ू, लाउडस्पीकर, सड़कें, रिक्शे और रोटियों के साथ खाकी वर्दियाँ हैं, वहाँ दूसरी ओर इण्टरनेशनल ब्रिगेड, आसविट्ज के गैस चैम्बर, अल्जीरिया की विद्रोहिणी जमीला, काँगो के लुमुम्बा, तैलंगाना के किसान, विश्व की साम्यवादी पार्टियों के आपसी संघर्ष, हावर्ड फास्ट का विद्रोही स्पार्टकस, हॉलीवुड की मेरेलिन मुनरो, मुजीब और पुराणों के प्रोमेथ्यूस भी हैं। कवि की आँखें मूवी कैमरे की मानिन्द दुनिया की हर छोटी-बड़ी घटना पर टिकी रहती हैं। रणजीत की आँखे गौतम की सिद्ध आँखों से अधिक तेज और पारदर्शी है—अपने से बाहर के जग की नाडी टटोलती हुई—ठीक इस मुद्रा में—

गौतम ने केवल
एक बार जीवन देखा था
आँख खोलकर—
जरा-मृत्यु के एक रूप में
इसलिए वे
जन्म-मरण के चक्कर को ही
दुःख का मूल समझ बैठे थे
किन्तु हमारे आगे
अच्छी तरह जिन्दगी को जी सकने के सच्चे मसले हैं
लोगों की रोटी-रोजी की
उलझी हुई समस्याएँ हैं। (नयी साधना : इतिहास का दर्द)

रणजीत की कविताओं में सामाजिक यथार्थ अपने बहुआयामी रूप में प्रकट हुआ है। कवि को यह बड़ी शिद्दत से महसूस होता है कि आजादी के बाद सामाजिक, राजनीतिक, आर्थिक सभी स्तरों पर व्यवस्था में ऐसा कोई निर्णायक बदलाव नहीं देखने में आया जो मानवीय मूल्यों और मानवीय अधिकारों के समर्थन में किये गए किसी मानवीय प्रयास का परिणाम हो। स्वतन्त्रता के बाद जिस व्यवस्था में आमूल परिवर्तन की अपेक्षा अत्यन्त स्वाभाविक मानी जानी चाहिए थी उसमें कुछ संशोधन और अतिवादी वैयक्तिक निष्कर्षों के अलावा ऐसा कुछ नहीं हुआ जिससे कालान्तर में ही सही, उपेक्षित जन वर्ग लोकहितकारी जनतन्त्र की फलश्रुति उपलब्ध कर पाता। संशोधनों का पूरा लाभ इजारेदारों, मुखौटापोश सामन्तों को मिला। जो खुरचन सुविधा जीवी और अवसरवादी मध्यवर्ग को मिली, उसी खुरचन के लिए वह अपने वर्ग के भीतर ही हमलावर और हलाकू बनकर अपने ही खिलाफ लड़कर लहूलुहान होता रहा, खेमों और गुटों में विभाजित होकर। 'ये सपने : ये प्रेत' और 'इतिहास का दर्द' की तमाम कविताएँ

इसी पीड़ा को व्यक्त करती हैं।

बद से बदतर हुए जा रहे माहौल से रू-ब-रू होने के लिए पढ़ जाइये रणजीत की ये काव्य-पंक्तियाँ—

फुटपाथों पर ठिठुर रहा है बेघरबार सन्नाटा
बेरोजगारी से तंग उजाला
रेल की पटरी पर कटकर मर गया है।
अपने कसमसाते हुए प्यार को पाबन्दियों के किनारों में जकड़े
करवटें बदल रही हैं
हिस्टीरिया से पीडित झीलें
पहाड़
अपने पौरुष की लाश पर पुराने संस्कारों की बर्फ का कफन डाले
मातम मना रहे हैं
अकेला चीख रहा है कुँवारी रात का अवैध बच्चा
बादलों की जवान बेटियाँ
जिस्म की दुकान कर रही हैं।

ऐसा बिगड़ा हुआ है हमारा परिवेश, जिसमें हम जीने को अभिशप्त हैं। रणजीत की कविताएँ ऐसे माहौल को बदलने के लिए प्रतिबद्ध हैं। यह सच्चाई है कि पूँजीवादी समाज में यथार्थ को इतने खूबसूरत लबादे से ढँक दिया जाता है कि उस तक पहुँचना दुष्कर होता है। चाक्षुष सच्चाई यथार्थ का एक पहलू है यानी हमें जो दिखता है वह ही यथार्थ नहीं है, जब-तक हम उसे उसके पूर्वापर अन्तस्संघर्षों और अन्तस्संबंधों की खोज कर उसमें अन्तर्निहित संचेष्टा गति और वेग को न पहचान लें। रणजीत की कविता में यथार्थ के इस शतरंजी रूप को समझने की पूरी क्षमता है। सामाजिक यथार्थ को परत-दर-परत उघाड़ते हुए वे लिखते हैं—

नफरत है मुझे अपने देश से/ जहाँ बचपन भीख मांगते हुए जवान होता है/ और जवानी गुलामी करते-करते बुढ़िया जाती है/ जहाँ पुस्तक-गर्भी अंगुलियाँ/ बर्तन माँज-माँज कर घिस जाती हैं/और स्पुतनिक बना सकने वाले दिमाग/ पत्थर ढो-ढो कर भोंथरे हो जाते हैं/ जहाँ पृथ्वी की परिक्रमाएँ कर सकने वाली वेलन्तिनायें/ भारी जेबों और ऊँची कुर्सियों के आस-पास भिनभिनाने वाली/ कीलरें बनकर रह जाती हैं।

(एक बागी की स्वीकारोक्तियाँ)

उल्लेखनीय है कि ऐसे यथार्थ-निरूपण का उद्देश्य होता है सामाजिक सम्बन्धों की द्वन्द्वात्मकता को उसके अपने वास्तविक अन्तर्विरोधों सहित

समझना और चित्रित करना। यथार्थवादी लेखक के लिए यह अत्यन्त आवश्यक है कि वह मानवीय सामाजिक सम्बन्धों के क्षेत्र में वस्तुगत रूप से विद्यमान वास्तविकता की प्रातिनिधिक अभिव्यक्तियों को पहचाने और उनके साथ वास्तविकता का चित्रण करें। एंगेल्स ने इस यथार्थवादी पद्धति को सर्वाधिक महत्त्वपूर्ण विशेषता माना है। कवि रणजीत की कविताओं में यथार्थवाद की उपर्युक्त विशेषता बराबर उभरकर सामने आती है। यथार्थवाद महज एक रचना पद्धति नहीं है, वरन् वह एक रचना दृष्टि और उससे भी आगे एक जीवन दृष्टि है। रणजीत का यथार्थ वस्तुपरक होने के साथ-साथ आत्मपरक भी हैं। इस प्रकार कुल मिलाकर यथार्थ का व्यापक बोध रणजीत की कविताओं में उपलब्ध होता है। 'यन्त्रीपाक' कविता की कुछ पंक्तियाँ इस दृष्टि से उल्लेखनीय हैं—

कॉलेजों और स्कूलों में पढ़ा रहे हैं कुछ टेपरिकार्डर/ कुछ ऐनकें घण्टों लाइब्रेरी में बैठी हुई किताबें पढ़ती रहती हैं/ कोर्ट में बहस करती है कुछ कानूनी किताबें/ एक काले कोट से/और निर्णय देती है एक आरामदेह कुर्सी/ अपने हाथों पानी भी नहीं पी सकती है एक खाकी वर्दी/ इसलिए एक गंगासागर हरदम उसके दरवाजे पर खड़ा रहता है।

रणजीत इस तथ्य से अच्छी तरह वाकिफ हैं कि साहित्य कभी राजनीति से अप्रभावित नहीं रह सकता। उसे रहना भी नहीं चाहिए। इसलिए सामाजिक सार्थकता के लिए प्रतिबद्ध साहित्य को एक ओर तो सुविधाभोगी वर्ग के राजनीतिक चक्र को विफल करना है, उसके द्वारा निर्धारित धार्मिक, सांस्कृतिक तथा सामाजिक मूल्यों के जनविरोधी स्वरूप की भर्त्सना करनी है, उसके कलावादी सिद्धान्तों की कलई खोलनी है, और दूसरी ओर निर्भीकतापूर्वक संघर्षशील शक्तियों को संगठित करने की महत्त्वपूर्ण भूमिका का निर्वाह करना है। परमानन्द श्रीवास्तव वाकई सही लिखते हैं कि "प्रगतिशील युवा कवियों के लिए पहली बेचैनी इस देश की आजादी है, जिसके पच्चीस-तीस साल भ्रष्टाचार, सत्तालोलुपता, तात्कालिक स्वार्थ, क्षेत्रीयता, जातिवाद, पूंजीवादी, सामन्तवादी रुझान, हिंसा और असंगत तालमेल से घिरे रहे हैं और इस प्रकार समकालीन राजनीति के परिचय प्रसंग को केवल व्यर्थता बोध में बदलते रहे हैं।" (समकालीन कविता का व्याकरण) रणजीत ने अपनी कविताओं के माध्यम से ऐसी स्थितियों को बेनकाब किया है, तथा इन्हें बदलने के लिए अपेक्षित साहस जुटाया है—

अकेला चना
भाड़ तो नहीं फोड़ सकता
पर तीन चार रूठकर

बम की तरह फूटकर
भड़भूँजे की आँख तो फोड़ ही सकते हैं।

(चार चने : झुलसा हुआ रक्तकमल)

इस प्रकार जो दूसरी महत्त्वपूर्ण विशेषता पाठक को प्रभावित करती है, वह है रणजीत का विद्रोही तेवर। यह क्रुद्ध तेवर कभी असहमति, कभी आक्रोश, कभी खीज, कभी धांसू झुंझलाहट और कभी सक्रिय विरोध के रूप में प्रकट हुआ है। रणजीत की नस-नस में विद्रोह का गर्म रक्त बहता है। उनकी हर साँस में क्रान्ति के शंख गूँजते हैं। शोषक वर्ग को खुली चेतावनी देते हुए रणजीत कहते हैं—

सँभलो,
ओ गूंगों के राजा,
ओ लँगड़ों के स्वामी
ओ अंधों के मालिक
ओ सिरहीनों के प्रभु, संभलो
मेरे बागी गीत सुनो फुफकार रहे हैं
मेरी कलम तुम्हारी किस्मत का
निर्णय करने तैयार खड़ी है। (ये सपने : ये प्रेत)

आजादी के बाद की मोह-भंग की स्थितियाँ कवि की लेखनी को बन्दूक और कविता को गोली में तब्दील करने लगती हैं। कदाचित् ही किसी युग की युवा पीढ़ी को इतने गहरे मानसिक त्रास का सामना करना पड़ा हो, जितनी तीव्रता से रणजीत की पीढ़ी ने इसे महसूस किया। ठीक उसकी आंखों के सामने उसके अपने प्राप्य, उसके अपने भविष्य, उसके देश को उसके पूर्ववर्ती न केवल डकार रहे हैं, आँखें भी दिखा रहे हैं, कि उन्होंने कुर्बानी देकर इस नयी पीढ़ी के लिए ही देश को स्वतन्त्र कराया था। ऐसी सुविधाभोगी और षड्यन्त्रकारी ताकतों के खिलाफ संघर्ष करने के लिए आदमी को तैयार करना ही सच्चे अर्थों में 'सृजन' है। रणजीत की कविताओं की पड़ताल यह प्रमाणित करती है कि वे 'सार्थक सृजन' की कोटि में समाविष्ट करने योग्य हैं। रणजीत की व्यवस्था के खिलाफ लड़ी जाने वाली लड़ाई 'कठपुतलियों की लड़ाई' नहीं वरन् जिन्दा इन्सान की लड़ाई है—

हर खूंखार लड़ाई को खरीदी हुई समझकर अनदेखी कर देने वालो
यह मत भूलो :
कि सब शस्त्र उठाकर लडऩे वाले
किसी की कठपुतलियाँ नहीं होते
कभी-कभी कोई सच्चा इन्सान भी शस्त्र उठाने के लिए

मजबूर हो जाता है। (कठपुतलियों के देश में)

रणजीत को 'क्रुद्ध नौजवान' की संज्ञा से अभिहित करते हुए शिवदानसिंह चौहान लिखते हैं—''रणजीत एक क्रुद्ध नौजवान हैं, लेकिन बीटनिक या हंगरी जेनरेशन की तरह नहीं। कुण्ठा और क्रोध से उनका मन इतिहास-चेतना खोकर निराशा और अनास्था के सागर में डुबकियाँ नहीं लगाता। वे उस श्रेणी के क्रुद्ध नौजवान हैं जिस श्रेणी के क्रुद्ध नौजवान हर युग और हर पीढ़ी के प्रगतिशील कवि, कलाकार और चिन्तक रहे हैं—यानी जिनका तरुण ईमानदार मन वर्ग समाज की विषमताओं, उसके शोषण, अन्याय और झूठ के प्रति सहनशील न होकर विद्रोही रहा है और जो अपने क्रोध और विद्रोह के सामाजिक प्रयोजन के प्रति सचेत रहे हैं।''

रणजीत की लड़ाई बाहरी और भीतरी—दो फ्रण्टों पर लड़ी जाने वाली लड़ाई है। इनकी कविता के 'शब्द-सैनिक' मुक्ति-संघर्ष के लिए जूझने को तत्पर दिखाई देते हैं। कहने का आशय यह है कि रणजीत में कहने की हिम्मत, कण्ठ में चिन्गारियाँ और हृदय में ज्वाल है। डॉ. प्रकाशचन्द्र गुप्त जैसे समीक्षक रणजीत की रणभेरी सुनकर शक्ति और ऊर्जा का अनुभव करते हैं। इतिहास के दर्द को भोगने वाले इस कवि ने 'क्रान्ति' और 'संघर्ष' जैसे शब्दों को गंभीरता से लिया है। रणजीत के अनुसार—''एक प्रगतिशील साहित्यकार की जिन्दगी एक निरन्तर संघर्ष होती है। उसे न केवल अपने बाहर के, अपने समाज के, सामन्तवाद और पूँजीवाद से लोहा लेना होता है, बल्कि साथ ही अपने अन्दर के सामन्ती और पूँजीवादी संस्कारों और धारणाओं से भी लगातार लड़ते रहना पड़ता है। यह अलग बात है कि बाहरी संघर्ष में भाग लेना मात्र कई बार उसको भीतरी संघर्षों में विजय देता रहता है। दोनों संघर्ष एक-दूसरे के पूरक और एक-दूसरे पर आधारित हैं। मैंने इस सर्वांगीण संघर्ष के दोनों पक्षों को स्वीकारने की कोशिश की है। इसका प्रमाण एक तरफ मेरी 'मर गया ईश्वर' और 'मेरी कलम : तुम्हारी किस्मत' जैसी कविताएँ हैं, तो दूसरी ओर 'बिकते आदम : बनती छायाएँ', 'ये सपने : ये प्रेत' तथा 'फाउस्ट के कन्फैशन' जैसी कविताएँ।'' निश्चय ही रणजीत मिट्टी की पर्तों में दबी हुई छटपटा रही एक अनजानी दुनिया की नयी पौध को हृदय रक्त से सींचने के लिए वचनबद्ध हैं। कवि 'आने वाले विद्रोहियों के नाम संदेश' में कहता है कि—

अगर कभी ऐसा हो/ कि मेरा सत्य संघर्ष की शक्तियाँ खो बैठे/ टूट जाय/ और झूठ की तरह निष्प्राण होकर राह पर गिर पड़े/ तो ओ निरन्तर संघर्षशील सत्य को वहन कर/ मेरी राह पर मुझसे और आगे बढ़नेवालो!/ मेरे निष्प्राण सत्य की छाया से अभिभूत मत हो जाना / उसके मोह को काट कर आगे बढ़ जाना। ('इतिहास

का दर्द' से)

एक लम्बे भीतरी और बाहरी संघर्ष के बाद कवि रणजीत इस निष्कर्ष पर पहुँचते हैं—

मीरा नहीं हो तुम
न मैं ही हूँ तुम्हारा गिरिधर लीलाधाम
तुम्हारे होंठ छूकर भी
जमाने का जहर अमृत नहीं होता
न मेरे चाहने-भर से ही बनता है
तुम्हारी ओर बढ़ता साँप
शालिग्राम।
इसलिये
तुम जहर का प्याला उठाकर
आज राणा के ही होठों से लगाने के लिये
जी कड़ा कर लो
और मैं?
मैं अभी इस साँप का सिर कुचलता हूँ ! (एक निष्कर्ष)

रणजीत की पूरी हमदर्दी शोषित वर्ग के साथ है। वे भी मुक्तिबोध की तरह कला को जीवन से जोड़ते हुए कलाकारों से अपने औजार उठाने की बात करते हैं। इस कवि की सबसे बड़ी विशेषता यह है कि वह जिन्दगी के थपेड़ों से निराश नहीं होता। सतत् संघर्ष के लिए कटिबद्ध है रणजीत की आस्था। अगाध विश्वास और निष्ठा से ही तो जन्म लेती हैं ऐसी कविताएँ—

बहुत ठण्डी होती हैं हालात की बर्फीली पर्तें
लाल खून भी तो लेकिन कम गर्म नहीं होता ! (लाल खून)

नन्दकिशोर नवल ने सही कहा है कि प्रगतिशील कवि का एक निश्चित राजनीतिक दृष्टिकोण होता है जिससे वह तमाम चीजों को देखता है। इस कारण राजनीतिक कविताएँ लिखना उसके लिए सर्वथा स्वाभाविक है। जो प्रगतिशील कवि सीधे राजनीति को विषय नहीं बनाते, वे भी गहराई में राजनीति से प्रेरित होते हैं। यह राजनीति उनकी मूल्य चेतना में व्याप्त होती है और उन्हें तरह-तरह से प्रभावित और निर्दिष्ट करती रहती है। (कथा प्रतिमान : वर्ष 1 : अंक 4) कवि रणजीत की राजनीतिक समझ गहरी और पैनी है। जैसा कि पूर्व में कहा जा चुका है कि 'झुलसा हुआ रक्तकमल' इनकी सशक्त राजनीतिक कविताओं का संग्रह है। राजनीति के बढ़ते हुए छद्म के दायरों को कवि ने इस पुस्तक में बखूबी उभारा

है। रणजीत ने पूरी व्यवस्था, साम्यवादी पार्टियों के झगड़े, वर्तमान मूल्यबोध, सामाजिक संरचना की विसंगतियों पर तीखे व्यंग्य किये हैं। रूस में साम्यवादी नेताओं के द्वारा अपने पूर्ववर्ती क्रान्तिकारियों के महत्त्व को अस्वीकारने की भ्रष्ट परम्परा पर व्यंग्य करते हुए रणजीत कहते हैं—

कब तक खाती रहेगी क्रान्ति
एक सद्य-प्रसूता भूखी कुतिया की तरह
अपने ही सबसे सुन्दर बच्चों को?
और आगे बढ़ती रहेगी प्रगति
अपने ही सबसे साहसी संदेशवाहकों की
लाशों पर कीचड़ उछालते हुए?

(कब तक : झुलसा हुआ रक्तकमल)

राजनीतिक पार्टियों के बिगड़ते जा रहे स्वरूप की तरफदारी करने वालों पर करारा व्यंग्य देखिये—

क्या तुम अपनी बीवी की बेवफाई यह सोचकर
सह लोगे
कि वेश्याएँ और भी ज्यादा बेवफा होती हैं?

(जमती बर्फ : खौलता खून)

रणजीत के पास अपनी धारदार दृष्टि है। 'हाइपर मेट्रोपिया', 'एक हिन्दुस्तानी लडक़ी', 'अपने मन से', 'मेरे आसपास के लोग', 'एक गधे की सीख', 'बहुत शुक्रगुजार हूँ', 'नये आयाम' आदि कविताएँ इस दृष्टि की ही चमक हैं। दुनिया की महाजनी मतलबी मनोवृत्ति पर चोट करते हुए कवि लिखता है—

यह दुनिया
एक लम्बी-चौड़ी वेइंग मशीन है
इसके प्लेटफार्म पर जब आप खड़े होते हैं
इसका लाल और सफेद चितियों वाला चक्का
तो घूम जाता है
पर आपका वजन आँकने वाला टिकिट
यह तब तक इश्यू नहीं करती
जब तक कि आप इसके मुँह में पैसा नहीं डालते!

(दुनिया : एक वेइंग मशीन)

मार्क्सवादी चेतना ही इस सही समझ का मूल स्रोत है। रणजीत घोषित रूप से मार्क्सवादी प्रगतिशील रचनाकार हैं। प्रगतिशील रुझान ने ही इनकी रचनाओं

को जीवन्त और प्राणवन्त बनाया है। लेकिन, उल्लेखनीय तथ्य यह है कि कवि रणजीत आँखों पर पट्टी बाँधकर किसी विचारधारा को नहीं अपनाते। विचारधारा कविता नहीं है वह कविता के हित में हो, इसके लिए जरूरी होता है कि कवि उसे अपने अनुभवों में, अपनी दृष्टि में अर्थात् अपनी समग्र सृजनशीलता में उपलब्ध या प्रमाणित कर सके। रणजीत की मार्क्सवादी समझ उनकी अपनी है, जो उनकी रचनाओं में स्वतः गुंथ जाती है। 'झुलसा हुआ रक्तकमल' की भूमिका में रणजीत लिखते हैं—"मार्क्सवाद मेरे लिए किन्हीं जड़ सूत्रों या मंत्रों का पुंज नहीं है। वह एक निरन्तर समृद्ध और विकसित होती हुई विचारधारा है और इसलिये उसमें किसी संशोधन या परिवर्तन को मैं दलबद्ध साम्यवादियों की तरह पाप नहीं समझता। साम्यवादी क्षेत्रों में 'संशोधनवाद' शब्द का एक गाली की तरह प्रचलित होना मुझे कभी उचित और तर्क-संगत नहीं लगा।" यह प्रचलन इसी तथ्य का प्रमाण है कि इन क्षेत्रों में नये विचारों के प्रति शत्रुता भाव कितना प्रबल है। बेशक रणजीत क्रान्ति में विश्वास करते हैं, लेकिन वे क्रान्तिकारी स्वच्छन्दतावाद के उन पहलुओं के प्रति सावधान हैं जो एक मूलवर्ती रोमानी मानसिकता के तहत किसी रचना में अपनी सारी क्रान्तिकारिता खोते हुए अन्ततः एक ऐसे आशावाद, स्वप्नप्रियता या भविष्य-दृष्टि को लेकर उपस्थित होते हैं जिन्हें यथार्थवादी रचनाशीलता का अंग मानना यथार्थवादी रचना-दृष्टि की क्षति ही कही जायेगी। हिन्दी में प्रगतिशील आन्दोलन के प्रारम्भिक दौर में यथार्थवाद के नाम पर इस प्रकार की क्रान्तिकारी स्वच्छन्दता का एक अच्छा खासा दौर चला था। (कथन : जनवरी-फरवरी, 82) यह संतोष की बात है कि कवि रणजीत इस प्रकार की क्रान्तिकारी स्वच्छन्दता से स्वयं को बचाये रखने में सफल हुए हैं। कवि की साम्यवादी चेतना को व्यक्त करने वाली कुछ उल्लेखनीय कविताएँ इस प्रकार हैं:—'शर्मिन्दा हड्डियाँ', 'प्रतिष्ठान', 'चार चने', 'निरन्तर वाम', 'क्रान्ति : एक भारी उद्योग', 'यन्त्रीपाक', 'विपरीत चिन्तन' आदि।

धूमिल की तरह रणजीत भी अपनी कविताओं में कुछ फिकरे, कुछ वक्तव्य चुस्तबयानी के अंदाज में कहते हैं, जिन्हें सूक्तियों के रूप में ग्रहण किया जा सकता है-

मेरी कविताएँ तुम्हारे कंधों पर रक्खे हुए मेरे हाथ हैं।

× × ×

एक सामयिक समझौता भी/ विद्रोही आत्मा को तोड़ देता है।

× × ×

चुप्पी और चापलूसी में बँट गया है पूरा देश।

× × ×

जो हमारे साथ नहीं, वह हमारा दुश्मन है।

× × ×

स्वतन्त्रता बांधने वाले की पहचान है, अपनी बद्धता का ज्ञान है।

इन फिकरों, वक्तव्यों और सूक्तियों के अलावा भी बहुत-कुछ है रणजीत के पास कहने के लिए। मसलन—धूप, हवा, झीलें, आकाश, प्यार, यादें और न जाने क्या-क्या? कवि के मानस को प्रेम के अन्तरंग क्षण और प्रकृति का असीम विस्तार अपनी ओर आकर्षित करते हैं और रणजीत उनमें डूबने लगते हैं—

हिलोरे लेने लगता है मेरे भीतर का पानी
समन्दर की अदम्य लहरों के कोलाहल में
उमड़ उमड़ उठती है मेरे रक्त में बसी हुई आग
कुहरीले सबेरों में पूरब से निकलते हुए सूरज के
साथ-साथ
और जब भी देखता हूँ
चाँदनी रातों में नदी के चमकते हुए कछार
लोट-पोट हो जाना चाहती है उनमें
मेरे भीतर की पृथ्वी ।
उमग-उमग आता है मेरे अन्तस् का आकाश
सितम्बर की शामों के रंग-बिरंगे बादल-चित्रों में
विचरते हुए।
जाग उठती हैं मेरे भीतर सोयी हुई खुशबुएँ
वासन्ती हवाओं की प्रमदा सुगंधों के संगीत में।

(इसका मैं क्या करूँ?)

संवेदनशील रागात्मक अनुभूतियों से गीली कविताएँ यद्यपि रणजीत ने कम लिखी हैं, तथापि जब लिखी है तो बड़ी मार्मिक बन पड़ी हैं। उदाहरण के लिए 'अपनी अस्मिता के लिए', 'प्रवासिनी बिटिया के प्रति', 'प्यार अभी मजबूर है', 'एक विराट् पवित्रता', 'बर्फ पिघलने के बाद भी', 'संवेदनाओं के क्षितिज', 'तुम नहीं हो' आदि कविताओं के नाम लिये जा सकते हैं। सिर्फ नाम गिनाने के लिए ही नहीं, वाकई ये कविताएँ मार्मिक हैं। 'मेरेलिन मनरो का अंतिम पत्र' शीर्षक कविता में व्यक्त मनरो की यह अंतिम इच्छा किसको गहराई तक नहीं हिला देगी—

सिर्फ एक छोटी-सी इच्छा शेष है—
कि कोई बिल्कुल अजनबी व्यक्ति

बिना मेरे बैंक-बैलेंस और शारीरिक उभारों को
अपनी आँखों से टटोले हुए
बिना मेरी सुन्दरता और शोहरत से प्रभावित हुए
बिना जाने कि मैं हॉलीवुड की रानी मनरो हूँ-
मुझे एक आइसक्रीम खिलाता
या सहज स्नेह से सिर्फ मेरे गाल थपथपा देता, बस !

(इतिहास का दर्द)

ध्यान देने की बात यह है कि भाषा और शिल्प की कतिपय कमजोरियाँ रणजीत की कविताओं के ऐतिहासिक महत्त्व को धूमाकुलित नहीं कर सकती। रणजीत की कविताएँ हमारी सार्थक उपलब्धियाँ हैं, जिनसे हमें इतिहास की द्वन्द्वात्मकता और उसके संक्रमण का अनिवार्यतः बोध होता है। रणजीत ने लेखन को व्यक्तिगत कर्म न मानकर एक सामाजिक उत्तरदायित्व के रूप में ग्रहण किया है। मसीहाई अन्दाज में बोलने से बचने की भरसक कोशिश करते हुए वे अपनी रचनाओं में बराबर सहज-स्वाभाविक बने रहते हैं। अपनी रचना-प्रक्रिया पर प्रकाश डालते हुए वे लिखते हैं—

"मेरे साथ मुश्किल यह है कि मैं न तो अपने-आपको मसीहा मानने के मानसिक रोग से पीड़ित हूँ, न फूल खाकर और ओस पीकर जिन्दा रह सकता हूँ, न होली दिवाली, पन्द्रह अगस्त और छब्बीस जनवरी पर साप्ताहिक पत्रों के सम्पादकों को ही खुश कर सकता हूँ। इसीलिए कहता हूँ कि मैं कवि नहीं हूँ, मैं तो फकत एक कविता-लेखक हूँ। मैं कविता करता नहीं, लिखता हूँ। वह अपने आप बहती नहीं, मैं सोच-समझकर बहाता हूँ। कविता मेरे सामने अवचेतन का क्रंदन नहीं, अहम् का विस्फोट नहीं, अपने या किसी के मनोरंजन या रस-प्राप्ति मात्र की चीज नहीं, 'अपनी सामाजिक अनुपयोगिता के विरुद्ध अपने-आपको प्रमाणित करने का प्रयत्न नहीं', एक सजग सामाजिक कर्तव्य हैं, अपने आस-पास के संसार को, और उसके साथ ही साथ खुद अपने आपको अपने सपनों के अनुकूल ढालने का एक प्रयत्न है।" (इतिहास का दर्द)

रणजीत ने अपनी कविताओं में जीवन और जगत् को प्रायः विकास की एक निरन्तर प्रक्रिया के रूप में देखा है। इतिहास की वैज्ञानिक समझ ने इनकी कविताओं को धारदार बनाया है, सही मार्क्सवादी दृष्टि ने आम आदमी से जोड़ा है। रणजीत की कविताएँ व्यापक जीवन-संदर्भों से जुड़कर भौगोलिक सीमाओं को तोडने़ लगती हैं। वे तमाशा बनकर चौंकाती नहीं, वरन् पीड़ित-शोषित मानवता की अँधेरी सुरंग में उतारती हैं, जहाँ करोड़ों जिन्दा लाशें मुक्ति की कामना संजोये

छटपटा रही हैं। रणजीत की कविताएँ पढने से ऐसा महसूस होता है कि अँधेरे को चीर कर सूरज जरूर निकलेगा। रणजीत की सजग रचना धर्मिता नये सुखद भविष्य की आश्वस्ति है। वह नयी जीवन-दशाओं की बुनियाद ही नहीं रखती, वरन् रूढ़ परम्पराओं की जमीं को तोडक़र उग्र परिवर्तन का मार्ग भी प्रशस्त करती हैं।

—डॉ. रमाकान्त शर्मा

***

डॉ. रणजीत की कुछ संश्लिष्ट कविताएँ

*** डॉ. कला अनन्ता मुंजे ***

डॉ. रणजीत की कुछ कविताएँ विषय-वस्तु और शिल्प-कौशल की दृष्टि से इतनी परिपूर्ण बन पड़ी हैं कि उन्हें वास्तव में श्रेष्ठ कला कृतियों में परिगणित किया जा सकता है।

ऐसी कविताओं में पहली है उनकी अप्रैल 59 में लिखी गयी कविता 'पृष्ठभूमि'। पूरी कविता मानवीकरण का एक सुन्दर उदाहरण है। हिन्दी कविता में मानवीयकरण कोई नयी चीज नहीं है, छायावादी कवियों ने बड़े सुन्दर-सुन्दर मानवीकरण प्रस्तुत किये हैं, पर इस कविता की विशेषता यह है कि न केवल इसमें पहली बार छायावाद और छायावादोत्तर स्वच्छंदवादी कविता के रूमानी मानवीकरणों जैसे—

शिथिल पड़ी नभ की बाँहो में रजनी की काया
चाँद चाँदनी की मदिरा में है डूबा भरमाया
प्रिय दूर बहुत है प्रात,अभी मत जाओ
प्रिय शेष बहुत है रात, अभी मत जाओ।

के विपरीत सामाजिक यथार्थवादी मानवीकरण प्रस्तुत किये हैं, बल्कि इस बात में भी है कि पूरी कविता ऐसे मानवीकरणों को एक शृंखला बनकर अन्याय और अत्याचार की ढलती हुई रात का एक समग्र बिम्ब पाठकों के हृदय पर छोड़ जाती हैं। सामाजिक यथार्थ के न जाने कितने अछूते बिम्ब इस कविता में गूंथे गये हैं : एक तरफ अपने अस्तित्व की भीख माँगती हुई ओस को दुधमुँही बूंदें है तो दूसरी तरफ शराब की तल्ख घूँटों में अपना गम गलत करते हुए सितारे; एक तरफ अपने कसमसाते हुए प्यार को पाबंदियों के किनारों में जकड़े करवटें बदलती हुई झीलें हैं तो दूसरी तरफ अपने पौरुष की लाश पर पुराने संस्कारों की बर्फ का कफन डाले पहाड़; एक ओर पत्थरों की पूजा करती हुई मासूम कलियाँ हैं तो दूसरी और परेड मैदानों में पंक्ति-बद्ध खड़े संगीनें भोंकने की दीक्षा प्राप्त करते हुए फूल। यही नहीं यहाँ फुटपाथों पर ठिठुरता हुआ बेघरबार सन्नाटा है, बेरोजगारी से तंग आकर

आत्महत्या करने वाला उजाला है, रह रहकर खाँस उठने वाला दमें का मरीज एक बूढ़ा आसमान है, अकेला चीखता हुआ कुँवारी रात का अवैध बच्चा है, हथकडियों से जकड़ी हुई पेड़ों को शाखाएँ हैं और हैं सुरक्षा-अधिनियम में गिरफ्तार किये गये झरने भी।

कविता के तीसरे अनुच्छेद में आतंककारी शासन व्यवस्था का एक भयावह चित्र उकेरा गया हैं, जहाँ आँधियों के आंदोलनों को मशीनगनों से भूना जा रहा है। कविता का अन्त भी बड़े कौशल से किया गया है : धरती माँ का एक-एक जोड़ दर्द कर रहा है, शायद क्षितिज के गर्भ में कोई सवेरा जन्म लेने के लिए छटपटा रहा है। पूरी कविता जैसे इस संभावनापूर्ण सूचना की पृष्ठभूमि बन जाती है। यहाँ सवेरे के जन्म का आशावाद पूरी कविता की एक स्वाभाविक परिणति की तरह सामने आता है, किसी सामान्य आशावादी कविता की तरह थेगली-सा जोड़ा हुआ नहीं है। अपनी कलात्मक संश्लिष्टता के लिए यह कविता बरसों तक याद की जाती रहेगी। प्रो. घनश्याम शलभ अपनी पुस्तक 'राजस्थान का आधुनिक हिन्दी साहित्य' में रणजीत की अन्य कविताओं से इस कविता को अलग करते हुए कहते हैं—"पर इस कवि की 'पृष्ठभूमि' कविता इसकी काव्य-दृष्टि की उत्कृष्टतम परिणति हैं, और प्रान्त ही क्या, हिन्दी साहित्य के विस्तृत काव्यांगन में अपनी मूर्तिमत्ता, जीवन-बोध की सूक्ष्म दृष्टि और अभिनव अभिव्यक्ति के लिए अत्यन्त ही महत्त्वपूर्ण कृति है। गोर्की के 'तूफान' की याद ताजा हो जाती है। 'तूफान' फिर भी अपेक्षाकृत अधिक स्थूल दृष्टि से रूपायित है, पर 'पृष्ठभूमि' का समग्र बिम्ब-विधान अत्यन्त मनोरम और प्रेरणास्पद है।"

कलात्मक दृष्टि से डॉ. रणजीत की दूसरी परिपूर्ण कविता हैं—'प्रतिश्रुति का गीत'।

सातवें दशक में लिखी गयी, यह कविता अपने दशक की आम रुग्णतावादी-निषेधवादी प्रवृत्तियों के विरुद्ध एक प्रखर प्रतिवाद की कविता है। हिन्दी कविता में जीवन के प्रति उन दिनों बेहद फैशनेबुल रुग्णतावादी दृष्टि के बरक्स एक धनात्मक सक्रिय और महत्त्वपूर्ण मानव-मूल्यों के प्रति प्रतिश्रुत भाव बोध को इस कविता में शक्तिशाली और प्रभावक ढंग से प्रस्तुत किया गया है। एक मूल्यवान विषय-वस्तु एक कलात्मक रूप बंध में सुव्यवस्थित ढंग से सामने आयी है।

कविता का प्रारम्भ कवि के इस कथन से होता है कि वह अपने समय की मुख्य स्थितियों से अनजान और मुख्य समस्याओं से बेखबर नहीं है। अपने युग बोध से असम्पृक्त नहीं है। वह आज की, एकदम आज की, यानी सातवें दशक के हिन्दी प्रदेश की संक्रान्ति झेल रहा है, पर इसके बावजूद दशक के अन्य कई कवियों की

तरह असंगतियों, विद्रूपताओं, विक्षेप और आत्महनन की कविताएँ न तो लिख रहा है और न लिखना ही चाहता है। वह जानता और मानता है कि उस के आस-पास की सामाजिक-आर्थिक-राजनीतिक व्यवस्था बहुत ही असंगत और बेहूदा है, पर इस विरूप यथार्थ से उसका दृष्टिबोध गड़बड़ाया नहीं है, वह उसे एक सुसंगत, स्वस्थ, सजग और संतुलित दृष्टि से अब भी देख पा रहा है, वह जानता है कि इस व्यवस्था में बहुत बेगानापन है, इससे आत्म-निर्वासन की पीड़ा वह भी भोगता है, पर फिर भी—

तमाम दूरियाँ के बावजूद मेरे माता-पिता
अभी मेरे लिए बेगाने नहीं हुए हैं
अपने घर में अभी में आउट साइडर नहीं हुआ हूँ
मेरे दोस्त अभी मेरी भाषा समझते हैं।

कविता का दूसरा परिच्छेद आज के युग की अकेलेपन की समस्या का एक धनात्मक और काव्यात्मक उत्तर प्रस्तुत करता है। कवि मानता है कि अकेलापन, अन्य समकालीन कवियों की तरह उसे भी सताता है, पर यह असाध्य नहीं है, उसके पास इसके इलाज के साधन भी अभी है—

पर अधिकतर मैं जब भी चाहता हूँ
अपने अकेलेपन को
अपने साथियों के कन्धों पर टाँग सकता हूँ :
झोले में पड़ी एक पुस्तक की तरह
अपनी प्रिया की आंखो में खो सकता हूँ :
स्वच्छ सरोवर में डुबकियाँ लगाते हुए
एक जलपक्षी की तरह
अपने विद्यार्थियों के चेहरों पर छिड़क सकता हूँ उसे :
गर्मी की किसी दोपहर में
खस से सुगन्धित ठंडे पानी की तरह
और अपनी किताबों के पन्नों पर बिखेर सकता हूँ :
गुलाब की ताजा पंखुरियों की तरह
या नयी खबरों के आकाश में उड़ा सकता हूँ :
एक नन्हे से सफेद कबूतर की तरह
और जब यह कुछ भी संभव न हो
तो किसी भी जाते हुए राहगीर के
पल्ले से बाँध सकता हूँ उसे :

रोटी और अचार की
एक छोटी सी पोटली की तरह।

यहाँ कविता की एक कलात्मक उपलब्धि सामने आती है। एक सुन्दर सुघड़ बिम्ब माला के माध्यम से कवि अपने अकेलेपन से छुटकारे के साधनों को एक के बाद एक तर्क संगत और कलात्मक ढंग से प्रस्तुत करता है। यद्यपि ये सारे के सारे बिम्ब लगभग परंपरागत ही हैं—झोले में रखी हुए एक पुस्तक और रोटी तथा आचार की एक पोटली के अलावा—पर उनका पूरा विन्यास अपने पाठकों को एक सुखद सी, एक भली-सी, एक मासूम सी दुनिया में ले जाता है।

तीसरे परिच्छेद में अपने समय की हिन्दी कविता की रुग्णतावादी प्रवृत्तियों का एक प्रखर उत्तर प्रस्तुत किया गया है। यहाँ 'सीली हुई दियासलाइयों से असहाय लोग' (सर्वेश्वरदयाल सक्सेना), 'सिफलिस से बजबजाई हुई दुनिया' (कैलाश बाजपेयी) और 'फुंसियों की तरह आकाश के तारे' (श्रीकान्त वर्मा) जैसे समकालीन कवियों के बिम्बों को प्रस्तुत करते हुए वह बहुत बेलौस ढंग से उन्हें रुग्ण मनस्थिति की सृष्टियाँ घोषित करता है।

चौथे परिच्छेद में कवि आज के जीवन की विकट से विकटतर होती जा रही स्थितियों को भी एक सम्यक् दृष्टिपथ में रखकर प्रस्तुत करता है। रुग्णतावादी दृष्टिकोण से देखने पर यह धरती चमगादड़ों की दुर्गन्धित गुफाओं और बारूदी धुएँ से घुटे खण्डहरों में बदली हुई प्रतीत होती हैं और नदियाँ कीड़ों भरी नाबदाने लगती हैं, पर एक सम्यक् संतुलित दृष्टिपथ से देखें तो सही परिदृश्य सामने आ जाता है—

पागलखाने और चकले
अभी मेरे नगरों में ही हैं
मेरे नगर अभी पागलखानों और चकलों में नहीं गये हैं
लोग भूखों तो भरते हैं
पर अभी श्मशान में ही ले जाकर जलाए जाते हैं
श्मशान अभी घरों में नहीं उतरे हैं
मनुष्यों और मनुष्यों के बीच अभी बहुत कुछ शेष है।

कविता का अन्त कवि की अपनी प्रतिश्रुतियों की भास्वर उद्घोषणा से होता है। वह आज के मानव अस्तित्व की तमाम बेहूदगियों को देखता है, उनके प्रति जागरूक और संवेदित है, पर वह सिर्फ उन्हें ही नहीं देखता, वह उन बेहूदगियों की लपटों के बीच प्रह्लाद की तरह सिर उठाते हुए सौंदर्य को भी देखता है, और कहता है—

मैं अपने चारों ओर फैली हुई संक्रान्ति से नहीं
उसके बीच से अपने नक्श उभारती हुई
क्रान्ति से प्रतिश्रुत हूँ।
अस्तित्व की बेहूदगियों के रेगिस्तान का नहीं
उसके नीचे बहती हुई
सार्थकता की उस अन्तःसलिला का कवि हूँ
जो पाताल-तोड़ कुएँ के रूप में फूट पडऩा चाहती है।
मैं उसकी मुक्ति के लिए संकल्पित हूँ।

'एक नयी पुस्तक' डॉ. रणजीत की एक अलग ही तरह की कलात्मक रचना हैं। पूरी कविता एक समासोक्ति है, जिसमें एक नयी आकर्षक पुस्तक को पढ़ने और उसकी वैचारिक मौलिकता से अभिभूत होने के इतिवृत्त को इस कलात्मक ढंग से प्रस्तुत किया गया है कि वह इस एक अभिधार्थ में बिना कोई विशेष बाधा पहुँचाए एक नयी यौन-संगिनी से पहले रति कर्म की व्यंजना भी करती है, दोनों अर्थ साथ ही साथ, अपनी-अपनी पूरी विवृत्ति के साथ व्यक्त होते हैं। पर यह संभव है कि, सरसरी दृष्टि से पहले पाठ में अधिकतर पाठक इसे एक नयी पुस्तक के पठनानंद की ही कविता समझ लें। लेकिन एक अधिक सजग पाठक तुरन्त पहचान लेगा कि कवि पठनानन्द के साथ-साथ भोगानंद को भी व्यक्त कर रहा है। दोनों अर्थ साथ-साथ व्यक्त करने के सजग कवि-कर्म में उसने कुछ श्लिष्ट शब्दों का प्रयोग किया है, और ये शब्द ही पाठक को थोड़ा रुककर सोचने के लिए बाध्य करके इसके ध्वन्यार्थ की ओर ले जाते हैं। ये शब्द हैं तीसरी पंक्ति का 'चिकनी जिल्द', सातवीं पंक्ति के 'हल्के बादामी रंग का रेशमी रेग्जीन', आठवीं पंक्ति का 'शरीर', ग्यारहवीं पंक्ति का 'मुखपृष्ठ', पन्द्रहवीं और सोलहवीं पंक्ति के 'प्रस्तावना' और 'अनुक्रमणिका', अट्ठाइसवीं पंक्ति का 'अंतिम अध्याय' और कविता का पूरा अन्तिम परिच्छेद।

अरबी के जिल्द शब्द का मूल अर्थ त्वचा ही है पर बोल-चाल में वह किताब की जिल्द के अर्थ में प्रयुक्त किया जाता है। चिकनी जिल्द से जो हल्का-सा संकेत मिलता हैं वह सातवीं-आठवीं पंक्ति तक जाते-जाते एक बहुत कुछ निश्चित-सा रूप लेने लगता हैं—

हल्के बादामी रंग का रेशमी रेग्जीन
उसके पूरे शरीर पर मढ़ा हुआ था।

हल्के बादामी यानी गेहुएँ रंग की उसकी मुलायम चिकनी त्वचा थी, पर वह केवल किताब की भी हो सकती है, वह किसी नवयौवना की है इसका आभास

आठवीं पंक्ति के शब्द 'शरीर' से ही मिलता हैं। यह आभास मुख के लिए प्रयुक्त 'मुखपृष्ठ' से, प्राक्क्रीड़ा के लिए प्रयुक्त 'प्रस्तावना' से और संभवत: भगनासा के लिए प्रयुक्त 'अनुक्रमणिका' से और पुष्ट हो जाता है और फिर जब कवि कहता है कि उसके जैसा सहृदय पाठक पाकर वह भी उत्फुल थी और कि उसने 'गुलाब की पंखुडियों' की तरह अपने सारे पृष्ठ उसके लिए खोल दिये, तो प्रबुद्ध रसिक पाठक को यह समझते देर नहीं लगती कि गुलाब की पंखडियाँ उसके गुलाबी भगोष्ठ ही हैं। कविता का तीसरा परिच्छेद बात को और भी स्पष्ट कर देता है : अन्तिम अध्याय एक ही झपाटे में समाप्त होता है और काव्य नायक के साथ ही रसिक पाठक भी सहज ही सह-स्खलन और रति-श्रान्ति के अनुभव की स्मृतियों में से गुजरने लगता है।

एक दूसरे दृष्टिपथ से देखें तो हम कह सकते हैं कि यह कविता बहुत ही शिष्ट और शालीन ढंग से एक समग्र रतिकर्म का विवृत्त आख्यान प्रस्तुत करती है, जिसमें दोनों पक्ष पूरी सक्रियता से सम्मिलित होते हैं। हिन्दी में, अपनी विषय-वस्तु और उसके अनुकूल 'आब्जेक्टिव को-रिलेटिव' (वस्तुनिष्ठ प्रतिरूपण) के चयन की दृष्टि से यह कविता अपनी तरह की एक ही है।

'विपरीत चिन्तन' डॉ. रणजीत की चौथी कलात्मक कविता है। विरोधी तत्त्वों और विरोधाभासों को आधार बनाकर सामाजिक और राजनीतिक असंगतियों और बेहूदगियों से परिपूर्ण आज के जटिल राष्ट्रीय और अन्तर्राष्ट्रीय यथार्थ को और मानव जाति के एक चिरन्तन सपने, वसुधैव कुटुम्बकम, को डॉ. रणजीत ने अपनी इस कविता में प्रभावक ढंग से प्रस्तुत किया है।

कविता का प्रारम्भ एक अप्रत्याशित अकाव्योचित पंक्ति से होता है—मैं कई अजीबोगरीब मूर्खतापूर्ण काम एक साथ करना चाहता हूँ। दूसरी पंक्ति उसे और भी विचित्र कबीरी अन्दाज देती हैं—मैं जीते जी अपनी कब्र खोदना चाहता हूँ। आगे की तीन पंक्तियाँ इसी विरोधाभासी कथन का दृष्टान्त प्रस्तुत करती है—

बीस साल मैंने जन-सामान्य को साम्यवादी बनाने की कोशिश की/ अगले बीस साल मैं/ साम्यवादियों को जनवादी बनाने की कोशिश करना चाहता हूँ।

कहना न होगा कि हिन्दी साहित्य के इतिहास में जीते जी अपनी कब्र खोदने का यह खतरा वास्तव में ही डॉ. रणजीत जैसे प्रतिष्ठित प्रगतिशील कवि ने उठाया था और उसका सबसे बड़ा साक्ष्य है उनकी साम्यवादी शिविर की मुखर आलोचना से परिपूर्ण कविताएँ जो बाद में 'झुलसा हुआ रक्तकमल' संकलन में प्रकाशित हुई थी। पर जिस कोशिश में उन्होंने अगले बीस साल लगाने की बात की, वह निष्फल ही रही और परिणामस्वरूप उन्हें स्वयं ही उसे छोड़ देना पड़ा।

एक के बाद एक विडम्बनापूर्ण पंक्तियों के माध्यम से धीरे-धीरे यह कविता अपनी फलश्रुति की ओर बढ़ती है। कवि हिन्दुस्तान में लेनिन को और सोवियत संघ में गाँधी को जन्म देना चाहता है और इसके लिए उसके पास ठोस तर्क हैं। इतिहास गवाह है कि एक दशक बाद गोर्बाचोव के रूप में एक गाँधी सोवियत संघ में पैदा हुआ, पर वह भी उसी तरह असफल और पराजित हुआ जिस तरह मूल गाँधी अपने देश में हुआ था। कवि पाकिस्तान को हिन्दू राष्ट्र और नेपाल को इस्लामी गणराज्य घोषित करना चाहता है, कास्त्रो को अमेरिका का और कार्टर को क्यूबा का राष्ट्रपति चुनना चाहता है, अफ्रीका में गोरी सरकारें तो हैं, अब वह यूरोप में काली सरकारों की स्थापना करना चाहता है। राष्ट्रीय परिदृश्य में वह अलीगढ़ मुस्लिम यूनिवर्सिटी के सारे मुसलमान शिक्षकों का तबादला बनारस हिन्दू यूनिवर्सिटी में कर देना चाहता है और बनारस के सारे हिन्दू शिक्षकों का तबादला अलीगढ़ में। वह मास्को में लिबर्टी स्टेच्यू लगाना चाहता है और न्यूयार्क में लाल सितारा। उसकी यह कल्पना भी आधी ही फलीभूत हुई है। इन विडम्बनात्मक कथनों की हद तब होती है जब वह चेकोस्लोवाकिया में स्थित सोवियत राजदूत को सोवियत संघ का राष्ट्रपति बनाने के लिए अफगान सेनाओं को मास्को में उतार देना चाहता है। तत्कालीन राजनीति की इस एक त्रासद स्थिति पर इस उलटबाँसी जैसे कथन से ही कविता की विषय-वस्तु एक तीखा मोड़ लेकर मानव जाति की पलकों पर पलते हुए समता, स्वतंत्रता और भाईचारे पर आधारित मानव समाज के चिरकालिक स्वप्न का एक विवृत्त बिम्ब प्रस्तुत करती हैं।

यानी पूरी दुनिया एक परिवार हो।
उसकी एक चुनी संसद हो, संघीय सरकार हो
सब राष्ट्रीय सरकारें प्रान्तीय सरकारों में बदल दी जाएं
जिनके पास न तो सेनाएँ हों, न हथियार हों
एक ऐसी दुनिया बने, जिसमें
न तो कोई भूखा हो, न बेरोजगार हो
फिर भी हर व्यक्ति को अभिव्यक्ति का
आलोचना का, आन्दोलन का अधिकार हो
अपने जीवन पर, मरण पर
अपनी यति-गति-नियति पर पूरा अख्तियार हो।
हर गाँव, कस्बे, नगर की
अपनी एक चुनी हुई स्वायत्त सरकार हो
लेकिन गाँव से लेकर विश्व तक के सभी सरकारों के पास

कम-से-कम अधिकार हों
ताकि वे धीरे-धीरे
बेजरूरत होकर
झड़ जाँय
टूटें
गिरें
और मर जाँय।

बिम्ब विधान की दृष्टि से डॉ. रणजीत की 'जैसे' कविता भी एक उल्लेखनीय रचना है। कविता का गठन सीधा-सादा है : एक के बाद एक उपमानों की माला-सी हमारे सामने गुंथती जाती है और पाठक माला के एक-एक फूल के सौंदर्य से चमत्कृत महसूस करता हुआ उन पर अवधानपूर्वक दृष्टिपात करता चलता है। पूरी कविता के अन्त में उपमेय सामने आता है, जैसे किसी कहानी का क्लाइमेक्स सामने आया हो, माला की लटकन का सबसे बड़ा और सबसे आकर्षक फूल ! और वह है प्रिया के कपोलों पर अंकित किया गया चुम्बन। इस कविता के शिल्प की उपमा एक लम्बी सुरसुरी वाले पटाखे से दी जा सकती है, दागने पर जिसकी सुरसुरी धीरे-धीरे जलती हुई आगे बढ़ती जाती है और जब पूरी जल जाती है तब विस्फोट होता है और एक धमाके की तरह कविता का मूल कथ्य सबके चेहरों पर आलोकित और सबके कानों में ध्वनित हो उठता है। इस मूल कथ्य के प्रकाश में ही उपमाओं की यह लम्बी लड़ी अपनी सार्थकता प्राप्त करती है। पर इसका यह अभिप्राय भी नहीं कि अपने आप में ये उपमाएँ निरर्थक हैं। इनमें से कई पारंपरित ही है : हिमशिखरों पर सूर्योदय की आभा, सरसों के खेत में बसन्त की बहार, सांध्य दिगंचल पर इन्द्र धनुष की छटा, ताजमहल पर शरद पूनम की दमक और पके हुए अनार के झाँकते हुए दानों में ललाई आदि; पर मूलकथ्य के साथ इनमें से कोई भी असंगत नहीं है—सभी उसके सौंदर्य को व्यक्त करने के लिए लाई गयी हैं और उसे सटीक ढंग से व्यक्त भी करती हैं। पर कविता की सबसे बड़ी शक्ति इसके नये और टटके बिम्ब-विधान में है। इस एक ही कविता में कवि ने चार-पाँच नये बिम्बों की रचना की है। जैसे 'किसी तन्मय वादक के चेहरे पर बजती हुई सारंगी की गमक'। गाडिय़ा लुहार का बिम्ब तो और भी मूल्यवान है। धूमिल के मोचीराम के बिम्ब से टक्कर लेता हुआ। लोक-जीवन, विशेष तौर से खानाबदोश जनजातियों के लोगों के साथ कवि की सम्पृक्ति इसे अतिरिक्त मूल्यवत्ता देती है। फिर इसमें श्रम की एक ही गतिविधि में पुरुष और नारी की सहभागिता भी इसकी मूल्यवत्ता को एक नया आयाम प्रदान करती है। पूरे सान्द्र बिम्ब को उद्‌धृत करने का लोभ संवरण

करना कठिन है—

जैसे किसी गाड़िया लुहार के ललाट पर
धधकते हुए कोयलों
और बनती हुई कुल्हाड़ी का प्रकाश
और उसे ढालने वाली संगिनी के घन प्रहारों की घमक।

फिर अपने गुब्बारे को उछालते हुए खिलन्दड़े बच्चे का बिम्ब भी कम सुन्दर और ताजा नहीं है क्योंकि उछाले जाते हुए रंगीन गुब्बारे का रंग उसके गालों पर भी बरसा पड़ रहा है। इन दोनों बिम्बों में मूर्तिमत्ता के अलावा वह गतिमयता भी प्राप्त होती है, जिसे अंग्रेजी साहित्य के एक मर्मज्ञ समीक्षक डॉ. एफ.आर. लीविस ने अपने निबंध 'इमेजरी एंड मूवमेंट' में बिम्बात्मकता से कहीं अधिक महत्त्वपूर्ण मानते हुए कहा है कि यह गतिमयता अन्ततः कविता में व्यक्त 'जीवन' का ही पर्याय हो जाती है।[1]

वैसे तो 'शाण पर चढ़े हुए चाकू के फाल की धार' भी शायद ही किसी प्राचीन या आधुनिक कवि की किसी कविता में दिखाई दी हो, पर अपने पहलौठे बेटे के लिए पहला स्वेटर बुनने वाली तरुणी माँ की पेशानी पर एक बिनते-उघड़ते संसार की रचना तो कवि की एकदम निराली सृजनात्मक कल्पनाशीलता का परिणाम कही जा सकती है। शायद ऐसे ही संश्लिष्ट, सांद्र, मूर्त, लोक-जीवन से सम्पृक्त बिम्बों को देखकर ही एजरा पाउण्ड ने इतनी स्फीत उद्घोषणा की होगी कि एक सुन्दर संश्लिष्ट और सार्थक बिम्ब की रचना मोटे-मोटे ग्रन्थों की रचना से अधिक महत्त्वपूर्ण है।

एक बहुत जाने-पहचाने दृश्य को एक मार्मिक बिम्ब में बदल देने का उदाहरण है, जैसे कविता का अन्तिम बिम्ब—

जैसे रेल के सफर में किसी यात्री के हाथ में
रोटी पर रक्खा हुआ अचार
वैसे ही ठीक वैसे ही खिलता है
और भला लगता है
तुम्हारे कपोलों के ऐश्वर्य पर मेरा प्यार।

'भला लगता' में वही सादगी व्यक्त हुई है जो रोटी और अचार में है। पूरा सामाजिक संदर्भ निम्न या मध्यम मध्य वर्ग का है। कपोलों का ऐश्वर्य है, पर आधुनिकता से दूर, सहज उत्फुल्ल कपोलों का है और 'चुम्बन' के लिए 'प्यार' शब्द का प्रयोग भी उसी शब्दवीथिका (मीलू) की देन है, जिसके प्रभाव स्वरूप सुन्दर लगने को भला लगना कहा गया है।

अनेक अन्य स्थलों की तरह इस बिम्ब में भी कवि का सहज मानववाद बोलता है। अन्यथा रेल यात्रा का अधिक सामान्य दृश्य तो पराठें पर रक्खी हुई आलू गोभी या पनीर की सब्जी का होता है या फिर कागज के पन्ने पर रक्खी पूड़ी और पत्ते के दोने से टपकती हुई आलू की सब्जी का, पर कवि ने रोटी पर रक्खे अचार को ही चुना।

'जैसे' कविता के बिम्बों पर विचार के क्रम में यह प्रश्न उठाना अप्रासंगिक न होगा कि क्या इन बिम्बों के बीच कोई निश्चित क्रम है? ध्यान से देखा जाय तो उनमें एक क्रम दिखाई देता है। हिमशिखरों पर सूर्योदय की आभा से लेकर ताजमहल पर शरद पूनम की चमक तक के सभी बिम्ब अपनी प्रकृति में रूमानी बिम्ब कहे जा सकते हैं। फिर आता है मानव जीवन से लिया हुआ तन्मयता को व्यक्त करने वाला बिम्ब जैसे किसी तन्मय वादक के चेहरे पर बजती हुई सारंगी की गमक। अर्थात् यदि प्रारम्भिक बिम्बों का संदर्भ छायावादोत्तर रूमानी गीति कविता का है तो इस बिम्ब का नयी कविता का। इस बिम्ब से मानव जीवन से लिए हुए बिम्बों का क्रम शुरू होता है और वह अन्त तक चलता है। इसकी परिणति रेल यात्री के हाथ में रोटी पर रक्खे हुए अचार में होती है। दोनों प्रमुख क्षेत्रों-प्रकृति और मानव जीवन के क्षेत्र से लिए हुए बिम्बों की यह योजना इस कविता को एक ऐसा बिम्बात्मक सन्तुलन देती है, जिसके अभाव एवं क्रमहीनता के कारण डॉ. नामवर सिंह ने केदार नाथ सिंह की प्रसिद्ध और तीसरा सप्तक में उन की पहली कविता 'अनागत' को एक कमजोर कविता कहा है।[2]

बिम्ब विधान के टटकेपन की दृष्टि से कवि की 'मेरे देश' कविता भी कम उल्लेखनीय नहीं है। यह कविता देश-प्रेम की स्थूल वक्तव्यवादी कवि-सम्मेलनी कविताओं की प्रतिक्रिया में लिखी गयी एक कविता है, जो पाँचो ज्ञानेन्द्रियों से संबंधित कुछ मर्मस्पर्शी बिम्बों में अपने देश की ऐन्द्रिक अनुभूति कराती है। देश के साथ विचार के स्तर पर नहीं, भाव-अनुभूति-ऐन्द्रिक संवेदन के स्तर पर तादात्म्य अनुभव करती है और उसे सशक्त अभिव्यक्ति देती है।

कविता की प्रारंभिक पंक्तियाँ उस सहज ऐन्द्रिक तादात्म्य का एक तथ्य के रूप में कथन करते हुए एक अजीब-सी आकुलता पाठक के मन में उत्पन्न कर देती है, वह सोचने लगता है देश के बारे में यह कवि ऐसी उटपटाँग बातें क्यों कर रहा है? और 'तुझे मैं हांडी में राँधता हूँ, सिलबट्टे पर पीसता हूँ' पंक्ति तक पहुँचते-पहुँचते वह कविता के मूल कथ्य को प्राप्त कर लेता है कि अपने सभी कर्म यह कवि देश के इसी परिवेश में सम्पन्न कर रहा है और इसलिए अपने हर कर्म के माध्यम से वह देश के साथ ही तो जुड़-भिड़ रहा है। देश उसके लिए कोई ऐसी अलग सत्ता नहीं है

कि उसके साथ जुड़ने का, उससे प्रेम करने का, वह कोई प्रयास करे। हांडी में राँधना और सिलबट्टे पर पीसना इस स्वाभाविक तादाम्य को सही अभिव्यक्ति दे देता है। यानी कवि अपने देश को यहाँ के मसालों और यहाँ की सब्जियों में भी महसूस करता है—आखिर वे इसी देश की मिट्टी के ही तो उत्पादन है। उनमें अपने देश को अनुभव करना देश के साथ उसकी सहज सम्पृक्ति की अभिव्यक्ति है।

इस कविता के बिम्बों में पहला विवृत्त बिम्ब एक प्रभावशाली काव्य-बिम्ब सिद्ध हुआ है—

मेरे देश, गंगा के पानी में देर तक डुबकी मार
सिक्के तलाशने वाले निषाद बच्चों की
अकुलाई हुई साँस में देखता हूँ तुम्हें मैं।

नागार्जुन ने अपनी एक कविता में इन निषाद बच्चों का वर्णन किया है और संभवत: वहीं से कवि ने यह बिम्ब लिया है पर उसे थोड़े से शब्दों में बाँधने में उसका कवि-कौशल व्यक्त हुआ है। यहाँ उल्लेखनीय पहली बात तो यह है कि कवि देश को सबसे पहले उसके बच्चों में देखता है और बाद में उसे उसकी प्रकृति, उसके भूगोल में। और दूसरी यह है कि वह उसे उन बीस प्रतिशत बच्चों में नहीं देखता जो चुस्त ड्रेस में सजे हुए गणतंत्र दिवस की परेड में या प्रतिदिन पब्लिक स्कूलों में जाते हुए दिखाई देते हैं। वह उसे उन ग्रामीण बच्चों में भी नहीं देखता जो न सही महंगे स्कूलों में, सस्ते ग्राम पंचायतों के स्कूलों में तो पढ़ते हैं। वह उसे उन सबसे भाग्यहीन बच्चों में देखता है जो एक-एक पैसे के लिए अपनी जान जोखम में डालते हैं। फिर उसे उसके भूगोल में देखने का उसका नजरिया भी थोड़ा भिन्न है। वह उसे हिमालय से समुद्र तक फैला हुआ नहीं कहता, इसकी बजाय कन्याकुमारी के अन्तरीप पर तीन रंगों के आक्षितिज फैले पानी का एक चित्र सामने लाता है और फिर उसे कश्मीर के वैरीनाग के झरने के दूधिया पानी के साथ बिना कुछ कहे रख देता है। वाक्संयम का, शब्द लाघव का, यह एक अच्छा उदाहरण है।

'मेरे देश' कविता में कवि ने क्रमश: दृष्टि, ध्वनि, गंध, स्पर्श और स्वाद से संबंधित अनेक टटके और जीवंत बिम्बों के माध्यम से इस देश के विविध वर्णी, विविध रूपी यथार्थ की एक ऐसी झाँकी प्रस्तुत की है, जिसमें बल इस देश की सामाजिक वास्तविकता पर है। देश के आम लोगों की भेड़चाल और अतिशय सहिष्णुता से पीड़ित कवि को भेड़ों के रेवड़ और बगुलों की कतार में ही नहीं, उस मुर्गाबी के व्यवहार में भी अपना देश दिखाई देता है, जो जिबह किये जाते हुए अपना जरा भी प्रतिरोध नहीं दिखाती। आदर्शवादी दृष्टि से प्रभावित पाठक को यह शिकायत हो सकती है कि कविता देश का एक कटु यथार्थवादी चित्र प्रस्तुत करती

है, संभवतः ऐसे पाठकों का मन कविता के अन्तिम परिच्छेद में प्रस्तुत सुखद स्वाद बिम्बों और इस देश की विविधवर्णी खाद्य सामग्री के विस्तृत उल्लेख से अवश्य थोड़ा बहुत तृप्त होगा।

कविता में वैसे तो अनेक संवृत्त, विषयानुकूल और जीवन्त बिम्बों का प्रयोग किया गया है पर एक, एकदम नये और देश के सामान्य लोक-जीवन की अभिव्यक्ति की दृष्टि से बहुत ही विशिष्ट घ्राण बिम्ब का उल्लेख किये बिना यह विवेचन अधूरा ही रहेगा। वह बिम्ब है—

खाना खाते हुए पिता की थाली से उठती
हींग के बघार की और
पास ही रोटी का ग्रास चुभलाते हुए
टट्टी कर रहे शिशु की मिली जुली गंध में
मैं तुम्हें पहचान लेता हूँ।
(मेरे देश)

यह दृश्य निम्न मध्यम वर्ग के औसत हिन्दुस्तानी घर का बहुत ही प्रतिनिधि दृश्य है और साथ ही इतना विशिष्ट भी कि हिन्दी का ही एक कवि, भारत का ही एक कवि उसका काव्यात्मक प्रयोग कर सकता है। ऐसे ही बिम्बों के बारे में कहा जा सकता है कि उनमें भारत की मिट्टी बोलती है।

विरोधी या विरोधी से लगने वाले पदों के मध्य भाषिक तनाव ने भी इस कविता के बिम्ब-विधान को एक अतिरिक्त आकर्षण दे दिया है। यहाँ चूमने-चाटने के साथ नोचने-काटने का, सूर्योदय की चमचमाती हुई बर्फ के साथ संध्या के पिघले हुए लोहे का, मीरा के पद के साथ कबीर के दोहे का, आल्हा की तान के साथ मस्जिद से आती हुई अजान का, बनते हुए गरम-गरम गुड़ की सौंधी खुशबू के साथ चीनी मिल के आस-पास फैली हुई अपद्रव्यों की बदबू का सह संयोजन, वह सौंदर्य पैदा करता है, जिसे शुक्ल जी विरूद्धों के सामंजस्य का सौंदर्य कहते हैं।

सन्दर्भ

1. देखिए नामवर सिंह की पुस्तक कविता के नये प्रतिमान में उनका उद्धरण, पृष्ठ-129.

2. वही, पृष्ठ-127.

—डॉ. कला अनन्ता मुंजे

***

***

***

पार्टीशाही से बग़ावत करता एक 'कामरेड' कवि

*** नवलकिशोर ***

स्तालिनकालीन 'सोवियत संघ' में न केवल साम्यवाद-विरोधी चिन्तन वर्जित था—पार्टी-लाइन से हटकर सोचना भी दण्डनीय अपराध हो गया था। फलतः अभिव्यक्ति की स्वतंत्रता सर्वथा समाप्त हो गई थी। इसके बावजूद मानवीय स्वातंत्र्य-चेतना से अभिप्रेरित कोई-न-कोई लेखक प्राण दंड या यातनाप्रद लम्बे कारावास का खतरा उठाता रहता था। शीतयुद्ध के दिनों सोवियत विरोधी दुष्प्रचार के चलते विचारकों और लेखकों के दमन के समाचारों पर साधारणतः भरोसा नहीं होता था क्योंकि लेखकों और कलाकारों को वहाँ राज्य की ओर से ऐसी विशेष सुविधाएँ प्राप्त थी, जो पश्चिम के किसी भी पूँजीवादी जनतंत्र में अप्राप्य थी—भारत जैसे तीसरी दुनिया के देशों में तो वे अकल्पनीय ही थी लेकिन सचाई अपारदर्शी लौह-दीवारों के पार भी छनकर आने लगी थी—विशेषतः तब जब 'पास्तरनाक' को नोबल-पुरस्कार लेने की न केवल अनुमति नहीं दी गई, अपितु उनके लेखन की निन्दा भी की गई। आगे शांतिवादी अणु-वैज्ञानिक सखारोव भी भर्त्सना का विषय बने। सोवियत-सत्ता स्तालिन और साम्यवादी दल के प्रति वफादारी में तनिक-से भी विचलन को बर्दाश्त नहीं करती थी। 'समाजवादी यथार्थवाद' के नाम पर एक निर्देशित कला-सिद्धान्त रचनात्मक अभिप्रेरणा का स्रोत और लक्ष्य बना दिया गया था। इसका अनुपालन न करने वाले लेखकों-कलाकारों को 'गुलाग' (सोल्जेनित्सिन-प्रदत्त नाम) जैसे श्रमशिविरों (कैदखानों) में भेज दिया जाता था, जहाँ अनेक कैदी क्रूर व्यवहार को भोगते लम्बी सजा के बीच ही चल बसते थे। सोवियत अधिनायकवाद से मोह-भंग वाले पूर्व कामरेडों की पश्चिम में एक बड़ी जमात थी। उनमें ज्यादातर सोवियत शत्रु ही नहीं, समाजवाद-विरोधी और जनतंत्र-समर्थन के नाम पर पूँजीवादी व्यवस्था के पक्षधर तक हो गए थे। उन दिनों पाश्चात्य बौद्धिक संसार में आर्थर कोएस्लर (भूतपूर्व कम्युनिस्ट बुद्धिजीवी) की मार्क्सवाद की विफलता पर विशेषतः—सोवियत साम्यवाद के अन्तर्गत स्वतंत्रता के सर्वथा अभाव को लेकर—'द गॉड दैट फेल्ड' की विशेष चर्चा थी। खुश्चेव के द्वारा स्तालिन के भयावह दमन-चक्र के खुलासे के बाद भी ब्रेज्नेव काल तक सोवियत समाज विचार और अभिव्यक्ति की स्वतंत्रता के लिहाज से एक प्रतिबन्धित समाज ही बना रहा। स्तालिन की निरंकुश तानाशाही को पार्टी में सामूहिक निर्णय के सिद्धान्त को 'व्यक्ति पूजा' (पर्सनैलिटी-कल्ट) द्वारा निरस्त किए जाने का परिणाम माना गया। शीतयुद्ध के दिनों सोवियत संघ

और उसके प्रभाव-क्षेत्र के पूर्वी यूरोप में वाक्-स्वतंत्रता पर जो कठोर बंधन थे और जिनके कारण लेखकों-कलाकारों के साथ जो यातनाप्रद व्यवहार होते थे, भारत के साम्यवादी नेता-कार्यकर्ता उन्हें साम्राज्यवादी-पूँजीवादी प्रचार तो करार देते ही थे, उससे आगे बढ़कर समाजवाद की रक्षा में हिंसापूर्ण दमन को अनिवार्य भी मानते थे। इस बारे में प्रगतिशील लेखक संघ के सदस्य व हमराही या तो पार्टी-प्रचारित सफाई देते थे या चुप रहते थे। पास्तरनाक-प्रसंग में मुझे याद है कि दिनों तक अमृतराय के अलावा किसी नामचीन लेखक ने कोई असहमतिपरक वक्तव्य नहीं दिया था। समाजशास्त्री श्री पी.सी. जोशी की सोवियत सच का खुलासा करने वाली किताब सोवियत-संघ के विघटन के लगभग दो दशक बाद आई है।

प्रगतिशील लेखक-संघ यों तो गैर-मार्क्सवादी किन्तु उन्नतिशील विचारों के लेखकों के लिए भी खुला था, लेकिन प्रधानतः वह भारतीय साम्यवादी दल का ही एक साहित्यिक मंच था, जो सोवियत संघ के प्रति निष्ठावान था। इसलिए प्रगतिशील लेखक संघ की निष्ठा भी सोवियत मार्क्सवाद के प्रति प्रगाढ़ थी और फलतः साहित्यिक आदर्शों के लिए वह सोवियत सांस्कृतिक नीति-रीति का मुखापेक्षी भी था। ऐसे में विचारधारा-प्रतिबद्ध किसी प्रगतिशील लेखक से यह अपेक्षा भी नहीं की जा सकती थी कि वह सोवियत साम्यवादी दल और उसके द्वारा निर्देशित कलानुशासन को प्रश्नांकित करे। पार्टी से अप्रतिबद्ध वाम सोच के लेखकों के बीच विचार और अभिव्यक्ति की स्वतंत्रता के पक्ष में रूस के विरुद्ध आलोचनात्मक स्वर अवश्य उभरने लगे थे। हिन्दी के मान्य प्रगतिशील लेखक इस सम्बन्ध में जब लगभग चुप से थे तब जिन चन्द घोषित मार्क्सवादी युवा रचनाकारों ने सोवियत व्यवस्था के प्रति संदेह और शिकायत को स्वर दिए, उनमें एक मुखर आवाज रणजीत की थी, जो उन्नीस सौ साठ के दशक में उभरे प्रगतिशील कवियों में एक जाना-पहचाना नाम है।

आज स्थिति एकदम बदल गई है। साम्यवादी दल के विभाजन के बाद भारतीय साम्यवादी (मार्क्सवादी) दल बना और उससे सम्बद्ध जनवादी लेखक संघ गठित हुआ। आगे एक और वामपंथी लेखक संघ 'जन संस्कृति मंच' अस्तित्व में आया, जिसका सम्बन्ध भारतीय साम्यवादी दल (मर्क्सिस्टस्ट-लेनिनिस्ट) से है। इनके बीच विचारधारागत मतभेद बहुत धुँधले हैं और अब वे अलग-अलग वामपंथी गुटों के लिए अलग-अलग प्लेटफार्म जैसे होकर रह गए हैं। लेखक समाज पर उनका वैसा प्रभाव नहीं है, जैसा कभी प्रगतिशील लेखक-संघ का था। स्वयं प्रगतिशील लेखक-संघ का प्रभाव आजादी के बाद—विशेषतः तेलंगाना की विफल क्रान्ति के बाद क्षीण हो गया था। अब तो वामपंथी रुझान के बहुत-से

लेखक लेखक-संगठनों के बाहर हैं और वे समतावादी तो अवश्य हैं, पर दल-निरपेक्ष हैं, क्योंकि तीनों संगठन प्रच्छन्नतः अपने-अपने मूल राजनीतिक दलों से अनुशासित हैं।

× × ×

रणजीत की काव्य-रचना का आरम्भ प्रगतिशील विचारधारा के पक्के अनुयायी की तरह हुआ और इसलिए प्रगतिशील लेखक संघ का वह अत्यन्त सक्रिय कार्यकर्ता भी बना। प्रगतिशील कवि के रूप में उभरने के साथ ही उसने शोध-प्रबन्ध के रूप में 'हिन्दी की प्रगतिशील कविता' नाम से एक आलोचना-पुस्तक लिखी, जिसकी महत्त्व स्वीकृति 'सोवियत लैण्ड-नेहरू पुरस्कार' (1971) के रूप में हुई। 1973 में अल्माअत्ता में आयोजित पाँचवें अफ्रीकी एशियाई लेखक-सम्मेलन में उसे भारतीय लेखकों के आमंत्रित दल में शामिल होने का अवसर दिया गया। 1973 में ही उसने केदारनाथ अग्रवाल के सहयोगी के रूप में बाँदा में अखिल भारतीय प्रगतिशील हिन्दी साहित्यकार सम्मेलन का आयोजन किया, जिसे कई साल के अन्तराल के बाद प्रगतिशील मंच द्वारा सम्पन्न एक वृहद् समारोह का गौरव मिला था। अपने कविता-संग्रहों के प्रकाशन के साथ उसने ऐतिहासिक क्रम से चयन करते हुए आधुनिक हिन्दी-कविता का एक संकलन 'प्रगतिशील कविता के मील पत्थर' के नाम से निकाला, जिसमें प्रगतिशीलता के प्रतिमानों को वृहत्तर मानवीय सरोकारों तक व्याप्त कर दिया गया है।

रणजीत का मोहभंग न सोवियत रूस के ध्रुव विरोध तक गया और न समाजवादी निष्ठा से उसका तनिक भी विचलन हुआ। हिन्दी में मोहभंग के बाद समाजवाद ही नहीं, मानववाद- सामान्य तक के विरोध की सीमा तक जाने वाले एकमात्र लेखक निर्मल वर्मा हैं, जो अति आधुनिक/अति भारतीयतावादी/अति-प्रतिगामी एक साथ हैं। प्रगतिशील आलोचना में व्यक्तिवादी और कलावादी करार दिए गए अज्ञेय तक न सोवियत-शत्रु थे और न मानववादी आदर्शों के अस्वीकारक। खैर, समाजवाद-मानववाद के उनके अस्वीकार के बावजूद मेरी दृष्टि में निर्मल वर्मा एक बड़े लेखक हैं और रणजीत-प्रसंग में उनके स्मरण का मकसद उन्हें रणजीत की बराबरी पर लाने का नहीं है; कामरेड-बिरादरी से निकले लेखकों में उसकी उस हिम्मत और उस ईमानदारी की तारीफ करने का है जो उसने बिना मार्क्सवाद-विरोधी हुए तब दिखाई थी जब रूसी शासन की निन्दा को संगठन में कुफ्र से कम नहीं समझा जाता था।

आज की रणजीत की विचारदृष्टि को मोटे तौर पर ऐसी मानववादी विचार-पद्धति कहा जा सकता है, जिसमें समाजवादी समाज रचना का लक्ष्य तो जस-

का-तस है, पर जिसका स्थापन और संचालन जनतांत्रिक आधारों ही पर होना चाहिए। प्रगतिशील लेखक संघ से 1980 में सम्बन्ध-विच्छेद के बाद भी उसकी सामाजिक और सांस्कृतिक क्रियाशीलता बराबर बनी रही है। इधर वह स्व. कमलेश्वर, राजकिशोर, गीतेश शर्मा व कतिपय अन्य लेखकों व समाजकर्मियों तथा संदीप पांडेय द्वारा गठित 'मानवीय समाज' नामक जाति-धर्मनिरपेक्ष संगठन के संस्थापक के रूप में सक्रिय है। सामाजिक-राजनीतिक सक्रियता के साथ उसका रचना-कर्म भी निरन्तर चलता रहा है।

रणजीत ने कलम उठाई थी एक ऐसे प्रतिबद्ध कवि के रूप में, जिसके लिए 'कामरेड' शब्द सिर्फ एक शब्द नहीं, इंसान के नये भविष्य का वाचक था—

'कामरेड'!
सिर्फ एक चुंबन नहीं, एक मंत्र है
जो बोलने वाले और सुनने वाले दोनों को पवित्र कर देता है
एक मंत्र, जिसे छूते ही अलग-अलग देशों, नस्लों, रंगों
और वर्गों के लोग
एक दूसरे के सहज सहोदर बन जाते हैं।
एक रहस्यमय मंत्र
जो इन्सान की आजादी, बराबरी और भाईचारे के लिए
कुरबान होने वाले लाखों शहीदों की समाधियों के दरवाजे
सबके लिए खोल देता है
और साधारण से साधारण व्यक्ति उनकी महानता से
हाथ मिला सकता है।

इस कामरेड कवि ने साहित्य को क्रान्ति का औजार मानते हुए अपने शब्दों को मुक्ति- सैनिकों की भूमिका देना चाही थी—*जाओ!/ ओ मेरे शब्दों के मुक्ति सैनिको, जाओ!/ जिन जिन के मन का देश अभी तक है गुलाम/ ...उन सब तक नई रोशनी का पैगाम आज पहुँचाओ....।*

अपने देश के लोकतंत्र को वह 'बटमारों और तम के पहरेदारों' की ऐसी बस्ती मानता है जहाँ 'खून चूसने की सबको पूरी पूरी आजादी है' और इसलिए उसके लिए कविता लिखना उस लड़ाई में शामिल होना है, जो उसकी इस अपनी बस्ती को ही नहीं, पूरी दुनिया को बदलने के लिए लड़ी जा रही है और लड़ी जाती रहेगी तब तक, मानव-मानव मध्य विषमता जब तक दूर नहीं होती / सुख से कैसे जी सकते हैं, इस दुनिया के सारे लोग? अपना आत्म-परिचय देते हुए कवि अपने रचना-लक्ष्य को इन शब्दों में रखता है—

प्यार और बग़ावत के मैं गीत लिखता हूँ
हैवानियत की हार और इन्सानियत की जीत लिखता हूँ
लड़ाई जारी रहेगी जब तक 'इन्सान' इन्सान नहीं बनता
इसलिए अपना नाम अभी 'रणजीत' लिखता हूँ।

इस कामरेड कवि का यह जोश तब ठंडा पड़ने लगता है जब साम्यवादी देशों में जब-तब चलते रहने वाले शुद्धि अभियानों के प्रति उसमें सन्देह जागता है—वह विभ्रमित है कि कल के वफादार क्रान्तिकारी क्यों आज गद्दार करार दिए जा रहे हैं और कैसा न्याय है कि उनसे आनन-फानन में जुर्म कबूलवाया जा रहा है, गोली से मारे जाने के लिए उन्हें फायरिंग-स्क्वाड के सामने पेश किया जा रहा है या बर्फीले रेगिस्तान की काल-कोठरियों में भेजा जा रहा है। उसे इस सच का पता चलने लगता है— ***जनता ने की थी क्रान्ति/ संसार को स्वर्ग बनाने के लिए/क्रांति ने पैदा किए नेता/नेताओं ने डाल दिया क्रांति को अपने हरम में/ जनता जाए जहन्नुम में/ और क्रान्ति जनता के दमन और दोहन का हथियार बन गयी।***

ट्राट्स्की की पुस्तक 'रूसी क्रान्ति का इतिहास' पढ़ते हुए उसे क्रान्ति के अधिकृत रूसी इतिहास में भूतपूर्व क्रान्तिकारियों पर कालिख पोते जाने पर गहरा रंज होता है—

वे सब जो विजयी होकर लौटे हैं/ जिन्दा बचे हैं/ सच्चे हैं, देशभक्त हैं, महापुरुष हैं/ वे सब जो हार गए/ खेत रहे/ झूठे थे, गद्दार थे, दुष्ट थे/ नीति कहती है/ सत्य की हमेशा जीत होती है/ इतिहास कहता है/ जो जीतता है वह सत्य कहा जाता है।

इन्हीं शंकाओं के चलते साम्य के स्वर्ग की संभावित (सोवियत) भूमि से उसका मोहभंग होने लगता है और तब से रूस का भीतरी तंत्र और बाहरी विस्तारवाद उसकी आलोचना के विषय हो जाते हैं। 1986 में लोकभारती से प्रकाशित 'झुलसा हुआ रक्त कमल' की अधिकांश कविताएँ उसकी इस बदली दृष्टि की बेबाक अभिव्यक्तियाँ हैं— 'चेकोस्लाविया में रूस के हस्तक्षेप से दर्द और क्रोध की जो प्रक्रिया शुरू हुई वह अफगानिस्तान में उसके फौजी दख़ल से बेगानेपन में बदल गई।' एक स्वयंचेता साम्यवादी कवि का जन अभियान के लिए किया गया यात्रारम्भ विश्व क्रान्ति-आन्दोलन के अगुआ दल द्वारा अपनी सत्ता को बदस्तूर कायम रखने और आश्रित दलों को अपने नियंत्रण से बाहर जाने न देने के लिए की जाने वाली बेशर्म ज्यादतियों का इतिहास बनता गया तो उसे अपना यात्रान्त भयावह लगने लगा। उसकी इस मनोदशा की अभिव्यक्ति के लिए यह पूरी किताब ही पढ़ने लायक है। यहाँ केवल दो उदाहरण दिए जा रहे हैं—

पोलैण्ड के बारे में कविता की पंक्तियाँ हैं—

(1) *बीचों बीच से फट गया है/'सर्वहारा तानाशाही' का शानदार पोस्टर/ और सर्वहारा हवा में मुट्ठियाँ लहरा-लहरा कर/ अपने हिस्से की रोटी और गोश्त माँग रहे हैं/ अपने ही नाम पर खड़ी की गयी तानाशाही से/ पूरी जनता एकजुट होकर/ लड़ रही है/'जनता के जनतंत्र' से!/ अपने जनतांत्रिक अधिकारों के लिए!!'*

(2) *तुम किसके साथ हो/पीड़ितों के या पीड़कों के?/क्या तब भी/जब दोनों साम्यवादी हों?/तुम किसके साथ हो/ दूसरों के देश में टैंक भेजने वालों के/या टैंकों पर बम न फेंक कर/ उनके चालकों से बहस करने वालों के?/तुम किसके साथ हो?*

कवि का यह सवाल जितना अपने लिए है, उतना ही अपने साथियों (प्रगतिशीलों) के लिए भी है।

पूर्वी यूरोप में रूस के सैनिक हस्तक्षेपों के बाद भी कवि साम्यवाद के भविष्य के प्रति आश्वस्त लगता है क्योंकि पोलैण्ड/हंगेरी/चेकोस्लाविया की घटनाएँ उसे साम्यवाद के जनवादीकरण के विकास की सूचनाएँ देती लगती हैं। उसका विश्वास है कि 'साम्यवाद जैसा महान् मानवीय आदर्शों से प्रेरित आन्दोलन कुछ निहित-स्वार्थ यथास्थितिवादी नेताओं के कारण एक बँधा तालाब बनकर नहीं रह सकता।' लेकिन इसी संकलन में 'सोल्झेनित्सिन के नाम' शीर्षक से जो कविता है, उससे साम्यवादी शासन के जनतंत्र की ओर बढ़ने के प्रति उसका विश्वास डिगता हुआ लगता है—

सोल्झेनित्सिन तुमने यह क्या किया? तुम्हारे 'गुलाग' ने मेरी आत्मा को आमूल झकझोर दिया/ लेनिन मेरी नजरों में नये युग का अग्रदूत था, क्रान्ति का मसीहा/ और स्तालिन एक घृणास्पद तानाशाह/ पर आह! स्तालिनवाद के सूत्र/ तुमने लेनिनवाद की कोख से ही निकलते दिखा दिए।

कवि जानता है कि उसकी इन कविताओं पर साथी कामरेडों की विपरीत प्रतिक्रिया होगी—"अनेक कट्टर 'प्रगतिशील' या 'जनवादी' आलोचक या दलीय कार्यकर्ता मुझे न केवल अप्रगतिशील बल्कि प्रतिक्रियावादी भी घोषित करने लगेंगे... वैचारिक मतभेद रखने वाले को झटपट विरोधी और शत्रु तक घोषित करने का उतावलापन साम्यवादी संस्कारों में गहरा बसा है।" वास्तव में वह अपने संगठन के साथियों के बीच निन्दा-पात्र बना और उसे उस समय के महामंत्री ने, जो कभी उसके अच्छे मित्र थे, क्षमा-याचना की सलाह दी, लेकिन सम्बन्ध-विच्छेद की कीमत पर भी उसने अपने इस नवबोध को नहीं त्यागा कि 'अभिव्यक्ति की स्वतंत्रता—आलोचना की स्वतंत्रता, एक ऐसा मानवीय मूल्य है, जिसके प्रति सहनशीलता किसी भी प्रबुद्ध और मानवीय आदर्शों से प्रतिबद्ध सत्ता में अवश्य होनी चाहिए' इसके साथ ही व्यवस्था-परिवर्तन के लिए रक्त क्रान्ति की

अनिवार्यता से उसका विश्वास उठने लगा। वैसी क्रान्ति के बाद जनतंत्र स्थापना की कोई गारंटी इतिहास नहीं देता—फ्रांसीसी क्रांति के बाद नेपोलियन की राजशाही आयी और सोवियत क्रान्ति के बाद पार्टी की व पार्टी के बहाने पार्टी-प्रमुख की तानाशाही कायम हुई। अंतिम जनवादी क्रांति की संभावना अब तक तो 'गोदो का इन्तजार' ही बनी हुई है। विचार के धरातल पर मार्क्सवाद कवि के लिए प्रेरणा-स्रोत है, लेकिन अब वह विकल्पहीन सत्यवाला 'पवित्र सिद्धान्त' नहीं रहा है।

वृद्ध चेहरा, धँसी आँखें टिकी हैं अदृष्ट पर
औ' पड़ी है थकी ऐनक 'कैपिटल' के पृष्ठ पर
अनगिनत बलिदानियों के लहू से लिक्खी किताबें-इन्कलाब
आह! सत्तर साल में ही आ गयी परिशिष्ट पर।

दुनिया बदलने के लिए उसे अब सशस्त्र संघर्ष का मार्ग विफलता की ओर ले जाता लगता है, इसलिए गाँधी के अहिंसात्मक आन्दोलन का रास्ता ही उसे बेहतर विकल्प भी लगने लगा है—

मैं लड़ूँगा/ लड़ता रहूँगा / इस बर्बर आततायी अमानवीय व्यवस्था से/ लेकिन बिना हथियार उठाए/××× मैं शहीदों के प्रति पूरे सम्मान के बावजूद/ नहीं मरना चाहता एक शहीद की मौत/××× इसलिए/बहुत धैर्य से लड़ना पड़ेगा इससे/ बहुत जागरूकता, बहुत सतर्कता से/ व्यापक संगठन और आन्दोलन से/ कविता से कहानी से, फिल्म-दूरदर्शन से/चिन्तन से, मंथन से, विमर्श और विचार से/ दलित, शोषित, वंचितों के व्यापक सहकार से/ पूर्ण असहयोग से, चुनौती से, ललकार से।

इससे पहले वह सोवियत-संघ के साठवें साल में वहाँ गाँधी के आविर्भाव की कामना करता है, क्योंकि उनके अलावा और कौन है जो आम रूसी को निर्भय बना सके और आजाद हिन्दुस्तान के तीसवें साल में यहाँ लेनिन के पर्दापण की प्रतीक्षा करता है, क्योंकि उनके सिवा और कौन है जो दो-तिहाई भूखे भारतीयों की समस्या का समाधान कर सके।

रणजीत की साम्यवादी सत्ता से मोहभंग की लगभग सभी कविताएँ सोवियत संघ को लक्षित हैं, चीन की और माओ की आलोचना अपवाद रूप में ही आई है, जैसे 'आम्रकुंजों में उभरता हुआ वियतनाम' (बांग्लादेश) में—

सिर्फ चुप ही नहीं है/ वह याह्या के लिए छुरियाँ भी तेज कर रहा है/ तुम अपनी इस बेहयाई को/ सिद्धान्तवादिता के कौन-से गढ़हे में धोओगे माओ ! जरा सोचो तो !

गौरतलब है कि सोवियत संघ से मोहभंग के बाद उसने चीन की तरफ किसी भी कविता में किसी उम्मीद से देखा तक नहीं है।

रणजीत ने प्रकृति, प्यार, औरत, दलित आदि के बारे में, साम्प्रदायिकता और जातिवाद के विरोध में और सामाजिक विडम्बनाओं तथा तात्कालिक राजनीतिक प्रसंगों के बारे में भी कविताएँ रची हैं, लेकिन वह प्रधानतः विचारधारात्मक संकल्पनाओं और स्थापित साम्यवादी सत्ताओं से मिली भग्न प्रत्याशाओं का कवि रहा है। उसकी कविताएँ आज के नक्सल क्रान्तिकारियों से भी मानो पूछ रही हैं क्या हथियारबंद बगावत से वे जीत के आखिरी मुकाम तक बढ़ते रह सकेंगे? और क्या गारंटी है कि उनके निजाम में फिर निरंकुश दमनचक्र न चले? क्या उनका प्रतिशोध 'पोलपोती' दिशा में बढ़ता नहीं लगता?

रणजीत मुख्यतः संबोधन, आह्वान, आमंत्रण, वक्तव्य और व्यंग्य का राजनीतिक कवि रहा है और इसलिए उसका रचना-शिल्प अभिधाप्रधान है। भाषा को धारदार बनाने की सजगता उसमें बराबर मिलती है। अपूर्वता और विलक्षणता की तलाश उसे नहीं है, फिर भी अपनी एक पहचान बनाने का प्रयास अवश्य है।

'प्रगतिशील खेमे' से अलग हुए एक सिद्धान्तनिष्ठ कवि की कट्टर कामरेड से उदार समतावादी के रूप में उसकी काव्य-यात्रा बीसवीं सदी के छठे दशक से अब तक की साहित्य के जरिए की गई एक राजनीतिक यात्रा भी है, जिसकी दिशा रही है—

बीस साल मैंने जन-सामान्य को साम्यवादी बनाने की कोशिश की। अगले बीस साल मैं साम्यवादियों को जनवादी बनाने की कोशिश करना चाहता हूँ।

—नवलकिशोर
च-6, उदय पार्क, सेक्टर-5,
हिरण मगरी, उदयपुर-313001
(0294) 2465422
(मो.) 9351587096

***

एक प्रगतिशील मानववादी कवि

*** प्रो. गणपतिचन्द्र गुप्त ***

नयी पीढ़ी के प्रगतिवादी कवियों में डॉ. रणजीत (1937 ई.) का स्थान महत्त्वपूर्ण है। उनके अब तक अनेक काव्य-संग्रह प्रकाशित हो चुके है—'ये सपने : ये प्रेत' (1964), 'जमती बर्फ : खौलता खून', 'इतिहास का दर्द' (1967), 'इतना पवित्र शब्द' (1985) 'झुलसा हुआ रक्तकमल' (1986) आदि। इनके

प्रारम्भिक काव्य में मार्क्सवादी स्वर अत्यन्त तीखे शब्दों में सुनाई पड़ता है जिससे साम्यवाद के प्रति पूर्ण निष्ठा एवं रागात्मक सम्बन्ध की पुष्टि होती है। ऐसी स्थिति में वे ईश्वर को मृत, पूँजीवादी व्यवस्था को पाखण्ड, अपने देश की प्रजातन्त्रीय व्यवस्था को निन्दनीय घोषित करते हुए 'कामरेड' के प्रति गहरा अनुराग व्यक्त करते हैं।

कामरेड
सिर्फ एक चुम्बन नहीं, एक मन्त्र है।
×××
एक मन्त्र जो अलग-अलग देशों,
वर्गों और नस्लों के करोड़ों लोगों को
एक ही सूत्र में पिरो जाता है।
एक रहस्मय मन्त्र
जो इन्सान की आजादी,
बराबरी और भाई-चारे के लिए
कुरबान होने वाले लाखों शहीदों के
दरवाजे सबके लिए खोल देता है।

—'इतिहास का दर्द' पृ. 116-71

किन्तु इनकी यह गहरी आस्था आगे चलकर साम्यवादी व्यवस्था के अनेक अन्तर्विरोधों को देखकर खण्डित होने लगती है, विशेषत: जब वे सोल्झेनित्सिन की रचना 'गुलाग' को पढ़कर उन अत्याचारों की जानकारी प्राप्त करते हैं जो स्वयं साम्यवादी व्यवस्था के उन्नायकों ने निर्दोष जन-समूह पर क्रान्ति के नाम पर किये थे, ऐसी स्थिति में साम्यवाद के प्रति उनका मोह-भंग होने लगता है और अन्त में वे तथाकथित 'सर्वहारा राजसत्ता' के प्रति भी अपना रोष व्यक्त करने लगते हैं—

मैं सर्वहारा राजसत्ता पर भी थूकता हूँ
एक अकूत साम्यवादी घृणा के साथ,
क्योंकि सब सत्ताएँ घृणास्पद हैं।

—'झुलसा हुआ रक्तकमल', पृ. 38

वस्तुत: डॉ. रणजीत एक अत्यन्त संवेदनशील कवि के साथ-साथ एक ऐसे चिन्तनशील बुद्धिजीवी भी हैं जो कि किसी भी व्यवस्था के अन्धानुयायी बनकर नहीं चल सकते। वे अपनी खुली आँखों से वस्तुस्थिति को देखते हैं और जहाँ वे मनुष्य की समानता के कट्टर समर्थक हैं वहाँ वे उसके शोषण और उत्पीड़न के

घोर विरोधी हैं साथ ही वे विचार स्वातन्त्र्य एवं अभिव्यक्ति की स्वतन्त्रता को भी आवश्यक मानते हैं जिसका साम्यवादी व्यवस्था में अभाव है। साम्यवाद की इन सीमाओं का उद्‍घाटन डॉ. रणजीत ने अपनी अनेक कविताओं में किया है। जिनमें आपके द्‍वारा साम्यवादी प्रशासन की उस नीति पर गहरा व्यंग्य किया गया है, जो अपने नागरिकों को सोचने की भी स्वतन्त्रता प्रदान नहीं करता। इसी प्रकार का एक सशक्त उदाहरण यहाँ प्रस्तुत है—

सोशलिस्ट स्टेट एक माँ है
बूढ़ी और डरपोक
अपने बच्चों से बहुत प्यार करती है
उनके खाने-पीने और ओढ़ने-पहनने की
पूरी व्यवस्था भली-भाँति करती है
पर लगातार डरती है
कि कहीं पड़ौसी उसके बच्चों को बहका न दें
इसलिए उन्हें गली-मुहल्ले में घूमने नहीं देती
किसी पड़ौसी से बात नहीं करने देती।

—'झुलसा हुआ रक्त कमल', पृ.सं. 62

यहाँ कवि ने साम्यवादी व्यवस्था की विसंगतियों का जैसा उद्‍घाटन किया है वह न केवल उनकी अनुभूति की ईमानदारी एवं विचार स्वातन्त्र्य के प्रति सच्ची निष्ठा का परिचायक है अपितु कलात्मक दृष्टि से भी उनकी व्यंजना-शक्ति की सशक्तता को प्रमाणित करता है। वस्तुतः उनका कवि रूप जितने प्रभावशाली ढंग से उनकी इन रचनाओं में व्यक्त हुआ है, उतना अन्यत्र नहीं। अवश्य ही इस स्थिति में वे अपने वर्ग में—साम्यवाद के अनुयायियों में- 'विद्रोही' या 'गद्‍दार' कहे जा सकते हैं किन्तु वे इसके लिए तैयार हैं—इसलिए उन्होंने अब अपने को 'साम्यवादी' के स्थान पर 'समतावादी' घोषित कर दिया है।

अस्तु, डॉ. रणजीत का काव्य एक ईमानदार प्रगतिवादी कवि की यात्रा के विभिन्न पड़ावों की सही तस्वीर प्रस्तुत करता है। उसमें केवल विचार, अनुभूति एवं अभिव्यक्ति का ही सन्तुलन दृष्टिगोचर नहीं होता, अपितु, मानवता के त्राण के लिए एक नई दिशा और नये पथ के अनुसन्धान का भी प्रयास परिलक्षित होता है, जो हमारे विचार से उन्हें संकीर्ण 'प्रगतिवादी' के स्थान पर व्यापक प्रगतिशील मानवतावादी के रूप में प्रतिष्ठित करने में सक्षम है। **—हिन्दी भाषा एवं साहित्य विश्वकोश, पृ. 396-97**

—प्रो. गणपति चन्द्र गुप्त

***

आधुनिकता की जमीन पर प्रगतिशील सर्जना

* जीवन सिंह *

बीसवीं सदी का पूर्वार्ध भारतीय समाज के लिए इसलिए महत्त्वपूर्ण है कि इस अवधि में वह अंगरेजी उपनिवेशवाद के विरुद्ध अपनी आजादी के लिए न केवल आधुनिक चेतनापरक एकजुटता की स्थिति में आ जाता है वरन् अपनी भावी दिशा तय कर एक नयी प्रगतिशील जमीन भी बनाता है। वह लोकतंत्र के साथ धर्मनिरपेक्षता और समाजवाद को अपना ध्येय बनाता है। वह कई रास्तों के अन्वेषण के तनाव से गुजरता हुआ उनमें से एक अधिक तार्किक रास्ता खोजकर अपनी दिशा निश्चित कर लेता है। 1947 में 15 अगस्त को जब देश स्वाधीन हो जाता है तो उसे आजादी के आन्दोलन से जो दिशा प्राप्त होती है उसी के अनुसार वह अपना एक संविधान बनाता है। इसी संविधान के अनुसार एक समय का सामन्ती समाज अपने भविष्य के लिए एक ऐसी आधुनिक गणतंत्रात्मक प्रणाली सुनिश्चित करता है जिसमें लोकतांत्रिक तरीके से समाजवादी व्यवस्था बनाने को लक्ष्य बनाया जाता है, जिसमें पूंजी एवं श्रम की मिली-जुली अर्थव्यवस्था से निर्मित प्रगतिशील जीवन-मूल्यों की एक सामान्य-सी रूपरेखा आम लोगों के सामने रहती है। यह अलग बात है कि लम्बी विदेशी गुलामी और औपनिवेशिक शासक वर्ग की विभाजनपरस्त तथा शोषणपरक उत्पीड़नकारी कुनीतियों के चलते एवं अपने देश की प्राचीन रूढ़ियों से जर्जर समाज को प्रगतिशील पथ पर लाना कोई हंसी-खेल नहीं था। वह अनेक तरह के सामाजिक-आर्थिक तनावों और टकराहटों से होते हुए अंततः पूंजी द्वारा प्रभावित और निर्धारित पथ का ही वरण करता है। यह बहुत मुश्किल और बेहद संगीन चुनौतियों से भरा हुआ काम था। सबसे बड़ी और तात्कालिक चुनौती थी—धार्मिक तौर पर विभाजन हो जाने के बाद देश को सेकुलरिज्म के रास्ते पर चलाना, जिससे लोकतंत्र और उसके जीवन-मूल्यों को सुदृढ़ किया जा सके। जब पास में आग लगी हो तब अपने घर को आग से बचाना बहुत मुश्किल होता है। यह प्रसन्नता की बात है कि धार्मिक आधार पर पाकिस्तान अलग बन जाने के बाद भी शेष भारत आधुनिकता के बुनियादी जीवनमूल्य सेकुलरिज्म को अपनाकर चला। इसका श्रेय उन प्रगतिशील आधुनिक ताकतों को है जो किसी भी तरह के ओछेपन और संकीर्णता से समझौता नहीं कर रही थी। यद्यपि उस समय भी धार्मिक आधार पर शेष भारत को एक हिन्दू राष्ट्र बनाने मानने और इस दिशा में चलने वाली प्रतिक्रियावादी शक्तियाँ देश में मौजूद थी। लेकिन स्वाधीनता के मूल्यों से आंदोलित जनता की ताकत के

समक्ष उनकी एक न चली। बहरहाल।

स्वाधीनता आन्दोलन के समानांतर कला, साहित्य और संस्कृति के क्षेत्रों में भी आधुनिक प्रगतिशील कला मूल्यों से सम्बन्धित आन्दोलन वैसे ही चल रहा था जैसे सामाजिक-राजनीतिक स्तरों पर। इसी परिवेश और पृष्ठभूमि में राजस्थान के तत्कालीन मेवाड़ अंचल के भीलवाड़ा जिले के एक गाँव कटार में 1937 में जन्मे डॉ. रणजीत ने बीस-बाईस साल की अवस्था में काव्य सृजन करना शुरू किया, उनकी कविताओं का पहला काव्य-संग्रह 'ये सपने : ये प्रेत' शीर्षक से 1964 में बीकानेर से प्रकाशित हुआ। यह समय यद्यपि कविता संसार में मोहभंगी कविता यानी 'अकविता' का विक्षुब्धकारी समय था, जिसमें कवि की आलोचनात्मक विक्षुब्ध बुद्धि का भावात्मक आक्रोश सृजन के रूप में सामने आना था। जिसमें मुक्तिबोध 'विक्षुब्ध बुद्धि के मारक स्वर' जैसी कविता लिख रहे थे। धूमिल, राजकमल चौधरी सरीखे कवि काव्य परिदृश्य को अपने विक्षुब्ध व मोहभंगी मुद्राओं से न केवल निर्मित कर रहे थे वरन् अपनी आक्रामकता से झिंझोड़-झकझोर भी रहे थे। इन्होंने असल में हिंदी की नींद लेती हुई तत्कालीन नयी नामधारी कविता को जगाने का जरूरी काम किया। यह इनकी खास और महत्त्वपूर्ण भूमिका है। इनकी आक्रामकता और नए मुहावरे को पसंद भी किया जा रहा था। इसी अवधि में 'तार सप्तक' की प्रगतिशील कोख से जन्मे और नयी कविता आन्दोलन को अपनी द्वंद्वात्मक चेतना और विवेक से समझने वाले मुक्तिबोध का उनकी कविता की नासमझ अनदेखी के साथ 'चाँद का मुँह टेढा है' जैसा एक युग परिवर्तनकारी काव्य संग्रह प्रकाशित हुआ और इसी वर्ष उनका आकस्मिक देहावसान भी हुआ। यह उल्लेख करना गलत नहीं होगा कि मुक्तिबोध की प्रसिद्ध कविता 'अंधेरे में' उस समय की सारी सच्चाई को व्यक्त करने में आज भी जितनी सक्षम और प्रासंगिक है उतनी दूसरी कोई कविता नहीं। इस अवधि से बीस-पच्चीस वर्ष पूर्व से नागार्जुन, केदारनाथ अग्रवाल, त्रिलोचन आदि कवि भी समानांतर रूप से प्रगतिशील मूल्यधर्मी काव्य सृजन करते चले आ रहे थे किन्तु देश को स्वाधीनता मिल जाने के बाद सभी तरह के रास्तों पर चलने वाली कविता के गड़बड़झाले और कविता में उभरे मध्यवर्गीय व्यक्तिवाद और अवसरवाद के सामने प्रगतिशील आन्दोलन से सृजित कविता परिस्थितियों के बदल जाने से आँख ओट कर दी गयी थी और हो भी गयी थी। मुक्तिबोध भी उस समय तक लगभग आँख ओट ही थे। उनकी असामयिक असाध्य बीमारी और मृत्यु तथा उनके कुछ निकट समझदार संवेदनशील काव्य रसिक मित्रों ने उनके महत्त्व को समझा तो वे बच गए।

इसी अवधि में डॉ. रणजीत अपनी सपनों से निर्मित कविता को सामने लेकर आये। वे कविता में सपनों के बाग लगाते हैं। 'सपनों के बाग' कविता में वे प्यार की तरह अनेक तरह के सपने पाठक के सामने प्रस्तुत करते हैं। वे कविता में वक्रता के नहीं, प्रसाद गुण के हामी हैं इसलिए जैसे सोचते हैं या स्वप्न देखते हैं उसे सीधे सीधे अपने पाठक के सामने रख देते हैं। कविता का यह पक्ष व्यक्ति से ज्यादा उस श्रोता समूह से जुड़ा हुआ है जो कवि सम्मेलनों में कभी गंभीर कविताएँ भी सुना करता था। डॉ. रणजीत के यहाँ पाठ्य और श्रव्य कविता का फर्क मिट जाता है। उनकी कविता में श्रव्य गुण मौजूद है। कदाचित यही वजह रही कि उनकी कविता उन प्रतिमानी कविताओं और आलोचकों से दूर रही जो पाठक समूह के मनोविज्ञान से दूर केवल पढ़े-लिखे संभ्रांत भद्र वर्ग के लिए लिखी जाती है। उनकी कविता इस मामले में सामान्य श्रोता और पाठक की कविता है, जिसे कवि कविता के उस संस्कार में ढालना चाहता है जिससे वह स्वयं मुक्ति सैनिकों में शामिल हो सका है। सच तो यह है कि उनकी कविता प्रगतिशील मूल्यों और उनकी संस्कृति के प्रवाह में होने के साथ-साथ शिल्प और भाषा के स्तर पर व्यक्ति-कविता से समूह की कविता बन जाने की खासियत लेकर आयी थी। जानकारी के लिए बतलाता हूँ कि शुरुआत में वे कवि सम्मेलनों में भी अपनी कविताएँ पढ़ते थे, इसलिए कविता गोष्ठियों से अलग वे जल्दी से संप्रेषित होने वाली कविता लिख रहे थे, जिस पर भवानीप्रसाद मिश्र की कला का असर था, जो डॉ. रणजीत के पूरे लेखन काल में बना रहा। कहना गलत नहीं होगा कि उनकी कविता व्यक्ति की कविता होते हुए भी नयी कविता के एकांत मध्यवर्गीय व्यक्तिवाद से ग्रस्त नहीं थी। वे राजस्थान के एक गाँव से होते हुए कस्बों की जिंदगी से निकलकर आ रहे थे इसलिए उसमें व्यक्ति से ज्यादा उसकी सामूहिकता और उसकी लय बची हुई थी। उस जमीन का भावात्मक आवेश बचा हुआ था। वे अपने आरंभिक यौवनकालीन समय में राजस्थान के बीकानेर, पाली और वनस्थली जैसे छोटे और मध्यम आकार के शहर बन रहे कस्बों से होते हुए सरकारी गैर-सरकारी नौकरी की मध्यवर्गीय जद्दोजहद में काव्य-सर्जना जैसे कर्म को भी साथ-साथ करते आ रहे थे। यह सुखद संयोग रहा कि एक वस्तुगत जीवन-दृष्टि उनको मार्क्सवाद के रूप में एम.ए. करते हुए हासिल हो गयी थी। इसलिए मध्यवर्गीय संस्कारी जीवनानुभवों से लड़ना और उनका सम्पादन करना उन्होंने सीख लिया था। बहुत कम लोगों को जानकारी है कि वे पारंपरिक जीवन में सिख-सरदार रहे हैं। पाली से जोधपुर जाकर उन्होंने अपने दो मित्रों की उपस्थिति में एक केशकर्मी की दुकान पर अपने केशों का कत्ल कराया था। यह उनकी नयी जीवन-दृष्टि का प्रभाव भी

था और प्रगतिशील दिशा में बढ़ा हुआ एक व्यावहारिक कदम भी। तब उनके घर-परिवार में कितना हंगामा मचा था यह उन्होंने स्वयं एक जगह पर लिखा है। मेरा कहने का मतलब यह है कि यह सब-कुछ कविता की जमीन बनाने की प्रक्रिया भी थी। कविता हवा में नहीं जीवन की प्रक्रियाओं से होकर रची जाती है। डॉ. रणजीत का व्यक्ति समाज से अलग होकर अपना कविता -द्वीप अलग नहीं बनाता। इसलिए उनकी कविता में जो कुछ है सब साफ-साफ है। कथ्य संबंधी कहीं कोई उलझन और दुविधा उनके यहाँ नहीं हैं। वे सपाटबयानी का खतरा उठाकर या कहें कि एक सीमा तक प्रचलित शिल्प-कला का बलिदान कर अपनी बात के वजन को कम नहीं होने देते। शमशेर के शब्दों में उनके यहाँ बात बोलती है। मुझे याद आता है कि 1963 से 66 के बीच की कालावधि में जब मैं अलवर के राजर्षि कॉलेज में आनर्स हिंदी में पढ़ रहा था, तब कदाचित 1965 में वे हमारे कॉलेज में कविता पाठ के लिए आमंत्रित किये गए थे। उस समय कॉलेजों में साहित्य और संगीत के आयोजनों की स्वस्थ परम्परा बची हुई थी। उल्लेखनीय है कि डॉ. रणजीत की मुक्तछंद में रचित लय-नाद वाली नए कथ्य की कविताएँ तब खूब सुनी और पसंद की जाती थी। तब उन्होंने अपने पहले संग्रह से 'ये सपने : ये प्रेत' कविता पूरे लय-प्रवाह और युवकोचित ओजस्विता के साथ सुनाई थी। कालप्रवाह में बहती हुई उनकी यह कविता उनके प्रतिनिधि कविताओं के संग्रह में मौजूद है। और आज भी प्रासंगिक है। इस कविता की आयु भी साठ-बासठ साल की हो चुकी होगी। डॉ. रणजीत ने मुख्यतः मुक्तछंद और कभी-कभी छंद में काव्य-रचना की है लेकिन उसकी गद्यात्मकता से लड़ते हुए उसको अपनी लय प्रदान की है। यह रहस्य शायद कम लोगों को मालूम है कि छंदों में लिखने वाले कवि भी अपने हर छंद को अपनी लय देते हुए उसके शिल्प में सृजनात्मकता पैदा कर देते थे। देव भूषण और पद्माकर के कवित्त अपनी लयों में एक जैसे ही नहीं हैं। तुलसी, रहीम, बिहारी, वृन्द और ढोला-मारू के दोहे छंद में एक होते हुए भी लय और संरचना में एक जैसे नहीं हैं। उनका स्थापत्य और संरचना अलग-अलग हैं जिन पर उनके कवि-व्यक्तित्व की छाप मौजूद है। शब्द-संरचना और अंदाजे बयाँ तो सबका अलग अलग है ही। इनमें हर कवि का काव्य संगीत अलग है। संगीत, स्थापत्य और चित्र-विधान कविता के लिए कभी अप्रासंगिक नहीं हुए। उनका रूप-स्वरूप बदल गया, यह अलग बात है। जब हमारी जननी प्रकृति में ही लय मौजूद है तो जीवन और कविता कैसे लयरहित हो सकते हैं। दुःख की बात है कि आज के अधिकाँश कवि काव्य में संगीतात्मकता से परहेज बरतते हैं। कविता के शिल्प-स्थापत्य के प्रति आज जितनी लापरवाही है वैसी नयी कविता के समय भी नहीं थी। प्रगतिशील

जनवादी आन्दोलन के दौर में लिखी गयी कविता में संगीत का नहीं काव्य संगीत का बहुत ध्यान रखा जाता था और हरेक कवि अपनी शब्द-रचना से अपना शब्द-संगीत पैदा करता था। छायावाद की कविता अपने संगीत के लिए अलग से जानी जाती है। निराला और प्रसाद की मुक्त छंद में सृजित कविताओं में उनका संगीत मौजूद है। कहने का तात्पर्य यह है कि डॉ. रणजीत अपनी मुक्त छंद की कविताओं में अपना लय प्रवाह और अपना काव्य संगीत लेकर आये थे, कथ्य तो उनका नया था ही। तब हमको इस तरह की नयी कविता सुनते हुए दुर्बोधता जैसी कोई मुश्किल नहीं हुई थी। यद्यपि हमारे काव्य संस्कार छंदबद्ध कविता के थे।

जैसा कि पहले भी बतलाया जा चुका है कि डॉ. रणजीत कविता की दुनिया में कुछ सपने लेकर आये थे। वे देखते और अनुभव करते थे कि आजाद देश में उनके सपने किसी प्रेत की तरह उनके पीछे पड़े हुए हैं, जो उनको अक्सर घेर लेते हैं। ध्यान में रखने की बात है कि उनकी ये आरंभिक कविताएँ सन् 1960 और उसके आस-पास या कुछ पहले की हैं। डॉ. रणजीत अपनी कविता में संवाद या बातचीत की लय को उसी तरह से साधते हैं जैसे दूसरे सप्तक के मशहूर कवि भवानी प्रसाद मिश्र। मिश्र जी अपनी एक कविता में कहते हैं—"**जिस तरह हम बोलते हैं उस तरह तू लिख/ और उसके बाद भी हमसे बड़ा तू दिख।**" यह मात्र संयोग नहीं है कि मिश्र जी की बेहद मशहूर कविता 'गीत फरोश' की तर्ज पर डॉ. रणजीत ने भी 'मैं प्यार बेचती हूँ' कविता लिखी। सच तो यह है कि डॉ. रणजीत ने इसी छंद-प्रवाह की लय से अपनी कविता का सारा ठाठ बुना है। लेकिन ध्यान में रखने की बात है कि दोनों कवियों की जीवन-दृष्टि के फर्क ने जिन्दगी की हकीकतों को बहुत अलग तरीके से समझा है। इससे रणजीत की कविता में यह आकस्मिक नहीं है कि सपनों पर बहुत बल नजर आता है। उनके सपने इतने जिद्दी हैं कि प्रेतों की तरह उनके पीछे पड़े रहते हैं। उनकी कविता अपने पाठक को स्वप्नों के एक संसार में ले जाने का बार-बार प्रयास करती है। वह दरअसल इस समय की कविता नहीं है यानी उत्तर-आधुनिक समय की। हम जानते हैं कि इक्कीसवीं सदी तक आते-आते बहुत कुछ बदला ही नहीं है वरन् सारा ठाठ ही जैसे उलट गया है। वे सपने भी अब नहीं है जो आधुनिकता की उस जमीन से पैदा हुए थे जिसमें उद्योग से श्रम का गहरा रिश्ता बना हुआ था। यदद्यपि उत्तर आधुनिक विचारक जुरगेन हेबरमास मानते हैं कि औद्योगिक युग की आधुनिकता ने जिन जीवनमूल्यों के लिए जगह बनाई थी वह जगह अभी पूरी तरह से ध्वस्त नहीं हुई है। यद्यपि इस समय सम्बन्धों में पूंजी और बाजार दोनों हावी हो चुके हैं जिसका अहसास डॉ. रणजीत 'मैं प्यार बेचती हूँ' में पहले से कर रहे थे। उस समय तो प्यार और कविता के बिकने और बेचने की

शुरुआत थी। आज तो हाल यह है कि आदमी का सब-कुछ बाजार में बिक रहा है। उसका शरीर बिकता तब तक गनीमत थी लेकिन अब तो मन भी बिक गया है। एक बड़ा बाजार है जो लोगों के घरों में घुस ही नहीं आया, वरन् जीवन की दिशा का निर्धारण भी वही कर रहा है। यह मानवता पर आज सबसे बड़ा संकट है।

वो जमाना था जब कविता में मुक्ति की कामना लिए कई तरह के रूपक आया करते थे। मुक्ति, मनुष्य का और कवि का भी एक बड़ा सपना होता था। मुक्तिबोध ने भी अपनी कविताओं में मुक्ति की बात कई जगहों पर की है। डॉ. रणजीत भी अपने शब्दों को मुक्ति सैनिको का रूपक देते हुए कहते हैं कि जाओ, और जहां जहां भी मन की गुलामी शेष है और जो रूढिग्रस्त चिंतन की दीवारों से घिरे हुए हैं वहाँ वहाँ नवयुग की रोशनी पहुंचाओ। स्पष्ट है कि डॉ. रणजीत जिस काव्य-प्रयोजन को लेकर कविता कर रहे हैं उसमें उनको कोई दुविधा नहीं है। वह बहुत साफ और स्पष्ट है जिसे कवि अपनी कविता में छुपाता नहीं है। उनकी कविता का स्वभाव मौन रहने में नहीं मुखरता में है। उनके सपने भी नवयुग का ध्वज हाथ में लिए आगे बढ़े जा रहे हैं और यह ध्वज लाल किरणों से मढ़ा हुआ है। ऐसा लगता है जैसे उनके शब्द चल रहे हैं। इस तरह से उनकी कविता में आज वर्तमान उतना नहीं दिखता जितना इतिहास नजर आता है। यह सच है कि उनकी कविता अपने समय को दर्ज करती है। इस समय में मनुष्य की सदिच्छाएं और सद्भावनाएँ उस विश्व यथार्थ से सम्बद्ध हैं, जो समाजवादी व्यवस्था का परचम लहराते हुए सोवियत संघ के रूप में खड़ा दिखाई देता था। इनकी ये कविताएं पाठक को उसी समय में कुछ पीछे की ओर बीसवीं सदी में ले जाती हैं। यद्यपि इनमें प्रत्यक्षतः कोई राजनीति नजर नहीं आती लेकिन एक राजनीतिक दृष्टि से इसका साबका रहा है। जिसे वह छिपाता नहीं। यद्यपि यह भी सच है कि इस व्यवस्था से भी उसका जल्दी ही मोह भंग हो गया था। उस मोह भंग की कविताएँ भी उनके यहाँ मौजूद हैं। यह अलग बात है कि स्वाधीनता और समानता जैसे जीवन मूल्य आज भी अप्रासंगिक नहीं हुए हैं। वह मानता है कि जो प्रेमी नहीं है, वह साहसी नहीं हो सकता। इस संसार को नारीमय मानकर वह इससे प्रेम करता है और यह स्थापित करता है कि चूंकि स्वतंत्रता समता अस्मिता दलित जनता, पृथ्वी की रक्षा आदि संज्ञाएँ स्त्रीलिंग हैं इसलिए उसकी हर लड़ाई स्त्रीलिंग संज्ञा के लिए है जिसे पुरुष होने के कारण वह प्यार करता है। यही प्यार है जो उसे साहसी बनाता है—**'मेरी सबसे उत्कट कामना है/ दो स्त्रियों को एक साथ पाना/ एक स्वतंत्रता/ और दूसरी समता। ....मेरी हर लड़ाई निकलती है आखिर/ किसी-न-किसी स्त्रीलिंग संज्ञा के लिए।'**

आधुनिकता और प्रगतिशील आन्दोलन की यह खासियत रही है कि उसने स्त्री-जीवन को साहित्य-सृजन के केंद्र में लाकर उसे चेतना के स्तर पर मध्यकालीन रूढ़ियों और रिश्तों से बाहर निकालने का जरूरी और महत्त्वपूर्ण काम किया। आधुनिकता की आहट के साथ ही यह काम सीता, राधा जैसी पौराणिक और लोकप्रसिद्ध चरित्रों के स्तर पर किया गया था लेकिन प्रगतिशील आन्दोलन में यह सामान्य मेहनतकश स्त्री के घर-आँगन तक पहुँच गया। प्रेमचंद ने इस दिशा में सबसे ज्यादा उल्लेखनीय कार्य किया। होरी के साथ उन्होंने धनिया को अपनी कथा-नायिका बना दिया। बाद में यह कविता में भी आया। निराला की नजर इस तरफ गयी। इसी परम्परा में डॉ. रणजीत ने भी 'मीरा' जैसी कविताएँ लिखकर उसे विद्रोहिणी बना दिया। मीरा एक कमेरी स्त्री है। कवि की पूरी सहानुभूति उसके साथ है। वह दिन-रात अपने परिवार के लिए खटती है और इसके बावजूद हर चौथे रोज पति के हाथों पिटती है। कवि उसको विद्रोह करने की सलाह देता हुआ कहता है— **'घर छोड़ कहीं निकल क्यों नहीं जाती मीरा? चार-चार लोगों को कमाकर खिलाने वाली/ क्या अपना पेट नहीं पाल सकती?'** सवाल किया जा सकता है कि क्या केवल पेट पालना ही जीवन और परिवार का उद्देश्य होता है? इसके अलावा भी कुछ और होता है? इसी तरह से स्त्री-पुरुष रिश्तों को आधुनिक नजरिए से अधिक स्वाधीन बनाने को लेक—खासतौर से स्त्री स्वाधीनता के लिए डॉ. रणजीत ने अपने कवि को हमेशा जागरूक और सावधान रखा है।

डॉ. रणजीत का एक अंतरराष्ट्रीय नजरिया भी इन कविताओं में दिखाई देता है। प्रगतिशील आन्दोलन की यह एक बड़ी देन रही है कि उसने लोगों की चेतना को राष्ट्रीय कूपमंडूकता से बाहर निकाला और उसे वैश्विकता प्रदान की। डॉ. रणजीत की कई ऐसी कविताएँ हैं जो कवि की विश्व-दृष्टि की तरफ संकेत करती हैं। जो यह बतलाती है कि आज की दुनिया सिर्फ राष्ट्रों तक सिमटी हुई नहीं रह गयी है। यद्यपि एक राष्ट्र दूसरे राष्ट्र की जिंदगी में हस्तक्षेप नहीं करता। इसके बावजूद मानवता के नाते कवि चेतना के स्तर पर अपना हस्तक्षेप करता है। बांग्ला देश के मुक्ति संघर्ष और निर्माण के समय लिखी उनकी एक कविता है—आम्रकुंजों में उभरता वियतनाम। इसमें उनकी सहानुभूति अपनी स्वाधीनता और मुक्ति के लिए संघर्ष करते हुए बांग्ला देश और उसके नेता शेख मुजीबुर्रहमान के साथ है। इस संघर्ष में उसे वियतनाम और चेकोस्लोवाकिया में किये गए स्वाधीनता संघर्ष याद आते हैं। यह पिछली सदी के आठवें दशक की बात है। वह अपनी 'विपरीत चिंतन' शीर्षक कविता में एक ऐसे विश्व की कल्पना करता है जो अलग-अलग देशों में अर्जित की गयी विशिष्टताओं के साथ मिलकर बनता है। कवि यह मानता

है कि बीसवीं सदी के मध्य की दुनिया जिस मुकाम पर थी और तीन ध्रुवों में बटी हुई थी, वह एक आधी-अधूरी दुनिया थी। जब उसका साम्यवादी दुनिया से मोह-भंग हो गया तब वह एक नए विश्व का स्वप्न देखने लगता है। वह पूरी दुनिया को मिलाकर एक मुकम्मल दुनिया का स्वप्न देखता है—

बीस साल मैंने जन सामान्य को साम्यवादी बनाने की कोशिश की
अगले बीस साल मैं
साम्यवादियों को जनवादी बनाने की कोशिश करना चाहता हूँ
मैं सोवियत संघ में गाँधी को जन्म देना चाहता हूँ
और हिन्दुस्तान में लेनिन को
क्रान्ति के साठ साल बाद भी वहाँ का आम आदमी निर्भय नहीं है
गांधी के बिना यह काम कौन करेगा?
और आजादी के तीस साल बाद भी
यहाँ के दो तिहाई लोग भूखे सोते हैं
क्या लेनिन के अलावा भी इसका कोई इलाज है?
मैं कास्त्रो को अमरीका का राष्ट्रपति चुनना चाहता हूँ
और कार्टर को क्यूबा का
मैं सब-कुछ उलट पुलट देना चाहता हूँ।

यह अलग बात है कि दुनिया अपने रास्ते से चलती है। आज यह कविता सिर्फ एक इतिहास बनकर रह गयी है। कदाचित इसीलिये कहा गया है कि कविता और राजनीति का इतना सीधा रिश्ता नहीं होना चाहिए अन्यथा राजनीति कवि के स्वप्न में विघ्न डालते देर नहीं करती। बहरहाल रणजीत के यहाँ प्रेम, पर्यावरण और वैयक्तिक-पारिवारिक अनुभूतियों पर भी कई कविताएँ हैं। जिनमें कहीं उद्बोधन परकता तो कहीं सीधे संवादपरकता के शिल्प में कविताओं को पूरी तरह से संप्रेषित करने के उद्देश्य से प्रस्तुत किया गया है।

पिछली सदी के उत्तरार्ध में जब अकविता और अस्तित्ववादी दर्शन से प्रभावित कई कवि चिटखे हुए मन और टूटे-बिखरे हुए व्यक्तित्व के गीत गा रहे थे तब अस्तित्ववादी दर्शन से अपनी असहमति दर्शाते हुए और अपनी प्रतिश्रुति बतलाते हुए डॉ. रणजीत ने लिखा था—

'मैं अपने चारों ओर फैली हुई संक्रांति से नहीं/ उसके बीच से अपने नक्श उभारती हुई/ क्रान्ति से प्रतिश्रुत हूँ/ अस्तित्व की बेहूदगियों के रेगिस्तान का नहीं/उसके नीचे बहती हुई/ सार्थकता की उस अन्तःसलिला का कवि हूँ/ जो पातालतोड़ कुएँ के रूप में फूट पड़ना चाहती है/ मैं उसकी मुक्ति के लिए संकल्पित

हूँ।' कहना न होगा कि इसी प्रतिश्रुति से उपजे जीवन के विभिन्न रूप और रिश्तों के बाच आधुनिक जीवन की तार्किकता के साथ उनकी कविता कहीं भावोत्तेजना के साथ तो कहीं सीधे-सीधे बहस करती हुई पाठक की चेतना को बदलने का काम करती है।

डॉ. रणजीत की वैचारिकी, जीवन-दृष्टि और जिंदगी की प्रयोजनपरकता का एक दूसरा पहलू है कि वे प्रगतिशील काव्य-रचना के साथ-साथ प्रगतिशील आन्दोलन में भी सक्रिय भाव से शामिल रहें। इस वजह से इनकी प्रकृति आन्दोलनधर्मी हो गयी है। प्रगतिशीलता को उन्होंने उसकी सैद्धांतिकी के साथ उसकी व्यावहारिकता में पैनी नजर से जांचा। सच है कि व्यक्ति और समाज को सिद्धांत और व्यवहार की द्वंद्वात्मकता में देखना और उसके अनुरूप आचरण करना ही प्रगतिशीलता की गति का निर्धारण करना है। सैद्धांतिकता भी प्रगतिशीलता की जरूरत होती है किन्तु एक पहिये से कभी गति नहीं आती इसलिए उसका दूसरा व्यावहारिकता का पहिया भी जरूरी होता है। मध्य वर्ग यहीं सबसे अधिक लड़खड़ाता है। इसीलिये कविता भी व्यवहार से ज्यादा सैद्धांतिक बहसों में तब्दील हो जाती रही है। प्रगतिशीलता का पाखण्ड व्यक्ति के व्यवहार में ही पकड़ में आता है। यह हमारे जीवन की बहुत बड़ी, गंभीर और अवचेतन की चुनौतीपूर्ण समस्या रही है, आज तो और भी अधिक जब विश्व बाजार ने मध्यवर्ग के सामने इतना चारा डाल दिया है कि कबीर के शब्दों में कहूं तो वही साबुत बचा है जो कीला-मानी के पास है। यही सोचकर मुक्तिबोध ने इसे अपनी कविता का मुख्य विषय बनाकर उसे कैंद्र में रखा। डॉ. रणजीत ने प्रगतिशील आन्दोलन की व्यावहारिक जरूरतों को ध्यान में रखते हुए काव्य-सृजन किया है सिर्फ उसकी सैद्धांतिकी के लिए नहीं।

—जीवन सिंह

***

संघर्ष का पक्षधर कवि और आलोचक

*** मोहनकृष्ण बोहरा ***

रणजीत संघर्ष का कवि है—मानवीय शोषण और अन्याय के विरुद्ध संघर्ष और मानवीय उन्नयन के लिये भी संघर्ष। यह संघर्ष उन्होंने अपनी कविताओं में भी किया है और विचारात्मक-लेखन में भी और आलोचनात्मक-लेखों और टिप्पणियों में भी। संघर्ष की राह पर मार्क्सवादी दर्शन को अपने अनुकूल पाकर उन्होंने प्रारम्भ में ही उसे अंगीकार कर लिया। जो चीजें उन्हें जीवन में प्रिय रही हैं, उनमें साहित्य और सुन्दर स्त्रियों के साथ-साथ मार्क्सवाद भी है। यद्यपि इसकी

कुत्सित और अतिवादी व्याख्याएँ उन्होंने स्वीकार नहीं की हैं। उत्तरकाल में आकर वे इससे कुछ आगे भी बढ़े हैं और भिन्न पथ पर भी गये हैं। मार्क्सवादी संघर्ष सदैव सामूहिक-संघर्ष रहा है। इसमें विश्वास उन्होंने त्याग नहीं दिया है, इसके लिये आग्रह उनमें बना हुआ है और प्रयत्न भी, लेकिन इसके साथ ही, वे अब यह भी कहते हैं कि—

मैं लड़ूँगा/ लड़ता रहूँगा/ अकेला भी।

जिन दिनों रणजीत ने लिखना प्रारम्भ किया, उन दिनों बल्कि उससे काफी पहले ही, हिन्दी-जगत् में मार्क्सवादी विचारधारा में विचलन आ चुका था। कुछ लेखक अब भी साहित्य-रचना में पार्टी-लाइन का स्वामिभक्त अनुगमन किये जाने के पक्षधर थे लेकिन कुछ अन्य लेखक इस अनुगमन को साहित्य के लिये क्षतिकारक मानते हुए इसका विरोध भी कर रहे थे। श्री शिवदानसिंह चौहान अपने प्रारम्भिक विचारों और लेखों में कट्टर और संकीर्ण ही थे, और यह संकीर्णता सर्वथा निर्मूल तो उनमें अंत तक नहीं हुई, अंत तक बनी ही रही, लेकिन अपने प्रारम्भिक आग्रहों को उन्होंने शिथिल कर लिया। साहित्य-रचना के लिये दलीय-निष्ठा का आग्रह उन्होंने छोड़ दिया। वे उदारवादी हो गये। उदारवादी दृष्टि वाले राजनीति में संशोधनवादी कहे गये और साहित्य में श्री चौहान ने उनके लिये 'प्रगतिशील' शब्द का प्रस्ताव किया। डॉ. रणजीत एक प्रगतिशील कवि और विचारक के रूप में ही साहित्य में आये और प्रगतिशीलता के पक्षधर बने।

प्रगतिशील लेखकों के लिये पहले हिन्दी में प्रगतिवादी शब्द प्रचलित था। श्री चौहान ने 'प्रगतिवाद' शब्द मार्क्सवादी-साहित्यालोचना के लिये निर्धारित किये जाने का प्रस्ताव किया और साहित्यिक-लेखन के लिये 'प्रगतिशील' शब्द का। डॉ. विश्वम्भरनाथ उपाध्याय ने प्रगतिवाद शब्द का प्रयोग मार्क्सवादी-आलोचना के साथ-साथ मार्क्सवादी दृष्टि का विनियोग करने वाले साहित्य के लिये भी किया है। व्यापक-दृष्टि वाले मानववादी लेखन के लिये उन्होंने प्रगतिशील शब्द स्वीकार किया है। यद्यपि उनका मानववाद रहा मार्क्सभावित ही। डॉ. रणजीत इन दोनों के मतों को आंशिक संशोधन के साथ स्वीकार करते हुए भी निजी तौर पर आलोचना के लिये 'प्रगतिशील दृष्टिकोण' शब्द का प्रयोग ज्यादा उपयुक्त पाते है। साहित्यिक-लेखन के लिये 'प्रगतिशील' शब्द को स्वीकार करते हुए वे इसे और भी व्यापक अर्थ देते हैं। वे मार्क्सवादी आदर्श वाले प्राचीन साहित्य का समावेश भी इस प्रगतिशील शब्द में कर लेते हैं, उसमें मिलने वाले रहस्यवाद और मायावाद के बावजूद। लेकिन इस व्यापक दृष्टि और उदारता के रहते भी जब वे कहते हैं कि आधुनिक काव्य की द्विवेदीयुगीन और छायावादी काव्य-

धाराओं में प्रगतिशीलता के उद्घाटन के बावजूद हम उन्हें प्रगतिशील साहित्य की संज्ञा नहीं दे सकेंगे, तब कुछ हैरानी होती है। इस विषय में डॉ. रणजीत ने अपना मत स्पष्ट नहीं किया है। सन् 1936 से वर्तमान समय तक साहित्य में प्रगतिशीलता का ही विस्तार देखने वाला लेखक द्विवेदीयुगीन और छायावादी कवियों से परहेज करे, यह बात विस्मयकारक है और विरोधाभासी भी, क्योंकि 'प्रगतिशील कविता के मील-पत्थर' संकलन के पहले कवि निराला हैं और दूसरे कवि पंत। दोनों ही छायावादी। फिर छायावाद से परहेज क्यों? दूसरी ओर, वे साठ-सत्तर वर्षों तक की कविता का विस्तार प्रगतिशीलता में ही समेट लेना चाहते हैं। क्या उस स्थिति में प्रगतिशीलता वैसा ही कम्बल नहीं हो जायेगी, जैसा कि रणजीत ने तब पाया था कि 'नई कविता' हो गई है, जब डॉ. जगदीश गुप्त ने इसके तले तमाम समसामयिक काव्य-प्रवृत्तियों को समेट लेना चाहा था? डॉ. रणजीत ने उसका विरोध किया था। आज वे स्वयं वैसी ही भूमिका निभा रहे हैं। यदि चालीस के बाद की तमाम कविता को 'नई कविता' कहना अनुचित है तो फिर छत्तीस के बाद की तमाम कविता को 'प्रगतिशील' कहना उचित कैसे हो जायेगा? समय-समय पर कविता अपना तेवर बदलती रही है, क्या यह स्थूल समाहार उसका वैविध्य अपनी पहचान खो नहीं देगा? और सच तो यह है कि इस प्रगतिशीलता के मूल में जिनका आग्रह मार्क्सवाद पर दृढ़ रहा है, और कई एक में वह रहा है, बल्कि आज भी बना हुआ है। क्या उनका पार्थक्य उनसे किये जाने की आवश्यकता नहीं है जिनका उसमें विश्वास नहीं हैं? वस्तुतः संकलित सभी कवि स्थूल अर्थ में ही प्रगतिशीलता को स्वीकार नहीं करते। वे आज भी कवि की कविता से पहले उसकी राजनीतिक विचारधारा जानना आवश्यक समझते हैं, तो रघुवीर सहाय जैसे क्यों नहीं हैं? जबकि प्रगतिशील तत्त्व रघुवीर सहाय में भी कम नहीं मिलेंगे। ऐसे और भी उदाहरण दिये जा सकते हैं। क्या यह उचित नहीं होगा कि कवि की पहचान उसके समग्र कृतित्व के संदर्भ में ही की जाय, उसमें मिलने वाले स्फुट तत्त्वों के आधार पर नहीं। डॉ. रणजीत इस बात से अपरिचित नहीं हैं। अपने लेखन में समग्रता की बात वे स्वयं कई जगह उठाते भी हैं लेकिन इस संकलन पर यह कसौटी लागू नहीं होती। एक वास्तविकता यह भी है कि प्रगतिवाद और प्रगतिशील शब्द का घपला भी थोड़ा-बहुत आज भी बना हुआ है; एक ही लेखक में दोनों शब्दों का प्रयोग एक-दूसरे के अर्थ में हुआ मिल जाता है। डॉ. रामविलास शर्मा ने प्रारम्भ से ही इस भेद को मानने से इंकार कर दिया था। डॉ. नामवर सिंह भी इन अर्थों से नहीं बँधते हैं। डॉ. रणजीत को इन सभी पहलुओं का पुनराकलन करते हुए इस विषय पर कुछ और भी विचार करना होगा।

बहरहाल सभी प्रश्नों और शंकाओं के बावजूद यह कहना निरापद है कि आज हिन्दी साहित्य-जगत् में कविता और आलोचना दोनों क्षेत्रों में 'प्रगतिशील' शब्द ने व्यापक प्रचलन पा लिया है, और यह भी कि इसका पथ प्रशस्त करने में सबसे अधिक सक्रिय भूमिका डॉ. रणजीत की रही है। 'हिन्दी की प्रगतिशील कविता' आलोचना ग्रंथ में उन्होंने विभिन्न कवियों द्वारा जीवन के विभिन्न क्षेत्रों से विषय चुनकर लिखी गई कविताओं में प्रगतिशील तत्त्वों का निदर्शन कर उसका स्वरूप स्पष्ट किया है, तो 'प्रगतिशील कविता के मील पत्थर' संकलन का सम्पादन कर प्रमुख प्रगतिशील समझे जा सकने वाले कवियों की कविताओं की बानगी भी संकलित की है। इस प्रकार, इस काव्य-प्रवृत्ति का स्वरूप कुछ स्थिर करने में डॉ. रणजीत का निश्चित योगदान रहा है।

लक्ष्य करने की बात यह भी है कि डॉ. रणजीत 'प्रगतिशील' पद का व्यवहार निरन्तर व्यापक अर्थ में करते आ रहे हैं, इससे उनके विचारों में सातत्य मिलता है। इसके बरबक्स यदि हम देखें कि इस पद के प्रणेता और प्रवर्तक श्री शिवदान सिंह चौहान इसे व्यापक अर्थ देकर भी अपने आलोचनात्मक लेखन में इस (व्यापकता) से पीछे हटते रहे हैं। प्रच्छन्नतः ही नहीं प्रकटतः भी हम उन्हें इस पद से अपना आशय मार्क्सवाद तक ही सीमित करते देख सकते हैं। प्रारम्भ में उन्होंने जो उदारता दिखाई थी, आगे आते-जाते उसका लोप हो गया। प्रारम्भ में तो उन्होंने यहाँ तक लिख दिया कि प्रगतिशील शब्द के पीछे किसी दार्शनिकवाद की मान्यता का आग्रह नहीं किया जा सकता। एक प्रगतिशील कवि गाँधीवादी भी हो सकता है, मार्क्सवादी भी और द्वैत-अद्वैतवादी भी। जो साहित्य पाठक को स्वस्थ प्रेरणा देता है ...... वह सब प्रगतिशील ही तो है। लेकिन कालान्तर में नई कविता पर विचार करते समय हम उन्हें इस उदारता को विस्मृत करते भी देखते हैं। हम उन्हें उन सभी प्रगतिशीलों की और प्रकारान्तर से मार्क्सवादियों की भर्त्सना करते देखते हैं जो अपने को नये कवि कहते हैं। वे उन पर ख्याति लोलुपता का आक्षेप करते हुए यहाँ तक कह देते हैं कि ये प्रगतिशील कवि नये कवियों के प्रचार जाल में फँस गये हैं जबकि इन्हें समझना होगा कि नई कविता पूँजीवादी जगत् का अन्तर्राष्ट्रीय षड्यन्त्र है। प्रगतिशील कवियों को इससे बचना चाहिये, आदि-आदि। कहने की आवश्यकता नहीं कि प्रगतिशील शब्द से यहाँ श्री चौहान का अभिप्रेत मार्क्सवादी दर्शन को अपनाने वाले नये कवियों से ही है। स्पष्ट है कि उदारवादी बनकर प्रगतिशील शब्द को व्यापक अर्थ देने के बावजूद श्री चौहान का दृष्टिकोण अन्ततः संकीर्ण ही रहा है। वे सही अर्थ में उदार नहीं हो पाये।

इसके विपरीत, रणजीत सही अर्थ में उदार रहे हैं और साहित्य में उदारता को बढ़ावा भी देते रहे हैं। एक ओर उन्होंने 'प्रगतिशील कविता के मील-पत्थर' संकलन तैयार किया तो दूसरी ओर समवयस्क कवियों में अपनी समधर्मिता तलाशी तो तीसरी ओर अपनी समस्वरता विदेशी कवियों में तलाशते हुए इसे एक नया विस्तार भी दिया। व्यापक स्तर पर की गई उनकी यह तलाश—'विश्वकाव्य के विद्रोही स्वर' संकलन में प्रतिफलित हुई है जिसका सम्पादन भी उन्होंने किया है। विदेशी कविता में मिलने वाला यह प्रतिरोधी स्वर रणजीत की प्रारम्भिक काल की कविता का सम्बल रहा है। इसमें उन्होंने बर्टोल्ट ब्रेख्त, पाब्लो नेरुदा, नाजिम हिकमत, खलील जिब्रान, मयकोव्सकी जैसे कवियों की कविताओं की बानगी संकलित की है। इनका अनुवाद भी स्वयं रणजीत ने किया है। अपने समवयस्कों में उन्होंने जो समरस्वरता पाई, उसका प्रकाशन हम 'प्रतिश्रुत पीढ़ी' संकलन में पाते हैं। इसका सम्पादन भी रणजीत ने ही किया है। इसमें उन्होंने अपने अतिरिक्त मृत्युंजय उपाध्याय, कुमारेन्द्र पारसनाथ सिंह, राजीव सक्सेना, जुगमन्दिर तायल आदि की कविताओं का समावेश किया है। इस संकलन में प्रतिरोध के स्वर के साथ-साथ मानववादी आदर्शों का स्वर भी मुखरित होता गया है। यह पीढ़ी मानववादी आदर्शों के प्रति प्रतिश्रुत पीढ़ी है। मानववादी स्वर की मुखरता, विचारों में और कविताओं में भी, रणजीत के विकास का अगला सोपान है।

यहाँ यह स्पष्ट रहना चाहिये कि रणजीत का मानववाद मार्क्सवाद से उनका विचलन नहीं हैं। अवश्य ही, प्लेखनाव जैसे विचारकों की मार्क्सवादी व्याख्याएँ उन्होंने स्वीकार नहीं की हैं क्योंकि वे संकीर्ण ही नहीं, कुत्सित भी रही हैं। कॉडवेल के विचारों को उन्होंने दूर तक स्वीकार किया है लेकिन वह भी जहां कला और कविता को आर्थिक परिस्थितियों के प्रत्यक्ष प्रतिफलन के रूप में देखने लगता है, वे उसे भी स्वीकार नहीं करते। इस प्रंसग पर वे यूदिन के मत को ग्राह्य पाते हैं कि विभिन्न वैचारिक ढाँचों पर आर्थिक प्रभाव एक ही प्रकार से नहीं आता है। राजनीति, न्याय, विज्ञान जैसे वैचारिक ढाँचे आर्थिक आधारों के अधिक समीप पड़ते हैं, इसलिये इन्हीं पर प्रत्यक्ष प्रभाव की संभावना अधिक रहती है। साहित्य और कला भी हैं तो वैचारिक सृष्टियाँ ही, लेकिन ये विचारों के गगनचारी रूप हैं। इनका संबंध व्यक्ति की सजग विचारशीलता से उतना नहीं है जितना उसके संवेगों से होता है। इसलिये किसी भी देश और किसी भी काल के आर्थिक-विकास और वहाँ के साहित्यिक उत्कर्ष में सीधा समीकरण स्थिर नहीं किया जा सकता। साहित्यिक उत्कर्ष उस युग की कृतियों में भी मिल जाता है, जिसमें आर्थिक

विकास हुआ नहीं मिलता। इसका विलोम भी सही है। ऐसे उदाहरण भी मिलते हैं जहाँ समुचित आर्थिक विकास के दौर में भी साहित्यिक पिछड़ापन बना रहा है। इस प्रकार, अपने संघर्ष में मार्क्सवाद को प्रेरक और सम्बल पाते हुए भी डॉ. रणजीत ने उसकी संकीर्ण व्याख्याओं को स्वीकार नहीं किया है। सच तो यह है कि उन्होंने संकीर्णता का मुखर विरोध किया है। अवश्य ही, प्रारम्भ में यह विरोध परोक्ष अधिक रहा लेकिन आपातकाल के संदर्भ में विशेष रूप से और उसके बाद भी यह विरोध प्रत्यक्ष रूप से सामने आया है। दिनकर की 'दिल्ली और मास्को' कविता, जो 'स्वातंत्र्य से पहले साम्य के कामी, भारतीय साम्यवादी दल के 42 की क्रान्ति में अंग्रेज-परस्त व्यवहार की आलोचना करती है, की रणजीत द्वारा की गई प्रशंसा संकीर्णता के परोक्ष-विरोध का उदाहरण है तो आपातकाल पर विरोध प्रत्यक्ष विरोध है। 'लेखक और अभिव्यक्ति की स्वतन्त्रता' शीर्षक से लिखे गये अपने आलेख में स्वयं रणजीत ने अपने दृष्टिकोण को निभ्रान्त रूप से स्पष्ट किया है। उन्होंने दो टूक शब्दों में लिखा है—

"यह तथ्य है कि समता पर आग्रह के कारण और रूढ़ साम्यवादी विचारधारा के प्रभाव स्वरूप यह मान्यता मुझमें गहरी थी कि पूँजीवादी स्वतन्त्रता: केवल भौंकने की आजादी है, और कि खाने की आजादी के सामने भौंकने की आजादी कुछ नहीं है। आपातकाल ने पहली बार हमारी अभिव्यक्ति की स्वतन्त्रता छीनकर हमें उसकी महत्ता के प्रति जागरुक किया। साम्यवादी चिन्तन ने मुझे इस तथ्य से अवगत कराया था कि पूँजीवादी समाज द्वारा प्रदत्त स्वतंत्रताएँ अधूरी हैं, कुछ पाखंडपूर्ण और इसलिए एक अंश तक अवास्तविक भी। पर इसके विकल्प में कोई सत्ता अगर इन अधूरी स्वतन्त्रताओं को भी छीन ले तो यह कौन वरणीय स्थिति है? सच्चा समाजवाद वही है जो पूंजीवाद द्वारा दी हुई इन अवास्तविक और अधूरी स्वतंत्रताओं को वास्तविक और पूरी बनाये—न कि समता स्थापना के नाम पर उनसे भी हमें वंचित करे। आपातकाल के इस प्रकार, के अनुभव ने मुझे केवल समाजवाद का पाखंड करने वाली पूँजीवादी सत्ताओं के स्वभाव पर विचार करने के लिये ही मजबूर नहीं किया, तथाकथित समाजवादी सत्ताओं के स्वभाव को भी फिर से पहचानने और विश्लेषित करने के लिये मजबूर किया है। और मैं सोचता हूँ, अन्य लोगों को भी किया होगा।

"निश्चय ही, आम आदमी के लिये जीने की स्वतन्त्रता, भूखों मरने से बचने का अधिकार, प्राथमिक अधिकार है, पर किसी भी प्रबुद्ध व्यक्ति के लिए, और लेखक उन्हीं में शामिल है, अभिव्यक्ति की, संगठन की, अपनी पसन्द की सरकार चुनने की और चुनी हुई सरकार की आलोचना करने की स्वतन्त्रता इतनी महत्त्वपूर्ण है

कि उसके लिये कई बार वह प्राण तक न्यौछावर करना और भूखों मर जाना भी पसन्द करता है। अभिव्यक्ति की स्वतन्त्रता लेखन-कर्म के लिये प्राथमिक मूल्य है। मैं सोचता हूँ कि किसी भी सत्ता द्वारा (वामपंथी या दक्षिण पंथी) अभिव्यक्ति की स्वतन्त्रता के अपहरण का समर्थन किसी स्वाभिमानी लेखक को नहीं करना चाहिये। विरोध करने की शक्ति हो तो अवश्य करना चाहिये। जनवादी आवेश में, पीड़ित-दमित जनता के साथ तादात्म्य के क्षणों में हम कह सकते है और कहते है कि अभिव्यक्ति की स्वतन्त्रता आखिर कितने लोगों से सम्बन्ध रखती है? हिन्दुस्तान में ज्यादा से ज्यादा 4-5 लाख प्रबुद्ध लोग होंगे जिन्हें यह स्वतन्त्रता चाहिये। अगर कोई तानाशाही साठ करोड़ लोगों को रोटी दे दे और 4-5 लाख लोगों से उनकी यह आजादी छीन ले तो क्या यह महंगा सौदा है? पर यह सवाल को गलत ढंग से प्रस्तुत करना हैं। आजादी का विकल्प रोटी नहीं है। जो सत्ता 4-5 लाख से बोलने की आजादी छीनती है, वह पूरी जनता से सच्चाई को जानने की आजादी भी छीन लेती है और कल वह उसी जनता के किसी हिस्से को रोटी मांगने पर भी यातना शिविर में नहीं भेजेगी, इसकी क्या गारंटी है? इसकी गारंटी हो सकती है स्वतन्त्र प्रेस, जनता को सच्चाई जानने की और प्रतिरोध की स्वतन्त्रता।"

विचारधारा और संगठन के भीतर प्रतिरोध की स्वतन्त्रता रणजीत ने किस तरह से संघर्ष करते हुए अर्जित की है, यह उद्धरण इस बात पर अच्छा प्रकाश डालता है। यहाँ यह देखना भी प्रासंगिक होगा कि संघर्ष पर रणजीत के बल ने उसकी कविता पर भी प्रभाव डाला है और कविता से की जाने वाली उसकी माँग पर भी। याने आलोचना पर भी। दोनों धरातलों पर संघर्ष ने उनको एक्टिविस्ट राइटर और बहिर्मुखी व्यक्ति अधिक बनाया है। वैसे कहा उन्होंने यह भी है और बतौर शिकायत कहा है कि—

"जीवन को थोड़ा यांत्रिक दृष्टि से देखने वाले लोग साहित्यकार के केवल बाहरी सामाजिक संघर्ष को ही, और इसलिए उसी साहित्य को जो इस संघर्ष में सीधा काम आता है, सर्वाधिक महत्त्व देना चाहते हैं किन्तु जहाँ तक स्वयं साहित्यकार का सम्बंध है, उसके आन्तरिक संघर्ष का महत्त्व भी कम नहीं है।" लेकिन कठिनाई तब आती है जब हम देखते हैं कि स्वयं रणजीत भी अपनी कविताओं में बहिर्मुखी ही रह हैं। उनकी वस्तु सामाजिक-राजनीतिक जीवन पर ही ज्यादा केन्द्रित रही हैं। वे साहित्यकार के लिये राजनीतिक समस्याओं से जूझना जितना आवश्यक ठहराते हैं, रचना में लेखक के अन्तर्मन और उसक द्वंद्व की अनुस्यूति पर वैसा कोई बल नहीं देते। मानव-मन की जटिलता में झांकते हम उन्हें भूले-भटके ही पायेंगे। उनके इस मत को स्वीकार करने में कोई कठिनाई नहीं है कि लेखक को

अपने समय की राजनीतिक-सामाजिक समस्याओं से तटस्थ नहीं रहना चाहिये, और न इसमें कि संघर्ष में उसे न्यायपूर्ण पक्ष का पक्षधर बनना चाहिये। मुझे दुविधा इसमें भी नहीं जान पड़ती कि इस पक्षधरता में कोई लेखक साहित्य का साधनभूत नियोजन करना चाहता है तो करे, हमारे साहित्यिक इतिहास में तो ऐसे नियोजन की एक परम्परा भारतेन्दु और द्विवेदीयुग से ही चली आ रही है, उसे प्रगतिशील मानने से मुँह तो रणजीत ने ही मोड़ा है, लेकिन अड़चन तब आती है, जब हम साहित्य के महत्त्व का निरूपण उसकी सामाजिक सक्रियता की कसौटी पर करने लगते हैं। जाने-अनजाने रणजीत में यही प्रवृत्ति पल्लवित हुई है। सक्रियता के आग्रह ने रणजीत की कविता पर निश्चित प्रभाव डाला है। वे कविता को सामाजिक कर्तव्य की पूर्ति के साधन रूप में देखते हैं। यह इसी दृष्टि का साहित्यिक रूपान्तरण है कि उनकी अधिकांश कविताओं में उनके सामाजिक राजनीतिक विचारों ने सीधी अभिव्यक्ति पाई है। निश्चित रूप से यह अभिव्यक्ति विचारोत्तेजक है लेकिन उतने ही निश्चित रूप से वह प्रसंगबद्धता में निश्शेष विचारोत्तेजक है। इस दृष्टि ने उनकी कविता की प्रकृति ही तय नहीं की है, उसे ऐसे पैटर्न में भी ढाल दिया है कि रणजीत उससे आद्यन्त मुक्त नहीं हो सके हैं। कल्पना उनकी कविता में न्यूनतम मिलेगी। इसी तरह, प्रकृति-सौन्दर्य का उन्मुक्त चित्रण भी उनमें विरल है। समाजवादी यथार्थवाद के काव्यादर्श पर विचार करते हुए एक जगह रणजीत ने लिखा है कि—

समाजवादी यथार्थवाद साहित्य और कला को सामान्य जन की समाजवादी शिक्षा के लिये एक महत्त्वपूर्ण और प्रभावशाली माध्यम मानता है और इसीलिये जहाँ एक तरफ कलाकारों से यह मांग करता है कि उनकी शैली ऐसी होनी चाहिये कि बावजूद अपने कलात्मक स्तर के उनकी रचनाएँ व्यापक जनता तक पहुँच सके, वहाँ दूसरी तरफ वह कला की उद्देश्यपरकता के प्रति भी आग्रहशील है।

डॉ. रणजीत ने समाजवादी यथार्थवाद की जकडऩ से अपने को मुक्त करने की चेष्टा की है लेकिन उनकी कविताओं से गुजरने पर हम पाते हैं कि उन्हें अपने अभिप्रेत उद्देश्य की सिद्धि का माध्यम बनाने, जनता को शिक्षित करने का साधन बनाने और इस उद्देश्य की पूर्ति के लिये उन्हें बोधगम्य बनाने की चिंता ही उन पर छाई रही है। वे उसे इन सीमाओं से मुक्त नहीं कर सके हैं। अपने एक निबंध 'साहित्य के प्रति प्रगतिशील दृष्टिकोण' का समापन करते हुए डॉ. रणजीत ने क्लिंजेण्डर का मत उद्धृत किया है। उनका कहना है कि—

वह कलाकृति जो अपनी सजीवता और स्पष्ट अभिव्यंजना शैली के कारण लोगों का हृदय तुरन्त स्पर्श कर लेती है, उस कलाकृति से अधिक महत्त्वपूर्ण है,

जिसमें यह गुण नहीं है....

कहने की आवश्यकता नहीं कि कविता की श्रेष्ठता के विषय में किया गया क्लिंजेण्डर का यह निरूपण रणजीत की कविता पर भी सटीक बैठता है। वह भी स्पष्ट अभिव्यंजना शैली में लिखी गई है, हृदय को तुरन्त स्पर्श करती है और उद्देश्यपरक होने के नाते शिक्षण भी करती है।

वस्तुत: एक कवि जब किसी आलोचक को पसन्द करता है तब उसका एक प्रमुख हेतु यह भी होता है कि उसकी आलोचना में वह अपनी काव्य-प्रकृति का संरक्षण हुआ पाता है। उसकी अपनी आलोचना तो उसकी कविता का रक्षण करे यह स्वाभाविक ही है। डॉ. रणजीत भी इसके अपवाद नहीं है। वे उद्देश्यपरक और सहज-संप्रेष्य कविता ही लिखते रहे हैं। इसी काव्यादर्श ने उनकी आलोचना का स्वरूप संघटित किया है।

'नई कविता' पर विचार करते हुए रणजीत नई प्रगतिशील और नई रोमानी कविता को तो सार्थक कविता के रूप में देखते हैं लेकिन शेष काव्य-प्रवृत्तियों को वे रुग्ण और शिल्पवादी खाते में डालकर उनका तिरस्कार ही करते हैं। अवश्य ही, इन कवियों ने कुछ कविताएँ चौंकाने की दृष्टि से लिखी हैं लेकिन कुछ के आधार पर पूरी काव्यवृत्ति का मूल्यांकन करना उचित नहीं है। राजकमल चौधरी या श्रीकांत वर्मा हिन्दी के उपेक्षणीय कवि नहीं हैं। श्रीकांत के मुहावरे ने तो कई कवियों पर दूर तक प्रभाव डाला है। परन्तु क्योंकि इस वर्ग के कवियों की कविताएँ न तो रणजीत के अभिप्रेत अर्थ में उद्देश्यपरक हैं, न उस अर्थ में पाठक का शिक्षण करती हैं, न ही सीधी-सपाट अभिव्यंजना शैली में हैं इसलिये उन्होंने इसे सिरे से ही खारिज कर दिया है। स्वयं रणजीत की कविताएँ हमें निरायास ही समझ में आ जाती हैं इसलिये रणजीत के निकट एक प्रतिमान ही यह हो गया है कि कविता सहज बोधगम्य होनी चाहिये। नागार्जुन और धूमिल उनके प्रिय कवि हैं। इसका प्रमुख रहस्य यही है कि इनकी काव्य-वस्तु भी सामाजिक-राजनीतिक है और कविताएँ भी सहज सम्प्रेष्य हैं। यद्यपि यहाँ यह कहना भी आवश्यक है कि इन कवियों की सीमाओं का प्रभावी निदर्शन भी रणजीत ने किया है और उसका महत्त्व असंदिग्ध है, लेकिन उनकी (याने रणजीत की) काव्य-दृष्टि इन सीमाओं के संदर्भ में कहीं भी अपना आत्मान्वेषण करती नहीं जान पड़ती।

डॉ. रणजीत की सहज-सम्प्रेष्यता की कसौटी पर शमशेर और मुक्तिबोध भी खरे नहीं उतरते इसलिये रणजीत इनके प्रति भी सहज नहीं हो पाते। शमशेर को तो वे लगभग खारिज किये बल्कि कहीं तो उनका उपहास किये भी चलते हैं। लेकिन क्या यह स्थिति एक कवि-आलोचक के लिये चिंत्य नहीं है? एक कवि जब बड़े कवि

के रूप में प्रतिष्ठा पा लेता है तो हम उस प्रतिष्ठा से चाहे आतंकित न भी हों यह अपेक्षा तो की ही जायेगी कि उसके महत् होने के रहस्य को हम भी समझने की चेष्टा करें, और उसके प्रति अपनी प्रतिक्रिया में संयत भी रहें। यदि उसकी कविता हमें रुचिकर नहीं है तो हम अपनी रुचि का संस्कार करें, न कि उस कविता को खारिज करे। आँखें बंद करने से सूर्यास्त नहीं हो जाता।

अवश्य ही, अपनी रुचि का संस्कार करते हुए डॉ. रणजीत ने मुक्तिबोध के प्रति अपनी अरुचि का शमन किया है और पुनर्पाठ पर उन्हें विचारणीय कवि पाया है। अपने एक निबंध 'मुक्तिबोध और अज्ञेय के काव्य बिम्ब' में उन्होंने दोनों कवियों की चुनी हुई कविताओं में प्रयुक्त बिम्बों के आधार पर कवियों पर विचार किया है। यह एक प्रकार से समाजशास्त्रीय पैटर्न पर साहित्य में की गई आलोचनात्मक पड़ताल है। इस तरह की आलोचना के उदाहरण हिन्दी में अभी विरल ही हैं। लेकिन बिम्बों की सांख्यिकी तक सीमित रह जाने के कारण उनके कई निष्कर्ष विश्वसनीय नहीं बन पड़े हैं। सैनिक जीवन के संबद्ध बिम्बों के आधार पर अज्ञेय के लिये कहना कि ये 'फौजी बर्बरता के प्रति अज्ञेय की असजगता' व्यक्त करते हैं या वैज्ञानिक बिम्बों के संदर्भ में यह कहना कि ये 'अज्ञेय की वर्तमान वैज्ञानिक युग के प्रति असंवदेनशीलता' दर्शाते हैं, नितान्त भ्रामक है। वास्तव में बिम्ब जैसा कि स्वयं डॉ. रणजीत ने भी लिखा है, 'काव्य-सौन्दर्य का एक उपकरण ही है, उसका पर्याय नहीं' इसलिये उसके आधार पर कोई निर्णय तभी विश्वसनीय हो सकता है जबकि समग्रतः कवि का अध्ययन भी पृष्ठभूत रहे। अज्ञेय का समग्र अध्ययन इन दोनों निष्कर्षों को और कुछ अन्यों को भी झुठलायेगा। यदि डॉ. रणजीत मुक्तिबोध और अज्ञेय को समग्रतः आयत्त करके और वस्तुनिष्ठ रहकर इस अध्ययन में प्रवृत्त होते तो यह प्रयत्न हिन्दी आलोचना का एक मूल्यवान दस्तावेज होता। अपने एक इसी प्रकृति के अन्य निबंध 'तार सप्तक : कितनी प्रगति कितने प्रयोग' में उन्होंने कवियों की जो सांख्यिकी पड़ताल की है, वह भी हमारा ध्यान आकर्षित करती है। उनका विवेचन यह भी दर्शाता है कि तत्कालीन आलोचक 'तार सप्तक' से जो भड़के थे, 'तार सप्तक' सम्पादक अथवा कुछ कवियों के प्रति उनका वैयक्तिक पूर्वाग्रह ही था, 'तार सप्तक' का सम्यक् अनुशीलन उन्होंने किया ही नहीं था। लेकिन यहाँ भी हम पाते हैं कि रणजीत की पड़ताल समग्र पर आधारित नहीं है, वह आंशिक ही है; और यह इस आंशिकता का ही परिणाम है कि अज्ञेय सबसे अधिक प्रयोगशील कवि हैं जबकि बिम्बों के सांख्यिकी विश्लेषण में वे परम्परावादी ठहरे थे।

मुझे ऐसे लगता है कि डॉ. रणजीत की लेखन पद्धति में एक अधीरता है। कविता लिखते हुए भी वे किसी घटना, प्रसंग, स्थिति, मुद्दे आदि के प्रति तत्क्षण प्रतिक्रियारत हो जाते हैं और आलोचनात्मक मंतव्य प्रकट करने में भी अधीरता ही बरतते हैं। हर स्थिति को सरलीकृत रूप में पाना चाहते हैं और सरलीकृत रूप में ही प्रेषित करना चाहते हैं। जिसे सहज नहीं पाया जा सकता, वह उनके निकट पाने योग्य ही नहीं होता। उसे तत्काल रद्द करने में भी संकोच नहीं करते। लेकिन इस स्वभाव के चलते किसी जटिल कविता में पैठ नहीं पाई जा सकती। इस अधीरता की वजह से ही उनके मूल्यवान आलोचनात्मक प्रयत्न अपनी पूर्णता नहीं पा सके। लेकिन यहीं यह तत्काल जोड़ना आवश्यक है कि जब भी कभी उन्हें अपनी गलती का अहसास होता है, वे अपना मत परिवर्तित करने में भी अपनी हेठी नहीं समझते। उनकी यह बौद्धिक ईमानदारी निश्चय ही उनका प्रशंसनीय गुण है। इसी वजह से वे मुक्तिबोध के प्रति पूर्वाग्रह से मुक्त हो सके हैं। और इसी वजह से उनके लिये प्रासंगिकता के सवाल को अलग ढंग से कुरेद पाना संभव हुआ है। प्रसाद के बरक्स प्रेमचन्द विकासमान परिवर्तन धारा से सम्पृक्त रहे थे, इसीलिये वे आज भी प्रासंगिक हैं। लेकिन रणजीत इससे सहमत नहीं होते। वे प्रतितर्क करते हैं कि कालिदास जो स्थायी साहित्य के सिंहासन पर मौजूद हैं, क्या वे भी परिवर्तन की विकासमान धारा से सम्पृक्त रहे थे? दूसरे, यह परिवर्तन धारा से सम्पृक्ति फिर लगातार प्रासंगिक बनाये क्यों नहीं रखती? कहीं ऐसा तो नहीं कि हम लोग भौतिक-सामाजिक परिप्रेक्ष्य की परिवर्तन-धारा के साथ जुड़ाव को विषय चयन के स्थूल धरातल पर लाकर देखने लगते हैं। असल में प्रासंगिकता का सवाल बहुत छोटा और बहुत समय तथा समूह सापेक्ष है, उसे साहित्य के स्थायित्व के अधिक बड़े सवाल के साथ जोड़कर देखना चाहिये। प्रासंगिक तो उचित समय पर बहुत साधारण रचाना भी बन जाती है, इसे कोई बड़ी मूल्यवत्ता नहीं दी जा सकती। पार्टी नीति में परिवर्तन के साथ भी प्रासंगिकता बदल सकती है। और बन सकती है।"

अपेक्षा यह होती है स्वयं डॉ. रणजीत उस साहित्य की कुछ गहराई से पड़ताल करते जिसे उन्होंने कभी विकासमान परिवर्तनधारा से सम्पृक्ति की वजह से ज्यादा मूल्यवान पाया था। अपेक्षा यह भी होती है कि अपने एक्टिविज्म के आग्रह के कारण उन्होंने अपने लेखन को भी प्रासंगिक बनाने की ही जो ज्यादा चिन्ता की है, वे उस पर भी पुनर्विचार करते। जहाँ रणजीत प्रासंगिकता की चिन्ता से पीड़ित नहीं हैं, वहाँ उन पर वैयक्तिकता हावी रही है; साहित्य-रचना के लिये अपेक्षित निर्वैयक्तिकता वे अर्जित नहीं कर सके हैं। इस निर्वैयक्तिकरण के लिए व्यक्तित्व के परित्याग की अपेक्षा नहीं होती, वैयक्तिक जीवन को वस्तुनिष्ठ दृष्टि से देखने

की अपेक्षा होती है। रणजीत को इस पहलू पर भी विचार करना होगा। उनकी बौद्धिक ईमानदारी के चलते यह भी उनके लिये कठिन नहीं होगा।

डॉ. रणजीत की इस ईमानदारी ने उनके चिंता-क्षेत्र को एक नया आयाम भी दिया है। यह कहा जा चुका है कि वे मूलतः मार्क्सवाद में आस्था रखने वाले लेखक हैं लेकिन साम्यवाद से मोहभंग का प्रभाव उनकी साहित्य-चिन्ता पर ही नहीं, समाज-चिंता पर भी आया है। इतिहास का दर्द काव्य-संग्रह में हम देखते हैं कि गांधीवाद के प्रति उनकी दृष्टि तिरस्कार की रही है। समाज को बदलने में व्यक्ति के अपने स्तर पर किये जाने वाले प्रयत्न को वे कोई महत्त्व नहीं देते। भूमिका में वे लिखते हैं—

जब तक समाज व्यवस्था में परिवर्तन नहीं आ जाता तब तक व्यक्तिगत रूप से ऐसा करने की कोशिश निष्परिणाम गाँधीवादी मूर्खता ही होगी।

स्पष्ट रूप से अपने प्रारंम्भिक काल में वे गाँधीवाद को सम्मान की दृष्टि से नहीं देख रहे थे। हिंसा से परहेज भी उन्हें नहीं था। लेकिन साम्यवाद से मोहभंग उन्हें जिस दिशा में ले गया है, वह बहुत कुछ गाँधीवादी-सर्वोदयवादी और पर्यावरणवादी दिशा है। सामूहिक प्रयत्नों को उन्होंने नकारा नहीं है। लेखकों के लिये संगठन की आवश्यकता वे आज भी महसूस करते हैं। हाँ! पार्टीबाजों का अंकुश उस पर नहीं चाहते लेकिन जहाँ सामूहिकता संभव या सुलभ नहीं है, वहाँ व्यक्तिगत प्रयत्न से भी पीछे नहीं हटते। बर्बर, अमानवीय और तर्कहीन, न्यायहीन व्यवस्था से वे अकेले लड़ते रहने का संकल्प भी व्यक्त करते हैं। इस दृष्टि से उनके संग्रह 'खतरे के कगार तक' में संग्रहीत 'नये साल का संकल्प' कविता विशेष पठनीय है। वे कहते हैं—"मैं लड़ूँगा/ लड़ता रहूँगा/ अकेला भी।" लक्ष्य करने की बात यह भी है कि यह लड़ाई अब वे हथियारों से लड़ना नहीं चाहते क्योंकि वे जान गये हैं और मान भी गये है कि यह सत्ता हथियारों से कभी परास्त नहीं होगी उन्हें हथियार उठाने के लिये मजबूर करके वह कर देगी हमारा भी राक्षसीकरण। कहने की आवश्यकता नहीं कि यह भी स्वयं में गाँधीवादी तार्किकता ही है। व्यापक संगठन, आन्दोलन, मीडिया आदि का ही नहीं, साहित्य का सहारा भी वे इस लड़ाई में लेना चाहते. हैं और उन्होंने लिया भी है, 'प्रगतिशील कविता के मील पत्थर', 'प्रतिश्रुत पीढ़ी', 'विश्व-काव्य के विद्रोही स्वर', 'खामोशी भयानक है' जैसे संग्रहों के सम्पादन को भी हम साहित्य के स्तर पर किये गये सामूहिक संघर्ष के रूप में देख सकते हैं। लेकिन इसके साथ-साथ विभिन्न संग्रहों में संकलित संघर्ष कविताएँ व्यक्ति के अकेले संघर्ष को भी सूचित करती हैं। 'हिन्दू नहीं हो सकते वे' जैसी पुस्तिका में संग्रहीत कविताएँ साम्प्रदायिकता के खिलाफ उनकी

संघर्षशीलता की ही साक्षी हैं। 'पृथ्वी के लिए' शीर्षक वाली कविता उनका पर्यावरण प्रेम और पर्यावरण-चिंता भी दिखा देती है। इस प्रकार, रणजीत की बौद्धिक ईमानदारी उन्हें गाँधीवाद के निकट लाई है। उन्होंने अकुंठित भाव से पीड़ित-दलित वर्ग के लिये, शोषित-स्त्रियों की मुक्ति के लिये और पर्यावरण की रक्षा के लिये जो संघर्ष किया है, वह गाँधीवादी संघर्ष ही है।

पीछे मैंने कहा है कि रणजीत मार्क्स से विमुख नहीं हैं, लेकिन यहाँ यह जोड़ा जा सकता है कि अपने जीवनानुभवों से उन्होंने पाया है कि जीवन में कुछ क्षेत्र ऐसे भी हैं जिनमें अपने विचारों के चरितार्थ रूप की, उसके परिणामी-रूप की, कल्पना मार्क्स नहीं कर पाया था। सर्वहारा की अधिनायकता के परिणाम और भौतिकवाद की अति के परिणाम ऐसे ही क्षेत्र रहे हैं। रणजीत ने इन पर भी विचार किया है। उन्होंने पाया कि अधिनायकता सर्वहारा वर्ग की भी भयावह ही रही है इसलिये तानाशाही, चाहे वह सर्वहारा की हो या सर्वसम्पन्न की, वामपंथ की हो या दक्षिण पंथ की, सिरे से ही अस्वीकार करने योग्य है। इसी तरह, उत्पादक शक्तियों का अनियंत्रित विकास भी उन्होंने स्वीकार नहीं किया है क्योंकि अंततः वह उपभोक्तावाद और बाजारवाद को ही बढ़ावा देता है और यह बढ़ावा मनुष्य-जाति के हित में नहीं है। अपने विचारों में और अपनी कविताओं में उन्होंने इन दोनों के विरुद्ध संघर्ष किया है। यह संघर्ष निरन्तर चल रहा है। अतः जैसा कि हमने प्रारंभ में कहा, अंत में भी दोहरा सकते है कि रणजीत मुख्यतः संघर्ष का कवि है।

—मोहनकृष्ण बोहरा

***

हमारे लिये प्रकाशस्तम्भ हैं डॉ. रणजीत

*** डॉ. दुर्गाप्रसाद अग्रवाल ***

हिन्दी प्रगतिशील साहित्यधारा के सुपरिचित हस्ताक्षर डॉ. रणजीत अपनी जीवन-यात्रा के अस्सीवें पड़ाव पर आ पहुँचे हैं। 20 अगस्त, 1937 को राजस्थान के भीलवाड़ा जिले के एक छोटे-से गाँव कटार में एक पंजाबी सिक्ख परिवार में जन्मे रणजीत की जीवन-यात्रा बेहद रोचक, रोमांचक और उतार-चढ़ावों से भरी रही है। इस तरह अर्जित जीवनानुभवों ने स्वभावतः उनकी सोच और सहित्य को समृद्ध किया है। उनके लेखन से गुजर कर ही इन वैविध्यपूर्ण अनुभवों के महत्त्व और प्रभाव को जाना समझा जा सकता है।

डॉ. रणजीत की अब तक तीस से अधिक पुस्तकें प्रकाशित हो चुकी हैं। जिनमें से दस से अधिक तो काव्य-संग्रह ही हैं। हिन्दी समाज ने उन्हें सबसे पहले जाना भी

एक कवि के रूप में ही है। 1964 में उनका पहला कविता संग्रह आया था—'ये सपने : ये प्रेत' और इसके बाद तो जैसे कविता-संग्रहों की एक शृंखला ही बनती चली गई। इतिहास का दर्द (1967), जमती बर्फ : खौलता खून (1968), इतना पवित्र शब्द (1985), झुलसा हुआ रक्तकमल (1986), पृथ्वी के लिए (1991), अभिशप्त आग (1993), खतरे के कगार तक (1999), जूझती संकल्पनाएँ (2008) और रणजीत : प्रतिनिधि कविताएं (2010)। इन मौलिक कविता-संग्रहों के अतिरिक्त डॉ. रणजीत ने अनेक कविता संकलनों का सम्पादन भी किया, जिनमें प्रमुख हैं प्रतिश्रुत पीढ़ी (1968), प्रगतिशील कविता के मील-पत्थर (1976), खामोशी भयानक है (पर्यावरण चेतना की कविताएं -1990), आधी दुनिया का उद्वेग (नारी संचेतना की कविताएं-1993). विश्व काव्य के विद्रोही स्वर (1993) और समकालीन कविता के बदलते सरोकार (1998)। यह बहुत स्वाभाविक है कि 1964 से अब तक फैले उनके रचना संसार में बहुत बदलाव आए हैं। उनकी कविताओं का रंग-रूप आज वैसा नहीं है जैसा शुरुआती दौर में था। लेकिन कुछ बदलावों के बावजूद उनकी कविता के सरोकार और उनका मूल स्वर आज भी वही है। उनकी कविताओं पर कभी की गई शिवदान सिंह चौहान की टिप्पणी मुझे आज भी प्रासंगिक लगती है। उन्होंने लिखा था, "रणजीत एक अनुभूति-प्रवण कवि हैं। उनकी अनुभूतियां मात्र वैयक्तिक नहीं, बल्कि एक मानी में देश और विदेश के हर पीड़ित, उपेक्षित और आक्रान्त व्यक्ति के साथ वे अपनापा महसूस करते हैं और उसके साथ स्वयं भी पीड़ा झेलते हैं। यह उनके सच्चे मानववाद का प्रमाण है। 'टोकियो में मजबूरन टूटी हुई एक हड़ताल' और 'लियोपोल्डविल में एक गिरफ्तारी' के प्रति उनका हृदय उतना ही संवेदनशील है जितना एक हिन्दुस्तानी लडक़ी की मजबूरियों के प्रति। हर अन्याय को देखकर उनके मन में आदि विद्रोही स्पार्टकस की याद ताजा हो जाती है और छह हजार गुलामों की लाशें उनके दिमाग में बिछ जाती है। ...प्रगतिशील काव्यधारा में रणजीत ने जो तरुण और सशक्त हस्ताक्षर जोड़ा है, वह अभिनंदनीय है।" एक अन्य टिप्पणी में डॉ. गणपति चंद्र गुप्त ने उन्हें आम प्रगतिवादियों से अलग एक समतावादी और मानववादी साहित्यकार बताया था और यह बात सही भी है। बेशक वे प्रगतिवादी हैं, लेकिन जड़ प्रगतिवादियों से उनकी पटरी कभी नहीं बैठी। फिर यह भी काबिले गौर है कि पूर्व समाजवादी शिविर के नेतृत्व की कई गलत नीतियों की आलोचना उन्होंने बाबा नागार्जुन की तरह ही निर्भय होकर की थी। वे बदलते समय की आहटों को सुनते और अपनी कविताओं में अंकित करते हैं। बहुत स्वाभाविक है कि हिन्दी समाज ने डॉ. रणजीत की कविताओं को बहुत संजीदगी से लिया है

और उस पर गंभीर चर्चाएँ की हैं। हिन्दी कविताओं के अनेक अध्ययनों में उनके काव्य-सृजन पर बहुत गंभीरता से विचार किया गया है। इतना ही नहीं, नागपुर विश्वविद्यालय से उनके कवित्व और व्यक्तित्व पर शोध कार्य कर श्रीमती कला मुंजे ने पी.एचडी. की उपाधि भी प्राप्त की है। श्रीमती मुंजे का यह शोध-प्रबंध साहित्य रत्नालय, कानपुर से प्रकाशित भी हो चुका है। उनके काव्य-संग्रहों को अनेक पुरस्कारों से भी नवाजा जा चुका है, जिनमें प्रमुख ये हैं 'इतिहास का दर्द' पर उत्तरप्रदेश शासन का पुरस्कार, 'पृथ्वी के लिए' पर बिहार राजभाषा विभाग का प्रभात पुरस्कार और उनके समग्र कृतित्व पर राजस्थान साहित्य अकादमी द्वारा विशिष्ट साहित्यकार सम्मान।

डॉ. रणजीत की रचनाशीलता का दूसरा आयाम है उनका आलोचनात्मक और शोध परक लेखन, जिसका सीधा रिश्ता उनके अध्यापन कर्म से जुड़ता है। जुलाई 1959 में एम.ए. करते ही उन्होंने उच्च कक्षाओं को पढ़ाना शुरू कर दिया। डूंगर कॉलेज बीकानेर से शुरू उनकी अध्यापन यात्रा पाली, उदयपुर और वनस्थली होती हुई राज्य की सीमाओं से बाहर निकल कर बांदा उत्तरप्रदेश जाकर थमी, जहां उन्होंने 1977 से 1992 तक अध्यापन किया और उसके बाद वे बांदा छोडक़र सीतापुर चले गए। साहित्य के अध्यापक के अपने कर्म के विस्तार के रूप में उन्होंने अपने शोध-प्रबंध 'हिन्दी की प्रगतिशील कविता' और कुछ अन्य पुस्तकों जैसे 'हिन्दी के प्रगतिशील कवि' तथा 'प्रगतिशीलता और अभिव्यक्ति की स्वाधीनता' के रूप में हिन्दी की प्रगतिशील कविता को समझने-समझाने के लिए अपना मूल्यवान सहयोग प्रदान किया। मुझे रणजीत के गद्य लेखन की सबसे बड़ी विशेषता यह लगती है कि वह महज काव्यालोचना तक ही सीमित नहीं हैं। उन्होंने हमारे समय और जीवन से जुड़े बहुत सारे मुद्दों को अपने लेखन का विषय बनाया है। यही देखिए कि वे पर्यावरण और विकास पर भी लिखते हैं तो सांप्रदायिकता, धर्म और बर्बरता तथा जातियों के मकडज़ाल को भी अपने लेखन का विषय बनाते हैं। अगर वे शहीद-ए-आजम भगतसिंह के चुने हुए लेखों और पत्रों का संकलन कर उसे छपवाते हैं तो हिन्दी प्रगतिशील आंदोलन के एक संगे-मील बांदा सम्मेलन के दस्तावेजों को भी सामने लाते हैं। इस तरह उनका वैदुष्य किसी एक सांचे और खाँचे में बंधा न रहकर जीवन के विविध क्षेत्रों तक पहुँचता है।

आज भले ही डॉ. रणजीत सक्रिय अध्यापन से मुक्त हो चुके हैं, अपनी कलम से वे अभी भी निरन्तर समाज शिक्षण का काम कर रहे हैं। हाल में उन्होंने धर्म और बर्बरता, सांप्रदायिकता का जहर और भारत के प्रख्यात नास्तिक जैसी अत्यधिक महत्त्व की पुस्तकों का सम्पादन कर समाज में वैज्ञानिक चेतना के प्रसार की दिशा

में बहुत बड़ा कदम उठाया है।

डॉ. रणजीत की उपस्थिति हम सबके लिए एक प्रकाश स्तम्भ की मानिंद है और इस अवसर पर यही कामना की जा सकती है वे इसी तरह सक्रिय बने रहें और शतायु हों।

—डॉ. दुर्गाप्रसाद अग्रवाल

26

दो संस्मरण

एक : प्रगतिशील वैचारिकता को समर्पित साहित्यकार

*** डॉ. मलखान सिंह सिसोदिया ***

जहाँ तक याद पड़ता है सातवें दशक की बात है, मुझे जयपुर से एक अप्रत्याशित पत्र मिला। लेखक थे रणजीत, जिन्हें मैं न जानता था, न उनके विषय में सुना ही था। पत्र में उन्होंने लिखा था कि वे प्रगतिशील कवियों पर पुस्तक लिख रहे हैं, जिसके लिए उन्हें मेरे कविता-संग्रह 'बंगाल के प्रति और अन्य कविताएँ' की आवश्यकता हैं। मेरे पास उसकी कोई प्रति नहीं थी, सब साहित्यिक मित्रों को बाँट दी थी। मैंने उन्हें लिख दिया कि मेरे पास संग्रह की कोई प्रति उपलब्ध नहीं हैं। अपने पत्र के साथ उन्हें अपनी कुछ अप्रकाशित कविताएँ भेज दी। पर्याप्त लम्बे समय के बाद उनका एक अन्य पत्र मुझे मिला जिसमें यह सूचना थी कि उन्हें मेरे उक्त कविता-संग्रह की प्रति जयपुर के किसी कॉलेज के पुस्तकालय में मिल गयी जिससे उनका काम चल गया।

कुछ वर्षों बाद उन्होंने मुझे सूचना दी कि उनका ग्रंथ 'हिन्दी के प्रगतिशील कवि' जन प्रकाशन गृह से प्रकाशित हो गया है। मैं चाहूँ तो मंगा लूँ। मैंने उसे तुरन्त मंगा लिया और देखा कि वह अच्छा-खासा महत्त्वपूर्ण ग्रंथ था और उसमें उस काल के सभी छोटे-बड़े कवियों की कविताओं की परिचयात्मक समीक्षा थी। ऐसे कवियों की कविताओं के विषय में भी जानकारी दी गयी थी जिनका कोई संग्रह प्रकाशित नहीं हो सका था। प्रगतिशील कवियों पर वह पहला और आधिकारिक ग्रंथ था जिसे रणजीत ने बड़ी खोज और मेहनत से लिखा था। वह ग्रंथ उस काल में तो साहित्य में बहुत चर्चित रहा ही था, बाद को भी उसका उल्लेख किया जाता रहा। उसके कुछ वर्षों के बाद उन्होंने उसका दूसरा संस्करण 'हिन्दी के प्रगतिशील

और समकालीन कवि' नाम से प्रकाशित कराया। दोनों ही ग्रंथों में उन्होंने मेरी कविताओं को समुचित स्थान दिया। इस प्रकार प्रगतिशील आलोचना में मेरी कविताओं को सर्वप्रथम महत्त्वपूर्ण स्थान देने का श्रेय उनको ही है।

इन दोनों ग्रंथों से मैं जान सका कि प्रगतिशील वैचारिकता में उनकी पूरी निष्ठा है और वे उससे विचलित नहीं होते। उनकी दूसरी विशेषता जो मैं जान सका वह यह है कि वे जिस विषय पर भी कलम चलाते हैं उसे बड़े परिश्रम से और खोजपूर्वक लिखते है। उसका प्रमाण अभी दो वर्षो पूर्व दो खण्डो में प्रकाशित उनका ग्रंथ 'आजादी के परवाने' है, जिसमें देश की आजादी के लिये अंग्रेजी शासन से संघर्ष करते हुए अपने को बलिदान करने वाले टीपू सुल्तान और उससे पूर्व के किसान विद्रोही शमशेर अली से लेकर अब तक के शहीदों (क्रान्तिकारियों सहित) की विभिन्न लेखकों द्वारा लिखित जीवनियाँ हैं। इस कार्य में उन्हें कितनी खोज और मेहनत करनी पड़ी होगी, यह समझा जा सकता है। एक प्रकार से वह अंग्रेजों के विरुद्ध भारतीयों के संघर्ष का पूरा इतिहास है। उनके समान लगनशीलता मुझे बहुत कम लेखको में देखने को मिली है।

राजस्थान से, जहाँ वे कई वर्ष वनस्थली विद्यापीठ में रहे, वे बाँदा पी.जी. कॉलेज में हिन्दी विभागाध्यक्ष होकर चले गये, वहाँ पर उनको सुप्रसिद्ध प्रगतिशील कवि केदारनाथ अग्रवाल का सहयोग मिला और वहाँ उन्होने अखिल भारतीय प्रगतिशील हिन्दी साहित्यकार सम्मेलन का आयोजन किया, वह सम्मेलन बहुत सफल रहा और लम्बे समय तक उसकी चर्चा होती रही, उसमें उस समय के सभी प्रमुख प्रगतिशील लेखकों-कवियों ने भाग लिया था। मैं अपनी अस्वस्थता के कारण उसमें भाग नहीं ले सका था किन्तु मेरे पूर्व शिष्य रमेश रंजक ने उसमें भाग लिया था। उन्होंने मुझे बतलाया था कि रणजीत ने प्रगतिशील कवियों संबंधी अपनी रिपोर्ट में मेरे नाम का भी उल्लेख किया था। उसके बाद जयपुर में रहने वाले डॉ. विश्वम्भर उपाध्याय के सहयोग से उन्होंने उत्तर प्रदेश प्रगतिशील लेखक संघ का सम्मेलन भरतपुर में आयोजित किया था। उस समय उसके सचिव ललित मोहन अवस्थी थे। उसका समापन सत्र उन्होंने मेरी अध्यक्षता में सम्पन्न कराया था जिसकी रिर्पोट दक्षिण भारत की प्रसिद्ध पत्रिका 'कल्पना' में प्रकाशित हुई थी।

बाँदा के बाद वे सीतापुर चले गये जहाँ पर सुधाजी पी.जी. कॉलेज में सेवारत थी वहां भी उनकी गतिविधियाँ चलती रही। इस प्रकार वे जहाँ भी रहे—जयपुर, बाँदा या सीतापुर उनकी सक्रियता बराबर चलती रही। बांदा सम्मेलन के बाद वे अफ्रेशियन लेखक संघ की तरफ से भारत के सोलह अन्य लेखकों के साथ

प्रतिनिधि के रूप में सोवियत संघ एक महीने के लिए भेजे गये। वे प्रसिद्ध क्रान्तिकारी साथी शिव वर्मा स्मृति संस्थान से भी जुड़े और उन्होंने भारत के स्वतंत्रता संग्राम का सम्पूर्ण इतिहास लिखने की कोशिश की, किन्तु स्वतंत्रता सेनानियों का आवश्यक सहयोग न मिलने के कारण उनकी वह योजना पूरी नहीं हो सकी।

प्रगतिशील लेखक आन्दोलन की अनेक गतिविधियों में प्रमुखता से भाग लेते हुए वे लेखन भी करते रहे और उनकी काव्य आलोचना, इतिहास आदि से संबंधित दो दर्जन से अधिक पुस्तकें प्रकाशित हुईं। उन्हें कई उल्लेखनीय पुरस्कारों से नवाजा गया, जिनमें सोवियत लैड नेहरू पुरस्कार एवं राजस्थान साहित्य अकादमी का विशिष्ट साहित्यकार सम्मान आदि शामिल हैं। उनकी प्रसिद्ध पुस्तकों में हिन्दी की प्रगतिशील कविता, विश्व काव्य के विद्रोही स्वर, अभिशप्त आग और इतिहास का दर्द आदि के नाम लिये जा सकते हैं।

डॉ. रणजीत से मेरा सम्पर्क जो सातवें दशक से शुरू हुआ वह आज भी अपनी जगह है। वे एक बार एटा के पी.जी. कॉलेज में एम.ए. की मौखिकी के लिए आये थे और मेरे पास ठहरे थे। उनके सम्मान में कॉलेज के प्राध्यापकों ने एक काव्य गोष्ठी रखी थी। उसके बाद जहां रहे उन्होंने मुझसे किसी न किसी रूप में सम्पर्क रखा है। अब जब मैं वृद्वावस्था में बेटे के पास सिकन्दराबाद आ गया हूँ तब भी ऐसा संयोग है कि वे भी सुधाजी के सीतापुर से अवकाशग्रहण करने के बाद सिकन्दराबाद आ गये। यहाँ आने के बाद वे और सुधाजी मुझसे मिलने आये। उनके ग्रंथ 'आजादी के परवाने' के संबंध में जो विचार गोष्ठी कादम्बिनी क्लब की अध्यक्षा डॉ. अहित्या मिश्रा ने आयोजित की थी उसकी अध्यक्षता उन्होंने मुझसे करायी थी। इसे संयोग ही कहें कि उनका मेरा सम्पर्क और संबंध आज भी कायम है और आगे भी बना रहेगा। ऐसा मेरा विश्वास है। हालांकि मैं 88 वर्ष की उम्र में अपने जर्जर स्वास्थ्य के चलते कहीं आने-जाने में असमर्थ हूँ किन्तु वे अभी स्वस्थ और सक्रिय हैं। मैं कामना करता हूँ कि वे लम्बे समय तक सक्रिय बने रहें और शारीरिक रूप से न सही मानसिक रूप से तो अपनी सक्रियता से मुझे भी निष्क्रिय नहीं होने दे। वे जीवित होने का अहसास मुझमें बचाये हुए हैं।

रणजीत के व्यक्तित्व की बहुत बड़ी विशेषता उनकी सहजता है। उनमें किसी प्रकार का भी अहम नहीं है, वे किसी पर अपने साहित्यिक कृतित्व का प्रभाव डालने की कोशिश नहीं करते। प्रारम्भ से ही उन्होंने अपना नाम केवल 'रणजीत' लिखा है। उसके आगे न अपनी विद्वता की कोई सूचना देते है न अपनी जाति की। मिलने-जुलने और बातचीत में भी छोटे-बड़ों से बहुत सादगी का समान व्यवहार

करते हैं। सामान्य मिलने-जुलने वाले की तरह वे सुधाजी के साथ मिलने पहुँच जाते है और अपनी विशिष्ठता का किंचित भी अनुभव किसी को नहीं होने देते हैं। वे स्पष्टवादी हैं। किसी प्रकार का दोहरापन उनके व्यक्तिव में नहीं है।

—डॉ. मलखान सिंह सिसोदिया

दो : बाँदा वाले रणजीत

*** रमेश जोशी ***

बात बेंगलूरु की है संभवत: 2008. नया शहर, नितांत अलग भाषा और दूरियाँ। सत्संग का अभाव। एक दिन राजस्थान पत्रिका में शहर के हृदय स्थल टाउन हॉल के पास एक प्रेक्षागृह में हरे कृष्ण परेशान की कविता पुस्तक के लोकार्पण का समाचार पढ़ा। यहाँ किसी हिंदी की साहित्यिक गतिविधि में शामिल होने के लालच नें किसी तरह बस से आयोजन स्थल तक पहुँचा दिया। विमोचन से पूर्व कविगोष्ठी में मैंने भी एक ग़ज़ल कही। कार्यक्रम के अंत में जब डिनर चल रहा था तो बुल्गानिन कट (आजकल की अमिताभ बच्चन कट) दाढ़ी में एक ऊँचे छरहरे बदन के गौर वर्ण, शालीन सज्जन मेरे निकट आए और बोले—तुम्हारी ग़ज़ल अच्छी थी। जब मैंने उनसे उनका नाम जानना चाह तो बोले—रणजीत।

मैंने पूछा— क्या बाँदा वाले डॉ. रणजीत?

बोले— हाँ।

अचानक 1960 में पहुँच गया। तब तक अध्यापन से जुड़ गया था। 1962 के नवंबर में राजस्थान के सवाई माधोपुर वाली सीमेंट फेक्ट्री की खदानों के मिडिल स्कूल में कार्यरत था। तभी भारत-चीन का सीमा विवाद युद्ध के रूप में बदला। उन्हीं दिनों पिताजी से एक युवा सामाजिक कार्यकर्ता रणजीत के बारे में सुना जिसे मानवीय और सोद्देश्य सामाजिक साहित्य की अच्छी समझ थी। उन्हीं दिनों हमारे अंचल में एक उच्च स्तरीय अपराध हुआ जिसमें कई विशिष्ट लोग शामिल थे। एक नौसिखिये पत्रकार ने बिना पुख्ता साक्ष्य जुटाए सीधे-सीधे नाम लेते हुए समाचार छाप दिया। फँस गए; किसी तरह माफी माँगकर जान बचाई। लेकिन रणजीत ने अपने साप्ताहिक समाचार पात्र 'राहुल' में वही समाचार अलाउद्दीन खिलजी और पद्मिनी के रूपक की आड़ में छापा। सभी समझ भी गए।

तभी से दिमाग में रणजीत बैठे हुए थे। इस अचानक साक्षात्कार ने फिल्म की कई रीलें एक साथ घुमा दी। धर्मयुग में भवानी बाबू की कविता 'मैं गीत बेचता हूँ' की पैरोडी नहीं बल्कि उसी शैली में रणजीत की एक सशक्त रचना और 'मर्लिन मुनरो का अंतिम पत्र' कौंध गए। इसी सन्दर्भ में मधुमती में उनकी रचना 'काकरोच' याद आई जिसके नीचे नेहरू कॉलेज बाँदा का पता था। तभी से बाँदा

रणजीत के साथ दिमाग में चिपक गया।

आज वही बाँदा वाले रणजीत सामने थे।

फिर तो मिलने-जुलने का सिलसिला चल निकला। वे अपने बेटे के पास रह रहे थे और मैं भी अपने बेटे के पास गया हुआ था। बंगलुरु में बहुत से सुने, पढ़े, जाने, अनजाने बुजुर्ग लोगों से मिलना-जुलना ऐसे ही संदर्भों में होता है। सभी अपने आई. टी. क्षेत्र से जुड़े हुए बेटे-बेटियों के पास आए हुए होते हैं। तब मैं 66 का और वे 71 वर्ष के थे। इसके बाद तो वहाँ के एक सुपरिचित संयोजक ज्ञानचंद मर्मज्ञ (साहित्य साधक मंच) के कार्यक्रमों में मिलना होता रहा। अब भी उनसे जीवंत संपर्क बना हुआ है।

डॉ. रणजीत मेरे अग्रज तुल्य हैं। उनसे परिचय ने मुझे कहीं न कहीं बेहतर बनाया है। एक कवि होने से पहले रणजीत एक भले, ईमानदार और संवेदनशील इंसान हैं। ऐसा मेल कम ही मिलता है। लोग बात करते हैं वसुधैव कुटुम्बकम की और सर फोड़ डालते हैं सगे बाप का। जातीय और धार्मिक विद्‌वेष तो सामान्य बात है।

मुझे अपने बंगलूरु प्रवास के दौरान और अन्यथा फोन पर बातचीत में उनका सत्संग प्राप्त होता रहता है। उनकी सोच और रचना में किसी तरह की दुविधा और दुचित्तापन नहीं है। उनकी रचनाओं को किसी वाद या विचारधारा का चश्मा लगाकर न तो समझा जा सकता है और न ही ऐसा करने की कोशिश करनी चाहिए अन्यथा उनके साथ अन्याय होने की संभावना हो सकती है।

नारी को पश्चिम में ही नहीं 'यत्र नार्यस्तु...' के दर्शन का दावा करने वाले समाज में भी सम्मान के नाम पर उसका शोषण ही किया गया है। 'मर्लिन मुनरो के अंतिम पत्र' में वे उसे एक सेक्स सिम्बल नहीं बल्कि एक व्यक्ति और ग्लेमर के नाम पर शोषित की गई आत्मा के रूप में देखते हैं और उसकी अंतरात्मा में प्रवेश करके उसमें बैठी एक सामान्य बालिका की सहज और स्नेहिल कामना का साक्षात्कार करते हुए बकौल मुनरो लिखते हैं—

मैंने इस छोटे से जीवन में बहुत कुछ पाया है।
पैसा, प्यार, शोहरत, इज्जत सब-कुछ
दस लाख डॉलर का बैंक बैलेंस
बेवर हिल्स पर एक शानदार कोठी
दसियों कारें
और लाखों लोगों के आकर्षण का केंद्र
यह शरीर !

मैंने अपने इस छोटे से जीवन में बहुत कुछ पा लिया है।
सिर्फ एक छोटी सी इच्छा शेष है
कि कोई बिलकुल अजनबी व्यक्ति
बिना मेरी शोहरत और सुंदरता से प्रभावित हुए
बिना जाने कि मैं हॉलीवुड कि रानी मुनरो हूँ
मुझे एक आइसक्रीम खिला देता
या सहज स्नेह से सिर्फ मेरे गाल थपथपा देता।

कितना बालोचित मन है, जिसे देह, विज्ञापन और व्यापार ने निर्दयता से नीलामी पर चढ़ा दिया। यही नियति हम आम्रपाली के लिए भी देखते हैं। द्रौपदी को भी क्या यही नहीं झेलना पड़ा था?

इसी तरह उनकी 'पृथ्वी के लिए' कविता में भी प्रकारांतर से यही निर्दय लालच नजर आता है। माता पृथिवी... के पुत्रों का यह कैसा मातृ प्रेम है? हालांकि सभी जानते हैं कि प्रकृति के अबाध शोषण का परिणाम हमारे स्वयं के विनाश में होगा लेकिन लालची और स्वार्थी में इतना धैर्य और विवेक कहाँ? इसका विकल्प है अपने हिस्से से ज्यादा की कामना न करना। ऋग्वेद तो कहता है कि शांति, स्वतंत्रता और आनंद के लिए अपने भाग से संतुष्ट रहे—

सं गच्छध्वं सं वदध्वं, सं वो मनांसि जानताम्।
देवा भागं यथा पूर्वे संजानाना उपासते।।

अर्थात् हे मनुष्यों ! मिलकर चलो, मिलकर बोलो। तुम्हारे मन एक प्रकार से विचार करें। जैसे प्राचीन देवों या विद्वानों ने एकमत होकर अपने-अपने भाग को स्वीकार किया। इसी प्रकार तुम भी एकमत होकर अपना भाग स्वीकार करो।

ऐसे लालची समय में बाँदा वाला रणजीत ही कह सकता है—

शांति से मरूंगा मैं
मेरे मन में धधक नहीं रही है कोई ईर्ष्या की आग
नहीं धुंधवा रही है कोई लोभ की लकड़ी
न उसमें जाले ही बुनती है कोई
महत्वाकांक्षा की मकड़ी
केवल एक दिया जलता है आत्म सम्मान का
अपने मनुष्य होने के ध्यान का

जिस भारत माता का जैकारा लगवाने के लिए देश-भक्तों को किसी का सर फोडऩा पड़ता है वह भारत माता किस तरह रणजीत के क्षण-क्षण, कण-कण और रोम-रोम में उतर आती है। उसे उसकी कविता 'मेरा देश' पढक़र ही समझा जा

सकता है—

मेरे देश आसमान की ओर देख कर
नाचते हुए मोर के उल्लास में
चातक की पिऊ-पिऊ में
कोयल की कुहू-कुहू में
चक्की की घर्घर में
चरखी की चूँ-चूँ में
खिचड़ी की खदबद में
कुकर की विशल में
आल्हा की तान में
अल सुबह मस्जिद से आती हुई अजान में
मैं तुम्हें सुनता हूँ।

—रमेश जोशी

***

27

दो संवाद

एक : स्वतंत्र चिन्तन की आग है यह

कवि डॉ. रणजीत से नीरज मिश्र की बातचीत

डॉ. रणजीत हिन्दी के प्रतष्ठित प्रगतिशील साहित्यकार है। उनका जन्म 20 अगस्त, 1937 के दिन राजस्थान के भीलवाड़ा जिले में एक छोटे से गांव कटार में हुआ था। 1959 में महाराजा कॉलेज, जयपुर से हिन्दी में एम.ए. करने के बाद वे प्राध्यापक हो गये। बीकानेर, पाली, उदयपुर और वनस्थली विद्यापीठ में प्राध्यापन कार्य करने के पश्चात् 1970 से वे बांदा के जवाहरलाल नेहरू स्नातकोत्तर महाविद्यालय में हिन्दी विभाग के रीडर अध्यक्ष होकर आ गये। 1992 से वे सीतापुर के आर.एम.पी. महाविद्यालय में हैं। उनके सात काव्य-संकलन, सात संपादिन काव्य संकलन, दो कहानी संकलन, चार समीक्षा ग्रंथ और एक सामाजिक-राजनीतिक लेखों का संकलन तथा एक पर्यावरण सबन्धी लेखों का सम्पादित संकलन अब तक कुल बाईस पुस्तकें प्रकाशित हो चुकी हैं। उन्हें अपने काव्य-संकलन 'इतिहास का दर्द' पर 1969 का उत्तर प्रदेश शासन पुरस्कार, समीक्षा पुस्तक 'हिन्दी की प्रगतिशील कविता' पर 1971 का सोवियत लैड नेहरू पुरस्कार तथा 1984 का राजस्थान साहित्य अकादमी का विशिष्ट साहित्यकार सम्मान प्राप्त हो चुका हैं। 1973 में अल्माअता सोवियत संघ में आयोजित पाँचवें अफ्रीकी एशियाई लेखक सम्मेलन में वे भारतीय भाषाओं के अन्य 16 लेखकों के साथ भारत का प्रतिनिधित्व कर चुके हैं। इसके पूर्व के वरिष्ठ कवि केदारनाथ अग्रवाल के साथ 1972 में प्रगतिशील हिन्दी साहित्यकरों के एक अखिल भारतीय ऐतिहासिक बांदा सम्मेलनों का संयोजन कर चुके थे। 75 से 80 तक वे राष्ट्रीय प्रगतिशील लेखक महासंघ की राष्ट्रीय परिषद के सदस्य रहे पर

उसके जबलपुर अधिवेशन में चोकोस्लोवाकिया और अफगानिस्तान में सोवियत हस्तक्षेप के विरोध तथा कुछ अन्य सोवियत नीतियो से असहमति के कारण इस संघ से अलग हो गये। डॉ. रणजीत हिन्दी के ऐसे प्रगतिशील साहित्यकार है 'हिन्दी साहित्य का वैज्ञानिक इतिहास' के अनुसार जिन्होंने न केवल प्रगतिवाद की सीमाओं को पहचाना है बल्कि उनके विरुद्ध काव्यामत्क प्रतिक्रियाओं के कारण जो कट्टर प्रगतिवादी आलोचकों द्वारा बिरादरी बाहर भी माने गये हैं वास्तव में वे मानवीय स्वाधीनता समता और न्याय के लिए संघर्षरत एक संवेदनशील मानववादी साहित्यकार हैं। यहाँ प्रस्तुत है नीरज मिश्र के साथ उनकी बातचीत।

- आपके अब तक कौन-कौन से काव्य संकलन प्रकाशित हो चुके हैं?

मेरा पहला काव्य-संकलन 1964 में प्रकाशित हुआ था 'ये सपने : ये प्रेत'। उसके बाद 1966 में 'जमती बर्फ खौलता खून' 1967 में, 'इतिहास का दर्द' 1985 में, 'एक पवित्र शब्द' 1986 में, 'झुलसा हुआ रक्त कमल' 1991 में, 'पृथ्वी के लिए' तथा 1993 में 'अभिशप्त आग' प्रकाशित हो चुका है।

- झुलसा हुआ रक्त कमल बड़ा विचित्र शीर्षक है। ऐसा शीर्षक आपने इस काव्य-संकलन को क्यों दिया?

यह मेरी राजनीतिक कविताओं का, मुख्यतः उन कविताओं का संकलन है जो मैंने उन दिनों, जब साम्यवादी शिविर दृढ़तापूर्वक स्थापित था, साम्यवाद के अन्तर्विरोधों पर लिखी थीं। ये कविताएँ मैने चेकोस्लोवाकिया और अफगानिस्तान में रूसी हस्तक्षेप, पोलेण्ड में स्वतंत्र मजदूर आन्दोलन सोलिडरिटी की स्थापना आदि घटनाओं से उद्वेलित होकर लिखी थी। इन घटनाओं को देखकर मुझे लगा था कि बोल्शेविक क्रांति गलत दिशा में जा रही है, उसका रक्तकमल झुलस गया था, एक स्वप्न-भ्रंशता की स्थिति को व्यक्त करने के लिए मैंने उस संकलन को झुलसा हुआ रक्त कमल कहा था।

- और अभिशप्त आग?

मेरी 92 तक की कविताओं के प्रतिनिधि संकलन को वह नाम हिन्दी के वरिष्ठ साहित्यकार अमृतराय ने मेरी ही एक छोटी कविता के आधार पर दिया हैं। यह अभिशप्त आग चेतना की आग है, स्वतन्त्र चिन्तन की आग है। उसके सम्बन्ध में इधर-उधर की बाते करने से अच्छा है कि मैं वह सरल छोटी-सी कविता आपको सुना दूँ। कविता है—

कितने सुखी है वे
सुखी और सन्तुष्ट
जो हर रोज अपने मालिकों के लिए मेहनत करते है

और उसे फर्ज कहते है
और वे
जो हर साँझ किसी पत्थर या
पोथी के सामने नाक रगड़ते हैं
और उसे धर्म कहते हैं
और वे
जो हर रात किसी औरत के साथ
सोकर गुजारते है
और उसे प्यार कहते हैं
और वे
जो हर बार अपनी सरकारों के लिए शस्त्र
उठाते हैं।
और उसे देशभक्ति कहते हैं।
लेकिन मैं?
उफ ! मेरे भीतर यह कौन-सी अभिशप्त
आग जल रही है?

- कविता में आप सपाट बयानी और बिम्ब धर्मिता में से किसे अधिक महत्त्व देते हैं?

आचार्य रामचन्द्र शुक्ल जी जैसे वस्तुवादी समीक्षक तक ने कविता की भाषा को बिम्बात्मक भाषा कहा है। लेकिन कविता केवल बिम्बों से नहीं बनती उसकी कुछ विषय-वस्तु भी होती है। यह विषय-वस्तु होती है कोई विचार या भाव या कोई उदात्त कल्पना। समकालीन कविता में नई कविता की तुलना में सपाट-बयानी अधिक है पर मुझे नामवरजी का उसे कविता के नये प्रतिमान की तरह प्रस्तुत करना कभी सही नहीं लगा। सपाट बयानी ऐसे ही युगों में महत्त्वपूर्ण होती है जब अधिकांश कवि एक रहस्यमयी अस्पष्ट और अमूर्त शैली अपना लेते हैं। आज तो अधिकतर कवि अपनी बात स्पष्टता से कह रहें है तो सपाट बयानी कौन बड़ी बात है। मैं इसके बजाय जिस चीज को महत्त्व देता हूँ वह सटीक कथन — बेलौस ढंग से तराशे नुकीले शब्दों और बिम्बों में अपनी बात कहना।

- समकालीन कविता का मुख्य स्वर आपके विचार से क्या हैं?

समकालीन या साठोत्तरी कविता का मुख्य स्वर प्रारम्भ से ही सामाजिक, यथार्थवादी या प्रगतिशील रहा हैं। हाँ, सातवें दशक में उसके साथ-साथ एक रूग्णतावादी, नग्नतावादी, विसंवादी स्वर भी अकविता या भूखी नंगी पीढ़ी के

नाम पर उभरा, पर उसी दशक में वह इतिहासगत हो गया। आज की समकालीन कविता समग्र जीवन की प्रगतिशील व जनवादी कविता है। व्यवस्था विरोध का और विद्रोह का स्वर उसका मुख्य स्वर है। अब जगदीश चतुर्वेदी या मोना गुलाटी की कविताओं को कोई पगला ही समकालीन कविता कहेगा।

- आप लेखक की प्रतिबद्धता में विश्वास करते रहे है। अब आपने अपना दृष्टिकोण कुछ बदला है क्या?

नहीं। पर शुरू से ही मैं 'प्रतिबद्धता' शब्द को पसंद नहीं करता। इसीलिए मैंने समकालीन कविता के अपने संकलन का नाम 'प्रतिश्रुत पीढ़ी' रखा था। इसमें मृत्युंजय, निरंजन महावर, जुगमंदिर तायल, अजित, पुरुकल कुमारेन्द्र, पारसनाथ सिंह, श्यामसुन्दर घोष, राजीव सक्सेना और रणजीत की कविताएँ संकलित थी। उसे मैंने प्रतिश्रुत पीढ़ी नाम दिया था। प्रतिबद्धता शब्द में एक बंधन का, एक बाध्यता का भाव हैं जबकि प्रतिश्रुति स्वयं अपने आपसे की गयी एक प्रतिज्ञा है जिसमें कोई बाहरी बाध्यता नहीं है। प्रतिश्रुति लेखक का अपना चयन है पर यह प्रतिश्रुति मेरे सामने कभी किसी दल या विचारधारा की नहीं रही, मेरी प्रतिश्रुति किसी पार्टी या सत्ता के प्रति नहीं मानवता के प्रति, समस्त मानव जाति के प्रति, इस पृथ्वी की रक्षा के प्रति, किन्हीं उच्चतर मानव मूल्यों के प्रति है। मेरी प्रतिश्रुति का गीत की अंतिम पंक्तियाँ है—

मैं अपने परिवेश की विरूपताओं को देखता हूँ। पर मैं सिर्फ उन्हें ही नहीं देखता। और न उनके गौरव गायन में ही। अपनी कविताओं को लगाता हूँ। मैं उन विरूपताओं की लपटों के बीच। प्रहलाद की तरह सिर उठाये हुए सौन्दर्य को भी देखता हूँ। और उन संगतियों को भी जो इन असंगतियों की काई फाड़कर झाँक जाती है। मैं अपने चारों ओर फैली हुई संक्रान्ति से नहीं। उसके बीच से अपने नक्श उभरतीं हुई। क्रान्ति से प्रतिश्रुत हूँ। अस्तित्व की बेहूदगियों के नीचे बहती हुई। सार्थकता की उस अन्त सलिला का कवि हूँ। जो पाताल तोड़ कुएँ के रूप में फूट पड़ना चाहती है। मैं उसकी मुक्ति के लिए संकल्पित हूँ।

- इधर आपकी कविताओं के मुख्य सरोकार क्या हैं?

समाजवाद के सोवियत नमूने के ढह जाने के बाद मेरी चिन्ता का मुख्य विषय है एक ऐसे समाजिक ढाँचे की खोज जिसमें मानव-जाति के वे तीनों मुख्य आदर्श मूर्त हो सकें जो फ्रांसीसी राज्य क्रान्ति की प्रेरणा थे। मनुष्य मात्र की स्वतन्त्रता, सभी मनुष्यों के बीच समानता और भाईचारा। एक ऐसी समाज व्यवस्था की खोज जहाँ न तो एक वर्ग के द्वारा दूसरे वर्ग का शोषण और दमन हो और न राज्य सत्ता द्वारा साधारणजन का दलन। सभी मनुष्य समान और स्वतन्त्र हों और

इन्सानी भाईचारे के साथ सुखी और स्वस्थ जीवन जी सके। इस खोज में गाँधी और अम्बेडक़र भी उतने ही सहायक हो सकते हैं जितने लोहिया और जयप्रकाश या मार्क्स और माओत्से तुंग। भारतीय संदर्भ में विवेकानन्द और भगत सिंह कम प्रासंगिक नहीं है।

और मेरी चिन्ता का दूसरा मुख्य विषय है। आणविक युद्ध या दुर्घटनाओं से, अन्धाधुंध उद्योगीकरण से इस विश्व में मनुष्य के एकमात्र आवास इस पृथ्वी के पर्यावरण या परिवेश का विनाश। देश में बढ़ती हुई वधू दहन की घटनाएँ और बाबरी मस्जिद को जबरदस्ती से राममंदिर में बदलने की फासिस्ट साम्प्रदायिकता भी मेरे उद्वेलन के मुख्य विषय हैं।

- क्या अपको नहीं लगता कि उत्तर प्रदेश में सपा-बसपा गठबंधन के सत्तासीन होने की प्रक्रिया में प्रदेश साम्प्रदायिकता के कुएँ से निकलकर जातिवाद की खाई में गिर गया है?

नहीं, मैं ऐसा नहीं सोचता। मुलायम सिंह यादव डॉ. लोहिया के पट्टशिष्य और चौधरी चरण सिंह के सच्चे उत्तराधिकारी हैं। उन्हें कोई सामान्य बुद्धिवाला व्यक्ति जातिवादी नहीं कह सकता। बसपा के नेता काशीराम स्वयं एक अम्बेडकरवादी हैं, उनकी दलित चेतना किसी जाति विशेष की चेतना नहीं है। हाँ, ब्राह्मणवाद या सवर्णवाद हमारे समाजिक ढाँचे की अन्यायपूर्णता का सीधा प्रतीक है। इसलिए महात्मा ज्योति फुले से लेकर विवेकान्द तक और राहुल सांकृत्यायन से लेकर राम मनोहर लोहिया तक सभी समाज सुधारक या परिवर्तन चाहने वाले लोगों का ब्राह्मणवाद या वर्णवाद विरोधी होना अनिवार्य है।

मुलायम सिंह के नेतृत्व में जो ध्रुवीकरण उत्तर प्रदेश में हो रहा हैं वह जातिवादी ध्रुवीकरण कतई नही हैं वह एक सीधा-साधा सामाजिक शक्तियों का ध्रुवीकरण है जिसे अब तो जेड.ए. अहमद और मित्र सेन जैसे साम्यवादी भी समर्थन दे रहे हैं; जो अब तक लोहिया के वर्ग और वर्ण की समान्तरता के सिद्धान्त का मजाक उड़ाते थे।

'प्रतिवार', सीतापुर, 3-4-1995

***

दो : हमें अपना घर-आँगन भी बुहारना है
डॉ. रणजीत से डॉ. वेदप्रकाश की बातचीत

-एक रचनाकार के रूप में साम्यवाद से आपका लगाव किन परिस्थितियों की देन रहा?

डॉ रणजीत: बचपन की बात है। घर का वातावरण धामिर्क था। पिता-माता धर्मनिष्ठ स्वभाव के थे, पर मेरी प्रवृत्ति हर सवाल को बौद्धिक ढंग से समझने की थी। हाई स्कूल तक पढ़ते हुए मेरा परिचय यशपाल और राहुल की किताबों, कृष्ण चंदर और अब्बास की कहानियों से हो चुका था। आस्थावादी दृष्टि के विपरीत एक विवेकवादी दृष्टि की खोज शुरू हो चुकी थी। बी.ए. तक आते-आते मैंने साम्यवादी दृष्टि को बहुत कुछ अपना लिया था। पर यह नजरिया मैंने इसके विवेकवाद के कारण ही अपनाया था। यही कारण है कि इसके हठवादी, मताग्रही रूप को मैंने कभी स्वीकृति नहीं दी। आज सोचता हूँ तो लगता है कि मुझे साम्यवादी बनाने का श्रेय मुख्यत: राहुल जी के साहित्य को जाता है। उनकी पुस्तकों 'मानव समाज', 'वैज्ञानिक भौतिकवाद', 'वोल्गा से गंगा' आदि ने ही मुझे नास्तिक और विवेकवादी बनाया।

- *साम्यवादी आंदोलन के अंतर्विरोधों का एहसास आपको कब से होने लगा?*

डॉ रणजीत: इस प्रकार की प्रारंभिक दो कविताएं मेरे दूसरे और तीसरे संकलन 'जमती बर्फ खौलता खून' और 'इतिहास का दर्द' में संकलित 'एक घायल तूफान' और 'इतिहास का न्याय' हैं जो 1962 और 63 की हैं। 'इतिहास का न्याय' स्तालिन और त्रात्स्की के बीच सत्ता संघर्ष में त्रात्स्की की पराजय की स्थितियों को लेकर एक दर्द भरी कठोर प्रतिक्रिया करती है। बाद में जब रूसी और चीनी कम्युनिस्ट पार्टी में मतभेद हुए और विश्व कम्युनिस्ट आंदोलन दो फाँक हुआ, तब इस व्यवस्था के अंतर्विरोध और भी साफ होकर सामने आए। समझ नहीं आता अगर जनवादी ढंग से दोनों पार्टियाँ व्यवहार करती, जनवादी परंपरा उनमें विकसित होती तो मतभेद दूर क्यों नहीं किए जा सकते? उसके बाद चेकोस्लोवाकिया में रूसी हस्तक्षेप हुआ और मैंने खुलकर इसकी आलोचना की। दुबचेक के नेतृत्व में वहां की जनता अपने समाज को एक खुला स्वतंत्र समाज बनाने का प्रयत्न कर रही थी कि ब्रेजनेव की सेनाएँ पहुँच गई। पोलैंड की घटनाओं ने तो और भी पोल खोली।

- *'झुलसा हुआ रक्तकमल' की भूमिका में आपने लेखक संघ और पार्टी की अफसरशाही से अभिव्यक्ति की स्वतंत्रता के टकराव का सवाल उठाया है। इस टकराव का कुछ अपने संदर्भ में खुलासा करना चाहेंगे?*

डॉ रणजीत: मुझे तो ऐसी परिस्थितियों में नहीं रहना पड़ा कि पार्टी की अफसरशाही से मेरी अभिव्यक्ति पर दबाव पड़ा हो। मैं साम्यवादी पार्टी का सदस्य नहीं रहा। उसके साथ मेरा सारा संपर्क वैचारिक और भावात्मक ही रहा। मेरी प्रारंभिक आलोचनाओं, चेकोस्लोवाक हस्तक्षेप से संबद्ध कविताओं को, जो उन दिनों 'ज्ञानोदय' में छपी थी, मेरे साम्यवादी साथियों ने बहुत कुछ सह लिया, पर

जब मामला पोलैंड और अफगानिस्तान तक पहुंचा, तब तक दूरिया इतनी बढ़ गई थी कि मेरी अभिव्यक्ति की स्वतंत्रता पर उसका कोई प्रभाव नहीं पड़ा। पर, प्रगतिशील लेखक महासंघ जबलपुर अधिवेशन में जब मैंने पोलैंड की घटनाओं पर अपना स्वतंत्र नजरिया व्यक्त किया तो ज्यादातर लोगों ने मान लिया कि मैं अब उनके संगठन से बाहर हूं।

- साम्यवादी आदर्शों और व्यवहार के बीच के अंतरविरोधों से जिस तरह आपका मोहभंग हुआ, दूसरे रचनाकारों का भी हुआ है?

डॉ रणजीतः बात यह है कि बीसवीं कांग्रेस में जब ख्रुश्चेव ने स्तालिन के अत्याचारों का विस्तृत वर्णन किया, यानी अब तक जिसे पूंजीवादी प्रचार कहा जाता था, जब आधिकारिक रूप में साम्यवादी दल ने उन्हें स्वीकार किया, तब बहुत से साम्यवाद-समर्थक साहित्यकारों में अंतद्‌र्वन्द्‌व शुरू हुआ। भारत भूषण अग्रवाल उन दिनों शायद कम्युनिस्ट पार्टी के सदस्य भी थे—प्रगतिशील लेखक तो थे ही, उनकी कविताएँ इसी अंतद्‌र्वन्द्‌व से संबद्‌ध हैं। उनमें से एक प्रख्यात हैः 'मूर्ति तो हटी परंतु'। एक समय था कि आज के बहुत से रचनाकार, जो इस समय साम्यवाद-विरोधी दिखाई देते हैं साम्यवादी आंदोलन के प्रभाव में थे, पर इस आंदोलन की विभिन्न विकृतियों ने ही उन्हें इस आंदोलन से छिटका दिया।

- परंपरागत मार्क्सवादियों से आपके खास मतभेद क्या हैं?

डॉ रणजीतः- आज मार्क्सवाद की दो धाराएँ हैं। एक को आप बोल्शेविक किस्म या मार्क्स-लेनिनवाद कह सकते हैं। मैं इसे सरकारी या सत्ताधारियों का मार्क्सवाद कहूँगा, और दूसरा जनता का मार्क्सवाद या मार्क्सवाद की स्वतंत्र परंपरा, जो सत्ता-प्राप्ति से भ्रष्ट नहीं हुई है। कुछ देशों के सत्ताधारी वर्ग के लिए मार्क्सवादी सिद्‌धांत वैसे ही इस्तेमाल की जाने वाली चीज है जैसे कांग्रेसी सत्ताधारियों के लिए गाँधीवाद। गाँधीवाद के प्रति जबानी सेवा जैसे इनके लिए जरूरी है, वैसे ही मार्क्सवाद का नाम लेना उनके लिए। मैं मार्क्सवाद की स्वतंत्र परंपरा से अपने को जुड़ा महसूस करता हूँ, जैसे कि यूरोप और अमेरिका के नव्य मार्क्सवादी कहे जाने वाले अनेक बुद्‌धिजीवी हैं। भतभेद का पहला मुद्‌दा है तानाशाही। मैं तानाशाही का चाहे वह एक व्यक्ति की हो या एक पार्टी की, घोर विरोधी हूँ। सर्वहारा वर्ग की तानाशाही की धारणा को मैं मार्क्सवाद की जनतांत्रिक आत्मा और मानववाद के विरुद्‌ध मानता हूँ। इस धारणा के कारण ही मार्क्सवाद स्तालिनवाद में पतित हुआ।

दूसरा मुद्‌दा है वैचारिक परतंत्रता का। मार्क्सवाद-लेनिनवाद को लोगों ने एक धर्ममत बना लिया है। मार्क्स के शब्द वेदवाक्य हो गए। अरे भाई, अगर मार्क्स को

अवतार बनाकर ही पूजना है तो राम और कृष्ण क्या बुरे थे?

- तो गोर्बाचेव और रीगन को आप लगभग एक-सी स्थिति में रखते हैं?

डॉ रणजीतः कतई नहीं। रूसियों का चेकोस्लोवाकिया और अफगानिस्तान में हस्तक्षेप गलत है, पर फिर भी उन्हें अमेरिकी साम्राज्यवादियों की श्रेणी में नहीं रखा जा सकता। जहाँ तक रीगन का सवाल है वह तो युद्धोन्मादी राष्ट्रपति हैं। इधर, दशकों से अमेरिका में पारमाणविक सर्वनाश के खतरे के प्रति इतना लापरवाह राष्ट्रपति गद्दी पर नहीं बैठा। और गोर्बाचोव ईमानदारी से विश्व-शांति का प्रयत्न करते दिखाई देते हैं। ख्रुश्चेव ने स्तालिन के समय की जकड़बंदी को ढीला किया, वैसे ही गोर्बाचेव सोवियत समाज को ब्रेजनेव-काल की जड़ता से मुक्त करेंगे, ऐसा लग रहा है।

- 'झुलसा हुआ रक्त कमल' के प्रकाशन के समय आपको क्या ऐसा नहीं लगा कि इसकी साम्यवादी क्षेत्रों में बुरी प्रतिक्रिया होगी? आखिर आप अब तक प्रगतिशील लेखन के भीतर ही प्रतिष्ठित थे।

डॉ रणजीतः यह सही है कि मेरी जो भी कुछ प्रतिष्ठा अब तक रही है, वह प्रगतिशील लेखक के रूप में ही रही है। मुझे पता था कि 'झुलसा हुआ रक्त कमल' के प्रकाशन से तीखी प्रतिक्रिया होगी। पर मैं क्या करता? साम्यवादी आंदोलन की अनके विकृतियों का मुझे तीखा अहसास था और मैं उसे अपनी कविता में व्यक्त कर चुका था। इस विचारधारा की अनेक प्रवृत्तियाँ मुझे साफ-साफ गलत लगने लगी थी। ऐसी स्थिति में बहुत से मामलों पर टैक्टिकल चुप्पी अपना कर साम्यवादियों के साथ दोस्ती बनाए रख सकता था। मेरे पुराने साथी राजीव सक्सेना ने राय दी थी कि इस संकलन को प्रकाशित मत करो। पर यह मुझे वैचारिक बेईमानी लगी। इसलिए अप्रतिष्ठा के खतरे के बावजूद मैं उसे नहीं अपना सका। फिर मेरा विश्वास था कि साम्यवादियों के समर्थकों में भी मेरी तरह के स्वतंत्रचेता लोग होगें। इस पुस्तक पर कट्टर साम्यवादियों की प्रतिक्रियाओं के बीच भी ऐसे सहानुभूतिपूर्ण स्वर मुझे मिले हैं, जिन्होंने मुझे ढाढ़स बंधाया कि मैं गलत नहीं हूँ।

- कविता में बिंबधर्मिता और सपाट कथन में से आप किसे ज्यादा जरूरी मानते हैं?

डॉ रणजीतः बिंब कविता के शिल्प का महत्त्वपूर्ण अवयव है। आचार्य रामचंद्र शुक्ल जैसे वस्तुवादी समीक्षक तक कविता की भाषा को अनिवार्य रूप से बिंबात्मक मानते हैं। पर समकालीन कविता बिंब की अपेक्षा सटीक विचार कथन पर, अधिक जोर देती है। पर यह विचार कथन सपाट कथन बने, यह जरूरी नहीं

है। सपाट बयानी कविता के लिए कोई बड़ी बात नहीं है। मुझे नामवर जी का इस धारणा को महत्त्व देना सही नहीं लगा। केवल ऐसे ही युग में, जहां ज्यादातर कवि रहस्यात्मक-सी, एक अमूर्त-सी शैली में बात करने लगे हों, सपाट स्पष्ट कथन को अधिक महत्त्व मिल सकता है। आज तो ज्यादातर कवि स्पष्टता से अपनी बात कह रहे हैं, ऐसी स्थिति में सपाट कथन कौन बड़ी बात है? वह तो केवल अपने विचारों की, पक्षधरता की, घोषणा मात्र होगी। इसकी बजाय मैं जिस चीज को महत्त्व देता हूं वह है सटीक कथन, बेलौस ढंग से तराशे हुए नुकीले ढंग से अपनी बात कहना।

- पर क्या आपकी अच्छी कविताएँ-बिंबात्मक नहीं हैं?

डॉ रणजीतः एक सीमा तक बात सही है। 'प्रतिश्रुति का गीत' में झोले में पड़ी पुस्तक, कंधे से लटकी हुई रोटी और अचार की पोटली, विषमताओं की लपटों के बीच प्रहलाद की तरह सिर उठाता हुआ सौंदर्य जैसे बिंब हैं। 'सखारोव' कविता में भी हैं। फिर भी यह नहीं कहा जा सकता कि कविता के लिए बिंब ही पर्याप्त है। बिंब अंततः उसका साधन ही है?

- 'झुलसा हुआ रक्त कमल' की कई कविताएँ साम्यवादी व्यवस्था की आलोचना करती हैं। कुछ कविताएँ ऐसी भी हैं, जो पूंजीवादी व्यवस्था की आलोचना करती हैं। आप कैसी व्यवस्था के समर्थक हैं?

डॉ रणजीतः पूंजीवादी व्यवस्था का विरोध मैं शुरू से करता रहा हूँ और इस विरोध का स्वर इस संकलन में भी कम नहीं हुआ है। 'कौन सा नरक है', 'प्रार्थना', 'बलात्कार अभी नहीं हुआ' अपने देश की पूंजीवादी व्यवस्था के विरुद्ध लिखी गई हैं। साम्यवादी व्यवस्था की कुछ विकृतियों की मैंने आलोचना की है। मेरा अभिप्राय यह कि वर्तमान पूंजीवादी व्यवस्था का एकमात्र विकल्प रूसी मॉडल का समाजवाद नहीं है। मैं समतामूलक, पर स्वतंत्र समाज का पक्षधर हूँ। समता के नाम पर स्वतंत्रता का दमन या स्वतंत्रता के नाम पर विषमता का पोषण दोनों ही मुझे उचित नहीं लगते। मैं इस संकलन को अपने पुराने संकलनों की परंपरा में प्रगतिशील ही मानता हूँ। कुछ लोग इसे साम्यवाद-विरोधी समझ सकते हैं, पर मेरा स्वर विरोध का नहीं, आलोचना का है। पूंजीवादी व्यवस्था की विकृतियों को सामने लाने के अलावा हमें अपने घर-आंगन को भी बुहारने का साहस करना चाहिए।

—डॉ. वेदप्रकाश

'जनसत्ता' में प्रकाशित

***

28

दो काव्यांजलियाँ

एक : मैं हो लूँगा उसके साथ

*** कृष्ण मुरारी पहारिया ***

वह जो
अपने और समाज के बारे में
सच कहता है, सिर्फ सच
मैं हो लूँगा उसके साथ—
करनी कुछ भी हो—
धोखे से बचत है
गहराई में जाकर खोजूँगा
वह बल, वह आस्था, वह विश्वास
जो सच की पगडण्डियों पर ढकेलता है उसे,
उसके साथ क्या होना
जिसके बेदाग लिबास के भीतर
दूसरों के खून के छींटे हैं,
जिसके जाँघिए पर भीतर—
बदचलनी के धब्बे हैं
जिसकी फूल झाड़ती ज़ुबान के पीछे
बेईमान आँख के कुटिल इशारे हैं,
जो मुँह पर प्रशंसा के पुल बाँधकर
पीछे से टँगड़ी मारने का अवसर तलाशता है
चरित्र — किसी प्रमाण, यश और प्रचार से अलग

कथनी-करनी की एकता पर टिका होता है — मेरे लिए
मैं हो लूँगा उसके साथ
जो हत्या करके
जुर्म को स्वीकारता है
उसके साथ नहीं जो
गला काटने की तमाम नाकाम कोशिशों के बाद
तथाकथित संतई या दोगली क्रांतिकारिता का चोंगा पहन
व्यवस्था के सामने फैला देता है
अपनी घृणित हथेली,
जो अपने फूटते कोढ़ के घावों पर पट्टी बाँध
शहादत का अभिनय करता है
×× ×× ××
मैं जानता हूँ उसे
जिसके साथ होना है मुझे
उसने अपने रास्ते के अगणित खतरे
मुझे खुद बताए हैं
भले वह रास्ता खो जाता हो
कहीं रेगिस्तान के बीच

—कृष्ण मुरारी पहारिया

***

दो : रणजीत की सतत्तरवीं वर्षगाँठ पर

* मृत्युंजय उपाध्याय *

सन् उन्नीस सौ चौसठ :
वनस्थली विद्यापीठ में
'ये सपने : ये प्रेत' पढ़ते हुए
कभी उच्च स्वर में
मेरी मैत्री ने
घोषित किया था — उसे—
'प्रोमथ्यूस'।
पर,
वह तो था नास्तिक
भला कैसे चुरा सकता था

अस्तित्व शून्य स्वर्ग के
किसी कल्पित जुपिटर के
महल से अग्नि?
भारतीय ऋषि था वह
चोर नहीं
उसने की थी उत्पन्न
आत्ममन्थन से श्रमपूर्वक—
'रणजीत अग्नि'।
अग्नि
जिससे जलने लगे थे धू-धू कर
अन्धविश्वासों के घने जंगल
रूढ़िग्रस्त चिन्तनों की झाड़ियाँ
विभिन्न स्वार्थों, दासताओं के रज्जु।
आश्चर्य ! तुम जानते नहीं उसे।
'इतिहास का दर्द' 'झुलसे हुए रक्त कमल' की
अथाह पीड़ा को,
गहराई से अनुभव करने वाला
शब्दों की पवित्रता पर मुग्ध
वह इन दिनों :
बैंगलूरु के आदर्श विहार में
शब्दों को
मुक्ति युद्ध का प्रशिक्षण दे रहा है
जानते हो : वह है
बीस अगस्त उन्नीस सौ सैंतीस को
ग्राम कटार, भीलवाड़ा में जन्मा
मेरा सतत्तर वर्षीय युवा मित्र—
रणजीत !

—मृत्युंजय उपाध्याय
पी. 277, सी.आई.टी. रोड
स्कीम-6 एम,
काकुड़गाछी, कोलकाता-700054
फोन : 033-2362-9776

www.ingramcontent.com/pod-product-compliance
Lightning Source LLC
LaVergne TN
LVHW060331051026
849517LV00004B/1266
9798888055847